JN248841

日本法史から何がみえるか

A View from the History of Japanese Laws

法と秩序の歴史を学ぶ

高谷 知佳・小石川 裕介 編著

有斐閣

はしがき

日本法史という一見マイナーな学問は，実はとても視野を広げてくれる学問である。

法の歴史，と聞くと，高校までに学習した日本史の中から，「律令」や「御成敗式目」など，法や裁判にかかわる一部分だけを切り取って学ぶのか，と思われるかもしれない。けれど実はそうではない。現代の法や裁判のあり方にたどり着くまでに，過去の人々が，どのようにして秩序を維持し，紛争を解決してきたか，その膨大な試行錯誤を読み取る学問なのである。

現代を生きる我々は，日本の法律とは，日本国民を対象とし，国内においてはどこでも効力をもち，廃止されるまではずっとそれが続くのが当然だと，漠然と考えているのではないだろうか。

ところが前近代では，ほとんどの場合，法とは一般の人々ではなく，権力を執行する役人を対象として発せられた。一般の人々は，法や裁判について正確に知ることはできず，権力もまた，法や裁判だけでは，紛争を解決してほしいという人々からの訴えを受け止めることはできなかった。

そのような社会で，社会秩序を維持するため，また紛争を解決するために，さまざまな権力が，また無数の人々が，何を正当と考え，どのような手段をとったのか。それはいかなる範囲まで共有され，どのように変化していったのか。そしてそうした社会は，近代の法や裁判をめぐる制度をいかにして受け入れていったのか。また，植民地に対して，どのような法や裁判を導入したのか。こうした，今日に至るあらゆる有形無形の秩序の積み重ねが，日本法史の研究対象である。

本書はまず，古代中国から話を始め，日本が初めて導入した法典である律令が，中国で1000年かけてどのように作り上げられてきたものなのかを確かめる。それから古代，中世，近世，近代と，順を追って，さまざまな法や秩序，紛争解決について，最新の研究にもとづいて概観していく。そして長い旅を経て，最後に，最近の裁判員制度をはじめとするさまざまな改革を見通して，現代に戻ってくる。

一冊を読み終えたとき，自分自身の生きる現代の社会においてよりよい秩序とはどのようなものなのか，あらためて考えていただきたい。

本書は，有斐閣の柳澤雅俊さんから日本法史のテキストを編んでみてはどうかとご慫慂をいただいたことから始まった。成文法や裁判そのものに重点をおくオーソドックスなテキストはすでに何冊も刊行されているので，本書では，法を生み出し，維持し，そして変化させてきたさまざまな要素を捉えること，いわば法をめぐる鳥瞰図をできるだけ広く描くことを目指した。

そのため執筆陣も，法史学だけではなく，日本史学，法社会学，実定法学など，さまざまな立場から参加していただき，何度も研究会を重ねた。さきほど鳥瞰図と書いたが，執筆陣はほぼ全員どこまでも飛んでいく鳥ばかりで，柳澤さんにはたいへんご心配をおかけしたことと思う。しかしその分，鳥のみなさんが持って帰ってきてくれたのは，魅力的な最新の地図ばかりであった。手に取ってくださった方々に，法史学という学問の地平の広がりを感じていただければ，何よりの幸いである。

2017 年 12 月

執筆者を代表して　高谷　知佳

目　次

日本法史への招待 ―― *1*

日本法史とは（*1*）　高校の日本史との違い（*1*）　歴史を学ぶ意味（*2*）　法文化論（*3*）　近代法とは異なる構造（*5*）　「翻訳」の問題（*6*）　法史料の刊行と史料学を担う（*7*）

第1部　古代・中世

はじめに ―― *11*

日本史の時代区分（*11*）　時代の特徴を捉える（*11*）　第1部の構成（*13*）

第1章　古代における法と礼 ―― *14*

第1節　《礼》思想とは …… *14*

《法》と《礼》――影響し合う二つの規範（*14*）　《礼》とは何か（*14*）　《礼》のメカニズム（*15*）　《礼》と《法》の関係――儒家と法家の主張（*18*）

第2節　中国における《法》と《礼》 …… *18*

法治の先行――秦（*18*）　法治の限界と礼治の採用――前漢・新（*19*）　儀注の作成と礼治優位の確立――後漢（*20*）　《法》と《礼》の役割分担――西晋の泰始律令，北朝の格・式（*21*）　“周礼国家”の出現――北魏～隋（*22*）　《礼》による法運用と皇帝の裁量――唐（*22*）　『大唐開元礼』と唐朝の安定――《法》と《礼》の確立（*24*）

第3節　倭国における《礼》と《法》の導入 …… *25*

《礼》思想の断片的受容――奴国王・卑弥呼・倭の五王（*25*）　百済からの本格的な《礼》の受容と仏教（*25*）　推古朝の対中外交と倭国流《礼》思想の試行錯誤（*26*）　冠位十二階・憲法十七条と《礼》思想（*27*）　大化の改新・百済の役と《礼》思想（*28*）　近江令の導入と“周礼国家”化――律を拒否した天智朝（*29*）　《礼》国家としての祭祀と軍事の充実化――天武朝（*30*）　《礼》思想を現実化する異民族――持統朝と藤原京（*32*）　《礼》国家「日本」の誕生――文武朝と大宝律令（*32*）　養老律令――律令の完成と《礼》の吸収（*33*）　奈良時代の唐風“周礼国家”――“中国”としての「日本」（*34*）

平安時代の文章経国――“中国”化の極致とその終焉 (35)

第2章　古代法と律令 37

第1節　律令と格式 37

大宝律令と養老律令 (37)　格式の編纂と律令体制の完成 (37)

第2節　律令法の構造 39

律令の構成 (39)　律令の裁判 (39)　律令と社会 (41)　律令を研究するとは (41)

第3節　明治維新まで生きる律令 42

社会の変化と律令 (42)　武家政権と律令 (43)　明治初期の律令 (44)

第3章　中世の法典――御成敗式目と分国法 46

第1節　「中世」とはどのような時代か 46

権門体制と法圏の分立 (46)　武家法の成立 (47)

第2節　御成敗式目の制定 47

御成敗式目のイメージ (47)　自らの権力基盤の重視――「所務沙汰」(48)　目の前の問題への対応 (49)　「追加」としての中世法 (49)　律令の不安定性という問題 (50)　「道理」とは何か (51)

第3節　御成敗式目と社会 52

式目を受容する人々 (52)　なぜ幕府法廷か (53)　御成敗式目の歴史的位置 (55)　「古典」としての式目 (56)

第4節　分国法の虚像と実像 57

分国法とは (57)　家法と国法，そのルーツ (58)　在地領主の法慣習 (59)　喧嘩両成敗法 (60)　分国法を制定することの意味 (60)　増補されていく法典 (61)　後世への影響 (62)

第4章　中世における法と礼 64

第1節　平安後期の《法》と《礼》 64

中世の社会変革と《法》と《礼》(64)　法典の更新停止・《礼》の矮小化と摂関政治 (64)　人格的結合の時代と「私礼」の台頭 (65)　礼節をめぐる新

事態——紛争と新たな礼節　(66)　　勃興する新興勢力と礼節紛争・法運用——院政期　(66)

第2節　鎌倉期の《法》と《礼》……67

鎌倉幕府とは何者か——《礼》に沿った自己規定の表明　(67)　　御成敗式目と武家家訓——《法》と《礼》の接点　(68)　　弘安礼節——中世社会に即した公定礼節　(70)　　後醍醐天皇と朱子学　(71)

第3節　南北朝・室町期の《法》と《礼》……71

混交する文化と衝突する《礼》——南北朝時代　(71)　　朝廷と幕府を支配する「室町殿」の登場——室町時代　(72)　　恒例化する「御礼」行事——室町的な《礼》の理解　(72)　　法治・礼治に優先する面目と納得——人治の時代の紛争解決　(73)　　室町殿の人治とその崩壊——権力と支持のバランス　(74)

第4節　戦国時代の《法》と《礼》……74

応仁の乱と礼節の危機——衰退期の儀式書編纂　(74)　　明応の政変——人治の結末と《法》と《礼》(75)　　実力本位の時代と《礼》——極小化する儀礼(75)　　位階・官職制度の強固さ——時空を超えた秩序の尺度　(76)　　天皇制の底力と《礼》の関係　(77)

第5節　展望：平等時代の《礼》の行方……77

第5章　中世社会の秩序——79

第1節　法と慣習をみる視点……79

現代と中世　(79)　　当事者の選択肢　(79)　　さまざまな慣習　(80)　　現代から慣習をみるときには　(81)

第2節　中世の法意識……82

そのルールはなぜ正当とみなされるか　(82)　　神仏の名を借りた正当性　(83)　　一　揆　(84)　　神仏の後退　(84)

第3節　在地社会の法と慣習……86

村落が求める秩序，都市が求める秩序　(86)　　中世の在地社会とは　(87)　　村落の内部の秩序　(88)　　村落共同体同士の争い　(89)　　戦乱と禁制　(90)

第4節　都市社会の法と慣習……90

中世都市とはどのような場か　(90)　　都市民と権力のネットワーク　(91)　　商業支配の論理　(91)　　論理の破綻　(92)　　ネットワークの破綻と町共同体

(93)　近世へ (93)　地方の都市 (94)

第5節　社会と裁判の距離……95

裁判へのアクセスと文書の利用 (95)　文書さえ持っていれば (96)　集団内部の法 (97)　偽文書 (97)　湯起請と文書重視 (97)

第6節　中世から近世へ……100

第2部 近　世

はじめに――105

「近世」の時代的特徴 (105)　法（規範）・裁判の位置 (106)　前近代と近代という二項対立的視点からの脱皮 (107)

第1章　近世国家の基本構造と自力救済の変容――109

第1節　武家・公家・寺社の支配統治機構……109

1　武家――将軍との主従関係　109

一国一城令と寛永の軍役令 (109)　武家諸法度と諸士法度 (110)

2　天皇・公家――幕藩体制における天皇・公家の位置と職務　112

禁中并公家諸法度 (112)　近世公家の家内式目 (113)

3　寺社――世俗権力による宗教権力の統制　114

キリシタン禁令と宗旨人別改め (114)　寺院法度 (115)　神社法度と家康の神格化 (116)

第2節　自力救済の変容……118

1　武器の所持と認められた実力行使　118

暴力行使の禁止と武器のゆくえ (118)　敵討・妻敵討 (119)

2　紛争解決の原理　120

折中（折半）・中分の原理と鉄火裁判 (120)　喧嘩両成敗の意図 (121)

第2章　法と礼の整備と可視化される秩序 123

第1節　大名家にみる「家」意識の進展 123

1　大名家の法と慣習・慣行　123

2　法圏が錯綜する都市：江戸　124

第2節　裁判と法の整備 126

1　江戸時代の裁判　126

裁判を担う人々（126）　吟味筋と出入筋（128）　評定所・奉行所の実務担当役人と判例の蓄積（129）

2　法の整備　130

触（単行法令）の発令とその効力（130）　目安箱の設置と民意の吸収（131）　公事方御定書・御触書集成などの法典編纂（132）

第3節　刑罰と身体 134

1　刑罰と拷問　134

さまざまな刑罰とみせしめの解釈（134）　拷　問（136）

2　身体と生死の観念　138

生類憐み令（138）　身体的死と法的死（139）

第4節　礼と法により可視化される秩序 139

1　礼と無礼　139

切腹に表現される威厳（139）　儀礼の場で可視化される身分内秩序（140）　無礼討ち——身分秩序を逸脱した無礼に対する名誉の防衛（143）

2　先祖祭祀と法　143

服忌令と鳴物停止令（143）　先祖祭祀と恩赦（145）

第3章　近世社会と法 147

第1節　近世社会の身分的広がり 147

第2節　庶民の間での法の伝達・生成 151

1　町・村での法令伝達とその利用——触と高札　151

2　共同体の定める規範――村法・町法・仲間法　152
村　法 (152)　町　法 (154)　仲間法 (156)

第3節　訴訟と公事宿 …… 158

1　出入筋　158
裁判手続 (158)　金公事と本公事 (159)　研究の経過 (160)　仲間事 (162)　正規の訴訟手続が機能しない場合――越訴 (163)

2　経済法　163

3　公事宿と公事師　165
公事宿 (165)　公事師 (166)

第4節　親族と法 …… 166
婚　姻 (166)　離　婚 (167)　相　続 (168)

補章　過去の法へのまなざし――日本法史学史 ―― 171
研究自体にも歴史がある (171)　近世における律令研究 (172)　明治初期の法史研究 (172)　大学における法制史講座の設置 (173)　「中世」の発見 (173)　法律進化論 (174)　法科派と文科派 (174)　通史への挑戦 (175)　第二次世界大戦後――マルクス主義法学と法社会学 (177)　国制史の登場 (178)　今後の法史研究 (178)

第3部　近 現 代

はじめに ―― 183
「近代法」との出会い (183)　各章の構成 (184)

第1章　近代における社会変動と法――収斂と変異 ―― 187

第1節　パーソンズの学説 …… 187

第2節　近代化をどう理解するか …… 188
産業革命と民主革命 (188)　さまざまな要因の複合 (189)　プロテスタントの思想 (189)　収斂と変異 (191)

第3節　近代化の開始……192

欧米からの伝播（192）　新政府の樹立（193）　領土内での共通化（194）　平等化と自由化（195）　軋轢と調整（196）　破壊的闘争（197）

第4節　近代的な諸制度の確立……198

自由民権運動と議会開設の請願（198）　言論・出版の自由，集会・結社の自由（199）　憲法制定と議会開設（200）　権利保障の範囲（202）　重要諸法の整備（203）　専門化（204）

第5節　日本における近代化の特徴とその後の展開……205

官尊民卑の傾向（205）　市民の自由への制約（206）　産業振興の実施（207）　保護政策の実施（208）　社会権の保障（209）

第6節　現代化の開始……210

平等化の圧力（210）　民主化の進展（211）　自由主義からの分岐（213）　ラディカリズムの台頭（214）　強硬路線の展開（215）　国家統制の拡大（215）

第7節　現代日本の基礎……217

第2章　法教育と法学の始まり――219

第1節　西欧法の輸入と法教育：～1886（明治19）年……220

1　洋学研究としての法教育と東京大学　220

大学南校・開成学校（220）　東京大学法学部（222）

2　司法官の養成と法教育　223

司法省明法寮（223）　司法省法学校（224）

3　代言人の育成と私立法律学校　225

代言人制度と刑事法典の整備（225）　私立法律学校の設立（226）　私立法律学校による法教育（228）

第2節　国家システムと法学：1886（明治19）年～1918（大正7）年…229

1　帝国大学の設立　230

帝国大学法科大学の設置と講座制の導入（230）　キャリアルートの整備と官立・私立の序列（232）　京都帝国大学法科大学の設立（234）

2　法典論争とその影響　235

旧民法の制定 (235)　民法典論争と旧民法施行延期 (236)　明治民法の成立 (237)

3　法解釈学の展開　238

ドイツ法学の受容と民法学 (238)　機関説論争と公法学 (238)　現行刑法の制定と刑法学 (239)

第3節　再編から戦時へ：1918（大正7）年〜1947（昭和22）年 ……… 240

1　私立大学の登場と帝国大学の拡充　240

大学令の制定と大学への「昇格」(240)　帝国大学令の全部改正と学部再編 (242)　学生生活と学生運動 (243)

2　既存法学への「反動」　244

大正期の法学と末弘厳太郎 (244)　社会法とマルクス主義法学 (245)

3　法学における戦時　246

「学問の自由」と法学 (246)　戦時体制と法学者 (247)　占領と改革 (249)

第3章　帝国日本における植民地の法 ——— 251

第1節　法の「継受」から「越境」へ ……… 251

「外地」という概念 (252)　「法の継受」論を超えて (253)

第2節　帝国日本の射程 ……… 255

1　内地の平準化　255

蝦夷地から北海道へ (255)　琉球王国から沖縄県へ (256)

2　構造化する領土　257

台湾の領有 (257)　韓国の併合 (258)

3　戦時体制と外延の拡張　259

関東州の租借と満州国建国 (259)　南洋群島の委任統治 (260)

第3節　法の伝播による「帝国」支配の形成 ……… 261

1　近代法的規範の「伝播」　261

東アジアからの留学生 (261)　「お雇い日本人」(262)

2　慣習調査と法典編纂　263

「帝国」の慣習調査　(263)　　台湾旧慣調査と岡松参太郎　(264)　　朝鮮慣習調査と梅謙次郎　(265)　　中国農村慣行調査と末弘厳太郎　(266)

3　「日本人」としての国籍と権利　267

帝国への編入と国籍付与問題　(267)　　「日本人」としての権利義務の位相　(268)

第4節　帝国内の法システムの統合と還流……270

1　帝国の法システム　270

外地法の種類　(270)　　外地裁判所の位置付け　(271)

2　裁判の実態　272

「慣習」の根拠？　(272)　　「慣習」をめぐる裁判官の法創造　(272)　　内外地判例統一論　(273)

第5節　植民地の法から見える視点……275

第4章　近現代における司法と政治――277

第1節　近現代日本の司法史・序説……277

第2節　明治憲法下の司法……278

1　近代的司法制度の成立　278

司法職務定制――全国的な裁判機構の整備の試み　(278)　　大審院の設置――行政権と司法権の分化　(279)　　裁判所構成法――明治憲法下の司法の基本法　(280)

2　明治憲法下の司法と政治　281

司法権の独立　(281)　　政治部門との関係　(283)　　大津事件　(284)

第3節　日本国憲法の制定と戦後司法改革……285

1　司法制度の再構築　285

2　戦前・戦後の断絶と継承　286

第4節　戦後司法の展開……288

1　戦後草創期の司法　288

草創期の憲法裁判　(288)　　最高裁判所機構改革問題　(289)　　臨時司法制度調査会　(290)

2　55年体制下の司法──「司法の危機」の時代とその余波　*291*
憲法裁判の展開（*291*）　「偏向裁判」批判（*291*）　平賀書簡事件（*293*）
青年法律家協会問題と「公正らしさ論」（*293*）　その後の憲法裁判（*294*）
第5節　司法改革の時代……*296*
1　司法制度改革　*296*
改革の背景（*296*）　司法制度改革審議会意見書（*297*）
2　憲法裁判の発展　*299*
最高裁判所の判断傾向の変化（*299*）　変化の背景（*299*）
第6節　本章のまとめ……*301*

〜・〜・〜

法史から現代の法へ──*307*
刑事司法制度の設計とその運用……*307*
近代日本における刑事司法制度の形成と変転（*307*）　国民の司法参加の不存在（*308*）　日本型刑事司法の定着（*309*）　裁判員制度導入の衝撃（*309*）
「裁量」のあり方の日本的特色（*310*）
これからの学習のために──*312*
学習の道しるべ──*314*
索　引　*317*

コラム一覧

1　徳　政　*54*
2　起請文　*85*
3　中世の経済秩序――①銭　*99*
4　中世の経済秩序――②信用経済　*99*
5　幕府・藩の呼称　*111*
6　対外関係と国家主権　*117*
7　大日本帝国憲法の制定　*229*
8　占領管理と日米安全保障条約　*249*
9　領事裁判　*254*
10　戸籍制度　*268*
11　外地における「先例的」判決　*274*

凡　例

＊「　」で史料を引用する場合において，原文のままであることを特に注記する箇所にはママとのルビを付し，また，筆者による注記は〔　〕で示している。

編著者・著者紹介

編著者

高谷 知佳（たかたに ちか）／京都大学大学院法学研究科准教授

執筆：第1部第3章中のコラム1，第1部第5章

小石川裕介（こいしかわ ゆうすけ）／後藤・安田記念東京都市研究所研究員

執筆：第3部「はじめに」，第3部第2章

著　者（※五十音順）

岡崎まゆみ（おかざき まゆみ）／帯広畜産大学人間科学研究部門講師

執筆：第3部第3章

久保 秀雄（くぼ ひでお）／京都産業大学法学部准教授

執筆：第3部第1章

酒巻　匡（さかまき ただし）／京都大学大学院法学研究科教授

執筆：「法史から現代の法へ」

佐藤 雄基（さとう ゆうき）／立教大学文学部准教授

執筆：「日本法史への招待」，第1部「はじめに」，第1部第2章，第1部第3章（コラム1を除く），第2部補章

谷口 眞子（たにぐち しんこ）／早稲田大学文学学術院教授

執筆：第2部「はじめに」，第2部第1章，第2部第2章

丸本由美子（まるもと ゆみこ）／金沢大学人間社会研究域法学系准教授

執筆：第2部第3章，「これからの学習のために」

見平　典（みひら つかさ）／京都大学大学院人間・環境学研究科准教授

執筆：第3部第4章

桃崎有一郎（ももさき ゆういちろう）／高千穂大学商学部教授

執筆：第1部第1章，第1部第4章

日本法史への招待

日本法史とは

日本法史（法制史）とは，過去の日本（近代植民地期の朝鮮・南洋も含む）に暮らしていた人々がどのような法をもち，どのようにして法を運用してきたのかを考える学問である。ごく大雑把にいえば，このような説明が可能であろう。

法学は，憲法・民法・刑法など，現在施行されている法の解釈や政策を論じる「実定法学」と，広く社会の中や歴史の中で，法とはどのようなものであるかを問い直す「基礎法学」とに分かれる。法史学とは，法社会学や法哲学・比較法学とともに「基礎法学」の一つであり，過去の時代や地域において，現在とは異なるどのような法があったのかを考えるところに特徴がある。

高校の日本史との違い

高等学校の日本史教科書においても，それぞれの時代の政策を特徴づけるものとして，法典が取り上げられる。たとえば，古代では，中国をモデルにした中央集権国家をつくるために律令法が編纂され，中世では，鎌倉幕府のもとで武家の法として御成敗式目が制定され，近代では，欧米をモデルにした近代国家形成のために大日本帝国憲法の発布や民法・刑法の法典編纂が行われたと学んできたことだろう。

しかし，そうした法の具体的な内容について学んだり，また，その法が前の時代からどのような影響を受け，後の時代の法にどのような影響を与えたのかなど，通時代的に法をみたりすることは，あまりなかったのではないだろうか。たとえば，律令を構成したさまざまな法について，そして律令が中近世に至るまで影響を及ぼしたことについて言及されることはあまりない。

法史学においては，それぞれの時代における法や秩序のあり方，たとえば，いかなる内容の法が，どのような正当性のもとに定められ，どのような人々によって，いかに運用されていったのかを明らかにすることが，まず重要である。しかし，それだけではない。前近代には法は法以外のもの（たとえば第1部・第2部で扱われる「礼」や個別の人間関係）と密接に関わっていたし，その関わり方も時代によって異なる。また，公法と私法，刑事法と民事法という，法の世界の切り分け方もまた，時代によって異なる。法の成り立つ構造がどのようにして成立し，どのように変容してきたのか，時間軸に沿って考察して初めて法史学となる。

歴史を学ぶ意味

それではなぜ，法学を学ぶにあたって，現代から遠く離れた古代から時代順に，時間軸に沿って法の歴史を勉強する必要があるのか。現行法を学ぶためであれば現行法の勉強をすればよいし，せいぜい近代法を導入した明治期以降の勉強だけすればよいのではないかという声がある。これは日本法史だけの話ではなく，さまざまな学問分野において歴史研究が軽視される傾向が強まっている。たとえば，経済学部で開講される日本経済史においても，全国規模での市場が成立した近世まで遡ることはあっても，それより古い古代・中世に遡って研究する人が減少している。

乱暴にいえば，現代の日本社会において歴史的な見方や時間の感覚がなくなってしまい，過去も未来も今と地続きの感覚になってしまっていないだろうか。たとえば，日本の過去の人物やアイテムをモティーフにしたアニメやゲームが流行っているが，過去のものをコンテンツとしてみるだけではなく，そこに広がる過去の社会を現在とは異質のものとして捉えてみたことはあるだろうか。それとも，今（近現代）のことを知るためには今（近現代）のことがわかっていればよいという感覚をもってはいないだろうか。

一口で「近代」といっても，単純に「前近代」と切り分けられるわけではなく，前近代のさまざまな体験や記憶を継承して成り立っている。近代といっても明治・大正・昭和とそれぞれの時期に，前の時代の体験を踏まえて，さまざまな構想（可能性）や矛盾が生まれ，そして次の時代につながっていく。「前近代」とか「中世」といったところで同じことであり，時間の流れのなかで，未然の可能性を含めて，社会がどのように変化していったのかをみていく必要がある。それによって私たちは，現在の社会が未来に向かってどのように変化していくのか，さまざまな可能性に思考をめぐらすことができるのではなかろうか。そうであるからこそ，日本法史では，近代以降だけ，ということはせず，時間の流れを重視して，古代から時代順の「通史」というスタイルをとる。

今の秩序は決して自明のものではない。社会の秩序にはさまざまなかたちがあり，人間の行動の有り様も多様である。このことを知る手段は，必ずしも過去の社会に学ぶことだけではない。文化人類学や地域研究によって，現在の地球上のさまざまな社会のことを学ぶことはできる。比較法という分野では，たとえばアメリカと比較して，日本法を相対化することもできる。だが，そのような比較という視点は，「アメリカに比べて日本は……である」というように，しばしば一つの社会のあり方を固定的に捉えてしまいがちである。それに対して，歴史学的な試みは，同じ社会であっても，時間の流れとともに大きく変わっていってしまうということを明らかにしてくれる。そのような歴史的視点をもつことで，将来に向けた制度設計はより自由な可能性をもつのではなかろうか。

法文化論

「日本社会では伝統的に……である」という言い方を聞いたことがない人はいないであろう。こうした言い方は，歴史を踏まえて特徴を捉えるもののように聞こえるかもしれない。しかし，最初から「時代をこえて変わらない日本文化の本質が存在する」と考えることは，むしろ歴史の変化を無視して，社会のあり方を固定的なものとしてみることにもなりかねない。

たとえば，法をめぐる文化としては，日本社会では「法や裁判によって白黒をつけるよりも，和解や調停による解決を好んだり，たとえば社会的地位の高い人の意見を飲み込んだりする」「法＝『権力から与えられる命令』というイメージをもつ人が多い」などという特徴があるといわれている。

こうした特徴が生じた原因として，「近代化の過程において，西洋的な近代法が，国家を通して，いわば『上から』施行されたが，実はそれ以降も，古代の律令以来の東洋的な伝統が，日本社会の法文化を根強く規定しているのではないか」という議論がある。

明治時代の日本が，西洋近代の法をそのまま受容したのではなく，独特のかたちをとって受容したことは間違いない。しかし，一言で「西洋」といっても，法と秩序の発展のあり方は，イギリス，ドイツ，フランス，アメリカでそれぞれに異なり，ましてや中国をはじめとする非西洋圏ではいっそう多様である。日本社会の特徴について，克服すべき対象として批判的に捉える人もいれば，逆に，日本の個性として肯定的に強調する人もいるが，「日本は特殊（個性的）だが，他の国も同じくらいにそれぞれ特殊（個性的）だ」という考えを頭の片隅においてほしい。

また，そもそも古代の律令についても，近代法の場合と同じく，かつては律令制導入以前の法文化によって根強く規定されていたという議論があった。すなわち「大化改新以前には日本独自の『固有法』があり，7世紀後半以降中国から律令制が導入されたが，平安期以降，律令制が変容し，再び日本独自の法文化が復活する」という見方である。

「固有法」とは，江戸期の国学者の「律令という外来文化の影響を受ける以前に，日本固有の法文化があった（に違いない）」という想定に起源をもち，近代には，ローマ法に対するゲルマンの「固有法」を想定したドイツの法制史学の影響をうけて広まった考え方である。しかし，大化以前の法制史料はそもそも乏しく，『日本書紀』『古事記』の記紀神話にみられる律令制にはない法慣習も，ユーラシア諸地域と共通性をもつことや，4～6世紀の古墳時代にも朝鮮半島から法制度を含めてさまざまな影響を受けていたことが明らかになっている。程度の差こそあれ，律令制の本格的導入以前であっても，日本列島は一貫して大陸からの影響を受けてきたのであり，「固有法」のみの時代があるとはいえない。

このように，日本の法文化といっても，法史学を学べば，決して，古代の律令あるいは記紀神話の時代から同じ法文化が一貫して続いているわけではないということがわかるだろう。むしろ，法史学を通して，「変わらない日本文化の本質がある」のではなく，変わっていないと思われているような法文化が，実は「いつ，どのような必要に迫られて生まれてきたのか」を考えてほしい。そして，その法文化を生み出した要因は，現在の社会においても続いているのか，もし続いていないとすれば，その法文化は，現在ではどのような意味をもつのか，考えていってもらいたい。こうした思考は，過去の歴史を明らかにするのみならず，将来に向かって，社会にとって望ましい制度や秩序を構想するための，力強い武器になるはずである。

近代の国民国家形成期には，それぞれの国家において，「その地域に生きている人々が，過去からずっと続いてきた『民族』や『国民』である」というフィクションが有効性をもった。伝統や歴史は，社会統合の一つの象徴として，また，法や政策を正当化する一つの規範として，大きな役割を果たしてきたし，今後もそうであろう。だからこそ，「伝統」と呼ばれているものがどういうものであるのか，（「伝統」の名に誤魔化されないよう）しっかりと認識することが，現在の市民社会に生きる人間の重要なリテラシーであるといえよう。

近代法とは異なる構造

法学の授業で通常学ぶのは，現行法，そしてそれに直接的な影響を与えた近代法である。では，法史学で学ぶ，近代とは異なる過去の社会の法や秩序のあり方とは，具体的にどういうものか。読者にそのイメージをもってもらい，「頭を柔らかくする」ことが本書の狙いであるともいってよい。

読者の多くは，法といえば，立法権をもつ国会の制定した法律をイメージするのではなかろうか。

しかし，前近代においては，成文法や裁判は，秩序のほんの一部にすぎず，それらを前提としない自然発生的な法が，人々によって実践されていた。国家権力が制定したわけでも，保証しているわけでもないルールが，法として機能していたのである。これはなぜだろうか。

この問題を考えるときに示唆的なのは，貨幣である。現在では，貨幣とは国家が発行し，その価値を保証するものである。しかし，歴史的には，国家権力による鋳造・保証を受けないのにもかかわらず，社会において自生的に機能する貨幣の存在が明らかにされている。

貝が貨幣の代わりであったという話は聞いたことがあるだろう。人と人とが何かを交換するとき，当初は物々交換として始まったが，規模や範囲が広がれば広がるほど，何と何とが等しい価値をもつのか，つまり現在でいう「値段」「相場」が自明ではないがゆえに，物々交換が円滑に行われなくなる。そこで交換のための価値の尺度として，貝や貴金属など，何らかの希少性をもつモノが貨幣として用いられた。

こうした貨幣は，国家権力というものが存在するようになってからも，たびたび用いられた。古代や近世には，国家機構が自ら貨幣を鋳造していたが，中世においては，中国から輸入された宋銭や明銭が国家権力の保証を受けることがないまま流通し，日々の取引から納税に至るまで輸入銭が使用された。通貨とはそれを発行する国家権力の保証を受けて初めて機能するという現在の日本の常識からみれば理解できない事態である。だが，人と人とがモノを交換する上で，共通の価値の尺度を担う交換財が必要であり，国家権力が貨幣を鋳造しなくても，人々は自然発生的に貨幣の機能を担うモノを貨幣として用いるということを理解すれば，中世日本における輸入銭の流通は理解できるのである。

モノの交換における貨幣のように，人間同士のコミュニケーションにおいて，何らかの土台を共有することがある（そこには国家や権力の保証は必ずしも必要ではない？）。法や規範もまた，その土台の一つである。中世において，国家権力が制定も保証もしていないルールが機能した理由も，社会が円滑に回っていくための土台だったからである。

現代の日本でも，実はこうした土台は重要である。人を殺すと法に基づいて罰せられるが，刑法の具体的な条文を知らない人は多い。しかし，「人を殺したら刑罰に処される」ことは常識として共有されている。「人を殺してはいけない」というのは道徳でもあるが，「人を殺したら刑罰に処される（法がある）」という常識を前提にして，よほどのことがない限り，人は人を殺すことはないであろうという予期をして，社会生活を安穏と送ることができる。その常識を失った人に対して，「どうして人殺しはいけないことなのか」ということを説得的に説明することは，実は誰でもできることではなく，法哲学や倫理学の問題でもある。法とは，狭義の法律だけではなく，「そのようなもの」として人々に受け入れられ，それを前提に社会を安定的に営むことを可能とさせる規範でもある。

前近代，とりわけ国家権力が社会を把握する力の弱い日本中世は，こうした問題に迫る適切なフィールドであるかもしれない。さらにいえば，そもそも公権力・国家というものがどうして必要なのか，「そのようなもの」として国家が存在することの意味についても考えられるかもしれない。

「翻訳」の問題

日本法史（法制史）とは，過去の日本に暮らしていた人々がどのような法をもち，どのように運用していたかを考える学問であると述べた。しかし，実は，法（法学）とは何か，ということもまた難しい問いである。というのは，日本法史の場合，「翻訳」という問題が関わるからである。

漢字の「法」という言葉自体は，古代中国に淵源をもち，日本においても『古事記』・『日本書紀』から登場する。だが，前近代日本における「法」という語は，現在の法学における「法」とは異なるものであり，権力者の命令を指すこともあれば，「そのようなやりかた」そのものを指すときもあり，仏教における仏法という意味もあった。

しかし，近代の私たちが用いる「法」とは，本来，西洋由来の言葉であり，正義・権利という意味合いをもつローマ法の ius（ユース）（ラテン語，jus と記すこともある）に対応する語（ドイツ語の Recht（レヒト），フランス語の droit（ドロワ），イタリア語の diritto（ディリット）など）と，上から制定される実定法的な規範を意味するラテン語の lex（レークス）に対応する語（Gesetz（ゲゼッツ），loi（ロワ），legge（レッジェ）など）の 2 種類があり，明治期に訳語として「法」・「法律」という言葉が選択された。日本の近代法史は「翻訳された」近代法の歴史であり，前近代の日本法史で取り上げるものは，厳密な意味において現在の「法」とは必ずしもイコールではない。

歴史上のさまざまなルールや規範を，「法史」として分析するのは，前近代から近代へ「翻訳する」行為そのものであるともいえる。現在の「法」と歴史上の法との異同に自覚的であるかどうかが，法史家をその他の一般の歴史家と区別する点であるともいえる。

法史料の刊行と史料学を担う

このように，「翻訳」の問題は異質な言語の間にだけ存在するわけではない。過去の言葉の「解釈」もまた一種の「翻訳」である。法史学は歴史的なテクストを読み解いて過去の法のあり方を明らかにする営みであるが，歴史的なテクストすなわち史料にでてくる言葉の意味は時代や社会に応じて変わってくる。

そして実は，それを受けとめる側，我々の使っている言葉自体，現在進行形でその意味内容が揺らぎ，10 年，20 年後にはニュアンスを異にしてしまうことが少なくない。近現代史を勉強するとき，人は自分たちの時代と地続きのものと思いがちであるが，同じような言葉を使っていても，その意味内容を異にすることは往々にして起こる。

現代においても，社会の森羅万象に即して具体的な条文を作成することは不可能であるので，（特に日本法では）法律の条文は，抽象的な書き方をし，具体的な事例に即して解釈を伴って運用されるようになっている。その解釈には法学的な素養が必要とされる。

過去においても，法令の法文がどのような思考のもとに書かれ，語句が選択されたのか，現行法とは異なるものであるにせよ，その正確な解釈には「その時代の」法学的な素養が必要になることが多い。

日本法史の材料（史料）となるのは，漢文（日本流に崩れた変体漢文を含む）や和文であり，口語文語の違いはあれ，現代日本人が一応意味をつかむのは外国語ほど困難ではないことが多い。だが，それだけに一語一語の意味にこだわって史料を読まなければ，たとえば，史料にみえる「法」という言葉を現在の法に引きつけて解釈してしまうことになる。

一般の歴史愛好家と専門的な歴史家とを区別するものの一つは，史料批判ができるか否かにある。史料批判とは，歴史研究の材料となる史料が，いつ，どのようにして成立したものなのか，それが信用のできるものなのか否か（たとえば，1通の古文書について，それが偽文書であるか否か）を明らかにする営みである。史料批判によって，私たちは確かな材料をもとに歴史について考えることができる。しかし，法に関わるテクストの史料批判には，さらに法史学の素養が必要である。

したがって，他の歴史家との役割分担でいえば，法史家は法に関わる史料の専門家であるといえるかもしれない。法史家の仕事なくしては，他の歴史家は法に関わる史料を安心して利用することができない。本書でも紹介されるように，法史料の史料学的な研究や蒐集（しゅうしゅう）・調査，そして史料集刊行による公開という一見文献学者のような仕事もまた，法史家の重要な仕事なのである。

史料上の言葉にこだわって史料を読み解くことは，歴史研究の醍醐味である。同じ日本列島の社会であっても，現在と過去との意外な遠さに気づくこともあるだろう。本書は入門書であり，個別の史料解釈に基づく立論の醍醐味を味わうには向いていない。だが，文献ガイドを多く載せている。本書を読んで，興味をもったテーマについて，専門書を手にとって，その議論を味わってほしい。そのとき日本法史がとても魅力的な学問に映っているはずである。

文献ガイド

＊黒田明伸『貨幣システムの世界史――「非対称性」をよむ』（岩波書店，2003年，増補新版2014年）

＊成沢光『政治のことば――意味の歴史をめぐって』（平凡社，1984年〔講談社学術文庫，2012年〕）

＊ハインリッヒ・ミッタイス（林毅訳）『法史学の存在価値』（創文社，1980年）

＊ポール・ヴィノグラドフ（末延三次＝伊藤正己訳）『法における常識』（岩波文庫，1972年）

＊ダニエル・H・フット（溜箭将之訳）『裁判と社会――司法の「常識」再考』（NTT出版，2006年）は，司法の観点から日本法や日本人の法意識に関する固定観念を再検討する。

第１部　古代・中世

●はじめに
●第１章　古代における法と礼
●第２章　古代法と律令
●第３章　中世の法典
　　　　――御成敗式目と分国法
●第４章　中世における法と礼
●第５章　中世社会の秩序

はじめに

日本史の時代区分

第1部では，古代・中世を扱う。高校までの日本史では，古代といえば奈良時代や平安時代，中世といえば鎌倉時代や室町時代という漠然としたイメージがあると思われるが，この時代区分はいったい何を基準として分かたれているものなのか，まずはこの点を確かめておきたい。

古代とは国家成立の時代であり，7・8世紀，中国をモデルとして律令や中央集権的な諸制度を導入したのが最も大きな出来事である。そしてこの律令は公式に廃止されることがないまま，明治維新まで続いた。

では古代から中世へ，そして中世から近世へは，何によって変わるのか。中世や近世はどのような時代なのか。実は，これには必ずしも一つに決まる答えはなく，どのような変化に注目するかによってその答え方は変わる。

中世とは，かつては政治史の変化を重視し，鎌倉幕府の成立によって始まる，武家政権の時代とされてきた。しかし，現在はそれだけでなく，国家の機能，社会の構成，経済や土地所有の秩序など，ほかにもさまざまな変化に注目して，荘園制を基盤として，多様な権力や集団によって国家機能が分担される時代とされている。一般的な理解では，荘園制が成立した院政期に中世が始まり，織豊政権期，太閤検地によって荘園制が最終的に解体され，兵農分離によって新たな身分秩序と社会集団が成立することで，近世が始まるとされている。

以下，それぞれの時代の法について考えていきたい。

時代の特徴を捉える

古代・中世・近世，それぞれの法の特徴を捉える一つの手がかりとして，「法の適用対象である人々を，国家がどのように把握していたのか」という問いがある。

古代においては，律令制の導入とともに，戸籍によって人を一人ひとり把握する個別人身支配を基本的な支配原理とし，徴兵や徴税を実施した。戸籍制度も中国に倣ったものであり，家父長制的な家（戸）を基本単位とする。6年ごとに作成する戸籍に基づいて，古代国家は，班田収授法（口分田の班給）を実施し，課役を徴収するための計帳という台帳を毎年作成した。計帳には，人口，性別，年齢から，黒子（ほくろ）の位置のような一人ひとりの身体的特徴までが書き上げられていた。個人を同定するために，現在では身分証明書に写真を貼るが，古代にはその代わりに身体的特徴を文章上で表現したのである。

しかし，8世紀半ば以降，唐が衰退し，対外的な危機感が薄れると，集権的な徴兵制・戸籍制度も弛緩し，代わって中世には，戦争や軍事は，武芸を家業とする武士（武家）が担うこととなった。その他の支配においても，専門性をもつ家や集団が軸となっていく。最も有名な中世法の一つである，鎌倉幕府の御成敗式目（1232年）も，基本的には将軍と主従関係を結んだ御家人のための法であった。そして主従関係の「主」である支配層の人々は，「従」である人々を，必ずしも一人ひとり個別に把握しようとしなかった。

たとえば鎌倉幕府は，初期には御家人の名簿を作成していたが，その更新はなされなくなった。全国の御家人に対して「御家人役」と呼ばれる税を課すとき，「○○跡」と，初期にそれを担った人物をもとに，その「跡」である子孫や相続人に負担を求めた。しかし，その課税の時点で，誰がどれだけ相続していたのかについては調査しなかった。いわば，「従」である人々からの税収さえ確保できればそれでよかったのである。

直接の主従関係さえこうした状態である。まして，統一的な戸籍などは作成されず，中世を通して，人口をめぐる具体的なデータはほとんど不明であった。

再び国家が人々を把握するようになったのは近世以降である。戦国の動乱の中，大名領国では，村落を単位とした統一的な徴税や軍事動員がみられ始め，近世の統一政権は，その軍事体制をもとに成り立った。支配層にとって，戦国期以来の一向一揆やキリシタンの広がりは重大な問題であり，江戸幕府はキリシタン禁教を主な目的として，宗門改を行い，人々をいずれかの寺院に檀家として属させ，キリシタンではないことの証明とさせた。この結果作成された宗門改帳は，夫役（ぶやく）徴収のために作成された人別改帳と融合して，宗門人別改帳（しゅうもんにんべつあらためちょう）とも呼ばれる。近世には，村や檀家寺などを介した間接的なものであるが，こうして個人の把握が可能となった。

以上のように，古代では戸籍，近世では宗門改帳をもとに個人を把握できるが（それを利用して歴史人口学の研究も可能となる），中世ではそれがほとんどできない。古代や近世においては，国家にとって，徴兵・徴税・宗派取締りなど，全ての人々に適用しなければならない法があったのに対し，中世では一般的にはそうしたものがなく，集団ごとの把握で足りたからである。これを念頭に，第１部では古代・中世について，さまざまな法をみていくことにしたい。

なお，近代法は全ての国民を対象とする法であり，明治新政府は，古代の戸籍制度を復活させ，国民一人ひとりを登録して把握することでこれに対応した。一方，近代法の原則は個人主義であるといわれるが，日本の戸籍制度は，いわゆる住民登録とは別建てで存立しており，家長（戸長）の支配下にある家族を基本単位とし，いわゆる「家制度」を支えるものであり，東アジア特有のものであった。戸籍制度は現在では中華人民共和国と日本にしかないといわれる。そして現在も，家族関係の多様化やマイナンバー制導入のもとで，個人の把握の方法のあり方は，私たち自身の問題として議論がなされている。

第１部の構成

古代には律令，中世には鎌倉幕府の御成敗式目や戦国大名の分国法など，よく知られた成文法がある。一方で古代・中世には，さまざまな不文の慣習やルールが，成文法以上に広く，社会の秩序維持に大きな機能を果たしていた。

第１章では「法」とともに社会秩序の維持に重要な役割を果たした「礼」に注目し，中国の「法」と「礼」がどのようにして日本に受容されたのかという観点から，古代日本における「法」と「礼」をみていく。第２章では，律令，第３章では御成敗式目・分国法と，具体的な成文法について読み解く。また，成文法が数少ない時代に，これらが「法典」という形式をとったことによって，後世に多様な影響を及ぼしたことを明らかにする。第４章では，中世における「法」と「礼」についてみていく。第５章では，社会における実際の紛争解決の実態を通して，成文法以外の慣習やルールの機能を明らかにする。そして，この双方の関係を通して，古代・中世における法のダイナミズムを学んでもらいたい。

第１章　古代における法と礼

第１節●《礼》思想とは

《法》と《礼》
――影響し合う二つの規範

わが国は７世紀に唐から律令を導入し，初めて成文法典を持った。それは国家の基本設計図というべき《法》であり，古代日本の代表的な規範といってよい。

しかし，古代の規範は，実は《法》だけではない。東アジア世界では，中国で生まれた《礼》という規範が，時代や国を越えて広まっていた。《礼》は古代のわが国でも導入され，前近代を通じて，社会のさまざまな面に影響を与え，浸透した。

《法》と《礼》には，互いに多大な影響を与え合ってきた歴史がある。日本が導入した律令とは，その相互作用を中国で1000年もの間，重ねてきた上に完成された《法》であった。そのため《法》と《礼》は，切り離して単独で理解することはできず，どうしても両方を一体的に学ぶ必要がある。

そこで本章では，従来の法制史の手引き書とは視点を変え，《礼》との関係を主軸に据えて，わが国の《法》の黎明期を概観する。そのために，まず第１節で《礼》の概略を示そう。次に第２節で，中国の戦国時代～唐の《法》と《礼》の関係を概観しよう。そして第３節で，古代日本がそれらを導入し，展開させ，一つの帰結に至った歴史を見通そう。

《礼》とは何か

辞書で「礼」という言葉の意味を調べると，「感謝の気持を表わすことば。また，謝礼として贈る金品」とある。「お礼をいう」という時の「礼」である。また「敬意を表わすこと。また，そのために頭を下げること。おじぎ。拝礼」ともある。学校で「起立，礼，着席」と挨拶する時の「礼」である。そして一般論的に，「社会の秩序を保ち，人間相互の交際を全うするための礼儀作法・制度・儀式・文物など。儒教では，五常の一つとして，人の道として踏み行うべき最も重要な規範とした。礼儀」と説明される（『日本国語大辞典〔第2版〕』〔小学館，2000～2002年〕）。

しかし，他人に敬意を払うだけが《礼》ではない。「礼」の正字は「禮」で，殷代の甲骨文字では「[illegible]（豐）」と書いて，祭祀で捧げる「豆」という器に食物が盛られた形を示した。「礼」の原点は，人ではなく神や霊との対話にあった。一方，「法」は本来「灋」と書き，規範を破る者に罰を下す伝説的な動物を意味したらしい。《法》の本質は罰（刑）だという，中国の法思想の原点がそこにある。

では，《礼》とは何か。それは漠然とした道徳や礼儀作法ではなく，五経（『詩経』『易経』『書経』『礼記』『春秋』）という儒教経典（礼典）に基づき，周王朝を理想として，中国の戦国時代以降に儒学者がまとめた思想である（以下，「《礼》思想」と呼ぶ）。

《礼》思想は，仁（博愛）・孝（親への忠実な敬愛）・義（君主への忠実で自己犠牲的な服従）などの徳目や祭祀など，儒教の要素を総合的・体系的に説明する理論であった。そこでいう《礼》とは，人間社会を最適な状態に保つためにとるべき行動の規範である。“最適”とは，天を原点とする世界の仕組み（万物の構造と運行サイクル）に沿うことをいい，それが天命（天の意思）を受けた古の聖王と聖人（周王と孔子）によって人間界の規範＝《礼》の形に定められ，絶対善とみなされた。そこで適切とされた行動・所作の形式を《儀》といい，我々はそれを礼儀・儀礼と呼ぶが，それは《礼》の一部に過ぎない。

《礼》思想の本質は，臣・民が君主に従順に隷属するよう誘導する，支配者のための思想にほかならない。しかし，それを孔子の教団（儒家）は，世界の仕組みから人の心情まで視野に入れた壮大な理論に仕立て，普遍的な勧善懲悪の倫理へと美化することに成功した。

《礼》のメカニズム

《礼》思想は，絶対的な君臣の主従関係を確保するために，全ての人をピラミッド型の身分制社会に配置し，あらゆる上下関係の混交・同化・逆転を絶対に認めない。その根底には，“Aは，Aから派生したBより必ず尊い”という因果関係と，“先に生まれたAは，後に生まれたBより必ず尊い”という先後関係を絶対視する原理がある。

それらの最も身近な例は家族で，因果関係を重視すれば，親は必ず子より尊い。子は親から生まれ，親なくして存在できないからである。そして親が尊いなら，親を生んだ祖先はさらに尊いので，人は祖先の霊に奉仕（祭祀）せねばならない。また，先後関係を重視すれば，年長者は必ず年少者より尊い（“長幼の序”という）。

こうした因果関係・先後関係の始原（全ての始まり）は「天」であり，天は最も尊く，天命は万事に優先する。その天命を受けた天子だと称することで，君主は君臨を正当化し，臣に「義」を要求できる。その代わり，君主は天に対して最も丁重に奉仕（祭祀）せねばならない。

こうした因果関係・先後関係を明確にするために，《礼》思想はあらゆる物ごとの間に線を引き，“A と，A でない B”を分類してゆく。A と B が別物なら，存在意義（役割）も違う。その考え方を突きつめると，天子から民まで，立場が異なれば職責も異なり，誰もが固有の職責を持つことになる。各人は責任の範囲内の職責を完全に果たし，しかもそれ以外を行うべきでない。たとえば，天は必ず天子が祀り，死者は必ず子孫が祀らねばならない。《礼》思想が昏礼（結婚）を重視するのは，子孫を継続的に再生産し，祖先祭祀を絶やさないためだ。《礼》は，常に世界の構造や天神地祇と人の関係を念頭に置く。純粋に人と人の関係を定める《法》とは，この点が大きく異なる。

また，君主が秋に軍備を強化し，冬に異民族を誅するのは《礼》である。天子は悪人や凶悪な外敵を誅して，天下の安全を保つ責務があるからだ。しかし，春・夏にそれを行うのは《礼》に反する。世界の仕組みに反するからだ。日照時間が増える冬至から夏至の間は「陽」の気が増えて生命を育み，逆に夏至から冬至の間は「陰」の気が増大して生命を殺す。だから人を誅するのは陰気が増す秋・冬に行うべきとされた。臣が戦争で適切な数の敵を殺すのも《礼》だ。臣は君主のために敵を誅殺する職責があり，殺すべき敵の数は自分の身分に比例するからである。

「礼は敬を主とす」「譲は礼の主なり」などという。「敬う」は「譲る」とほぼ同じで，「譲る」とは“相手の快適さのため，自己犠牲的に手間をかけること”だ。相手を先に進ませ，先に飲食させ，相手に刃物の柄を向けて手渡すなど，全てそうである。時と場合により，何が快適かは変動するので，杓子定規な所作は《礼》に反する。たとえば，立っている貴人には，相手が最小の労力で受け取れるよう，跪かずに物を手渡すべきだ。また戦時には軍の威厳が不可欠なので，君主や貴人に遜った所作をすべきでない。平時には万人を仁しむのが《礼》だが，戦時には君主・将軍の命令通り殺すのが《礼》である。

対等な関係でも，同じ程度に敬譲し合う「賓礼」によって対等さが表現され，相手が格下でも一定の敬譲を示さねばならない。「礼は往来を尚ぶ」といい，《礼》は双方向的なのである。

敬意という心情や，身分秩序という観念は目に見えない。そのため《礼》は，身分を表す服装や髪型，場の飾りつけ，動作や発言など，自分の立ち位置や他者との関係を明示する物理的な外形＝《儀》を必須とした。《儀》を疎かにすることは《礼》を疎かにすることで，世界の摂理に反するので人の寿命を縮め，国を衰退させる。日本の朝廷が（一見空しい）儀礼を千年以上も律儀に行い続けた理由は，一つにはそこにある。

《儀》は敬意・愛情などの心情を伴うべきだが，喜怒哀楽の心情に任せて振る舞っては野蛮人・動物と同じになってしまうので，感情を制御する理性が必要になる。孔子は「礼とは理だ」といい，外形と精神，心情と理性の適切なバランス＝「中庸」を，《礼》の落としどころと考えた。《礼》では外形（容姿や所作）を理性で制御するが，同時に楽（音楽）を用いて内面（心）を制御するので，あわせて「礼楽」思想ともいう。

《礼》思想は，夫婦以外の男女を徹底的に隔離する“男女の別”を重視する。これも本能の暴走を防ぐためで，適切な男女関係とそれ以外を，つまり文明人と野蛮人を峻別する不可欠の手続が昏礼（婚礼）であった。また子供は，理性より感情・本能が勝る点で，人として不完全とみなされ，幼時から《礼》の考え方を訓練し，20歳で“成人＝人と成る”手続を踏む。それが冠礼（元服）で，現代日本の成人式の源流である。冠礼を経た男性は外見（服装・髪型）が変わり，《礼》を実践する責務と，《礼》に沿って扱われる資格を得る。

このように，《礼》の実践は理性・知性を要求するので，勉学と思惟に時間を割けるほど生活に余裕があり，それらの能力を備えた君子とみなされる「大夫」以上の統治者階級だけに求められた。

以上をまとめよう。《礼》の実践は，天から万物が派生してゆくピラミッド型のネットワーク（世界）の，どこに自分がいるのかを把握することから始まる。その静的な立ち位置に加え，規則的に循環する時・陰陽・五行の運行や，不規則的に生じる状況（戦時か平時か）など動的な環境も含めて“立場”と呼ぶならば，《礼》とは“世界の摂理を念頭に，立場に応じて最適な振る舞いを追究する思想”とまとめられる。その根底で,《礼》は“他者は自分と同じではない”という大前提を強く自覚させ，自分の立場が他者とどう違うかを形で示すよう求めた。その意味で,《礼》とは自己規定の自覚と実践を主眼とする思想である。

《礼》と《法》の関係——儒家と法家の主張

では,《礼》は《法》とどのような関係にあるのか。その答えは，立場によって異なる。

《礼》思想を信奉する儒家は，次の立場をとる。《礼》は理性に依存し，直接に人を罰しないので，しばしば守られないが,《法》がその弱点を補う。ただし,「法」とは本来,“沿うべきあり方／やり方（真似るべき標本・原型)”を意味するにすぎず,《礼》と違って，必ずしも天命や摂理に制約されずに人が自由に定めるため，悪法があり得る。したがって《法》は《礼》に基づいて定められる，統治の補助的手段であるべきだ，と。

《礼》思想では,「礼は庶人に下らず，刑は大夫に上らず」という。理性で善悪を判断できる君子（大夫以上の統治者層）に「刑」（入墨・斬首などの肉刑）は不要だが，民は肉体的な苦痛・恐怖で行動を誡めるしかない，ということである。

これに対し，徹底した現実主義により,《法》の統治を最善とみなす法家は，次の立場をとる。そもそも，人間は信用できない。しばしば君主は暗愚で，政治家や官吏は私利私欲を優先し，民衆は統治を甘くみて政令に逆らう。そこで，賞罰も官吏の登用も，数値化や，課題の達成・不達成など，明確で機械的な尺度を用いて，全て君主のためになるか否かを基準に行う。そして小さな罪に重い罰を科すことで，法令違反が割に合わないと思い知らせ，徹底して《法》を守らせる。重要なのは，君主の意思に誰もが服従するという結果であり，そのためにどうせ《法》の助けが必要なら，最初から《法》で人々の行動を縛ればよい。《礼》と違って《法》は人格の内部に踏み込まず,《法》に抵触するか否かだけを問い，刑の恐怖で《法》を守らせるので実践が容易だ，と。

第2節●中国における《法》と《礼》

法治の先行——秦

戦国時代の強豪国であった秦は，法家思想を徹底して実践し，こうした厳刑酷罰と信賞必罰によって，秦の民を休まず働き，危険を顧みない戦士に仕立て上げた。さらに,「君主一人が全ての決定権・生殺与奪の権を握る中央集権が必要だ」という法家の韓非子の説に，秦の始皇帝は大いに共感して実践し，圧倒的な国力で中国を統一した。

中国の中央集権的な統一王朝が秦の法家的な法治から出発し，しかも秦の焚書坑儒で経典と儒家が壊滅したことは，以後の《法》と《礼》の関係，そして《法》のあり方に決定的に影響した。

第一に，中国における《法》と《礼》の関係は，既存の《法》の統治に，《礼》思想がどう食い込んでゆくか，という形で展開した。

秦や楚を滅ぼす大戦争を経て成立した漢では武断的な考え方が好まれ，儒学や《礼》の重要性はなかなか認められなかった。しかしその中で，「法令は悪を懲らしめ，礼は善を勧めるもの」とか，「礼は事前に臣民の悪事を禁め，法は臣民の悪事を事後に禁めるもの」という，《法》と《礼》の相互補完・棲み分けを可能とする主張が儒家から出されて認められ，後々まで《法》と《礼》の共存関係の基礎となった。

第二に，秦において《法》とはすなわち律（刑法）であったため，中国の律令格式は，律という主軸の周囲に，律の弱点を補うほかの法典がどう成立してゆくか，という形で展開した。秦の法治に疲弊した中国では，漢の高祖が戦時の便宜的な「法三章」（3ヶ条だけの法）を定めたが，それは全て刑法で，“法＝律”という既成概念は強固であった。

法制史家はしばしば，“律は刑法，令は行政法”と説明するが，漢で生まれた令に，そうした区分はない。律と令の違いは，内容でなく発令の形にある。律は，一定の体系性をもって一括して編纂・制定される。その後に逐次，個別に発令・蓄積された雑多な単行法令を整理したファイルが，当初の令と考えられている（後世の格に近い）。

法治の限界と礼治の採用——前漢・新

ところで，人の営みを全て《法》で捕捉する法治では，新たな事態に応じて《法》が肥大化したので，次第に把握・運用が困難になった。秦の始皇帝の段階で既に，刑事事件や公文書の決裁は処理可能な量を超えていた。漢でも武帝の時までに，律令は359章，死刑相当の罪を定めた大辟という法は409条（1882項）まで肥大化し，担当官が全てに目を通せなくなった。その後，断罪の根拠は26000条を超え，律令は100篇以上に及び，漢の末期には大辟が1000条以上，律令が100万文字以上と，手がつけられないほど肥大化した。それは法治の充実ではなく，崩壊であった。

その中で，漢の中期に武帝が，法治に代わる統治理念として《礼》思想を採用した。武帝は五経を研究・講義する五経博士を初めて設置し，儒学以外の一切の講習を禁じて，儒学を唯一の公認学問とした。また，《法》が《礼》（儒教経典）に基づいて運用され始めた。たとえば，夫が妻の母を殴り，見かねた妻が夫を殺した場合，妻は律によれば死罪だが，事情は周の武王が殷の暴君紂（ちゅう）王を天のために誅したのと同じ善行なので無罪，といった具合である。

さらに武帝は，書籍を収集・整理して目録を作る事業に着手し，後代まで続いた。その結果，焚書坑儒を密かに生き残った『周礼（しゅらい）』が発見された（それは理想的な周の制度を記した書とされるが，実際には戦国時代頃に史実と想像を交えて書かれた書物である）。また『礼記（らいき）』（戦国時代までの《礼》の言説，特に理論を漢代にまとめた書）・『春秋左氏伝（しゅんじゅうさしでん）』（過去の天子・諸侯や臣の行動が《礼》に適うか否かを，『春秋』という歴史書に沿って解説した書）のテキスト整備も前漢末までに進み，《礼》思想に体系的な理論的基礎を与える環境が整った。

もっとも，武帝の曽孫の宣帝は，儒学の興隆や律令の削減を試みつつ，統治や法運用が《礼》に依存する危険性を見抜いた。彼は儒学ばかり好む皇太子を，「漢は成立当初から覇道と王道（力による君臨と徳による君臨）を併用してきた。どうして徳の教えだけに任せる周の政治を用いられようか」と叱責した。法治で成り立つ秦から統一王朝を継承した漢は，法治と礼治の適度なバランスにこそ最適解がある，と結論したのである。

しかし，その漢を滅ぼした新では，創立者の王莽（おうもう）が《礼》思想一辺倒に走り，『周礼』に記された周の制度をモデルに王朝を設計した（『周礼』に架空の記述が多いことは，はるか後代まで気づかれなかった）。こうした試みは後に華北（中国の北半分）の異民族王朝やその系譜を引く隋・唐でも繰り返され，日本でもかなり実現することになる。

儀注の作成と礼治優位の確立——後漢

新を滅ぼした後漢では，初代光武帝が『礼記』の描く社会の実現に邁進し，律令の条数を『礼記』のいう「礼儀三百，威儀三千」に合わせて削減する案まで出された。それは実現しなかったが，礼典が法典を改変しようとする動きが初めて顕在化した，画期的な動向である。

また光武帝は，初めて儀注（ぎちゅう）を整備した。儀注とは，国の統治に必要な《儀》

のマニュアル（儀礼の段取り）であり，《法》の実践に必要な法典に対比すべき，《礼》の実践に不可欠の拠りどころであった。

後漢の前半に《礼》思想は一つの全盛期を迎え，「礼が処理できない問題を刑（法）が処理する」「法家は礼制を輔(たす)けるもの」と結論された。理念として優位に立つ《礼》と，現実的な統治手段として従属する《法》の，二本柱の併用が不可欠という結論は，後漢で初めて固まり，後世まで継承された。

《法》と《礼》の役割分担——西晋の泰始律令，北朝の格・式

後漢末の混乱期を経て，中国は魏・呉・蜀の三国時代に入り，魏を継承した晋(しん)（西晋(せいしん)）が268年に泰始(たいし)律令を公布した（以下，中国の王朝の興亡については23頁の図表1を適宜参照されたい）。それは「令の違反は律で処罰する」という，律と令の関係を明示した，画期的な律令であった。律は単独で機能するが，令は律の支援（刑罰規定）なくして完全に機能しないという構造が明瞭に示され，その構造は隋・唐と日本の律令にも引き継がれる（もっとも泰始律令では，律が永続的な根本法典とされる一方，令にはなお，一過性の法令で終わる規則が含まれていた）。

さらに泰始律令では，《法》と《礼》の関係も明示された。法の内容を「礼の教(おしえ)」に依拠して決め，「刑は大夫に上らず」を法で実践する，と制定時に明言され，《礼》の理念を土台に《法》を定めるという関係が確立したのである。

また，後漢の儀注を継承した「新礼」が，泰始律令と並行して編纂された。律令と「礼」の編纂は，国家統治の運営マニュアルを二つの側面から整備する，一つの事業であったことに注意すべきである。

西晋が4世紀初頭に滅亡し，華南（中国の南半分）で東晋として再興されると，法の運用は戦乱で乱れた。その中で，世代や王朝を超えて参照される不朽の礼典を模範として，同様に不朽の律令を整備すべきという気運が高まった。令がしばしば更新され，律が王朝の交替ごとに作り直されることの弊害が，無視できなくなってきていたからである。

一方，華北では西晋の滅亡後，異民族が次々と王朝を開く五胡(ごこ)十六国時代を経て，これを統一した北朝の北魏で「格(きゃく)」が生まれた。単行法令を蓄積するファイルの役割を，令に代わって担うためである。また，北魏から分裂した西魏で，「式」が公定の行政マニュアルとして初めて現れた。律と令を格と式で補うという，隋唐や日本の律令制の原型が，こうして出揃った。

“周礼国家”の出現——北魏～隋

異民族の鮮卑（せんぴ）族が建てた北朝は，意外にも漢人の王朝より儒学・《礼》の振興に熱心だった。漢人が建てた西晋では，《礼》思想に適（かな）うよう議論して法を定め，その条文に沿って刑を定めたが，北魏ではさらに踏み込んで，《礼》思想を根拠に，法の条文を逸脱して裁決した。

北魏は東魏・西魏に分裂し，西魏を継承して北周が興る。北周は「周」という国号の通り，周の理想的制度を記した（とされる）『周礼』の再現に熱心であった。北周から生まれた隋や，隋を滅ぼした唐もその傾向を引き継ぎ，そうした理念に基づいて造られた国家を“周礼国家”と呼ぶ。

鮮卑族の血統や文化を色濃く持ったこれらの国家は，経典の中にしか存在しない架空の制度を，理想的な過去と信じて現実化しようとし続けた。その熱意は時として暴走し，《礼》思想を自分に都合よくねじ曲げることがあった。北周で宣帝が自分を「天」そのものだと曲解して暴虐に振る舞い，法治も礼治も崩壊したのはその好例である。

その混乱の中，北周の重臣が建てた隋では，初代文帝・二代煬帝（ようだい）が儀注を整備して周礼国家を進展させ，また初めて「律令格式」という熟語が現れて，後に唐や日本が継承する法典の形式が完成した。

ただ，文帝は「一銭でも盗めば死刑」という厳刑酷罰主義に走り，しかも法の定めを超えて厳罰を科した。煬帝も苛烈な厳罰主義を継承し，戦争を最優先して法治を軽視したので，隋では律令の完成とは裏腹に法治が崩壊していた。

《礼》による法運用と皇帝の裁量——唐

唐では律令格式が体系的・同時に編纂される形が確立し，「律令格式は天下の通規なり」といわれるまでになった。律以外は行政法で，令という国家の基本設計図のもと，格が統治の実践的内容を追補し，式が役所を保守する内規として機能する形で並立していた。

こうして法制度が整備されながらも，唐では二代太宗が肉刑・死刑を嫌って《礼》を根拠に死刑を免除し，次の高宗も『礼記』を引用して刑罰の乱用を戒めた。後の憲宗は親の復讐を義務づける『礼記』と《法》の殺人罪の矛盾を問題視し，事案ごとに皇帝の判断を仰がせた。そこには，そもそも皇帝が《法》や《礼》を超越し，任意に律を逸脱して物ごとを裁決できるという大前提がある。それは，《法》や《礼》と権力の，本質的で普遍的な関係であった。

図表1　中国の王朝と日本の時代区分（略年表）

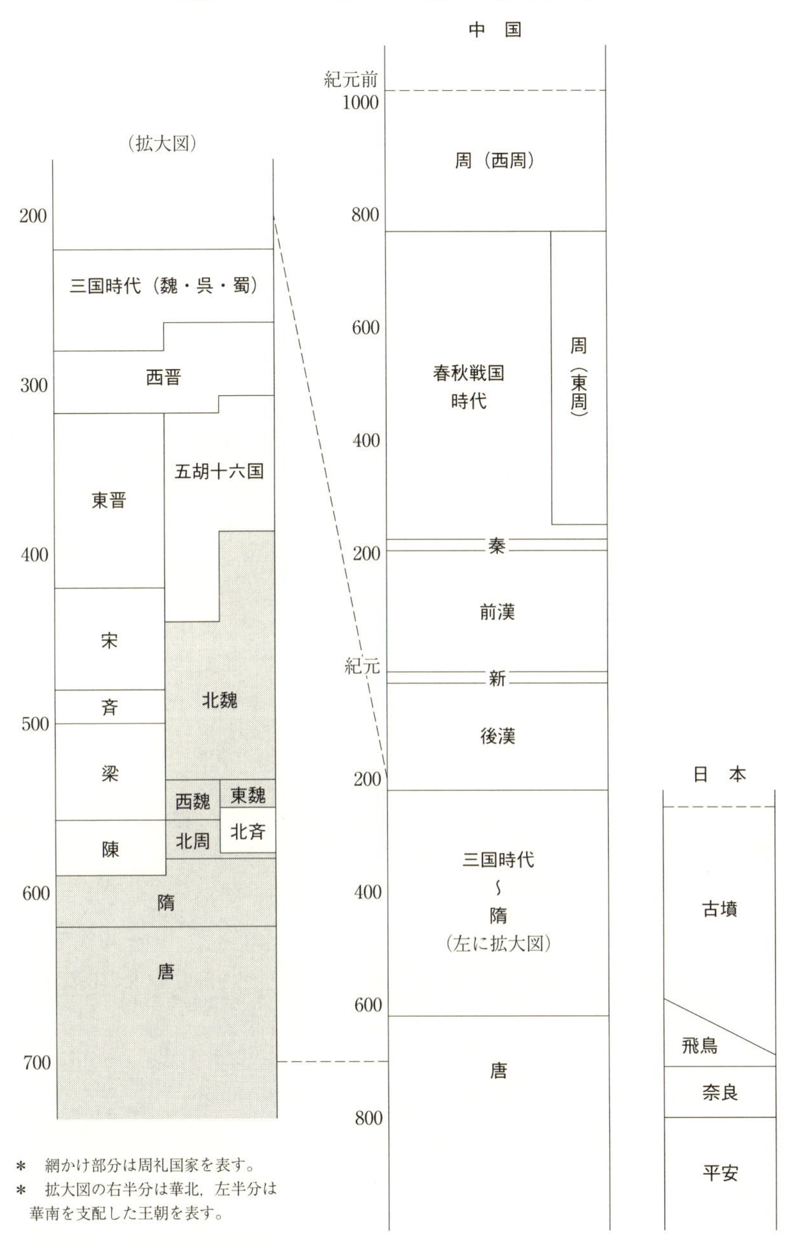

＊　網かけ部分は周礼国家を表す。

＊　拡大図の右半分は華北，左半分は華南を支配した王朝を表す。

『大唐開元礼』と唐朝の安定
――《法》と《礼》の確立

唐でも，法典と礼制の完成までの道程は平坦ではなかった。特に三代高宗の時に，儀注が成立・改廃を繰り返し，矛盾する二つの儀注が併用されるなど，礼制が迷走した。しかしその中で653（永徽4）年，律（永徽律）の公定注釈である律疏と，従来の五経の注を統合して正しい解釈を公定した『五経正義』が完成し，《法》と《礼》の双方で解釈の確定が進んだ。

病弱な高宗に代わって実権を握った皇后の武則天（則天武后）は，『周礼』に従って行政機関を改名し，自ら皇帝となり，国号を「周」と改めた（武周革命）。しかし彼女の没後，過剰な周かぶれの施策は否定され，中国は再び「唐」として法制・礼制整備の完成段階に入ってゆく。

そして732（開元20）年に玄宗が，従来の儀注を取捨・統合した決定版の儀注として『大唐開元礼』を完成させるに至る。当時，王朝の興亡や皇帝の気まぐれで改廃されない，長期的に安定した儀注が切望され，『礼記』を今風の儀注に改訂しようという極論さえ起こっていた。そこで玄宗は『礼記』の改訂を避けつつ，代わりに“唐の『礼記』”として新たに『大唐開元礼』を作ったのである。それは，久々に現れた唐という安定的王朝でこそ可能な成果であった。

5年後の737（開元25）年に開元律令と，それに対応する律疏（『唐律疏議』）が制定され，翌年には“唐の『周礼』”というべき，唐の官職制度を網羅的に解説した『唐六典』が作られた。ここに至り，唐の統治の基盤は，《法》と《礼》の両側面から確立する。

開元律令と『開元礼』は，唐では一度も改訂されなかった。『開元礼』は唐の滅亡後も生き残り，五代十国の後唐では，不備がみつかった律令を増補する根拠として使われた。《法》（律令）は容易に改めない至高の規範であるのに対し，《礼》の定め（五経などの礼典や『開元礼』など）は，《法》の妥当性を《礼》思想から裏づける有力な根拠となる相対的な規範，という安定的な関係が，ここに完成したのである。

以上，第2節を通して述べてきたように，漢代以降，礼典（五経など）と法典（律令格式など）は互いに多大な影響を与え合い，整備されてきた。礼典の安定性が，安定的な法典の成立を促し，法典の解釈を固定する律疏が礼典に応用されて『五経正義』が生まれたように，《礼》と《法》は，刺激し合う好循環の中で唐の完成形を導いた，互いに不可欠のペアであった。

第3節●倭国における《礼》と《法》の導入

《礼》思想の断片的受容——奴国王・卑弥呼・倭の五王

前節で概観した中国の《礼》と《法》は，数世紀をかけて段階的に，まだ「倭国」と呼ばれていたわが国に渡来した。そして実は，日本史の教科書に必ず載せられる倭人の古い活動記録は，ほぼ例外なく《礼》思想の渡来を示す記録でもある。

56年，後漢の光武帝は，《礼》思想の実践として，天子が天地の神々を祀って天下平定を報告する封禅を行った。倭の奴国王はこれに使者を参列させ，「漢委奴国王」の印を授けられた。かつて周の《礼》では，王が王族・功臣に土地と民を与え，独立性の強い属国（封国）の君主（諸侯）とする封建制が存在し，その理念は後に周辺の異民族国家に適用された。倭の奴国王や，2世紀後の3世紀半ばに魏から「親魏倭王」の印を与えられた倭王卑弥呼は，諸侯となることで国際的《礼》秩序の一員となった。

しかも卑弥呼の時代，倭国には大夫という官が存在した。それは卑狗・卑奴母離などの，倭語を漢字で音写した官と明らかに異なるもので，礼典にみえる周の「大夫」階級の模倣，つまり《礼》思想の断片的な移入であった可能性が高い。

魏を継承した晋（西晋）の滅亡後，華北では異民族王朝が乱立した末に北魏が統一し（北朝），華南では晋を復興する東晋が成立したが約100年で滅び，宋・斉・梁・陳と短命な王朝が続いた（南朝）。この時期の倭国は南朝と国交を持ち，5世紀後半に倭王武（雄略天皇）が倭国を南朝の宋の「封国」と自認して服属し，中国の《礼》秩序に参加した。しかしその一方，同じ頃の稲荷山古墳出土鉄剣銘などには，獲加多支鹵大王（倭王武）による統治が「治天下」と記された。それは『礼記』に由来する熟語だが，中国人が治めるべき「天下」を横取りした，《礼》思想の我流の改変であった。

百済からの本格的な《礼》の受容と仏教

6世紀初頭，南朝の梁では武帝が儒学を興隆し，かつて三国時代に消滅した五経博士を復活させた。また武帝は，儒教が面倒をみない死後の救済に希望を与える仏教の興隆にも（やりすぎなほど）取り組んだ。朝鮮半島の百済では，その梁から仏教が流入するとともに，《礼》思想を担う博士が熱心に招かれ，さらに北朝系の学者が高句麗を経由して合流したため，南朝系＋北朝系のハイブリッドの儒学が学ばれた。

倭国における本格的な《礼》思想（儒学）と仏教は，その百済から伝来したものである。6世紀初頭，継体朝（継体天皇期）の倭国に百済の五経博士が二度渡来し，6世紀半ばの欽明朝にも交代制で五経博士が渡来した。しかし，同じ欽明朝に到来した仏教が倭王朝を熱狂させ，《礼》思想を圧倒してゆく。聖徳太子（厩戸皇子）は仏僧から儒学を学んでおり，儒学の普及は仏教に依存する形で，仏教に後れをとった。

推古朝の対中外交と倭国流《礼》思想の試行錯誤

推古朝は600年に遣隋使を初めて派遣し，倭王武（雄略）以来絶えていた国交を中国と再開した。中国を核とする東アジア世界で，《礼》思想は異文化の国同士が対話する共通規約であったため，倭国は急速に《礼》思想に順応した。しかし，国交再開の動機は，三韓（高句麗・百済・新羅）を媒介せずに直接中国から仏教を導入することにあり，やはり《礼》思想の普及が仏教に依存していた。

推古朝は隋に「阿毎多利思比孤（天足彦＝天に充満する偉大な君主）」という倭王の称号と，「倭王は天を以て兄と為し，日を以て弟と為す」という世界観を披露して，「天の子」＝皇帝を頂点とする《礼》思想への忠実な順応を拒否した。倭王家の血統の絶対性を優先して，王家が交替するかもしれない天命思想を拒否したのであり，それはわが国の《礼》思想・秩序の最大にして根幹的な特色であった。

607年の二度目の遣隋使では，著名な「日出づる処の天子，書を日没する処の天子に致す。恙無きや」という国書により，倭王も天子と自称する修正版のローカル《礼》思想を隋に披露した。それは，“倭王も天命で決まるが，倭国を統治する天命は倭王家の中にしか下らない”という，天命の解釈の変更であった。

この国書はしばしば，国際常識や《礼》思想に対する無知と身の程知らずの産物だと説明されるが，そうではない。1世紀前から礼典と博士を確保して学んできた倭国が無知であったはずがなく，知りながら故意に行ったに違いない。

また，身の程知らずというのも誤解で，中国を怒らせても脅威とならないことを，倭国は知っていた。隋唐は6回も高句麗を征討して，全て失敗している。自国に立て籠もって地の利を活かせば，周辺の小国が中国に勝てることを，高句麗は証明していた。三韓は日本列島と中国の衝突を阻むクッションであり，中国がその一つの，陸続きの高句麗さえ制圧できない当時，海を隔てた倭国を征伐できる見込みはなかった。倭国は中国の足元を見ていたのである。

倭国はさまざまな倭国なりの《礼》思想の消化を隋に表明し，皇帝の反応を確かめながら微調整し，最終的に，中国に対しては「天子」と名乗ることをやめた。そして隋に対して「“大隋礼義の国”の教化を是非承りたい」と表明し，表面上は朝貢国（王位の承認を中国に要求しない，緩やかな属国）として振る舞いながら，三韓諸国に倣って面従腹背する道を選んだ。

冠位十二階・憲法十七条と《礼》思想

その推古朝では冠位十二階が定められ，憲法十七条が作られた。これらは全て，対中外交の本格化に伴い，《礼》思想の受容を大きく進めた一つの事業であった。

冠位制度は高句麗・百済に源流を持つが，物理的な外形（冠）で序列を可視化する発想や，儒学の徳目（徳と五常＝仁・義・礼・智・信）を採用した冠位の名によって，冠位十二階は《礼》思想を導入する倭国の意志を声高に唱えている。その制定は最初の遣隋使の3年後で，明らかに隋と接触した結果である。

憲法十七条も《礼》思想の影響下にあり，第4条に「群臣は上下皆で礼を守って秩序を保て」とある。ただし，それは第2条の仏教尊重，第3条の天皇（倭王）尊重より位置づけが低い。著名な第1条の「和を以て貴しと為せ」は，《礼》思想で聖人とされる孔子の言行録『論語』の引用だが，『論語』の原文は「礼の用，和を貴しと為す」で，「礼」の字を含む前半を意図的に削除している。原文は，「和（調和）を直接追求しても限界があり，《礼》を実践してこそ結果的に和が得られる」という意味だが，それを「和こそが最も追求すべきもの」と正反対の文意に改竄している。推古朝は《礼》思想を自分に都合よく切り刻んで再利用し，《礼》を，単に敬意を強制する作法として受容した。

なお，憲法十七条は単にわが国の《法》のさきがけと思われがちだが，「憲法」と銘打った《法》はほかに前近代の中国やわが国になく，法制史上，完全に孤立している。また憲法十七条は作られただけで，《法》として施行された形跡がない。内容も漠然とした倫理規定に満ち，およそ律令的な《法》とは異質だ。では，憲法十七条とは何なのか。

実は，憲法十七条には内容の重複が多く，無理に条数を17条に水増ししている。古代中国で17という数に固有の意味を与えていたのは，「三千条の礼，十七篇の学」だけであり，それは「士礼十七篇」の学である。「士礼」は『儀礼』という礼典の別名で，『周礼』『礼記』とともに「三礼」と呼ばれた重要な礼典だ。そうした礼典の篇数に意図的に条数を合わせた憲法十七条は，「憲法」と名乗る礼典，つまり《法》と《礼》のハイブリッドである。

隋が亡ぶと，舒明朝の630年に初度の遣唐使が派遣され，唐の使者を伴って帰国した。この時，使者は倭の王（または王子）と「礼を争い」，つまり使者か倭のどちらかが要求された礼節を拒み，使者が席を蹴って帰った。この使者を中国の史書は無能と断定したが，倭国側もまだ《礼》に基づく外交に熟れていない。

大化の改新・百済の役と《礼》思想

645（大化元）年に蘇我入鹿を暗殺し，その後の孝徳朝の改革（大化の改新）を主導した中大兄皇子と中臣鎌足は，南淵請安に「周孔（周公旦と孔子）の教」＝儒学を学んだ。その結果，改新では倭国の《礼》国家化が一挙に推進された。僧旻と高向玄理は「国博士」として儒学の立場から国政の顧問となり，また詔に『易経』などの出典を明示した漢籍の引用が始まり，文章が《礼》思想で満たされた。また中国を参考にして年中行事（特に正月行事）が整備され，新たに造営された難波長柄豊碕宮の「礼法」も倭国風の跪く敬礼ではなく，中国式に直立して拝する「立礼」であった（今日の「起立，礼，着席」の原型）。

660年に唐・新羅が百済を滅ぼすと，中大兄は対抗して百済王を任命する天子として振る舞った。唐の皇帝が周辺諸国の王を任命するのと同じ国際的《礼》秩序を，極東にもう一つ作りだそうとしたのであり，そのため中国は中大兄を「僭帝（不正に帝と自称する者）」と呼んだ。中大兄は倭王を脱皮した極東の《礼》秩序の天子，倭帝とでも呼ぶべき存在であり，その地位は天武朝までに「天皇」と呼ばれ始めた。

「天皇」号の発生は，674（天武3）年に唐の高宗が「天皇」を名乗り始めたことと，無関係とは考えにくい。「天皇（天皇大帝）」は道教に由来すると誤解されやすいが，そうではなく，殷代に信仰された「上帝」が周代に天命思想の中核となり，唐代までに何度も変転を経て生まれた呼称である。高宗が「天皇」と名乗り始めた時，既に皇后（武則天）が実権を握っており，それは明らかに彼女の極端な《礼》思想の信奉から生まれた。もしその影響を受けていたならば，わが国の君主「天皇」は《礼》思想に直結する呼称ということになる。

実は4世紀の西晋滅亡後，華北に興った五胡十六国の異民族国家で，君主が次々と「天王」を名乗った。本来「天王」は周の王の称号で，《礼》思想の一要素である。その影響を受けたらしい高宗やわが国の「天皇」号は，やはり《礼》思想に由来する可能性が高い。

百済再興の試みは，663年に唐・新羅の連合軍に白村江で敗れた百済の役により挫折したが，中大兄は終戦翌年の664（天智3）年に冠位制を改定し，百済滅亡後に倭国で保護していた百済の遺臣らに冠位を与えて，倭国の臣に位置づけ直した。その冠位制は671（天智10）年に，わが国最初の令＝近江令の一部として，施行し直された。

近江令の導入と“周礼国家”化——律を拒否した天智朝

近江令については，隋唐の律令に類する体系的法典の編纂があったとは思えないとして，近江令と呼ぶべき法典の完成・施行はなかったとする説があるが，律令が隋唐的でなければならない理由はない。そもそも令は漢代に，雑多な単行法令のファイルを整理した法典として生まれたもので，本質的に体系的法典である必要はない。

天智（中大兄）朝のこの近江令と，続く天武・持統朝に制定された飛鳥浄御原令は，まず令だけを導入したという点で，わが国の律令受容の特異性を示して余りある。

中国では，律令はまず律だけで成立し，律令の本質は刑による規範の強制で，令も律によって強制力を保証された。律令の根幹は律であり，律を伴わない令は単なる規格集，魂のない抜け殻に過ぎず，令だけの制定など，中国ではあり得ない異常事態だ。秦に中国を統一させたのは律の力であり，令の力ではない。中央集権化によって国家を強化したければ律を導入すべきだが，倭国は令だけを導入した。したがって導入の目的は，しばしばいわれるような，唐や新羅の軍事的脅威に対抗するための中央集権化ではない。

わが国は，恐らく二つの理由から律の導入を拒否した。第一に，律の厳刑酷罰主義を受け入れる社会的素地が，倭国にはなかった。秦以来，中国の律は常に苛酷で，些細なことで簡単に死罪となったが，わが国の刑法史は死刑を避けてきた歴史だといっても過言ではない。第二に，《法》と《礼》の先後関係の影響が大きい。律による法治が先行した中国では，後発の《礼》思想が法治の苛酷さを和らげるのに四苦八苦したが，わが国ではまず仏教と《礼》思想が入り，先に定着していた。後発の律の厳刑酷罰主義は，殺生を忌避する仏教や，他者を哀れみ愛む《礼》思想の《仁》とまったく相容れない。

では，律の強制力を持たない令は，いかにして倭国で《法》として規範性を持ったのか。その手がかりは，同じ頃に，天智が「朝庭の礼儀」（官人の礼節作法）を「宣」によって制定した事実にある。「宣」はノル・ノリと読まれ，“貴人の口頭の宣言”を意味した。

わが国では，およそ規範を意味するあらゆる漢字がノリと読まれた。《法》に属する法・刑・令も，《礼》に属する徳・教・儀・義も，どちらにも偏らない紀・矩・規・憲・式・則・典・範・度・章も，全てノリと読んで同じ概念に集約した。そこには，“規範とはすなわち君主のノリである”という独特の理解があり，その意味で《法》と《礼》に大差がなかった。そしてわが国では，“君主のノリで定めたので守るべき”という形で，規範が正当化されたのである。

では，令はなぜ必要だったのか。その手がかりは，大化の改新で予告されていたわが国初の包括的な官制が，令や新冠位制の施行と同時に制定された事実にある。百済の遺臣を倭の天子の臣に位置づけ直す喫緊の必要性から急がれた可能性が高い，その包括的な官制は，性質上も分量的にも単行の法令では制定することが困難で，国家の根本法典で定める必要があった。

臣の君主に対する奉仕関係を網羅的な官職（百官）で表現するのは，『周礼』に由来する《礼》そのものだ。天智朝で完成したその官制は，『周礼』に載る周の六官を模倣して，法官・理官・大蔵・兵政官・刑官・民官の六官で構成され，倭国は周礼国家となった。

こうしてみると，近江令という《法》は，《礼》の実現のために生まれたという側面が濃厚で，それが倭国独自の《法》と《礼》の関係の起点となった。それを促したのは百済遺臣の受け入れ問題であり，その意味で百済の役は，倭国の《礼》国家化を促した大事件であった。

《礼》国家としての祭祀と軍事の充実化――天武朝

天智の死後，壬申の乱を経て即位した天武天皇も，礼典に沿って倭国の《礼》国家化を進め，特に「国の大事は祀（祭祀）と戎（軍事）とに在り」という『春秋左氏伝』の一節を実践した。

軍事の面では，「政の要は軍事なり」と宣言し，全ての皇族と臣に，兵器・軍馬の常備と維持，そして操作の習熟を義務づけた。これは東アジア情勢に備えた軍備充実化と説明されることがあるが，当時の唐や新羅には倭国を侵略する力も意志もない。これは文官を含む大夫・士以上に，戦時に有能な戦士であれと義務づけた《礼》思想を適用したものである。

祭祀の面では，収穫された新穀を神に捧げる大嘗祭・新嘗祭が創始された。それらは在来の信仰に基づくと思われがちだが，祭祀の器具に『周礼』と『礼記』の文章が書かれるなど，一部はまったく《礼》思想の産物だ。その原型は，初物の稲を天子が味見して祖先の宗廟に捧げる中国の「大嘗」という祭祀である。

天武はさらに《礼》に基づく年中行事を充実させ，服装・髪型から馬の乗り方まで，風俗を中国風に改めた。倭国独自の跪礼（地に跪く敬礼）・匍匐礼（土下座に似た敬礼）は禁止され，既に外国使節向けに行われていた中国式の立礼を全面的に採用した。

これらの礼制整備と並行して，飛鳥浄御原令が編纂された。その編纂開始が宣言された日に天武の子の草壁皇子が皇太子となり，直後に『日本書紀』の編纂が開始された。それらは全て一つの問題で，草壁の確実な皇位継承を演出するために，父母（天武と後の持

図表2　天皇の系図（欽明天皇〜仁明天皇）

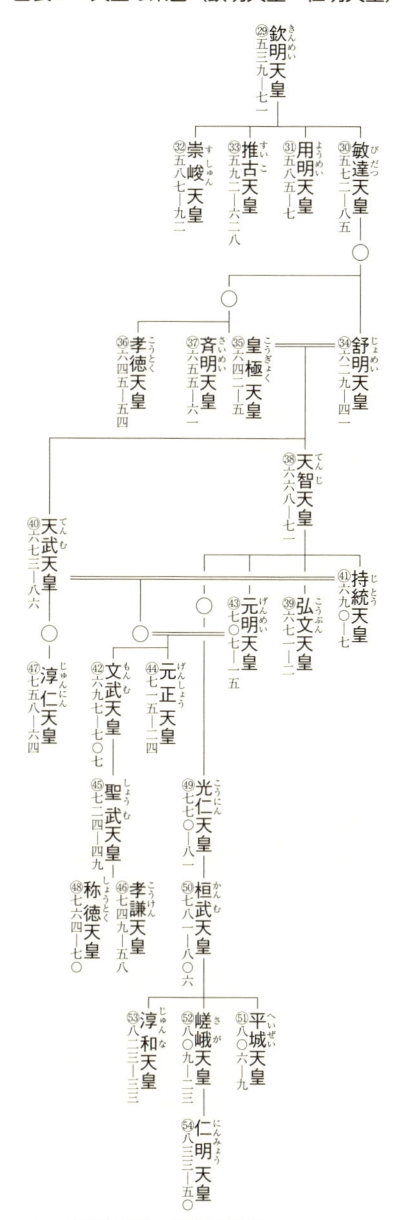

＊　丸数字は代数，西暦は在位年。

統天皇）が《礼》・《法》・歴史を総動員した援護射撃とみられる。その『書紀』は一部で『左氏伝』の文体を模倣しており，《礼》思想の産物という側面が否定できない。

《礼》思想を現実化する異民族――持統朝と藤原京

草壁の早世で上述の構想は頓挫したが，母の持統が即位し，年中行事の充実化や軍国化の徹底を進めて，天武が構想した《礼》国家の形成に邁進し，わが国初の中国式都城である藤原京を造った。

藤原京に始まる，恒久的で中国的な都城の導入意図も，律令制と関連づけられることがあるが，律令が秦漢以来存在したのに対して，そうした都城は隋まで現れず，律令制に必須でない。

藤原京は，天子の宮殿を北に配置する唐の北闕（ほっけつ）型ではなく，宮殿を中央に配置し，東西南北に9本の街路で京域を10等分する独特の形であり，それは『周礼』の一篇「考工記」に記された，周の理想的な都城プランの再現であった。藤原京は律令制と無関係ではないが，その本質は，倭国の《礼》国家（周礼国家）化の到達点であったことにある。

しかし先に述べたように，『周礼』は周代の著作を装って戦国時代頃に著された経典で，そのプランは実在しない想像の産物だ。倭国は，《礼》の経典の中だけに存在した周の都城を，現実に造ってしまったのである。こうした“嘘から出た真”は，漢人でない，異民族の《礼》思想の受容に特徴的な現象だ。

西晋滅亡後の華北では，漢人よりも熱心に《礼》思想の実現に取り組み，周王を真似て「天王」と名乗る異民族の君主が現れた（特に五胡十六国の一つである前秦（ぜんしん）の君主に顕著）。華北を統一した北魏や，北魏から分裂した西魏でも，鮮卑族の宇文（うぶん）氏が主導して周礼国家の実現に取り組み，最後に宇文氏自身が文字通り「周」（北周）王朝を開き，「天王」と名乗り，『周礼』の六官を模した官職制度で，《礼》思想を実体化させようとした。北周の六官は名前だけ変えて隋・唐に引き継がれ，唐から現れた武則天も北周と同様に「周」王朝を建て，周礼国家の現実化に邁進した。そうして礼典の虚構を現実化してしまう異民族の意志と力は，倭人にも共通した。藤原京完成に至る《礼》国家の構築は，その一分派なのであった。

《礼》国家「日本」の誕生――文武朝と大宝律令

持統に皇位を譲られた孫の文武朝では，「朝儀の礼」（朝廷での礼儀作法）や「笞（ち）の法」（鞭打ち刑の規定）が「別式」という一つの規範集に収められた。この段階で，刑法を律に定めない不自然さが認識され，701（大宝元）年に施行された大宝律令で，初めて律が制定されるに至った。それはまた，《法》の一部である刑法が，《礼》の一部である《儀》と雑居する段階から，別々の規範に棲み分けてゆく，律令制成立過程の重要な画期でもあった。

この頃から，わが国における《礼》思想の受容は路線を修正し始める。たとえば，年号が存在しなかった周代から，年号が定着していた唐へとモデルを改めて，701年の大宝改元以降，年号が定着した。また710（和銅3）年に遷都した平城京は，『周礼』型を捨てて隋唐特有の北闕型を採用した。机上の理想に過ぎない礼典の中の周よりも，周の理念を尊重しつつ当時の“現代社会”に適合させた唐をモデルとする方が有益だと，気づいたためだろう。

わが国の国号が「日本」と明記されたのは，大宝令が初めてであった。「日本国」とは，一定水準の《礼》国家に達し，もはや従前の「倭国」から脱皮した国であった。それを中国に告知した遣唐使の粟田真人の振る舞いは中国で感心され，現地の役人から「海東に大倭国有り。之を君子の国と謂ふ。人民豊楽し，礼義敦く行はる」と評された。

大宝令で固まった日本の身分は，周礼国家そのものである。親王でない皇族を王と呼び，大臣を公，三位以上を卿，両者を合わせて公卿と呼ぶのは，《礼》思想が理想視する周の王・公・卿・大夫・士という身分制度のコピーにほかならない。

なお平安期以降，五位を大夫と呼び，四位・五位を諸大夫と呼び，平安末期までに四位・五位に昇れる家格を諸大夫と呼ぶようになった。その下の，六位に昇れる家格を侍といい，これが士に対応し，諸大夫と合わせて鎌倉幕府以降の武士の家格となった。したがって武士は単なる武人ではなく，六位に対応する家格の持ち主であり，諸大夫も武士も《礼》思想の身分制度に由来する。

養老律令
——律令の完成と《礼》の吸収

「日本」の成立を《法》の面で担った大宝律令の大部分は，718（養老2）年に藤原不比等らが編纂し，757（天平宝字元）年に孫の藤原仲麻呂が施行した養老律令に継承され，それで日本の律令が完成した。詳しくは第2章で述べるが，養老律令は形式的には明治維新まで存続し，特に維新まで続いた官位制度の法的根拠は養老令にある。その意味で，中世以降にどれだけ形骸化しても，養老律令は確かに基本的な法典として維新まで生き延びたのである。

もっとも，唐で開元律令と『開元礼』がほぼ同時に成立し，統治の二本柱となる《法》と《礼》を構成したのとは異なり，日本では『開元礼』のように『〜礼』と銘打つ儀注が編纂されなかった。養老律令の編纂より遅い開元律令と『開元礼』の成立は，日本の律令完成に間に合わず，また『開元礼』の成立以前は，唐では前述のように儀注の運用が混乱を極め，日本が模倣するに値する儀注が存在しなかったことによる。

そのため日本は，儀注にあるべき礼則を令に定め，平安期にはその細則を「式」（律令格式の式）で定めた。それらは『延喜式（えんぎしき）』の中に散在し，また『内裏式（だいりしき）』など，儀注そのものというべき規格集が「式」という名で作られた。《礼》と《法》を峻別した中国と異なり，日本は《礼》の規則を《法》に吸収するという，まったく独自の結論に落ち着いたのである。

奈良時代の唐風“周礼国家”
――“中国”としての「日本」

奈良時代には，仏教偏重と《礼》思想偏重の波が繰り返されたが，概ね《礼》思想は興隆された。特に，奈良・平安時代には，天皇の詔勅や上表（じょうひょう）（天皇への上申書）で，「礼」への言及や，礼典の引用がない事例の方がまれになる。詔勅が政策の正当化に用いた故事や前例はほぼ全て中国の堯（ぎょう）・舜（しゅん）や周・漢で，歴代倭王・天皇の治績ではなかった。日々の詔勅や，また譲位の詔でさえも，天皇の治世や即位を正当化する言説は常に天（天命）や仁・孝など《礼》思想の概念であり，記紀神話の神々ではなかった。そして養老令で定めた通り，天皇は専ら「皇帝」と呼ばれ，祭祀の時には天を意識して「天子」と呼ばれた。

当時の詔勅や上表だけをみていると，ここは中国かと見紛う。しばしば古代日本は中国に憧れ，中国人を気取ったといわれるが，そうではない。彼らは本気で，ここが唐とは別の，もう一つの中国だと信じた。そもそも“中国”は複数存在することが珍しくない（三国時代や南北朝に明らか）。日本国が倭人の後身で，漢人王朝の末裔でないことも，大した問題ではない。“中国”とは民族ではなく，理念上の集団だからだ。五胡十六国や北朝では，漢人でない独自の文化・歴史を持つ異民族の国家が，《礼》思想の実践によって真剣に，周の後継者たる“中国”となった。重要なのは過去（血統や民族の歴史）ではなく，今後理念を継承してゆくことだ。日本（倭人）も同じことをし，その場所が日本列島だっただけである。

奈良時代には，特に称徳天皇と藤原仲麻呂が《礼》思想に凝った。称徳は孝の大切さを連呼し続け，また仲麻呂は『周礼』そのままに太政大臣・左大臣・右大臣を大師・大傅・大保と改め，役所の名前も中国風に改めた。それは武則天の模倣であり，北周や武周と同様に，日本も形式上，唐風の周礼国家へと限りなく近づいた。

平安時代の文章経国——“中国”化の極致とその終焉

平安時代の朝廷も，桓武天皇とその子らによって，《礼》思想と文章経国思想（後述）で埋め尽くされた。桓武は郊外で昊天上帝（天命を下す主体）を祖先の霊とともに祀る郊祀を行い，子の嵯峨天皇は818（弘仁９）年に大規模な礼制改革を行った。大内裏（天皇の住居と周囲の官庁街）の建物の名称を全て唐風に改め，警備を担当する氏族名を付けられた諸門も発音が近い《礼》思想的な名に改められ，たとえば「大伴門」が「応天門」となった（「天に応える」と読める応天門は，《礼》思想そのものだ）。

また同時に，嵯峨は朝廷での所作などの「天下儀式」を全て「唐法」に改め，日本の敬礼は再拝（頭を二度下げる）・舞踏（歓喜のあまり踊りだす様子を形式化した所作）・称万歳（「万歳」と三度発声する）という，まったく中国的な所作に統一され，人々は中国人として振る舞った。わが国固有の敬礼（拍手など）は全廃され，拍手は神に対する敬礼としてわずかに残るばかりであった。

嵯峨は，日本人の名前も中国風に改めた。従来の藤原不比等・和気清麻呂などといった姓名はどうみても中国人らしくないが，嵯峨が臣籍降下（皇族に姓を与えて臣とする）した息子たちに与えた源信・源常，あるいは桓武天皇の孫の平高棟などの姓名は，文字だけみると中国人と区別がつかない。こうした命名法は明治維新まで続き，現代まで影響を与えている。

嵯峨の弟の淳和天皇は，令の公式解釈である『令義解』を儒学者に編纂させた。令を儒学的に解釈させるのは，《法》が運用の現場で《礼》に従属する，中国の伝統の継承である。

嵯峨・淳和・仁明の三代がのめり込んだ文章経国とは，“筆者の死後も永く残る文章の力で《礼》国家を保守・高揚しよう”という思想である。彼らは詩文（漢詩）の振興に熱中し，多くの宴会型行事が賦詩（詩を作る）の場となった。

しかし，嵯峨の子の仁明の頃から，多すぎる賦詩の宴は国庫を圧迫し，後に「天下の富の半分を浪費した」と非難された（三善清行の『意見十二箇条』）。折からの飢饉にも有効な対策がとられず，京中を含む全国に群盗が横行し始めた。文章経国への熱中は現実逃避を招き，以後，朝廷は民政と治安維持に正面から向き合わなくなった。それもまた，わが国の《礼》思想受容の一つの結末であった。

しかも，文章経国の隆盛とは裏腹に，この頃から《礼》思想の相対化が進んだ。淳和は儒教の天敵というべき老荘（道家）思想の信奉を表明し，仁明も晩年は老荘を含む諸子百家を学んだ。こうした《礼》思想の相対化は，実は文章経国への傾倒と軌を一にしている。本来，《礼》思想の忠実な実践とは，天智～持統朝が取り組んだような実際的な行政なのであって，文章経国への熱中はむしろ《礼》思想の空洞化にほかならないのである。

仁明朝末期に入ると，漢詩一辺倒を見直す機運が生まれ，和歌の価値が再発見された。「日本国」は，実は「中国」の一つとして発足し，それに飽き足らなくなって，初めて固有の文化＝国風文化への愛着に目覚めたのである。和歌はわが国特有の文章経国の材料となり，日本で中国的な《礼》思想を忠実に実践しようとする者は絶えた。

しかし，それはわが国で《礼》思想が滅びたことを意味しない。中世を迎えると，《礼》思想は，公家社会では初の独立した礼典へと結実し，武家社会では《法》に吸収されて混然一体となるという日本独特のあり方を継承して，幕府法の中にしばらく生き残る。しかし中世後期には，長い内乱と，その果てに到来した室町時代的社会，そしてその破綻を経て，《礼》は日本人の規範意識の深層へと沈潜してゆく。その経緯と結末は，第4章であらためて述べることにしよう。

文献ガイド

＊冨谷至『中華帝国のジレンマ――礼的思想と法的秩序』（筑摩選書，2016年）

第2章　古代法と律令

第1節●律令と格式

大宝律令と養老律令

前章でみたように，日本をはじめとする東アジアの周辺諸国は，唐の律令を導入することで，集権的な国家体制の設計図という，中国で千年かけて作られた成果を手に入れることができたのである。しかし，設計図だけではうまく運用できない。大宝律令制定後も，律令の改訂作業や制度運用の改革を行い，現実とのくいちがいを調節しながら，律令体制の整備を目指した。「周礼（しゅらい）」という儒学の古典をもとにした理念的な藤原京から，現実の唐の都城（長安城）に倣った平城京の建設（710〔和銅3〕年），大宝律令の不備を補う単行法令（格（きゃく））の整備，そして唐の律令により近づけるために養老律令の編纂も開始された。

養老律令は，制定事情やその性格について不明瞭な部分が多い。718（養老2）年，藤原不比等のもとでいったん完成したとされるが，実際にはその約20年後まで作業が続けられたとする説もある。また，実際に施行されたのは757（天平宝字元）年と遅れる。これらをめぐり，現在もさまざまな論争が続いている。

しかし，ともかく養老律令は，施行以降，公的に廃止されることはなく，形式的には明治維新まで基本的な法典であった。そして法典の編纂は，律令そのものではなく，律令を運用するための格式へと移っていった。

格式の編纂と律令体制の完成

「格（きゃく）」は律令を運用・補足するための単行法令，「式」は役所ごとの施行細則である。

唐においては，もとから律令は格式を伴って運用されていた。また，当初は皇帝の代替わりごとに律令を刊行していたが，737年の開元二十五年律令以降は，全体として律令が新たに編纂されることはなく，皇帝の勅（ちょく）による「格」

に立法の重点が移っていく。

日本においては，奈良時代までは律令だけが優先的に制定されていたが，平安時代から格式も重視された。奈良時代の天武系から平安時代には天智系に王統が交代したこともあり，桓武天皇は，自らの正統性を示す手段の一つとして，中国に倣った格式の編纂を積極的に推し進めた。

格式の編纂は，単行法令や役所の慣例をただ集大成するだけではなく，効力を失った部分を削除したり，改編を加えたりした上で収録するなど，事実上の立法や法整備と呼ぶべきものであった。嵯峨天皇のもとで編纂された「弘仁格式」の改正版が 840（承和７）年に最終的に施行され，その後の「貞観格式」「延喜格式」と合わせて，「三代格式」と呼ばれる。

また同時に，儀式書の編纂も始まった。第１章でふれたように，中国の国家体制は，律令すなわち「法」によって民衆を支配するとともに，「礼」によって皇帝を頂点とする国家の秩序を維持しており，現代の私たちが考えるよりもはるかに，儀礼は政治や行政と直接的に結びついたものであった。日本も，平安期には本格的に儀礼の整備を行い，これは行政の施行細則である式の編纂とも連関していた。

かつては律令体制が変質して，格式法の時代に移行すると考えられていた。しかし，現在の研究水準では，格式が，そして儀礼が揃うことによって，平安前期に初めて，中国をモデルにした律令体制が完成したと考えられている。格は，役人の手引きとして使いやすいように事項別に編成し直した『類聚三代格』が，式は『延喜式』が一つの到達点であるといえる。

しかし，これらは律令体制の集大成であるとともに，中世への移行の始まりでもあった。『延喜式』は宮中行事や儀式の規範として浸透し，貴族社会の古典となり，中世・近世社会の「礼」の作法のベースとなっていく。

中世・近世において，政治の実権を失った朝廷が果たし続けた重要な役割の一つが儀式であり，儀式・先例を研究する有職故実の学が盛んになった。平安前期における「礼」と，格式のうち特に「式」の整備は，後世まで多大な影響をもったのである。

第2節●律令法の構造

律令の構成

養老律令をもとに律令法の具体的な内容をみていこう。

律は，名例律から断獄律までの12篇から成る。日本の実情を踏まえて変更された箇所もあるが，令に比べると，唐律に沿って立法されている。

刑罰体系は，死（死刑）・流（流刑）・徒（懲役刑）・杖（杖打ち刑）・笞（笞打ち刑）の五罪（罪＝刑罰）から成り，官位をもつ貴族層には減刑や贖銅による換刑などの特権が与えられていた。こうした身分による処罰の違いは，「礼は庶人に下らず，刑は大夫に上らず」（『礼記』）という中国の儒教的な考え方に基づき，唐律のあり方に倣ったものである。

「八虐」と呼ばれる重大犯罪として，謀反・謀大逆・謀叛・悪逆・不道・大不敬・不孝・不義の八つが特に規定されており（名例律6八逆条），ここにも儒教的な考え方が根底にある。「不孝」には直系尊属を告訴することや，父母の喪中に自分の意思で結婚することが挙げられる。

現代との対比で興味深いのは，たとえば「不道」に，「厭魅」（呪術）によって人を害すことが含まれており，未遂の場合でも殺人未遂の扱いを受けた（賊盗律17厭魅条）。現行の刑法では，呪詛は行為の性質上，実際に人に危害を加える危険性のない行為，不能犯として処罰されないが，古代人は呪詛が人を殺すと信じていた。いかなる行為が犯罪として刑罰の対象になるかに，その社会の規範や価値観のあり方が端的に示される。

養老令は，官位令から雑令までの30篇から成る。行政機構の組織運営に関する規定が中心である。職員令では，二官八省および武官，大宰府・国などの官司と，その人員を規定しており，集権的な行政機構の見取り図ともいえる。公式令では公文書の書式や重要な規定を定めており，律令制の特徴である文書行政を支えている。このように行政法に相当するものとともに，刑罰や裁判の手続など，律と密接に関わる令もある。

律令の裁判

律令制のもとでは，裁判もまた行政の一環として行われ，専門の裁判所はなかった。こうしたあり方は，前近代に広くみられるものであり，司法と行政が分かたれていなかった。裁判制度は中央集権体制に対応し，重罪になるほど，中央の決裁を必要とした。郡司は笞罪であれば独自に執行することができたが，杖罪以上は国司に送らなければならなかった。国司は杖罪と徒罪は執行できたが，流罪以上であれば太政官に上申し，死罪と流罪は天皇の裁可を経て執行されなければならなかった（獄令2郡決条）。

律令は，天皇が自らの臣下（代行者）である役人に対して示した支配のマニュアルという性質をもち，役人は厳密に律令にのっとって職務を行わなければならなかったが，この性質は，裁判においても強く反映された。

たとえば，「役所が断罪を行うときは，律令の本文に依拠せよ」（獄令41諸司断事条），「断罪のときは，必ず律令格式の本文を引用せよ。違反したら笞三十」（断獄律16断罪引律令格式条）という律令の規定である。役人には判決文に律令を引用することが義務付けられており，引用を怠れば職務怠慢として処罰（笞罪）された。

また，犯罪と刑罰とがきわめて具体的に一対一対応している。たとえば，人を殺そうとした場合は徒二年，実際に傷害を犯した場合は近流，実際に殺してしまった場合は斬（ざん）刑と規定されている（賊盗律9謀殺人条）。一般的な窃盗の場合，窃盗した結果，財物を得なければ杖五十とし，実際に盗品がある場合，盗品の金額に応じて，段階的に刑を追加すると規定されている（賊盗律35窃盗条）。ユニークなものでは，仏像の窃盗ないし毀損は徒三年，菩薩像の場合は一等減刑とされ，盗んで供養した場合は杖八十とする（賊盗律29仏像条）。つまり，役人は律の具体的な規定に基づいて刑罰を判断しなければならず，現代の裁判における裁判官の情状酌量のような余地は乏しい。

この点から，律はしばしば，近代の罪刑法定主義になぞらえられることがある。しかし，近代的な意味での罪刑法定主義は，人々を恣意的な処罰から守るためのものであった。「法律無くば刑罰無し，法律無くば犯罪無し」といわれるように，人々はどのような行為が犯罪に当たるかを法律によってあらかじめ知らされている必要があり，裁判官は，その法律で定められている以外の行為を，類推解釈によって犯罪として処罰してはならない。

しかし律は，一般の人々に公開されることはなく，一対一対応の具体的規定で想定されていない犯罪が生じた場合には，類推解釈によって処罰することが定められている（名例律50断罪無正条条）。これは罪刑法定主義とは原理的に異なる。律令における罪刑法定主義とみえるものは，役人が国家の定めたマニュアルを厳密に順守しなければならないということに由来していた。

律令と社会

律令は，行政マニュアルという性格から，中央・地方の役人には周知されたが，一般に公開されることはなかった。律令の規定には，一般の人々の生活に関わる内容のものもあったが，それはあくまでも，統治のなかで一般の人々と直接関わる事項についての，役所の判断基準を示すものに過ぎない。

つまり，律令制は積極的に民事的な裁判，すなわち一般の人々同士の紛争を扱う裁判を扱わなかった。その伝統は後世にも影響を及ぼしていた。鎌倉・室町幕府は，一般の金銭貸借などに関する紛争を「雑務沙汰」と位置づけ，その裁判には決して積極的ではなかったし，近世の幕藩権力も同様に消極的であった。

こうした民事的な紛争は，郡司（国司のもとで郡を治める地方官）をつとめるような地方豪族や役所の長官の権威のもとで裁かれていたと考えられる。平安初期に，朝廷が能力主義で郡司を登用したところ，地元の人々が郡司の裁判に従わなかったため，従来通りに代々郡司を輩出していた家系の「譜代」の者に戻したということが知られている。紛争は，律令法に基づく裁判ではなく，その地域において中心となる有力者によって解決がなされていたのだろう。律令法の体系性をみてしまうと，画一的で整備された支配のあり方がイメージされがちであるが，地方の社会のすべてを律令法が覆っていたわけではないことには注意が必要である。

律令を研究するとは

実は大宝律令・養老律令ともに，それ自体は現在伝わっていない。

令については，平安前期，833（天長10）年に養老令に関する公定の注釈書である『令義解（りょうのぎげ）』，また，『令義解』を含めた諸学説をまとめて集大成した注釈書である『令集解（りょうのしゅうげ）』が9世紀中頃に出されているが，この『令集解』に，養老令の本文が掲載されている。さらにそこに「古説」として引用されるものから大宝令が復元できる。ちなみに，格についても，現在は弘仁・貞観・延喜の三代格自体は残らず，役人のマニュアルとして編成し直された『類聚三代格』から辿ることができる。

つまり，平安前中期における注釈や研究の成果を通して，現在の私たちは令や格の本文を知ることができるのである。一方，律については散逸が激しく，逸文の収集が江戸時代以来進められてきた。

これに対して，中国では律が基本であった。唐律がその注釈書である『唐律疏議』によって後世に伝わったのに対して，唐令は散逸してしまった。近年では，北宋の天聖令が中国で発見され，唐令（開元二十五年令）の相当部分が明らかになった。

日本においては，律よりも令の方が重視され，律は唐のものからあまり変更されていないが，令は社会の実情を踏まえて多様な変更が加えられている。

古代史研究では，この令の変更点に注目して，律令編纂当時の日本の国制・社会の実態を探るという研究手法がとられていた。それによって，従来は律令制の最盛期と考えられてきた奈良期には，社会の基層に，律令制導入以前からの伝統的な秩序が強く残存していたことなどが明らかにされた。そして近年，北宋の天聖令が発見されたことで，こうした日本と唐との比較研究がいっそう盛んになっている。従来の歴史叙述が新たな史料の発見によって書き変えられていく「研究の現場」については，直接論文などを手にとって調べてみてほしい。

第３節●明治維新まで生きる律令

社会の変化と律令

日本の律令は，養老律令以来，明治維新に至るまで一度も改正されることはなかったが，法文の解釈が変わることによって，社会の変化に対応していった。

その担い手となったのが，明法家と呼ばれる律令法の専門家である。

律令制のもと，役人を養成する学校として大学寮が設けられたが，律令法を対象とする明法道は，その重要な科目の一つであった。その専門家を明法家，その長を明法博士と呼ぶ。摂関期以降，大学寮は衰退したが，明法家を世襲する坂上氏・中原氏の家が，家業として明法道を担い，貴族社会において法に関する諮問を受けたり，京都や畿内の治安維持を担う検非違使を代々務めたりすることになった。

このように，律令制のもとで設けられた朝廷の機関のうち，特に専門性の高いものは，摂関期以降，次第にその長を務めた家が，その機能を世襲で担うようになった。国家の機関から担い手の家へと機能が移っていくというこの変化は，古代から中世への移行の特徴の一つである。

そして，院政期以降，所領をめぐる訴訟など，社会の変化とともにさまざまな新たな紛争が生まれる中で，明法家は，朝廷や紛争当事者から，律令法に関する意見を求められるようになっていった。

律令法は，直接的には人々の間の紛争を解決するためのものではなかったが，院政期以降，所領をめぐる訴訟に際して，明法家は，律令にもとづく参考意見を出すよう求められた。この参考意見を明法勘文（かんもん）という。社会の変化に対応する新たな法を欠く状況で，律令を用いて，権力者の側が受け入れやすい論理や説明の仕方を提供した，この明法勘文の役割は大きかった。

古代の律令法そのものが中世社会に適用されたのではない。紛争解決という，当初の律令の射程外のことを対象として，新たに律令を解釈し直すことによって中世法が生まれたといえる。律令の解釈水準自体は平安前期に比べると低下し，曲解も目立ったが，新たな社会の変化に対応した法を創造する役割を果たしたことは積極的に評価すべきである。こうした明法家の営みは，鎌倉幕府にも大きな影響を与えた。

これらの明法勘文の蓄積を経て，明法家の家ごとに，自らの律令解釈をまとめた法書が成立する。御成敗式目に影響を与えた『法曹至要抄（ほっそうしようしょう）』などが代表的なものである。

しかし，ここには大きな問題が一つあった。明法官人を世襲するそれぞれの家ごとに学説が異なっており，律令や公家法の解釈が一定しなかったことである。法の制定そのもの以上に，法解釈を安定させることは重要であり，古代においては『令義解』のような公定注釈書が出された。中世では，朝廷が明示的に法解釈を公定することはなく，ときに当事者や関係者の強弱による恣意的な曲解を伴いつつ，多様な解釈が併存するままになってしまっていた。このため，鎌倉幕府で御成敗式目を定めた北条泰時は，式目を制定した理由の一つに，「真名（まな）」（律令の条文のような難解な漢文）を知らない武士たちのためであり，「明法家が律令格式の条文を恣意的に引用し，その意見書が一定しないために，人々が迷惑している」ということを挙げている。律令と式目との関係については，第3章で詳しく述べる。

武家政権と律令

中世を通して，律令は，公家のみならず武家にとっても，「古典」としての地位を保ち続けた。

武家においても律令は尊重され，北条実時が和漢の書籍を収集して建てた金沢文庫の旧蔵書には，『令集解』の古写本をはじめ多くの律令の書物があり，現在に伝わっている。

近世に至っても，律令制に由来する国郡制や官職は機能していた。豊臣秀吉は，全国の大名から，国郡制にもとづく「国」ごとの地図である国絵図を提出させた。また，江戸時代には，律令制に由来する官職（官途）が，その職務内容とはまったく無関係に，身分標識として大名に与えられた。

さらに，江戸中期以降，幕藩体制の改革に伴って，明律の研究が盛んに行われていく。明律とは，モンゴル帝国の支配の後に漢民族の王朝を築いた明が編纂した律であり，古代段階で導入した唐律に比べて厳刑であることで知られている。古代においては行政組織の設計図としての「令」が重視されたのに対して，近世では学問対象として「律」の研究が行われた。

当初は，有力な大名や幕府のもとでも学問的な研究が進められた。そして，18 世紀後半に熊本藩では明律を参考にした大胆な司法改革が行われるなど，明律研究は改革に対して実際的な影響をも及ぼした。

明治初期の律令

明治新政府が新たな刑法典を整備する際に，まずモデルとしたのも，明律であった。

新政府は，太政官制に基づく政府組織を整え，手始めに編纂した「仮刑律」を経て，明律・清律・御定書百箇条を参考にして編纂された「新律綱領」を制定した。

1873（明治 6）年に制定された「改定律例」は，「新律綱領」の修正を図りつつ，これと併用されていた。日本の刑法典としては初めて条文に通し番号を付したり，律系刑罰である五刑を，懲役刑などの近代的な刑罰に改めたりと，西洋法の影響もみられた。しかし一方で，身分による刑罰の差があったり，類推解釈による刑罰を認めた断罪無正条条があったりと，近代刑法の「罪刑法定主義」とは相いれないものも残っていた。

このような明治初期の中国律系の刑法典が役割を終えるのは，ヨーロッパの刑法典に倣った刑法典が編纂される 1880（明治 13）年のいわゆる旧刑法の制定をまたなければならなかった。

このように，7 世紀から 19 世紀まで，律令は形を変えながらも，国家と法に影響を及ぼし続けたのである。

文献ガイド

＊利光三津夫 = 長谷山彰『新 裁判の歴史』（成文堂，1997 年〔旧版 1964 年〕）
＊大津透『律令制とはなにか』（山川出版社，日本史リブレット，2013 年）
＊大津透『古代の天皇制』（岩波書店，1999 年）
＊大津透編『律令制研究入門』（名著刊行会，2011 年）
＊小林宏『日本における立法と法解釈の史的研究』全 3 巻（汲古書院，2009 年）
＊早川庄八『中世に生きる律令――言葉と事件をめぐって』（平凡社選書，1986 年）
＊吉田孝『律令国家と古代の社会』（岩波書店，1983 年）

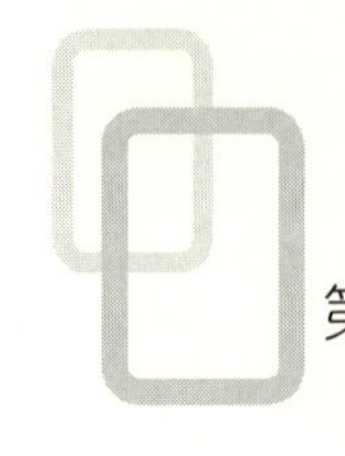

第3章　中世の法典――御成敗式目と分国法

第1節●「中世」とはどのような時代か

権門体制と法圏の分立

中世は，現代の感覚では最もわかりにくい時代かもしれない。第1部の「はじめに」で述べたように，近代の法は基本的に全ての国民を対象とし，古代や近世にも，徴兵・徴税・宗派取締りなど，人々に統一的に適用しなければならない法があった。しかし中世において，国家は人や土地を統一的に把握しようとしなかった。

それでは中世国家において，法や秩序はどのようなものだったのだろうか。

中世国家は，天皇を頂点として，その下で朝廷官司，幕府，寺社など，さまざまな主体が国政機能を分担することによって，運営されていた。この主体を権門，このような国家のあり方を権門体制と呼ぶ。

個々の権門は，内部秩序の維持について相当の独立性をもっていた。公家やその周辺の人々の間では公家法，幕府・守護や将軍の従者である御家人(ごけにん)の間では武家法，寺社やそこに属する僧侶・神官の間では寺社法，それぞれの経済基盤である荘園や職能集団においても独自の法があった。律令法の存在は否定されていなかったが，多様な集団がこうした独自の法をもち，内部の秩序を維持していたのである。これらは，個別具体的な状況において「この集団では，このような場合にはこうする」という，集団ごとの「やり方」を示すものであった。

しかし，こうした法は，現行法のように，不特定多数の人々に対する一般的な規範となるものではなかった。そのため，複数の集団にまたがるような紛争が起きると，一つの集団の法だけでは解決できなかった。

さらに，一人の人物が複数の集団に所属することもしばしばあった。そのため，ある紛争がどの集団の法や裁判で裁かれるのかが必ずしも自明ではなかった。紛争当事者は，少しでも自分に有利な判決を求めて，関わりのあるさまざまな権力に訴えを起こすこともあり，また実力行使をしてしまうこともあった。

まず，第3章では，こうした社会で成文の法典として編纂された，鎌倉幕府の「御成敗式目」と，戦国大名の「分国法」に注目し，その意義を考えてみたい。

武家法の成立　こうした集団の独自の法のなかで，とりわけ中世に大きな役割を果たしたものが武家法である。

武家法は，御家人にとって，天皇・朝廷の命令に優先する場合があった。それはなぜか。その理由を端的に物語るのが，源義経をかくまった奥州藤原氏を滅ぼし，鎌倉幕府成立の総仕上げとした，奥州合戦（1189〔文治5〕年）の折のエピソードである。

奥州藤原氏を滅ぼすにあたり，朝廷の許可（追討宣旨）を待たずに出兵すべきかどうかについて，御家人・大庭景義は源頼朝に次のように進言した。「軍中においては将軍の命令だけに従うものであり，それは天皇の詔に優先する」，また「奥州藤原氏の藤原泰衡は源氏代々の家人であり，天皇の命令がなくとも，主人が従者に治罰を加えることに問題はない」と（『吾妻鏡』文治5〔1189〕年6月30日条）。つまり，武家法は軍法と主従関係にルーツをもち，その範囲内では天皇の命令にも優先するのである。

鎌倉幕府は，治承・寿永の内乱期において反乱軍として始まった源頼朝の勢力が，東国支配権の掌握，守護・地頭の設置など，内乱期の軍事体制を恒久化することによって成立したものであり，将軍と御家人との間の主従関係を軸とした。しかし，平時において，荘園領主と地頭との紛争などが多発する中で，武家法は，既存の朝廷・公家法との関係において位置づけられる必要が生じた。その帰結の一つが，御成敗式目の編纂であった。

第2節●御成敗式目の制定

御成敗式目のイメージ　御成敗式目（以下，「式目」）は，1232（貞永元）年，鎌倉幕府の執権北条泰時が中心となって制定した，51ヶ条から成る法である。

承久の乱で勝利した鎌倉幕府による最初の本格的な武家法であり，武士社会の慣習や先例を重視し，武家政権の確立を象徴するもの，いわば「武家政権の独立宣言」であるというのが，教科書に書かれている式目の一般的なイメージであろう。

しかし，式目もまた，中世の多様な集団ごとの法と同様，律令を否定するものではなく，「武家において，こうした場合にはこのようにする」という例示にすぎないものであった。

また，式目の制定には「京下りの官人」と呼ばれる公家出身の中下級の実務官人たちが深く関わっており，明法家の影響もみられ，後に触れるように，律令をめぐる当時の問題意識を共有していた。

この式目がどのような意義をもち，どのように活用されたか。まず具体的な内容からみていきたい。

自らの権力基盤の重視——「所務沙汰」

中世においては，人々のもつ権益は，職務とそれに伴う利権がセットになった「職」という形で表現された。幕府が御家人に与える所領も，「土地」そのものではなく，その土地の「地頭職」など，所職として与えられた。鎌倉幕府のもとで，御家人の所職をめぐる裁判は「所務沙汰」と呼ばれた。幕府の裁判は，所務沙汰のほか，犯罪を裁く「検断沙汰」と，それ以外の私人間の紛争などを扱う「雑務沙汰」がある。

式目は，主に所務沙汰と検断沙汰に関わる内容で構成されており，とりわけ荘園領主との紛争や財産相続など，所務沙汰関連の法文の多さが特徴である。これは鎌倉幕府が，検断沙汰に関わる諸国守護・治安維持を自らの国制上の主任務としつつも，主従関係に基づく御家人の奉仕（御家人役）を，軍事的にも財政的にも基盤としていたためである。

一方，雑務沙汰に関わるものは，奴婢雑人の帰属をめぐる領主間紛争に対応した第 41 条などのほかはあまりみられない。式目以降も，鎌倉幕府はあまり雑務沙汰に関わる法を定めなかった。

同じ武家法であっても，室町幕府は雑務沙汰に関する法を多く発した。貸借関係の破棄（借金帳消し）を認める徳政令をはじめとして，人々と土倉（金融業者）との間の貸借関係に関する法が多くみられる。しかしこれは，室町幕府が京都の経済活動，とりわけ金融業者に対する課税を重要な財政基盤としていたためである。

武家法が重視するものは，自らの権力基盤と密接に関わっており，古代の律令と同じく，私人間の紛争に積極的に立ち入る姿勢をもっていなかったと考えられる。

目の前の問題への対応

式目の第17条は，承久の乱で父子が朝廷側と幕府側に分かれて戦った場合の縁座（罪が親族に及ぶこと）についての規定である。式目が制定された当時，乱の戦後処理においてこの問題が多発しており，第17条はそれに対応する判断基準を明示した。しかし，この問題は一過性のものである。

また第51条は，「問状狼藉（といじょうろうぜき）」を禁止している。「問状」とは，原告からの訴状を受理した幕府が，被告の言い分を尋ねる文書である。「問状狼藉」とは，この問状を被告のもとに運ぶのがしばしば原告本人であったため（当事者主義），単なる問状をまるで判決のようにふりかざし，自分の訴えが認められたと称して，現地で押領（おうりょう）を図るというものである。これもまた，当時多く発生していたトラブルに対応するものであった（歴史家はこのような「○○するな」という法令の存在から「実際には○○するものが多く，制止しなければならなかった」という現実を推測することも多い）。

式目においても，第17条や第51条などは，制定当時に直面していた問題への対応策，「このような場合はこうする」という例示であった。式目は，網羅的・体系的な法典として編纂されたものではなかったのである。

そのため，幕府が訴えに対して判断を下すときに，式目やその他の法に書かれていることを根拠にしたり，あるいは直接書かれていなくても類推を通して根拠にするという姿勢は必ずしも強くなく，逆に，判断は法に拘束されるべきであるという姿勢（近代においては法定主義と呼ぶ）も乏しかった。

「追加」としての中世法

式目の制定者自身が，式目を完成した法典とは捉えていなかった。

北条泰時は，「漏れ落ちたことがあれば，適宜『追加』する」と述べている。式目制定後に出された単行法令は，「追加（法）」と呼ばれる。追加法の制定もまた，法の網羅性・体系性を目指すものではなく，その都度問題となったことについて，先例を蓄積していくという類のものに過ぎない。

法を「追加」するという姿勢は，中世を通して続いていく。室町幕府は，御成敗式目を基本法として，自らの法令を「建武以来追加」と位置づけたとされている。よく知られる「建武式目」(1336〔建武３〕年) は，室町幕府の施政方針を示したものであり，具体的な法ではない。

そして，式目自体が，律令に対する「追加」という性格をもった。

制定者である北条泰時が，弟の重時に送った手紙には，式目の制定意図が書かれている。そこでは，式目について，「律令を知らない武士たちのために制定しました」「もっぱら武家の人々へのはからいのためばかりのものです。これによって，京都の御沙汰や律令の定めた内容は，少しも改まるべきものではありません」と述べられている。すなわち，式目の対象範囲はあくまでも鎌倉幕府関係者であり，公家法を一般的な法として認めた上で，式目は武家内部に関する取り決めとして書いたとしているのである。

また，式目の「式」は，律令格式の「式」，つまり律令を運用する際の役所ごとの施行細則に由来している。同じ手紙の中で，泰時は，「式目は当初『式条』と呼ばれていたが，『目録』の意味を加えて『式目』と改めた」と述べている。律令法に対する「式」であると自己規定していたのである。

しかし，律令に対して，明確な成文法を「追加」するという姿勢は，実は画期的なものであった。

律令の不安定性という問題

式目の書き手は誰か。北条泰時の定めた「篇目」(タイトル) に従って具体的な中身を作成したのは，幕府の法曹官僚であった。かれらは「京下りの官人」といわれる京都出身の文人官僚の系譜をひく人々である。また，式目の条文配列は，公家政権における法書の代表格である『法曹至要抄』の影響を受けており，明法家の影響もうかがわれる。

当時，律令・公家法はひとつの大きな問題を抱えていた。それは法解釈の不安定という問題である。

第２章で触れたように，律令は，養老律令以来一度も改正されず，明法家らによって解釈し直されることによって，社会の変化に対応していった。しかし，この解釈は，明法官人を世襲する家ごとの流派に分かれて一定せず，『令義解』以後は朝廷が公的に解釈を定めることもなかった。法文の制定以上に，法解釈を安定したものにすることは，法の運用上きわめて重要なことであったが，それを欠いていたといえる。さきほどの北条泰時の書状には，「恣意的な律令格式の引用によって解釈が一定しないため人々が迷惑している」とある。

すでに朝廷においても，法解釈を安定させようとする試みがあり，後鳥羽上皇は記録所という裁判機関を設置するとともに，明法家の坂上（中原）明基に命じて，勅撰の法書として『裁判至要抄』（1207〔建永2〕年成立）を作成させていた。しかし，これらが十分に機能しないまま，後鳥羽上皇は承久の乱を引き起こし，その敗戦によって政権を失った。

しかし，ここで活躍した明法家らは，その後の御成敗式目誕生に影響を与えた。式目に影響を与えた『法曹至要抄』の重要部分を抜き出して幕府へ送ったのはこの坂上明基であり，その弟明定も幕府に仕えた（『法曹至要抄』著者の中原明兼は明基の祖父である）。公家法から武家法へ，御成敗式目誕生の背景として，京・鎌倉の双方で活躍した明法家の存在は特筆されるべきであろう。

「道理」とは何か

北条泰時は，式目を「きちんとした『本文』に基づくものではなく，ただ道理の示すところを記したもの」であると述べている。古代の律令が，律令「本文」に注釈・解釈を積み重ねていくことを通じて新たな法を生みだしたのに対して，式目では，「道理」に基づいて新たな法を「追加」すると宣言したのである。

さきほど述べたように，式目には，当面の問題に対処したにすぎない法もあり，決して網羅的・体系的なものとはいえず，その後の判断を厳密に拘束するものでもなかった。また，「道理」に基づく裁きをうたっているが，その「道理」とは，決して実体的な規範ではなかった。教科書的にいえば，武家社会の慣習や頼朝以来の先例に依るとされているが，当時の幕府には先例や慣習の蓄積はさほどなかった。実際にはその都度の個々の事情に応じて，自らに「理」（主観的・相対的なもので，内実は多様）があると主張する当事者を納得させるための判断を下し，それを「道理」によるものであると説明したのである。

しかし，式目の制定後，さまざまな訴えが幕府に寄せられていくなかで，積極的に数多くの追加法を出すことを通じて，裁判の手続や証拠採用のシステムなどが作られていった。

御成敗式目の制定後の幕府の法と裁判もまた，必ずしも安定したものではなかった。しかし式目は，それ自体の法としての内容以上に，社会の変化への対応の仕方として，既存の法に不安定な解釈を重ねるのではなく，新たな明確な法を「追加」していくという「宣言」としての意義があったといえる。

第3節●御成敗式目と社会

式目を受容する人々

ここまでが，式目の担い手の話，そしてかれらがいかなる意図で法を制定したかという話であった。続いて，式目の受け手の話をしたい。

第2章で，律令は天皇が役人に示した支配のマニュアルであり，一般の人々に知らされるものではなかったと述べたが，式目もまた一般に公布された法ではなかった。古代の律令から近世まで一貫して，権力の発する法とは，わずかな例外を除いて，権力の代行者が判断するためのマニュアルであり，一般の人々が受け手となるものではなかった。

また，それに加えて，中世には多様な集団が独自の法を持っており，その集団に属する人々は基本的にその法に服した。鎌倉幕府もまた，朝廷や荘園領主など他の集団のことには干渉しない姿勢を基本としており，式目も主として御家人を対象とした法にすぎなかった。

しかし，前述の北条泰時の書状が，弟重時を通して，式目制定の意図を朝廷側に伝えることを目的として書かれ，式目に「御同心」する旨を述べた後堀河上皇の「院宣」が幕府に出されていたことからわかるように（『冷泉家歌書紙背文書 上』，「新古今和歌集（文永本）紙背」第1冊79，80），式目の制定に際して，幕府と朝廷との間では当初から合意形成がなされていた。守護の職権を大犯三箇条（謀叛〔反〕・殺害人追捕，大番催促）に限るという式目の規定を遵守するように，荘園領主側から守護に対して主張されたように，式目は御家人を主対象としながらも朝廷・荘園領主側から利用される法でもあった。

そして式目は，当初の予想を超えた効力をもつこととなる。本来は他の集団の法に属する人々までもが，幕府に「期待」し，式目をはじめとする幕府の法を利用して，「あなた自身がこういう法を定めているのだから，その法に従って私の訴えを認めてください」といわんばかりに幕府に訴えを起こした。

幕府法の知識が，幕府自身の思惑を超えて広がっていったのは，北条泰時が述べたように，難解な漢文（「真名」）で書かれた律令格式に対して，式目に始まる幕府法が当時の標準的な和風漢文で書かれていたことが重要である。また，中世社会における「噂」の広がりとその速さを無視することはできない。その具体的な担い手として，幕府内外の法の専門家が訴訟活動を行ったことも注目される。明法家や幕府の法曹奉行人，またその関係者が，訴訟を起こす人々の私的なエージェント（沙汰雑掌と呼ばれた）となって訴訟活動を行い，幕府法廷へ提訴するためのさまざまな助言や訴状の作成を行っていたことが知られる。

よく知られる「永仁の徳政令」もまた，御家人領の保護のために，質流れをした土地の返還を命じる法令であり，幕府自身はその法令を「徳政」とは呼んでいなかった。しかし，御家人以外の人々がそれを「徳政」(＝あるべき政治）と呼び，その法を根拠にして，質流れした土地の返還要求を繰り広げた。さらに室町期になると，さまざまな債務の破棄を「徳政」と呼ぶことが定着し，「徳政一揆」「徳政免除」といった言葉が多くみられるようになった。

なぜ幕府法廷か

それではなぜ，本来は他の集団の法に属する人々までもが，幕府法廷を選んで押し寄せたのであろうか。

まず前提として，中世社会は「自力救済」の社会であった。自分の権利は自分で主張する必要があり，その権利が侵害されれば，ときには実力行使を行い，ときには上位権力に訴えた。

しかし，中世社会は決して無秩序な社会ではなかった。紛争解決においては，周囲にまで被害を及ぼす可能性のある実力行使ばかりではなく，上位権力に訴えることも重要であった。これは必ずしも自分の所属する集団のトップでなくてもよい。中世には，自分に有利と思われる法廷を自分で選んで訴訟を寄せる「寄沙汰」と呼ばれる現象が広く行われた。権力の側はそれを抑制しようと試みたが，実行力に乏しかった。

それではなぜ，訴え先として選ばれるのが幕府だったのだろうか。

幕府のもつ軍事力・強制力に人々が期待して裁判を起こしたという説がある。だが，中世の権力は概して裁判には消極的であり，幕府においても，敗訴した当事者に強制的に判決を受け入れさせる，つまり現在の強制執行に当たるようなことはほとんど行われなかった。

敗訴した当事者への「圧力」を期待するという意味では，むしろ地頭・御家人を管理下におく「本所」であったから，幕府法廷に訴えが起こされたという方が妥当かもしれない。なぜならば，当時の裁判は，相手の主人に処分してもらうことを期待して，相手の非法をその主人に訴えるというのが基本的なパターンであったからである。地頭・御家人が全国的に広がっていたこともまた，幕府裁判が必要とされる実際的な理由の一つだっただろう。

ただし，必ずしも幕府が裁くべきではない紛争についても，人々が幕府の裁判を求めたことに注意したい。人々は幕府の裁きを得るために，本来は所職をめぐる争い（所務沙汰）であるにもかかわらず，検断沙汰として幕府に訴えを起こす場合もあった。鎌倉後期には，荘園領主が自らの敵対者を「悪党」として幕府に訴えるケースが増える。幕府は自身の権力の正統性を諸国の守護（治安維持）においていたため，「悪党」問題として訴えられると，訴えを受け付け，場合によっては取り締まらざるを得ないという弱みがあったのである。

幕府の「権威」を求めたとする説もあるが，それでは彼らが求めた「権威」の実態とはなんだろうか。

その理由の一つは，承久の乱に勝利した幕府が，朝廷を凌駕する国政上の地位を得たことであろう。乱以降の鎌倉幕府は，朝廷における皇位をめぐる争いに対し，新天皇の決定を事実上行っている。しかし幕府は，朝廷の争いにそれ以上は積極的に介入しようとせず，一定の距離を置き続けた。

もう一つは，幕府の「徳政」志向である。「徳政」とは「あるべき政治，善政」を意味し，朝廷・幕府を問わず理想として共有されていた。承久の乱に勝利したにもかかわらず，政権中枢を担う北条氏はあくまでも御家人に過ぎず，他の有力御家人にとっては将軍と主従関係を結ぶ同輩であり，幕府内部はしばしば不安定になった。この不安定さが，北条氏の政治姿勢に一種の緊張とバランス感覚をもたらした。これが裁判にも反映され，文書審理や三問三答（さんもんさんとう）など多様な手続が整備された。そのためにかえって，さまざまな人々が，幕府から判決を得ようとしたのではなかろうか。人々はエージェントの助力を求め，式目や追加法を活用し，法廷戦略を練った。「権威」とはこうして生まれるのである。

これらの要因が重なりあい，社会から求められることによって強化・拡大されていく幕府権力を「公方（くぼう）」権力と呼ぶ。そして，まさにそれによってさまざまな矛盾を抱えるなかで，鎌倉幕府は滅亡するも，その社会的なポジションは室町幕府に引き継がれていく。

コラム1　徳　政

古代・中世を通して，「徳政」という言葉は幾度も立ち現れる。

徳政とは本来，文字通り「善政」「あるべき政治」を意味していた。第1章でみたように，中国の皇帝の正統性は天命に依拠しており，天変地異や災害は皇帝の悪政に対する天の警告とみなされていた。日本では天皇の正統性を血統に求めていたが，実際問題として天変地異や災害，それに伴う社会不安に何らかの対応はしなければならず，中世における対応の一つが「徳政」を行うことであった。

日本では，天変地異・災害，また天皇の代替わりなどを機に，朝廷によって「徳政」を謳う一連の法令が発せられた。その内容は，一言でいえば「あるべき姿へと戻す」，具体的には，神仏の所領すなわち寺社領の保護・回復，訴訟制度の整備などが挙げられる。鎌倉幕府や室町幕府も，将軍の代替わりなどを機にこうした内容をもつ法を発した。

最も有名なのは，鎌倉幕府による1297（永仁5）年の永仁の徳政令である。これは本来，御家人の所領を御家人に回復させるという限られたものであったが，「徳政」と呼ばれて，社会全体に債務破棄の法令として爆発的に広がった。この驚くべき事態の要因として，中世社会には「土地とその持ち主には密接な繋がりがあり続け，売買や質入れは一時的なものに過ぎず，土地はいずれもとの持ち主の手にもどるべきである」という観念があったと考えられている。

「徳政」が債務破棄と強く結びついた結果，室町時代には，惣村の広域的な連合体から，武士や運送業者など土地を持たない者に至るまで，さまざまな人々が債務破棄を求めて徳政一揆を起こすようになった。室町幕府は，1441（嘉吉（かきつ）元）年の嘉吉の徳政令を皮切りに，幾度かこれに応じた。

しかし，徳政一揆による取引秩序の混乱が続くことは権力にとっても債務者にとっても不便であり，室町末期，幕府が軍事動員のために徳政令を乱発したことも相まって，次第に社会の側は「徳政令が発せられようともいかに取引秩序を守るか」を重視するようになり，近世には徳政を求める動きは消える。

徳政という事態は，もっぱらそれぞれの集団の法の枠の中で生きていた人々に，集団をはるかに超えて社会全体に大きなインパクトを与える法があるという経験をさせた。この経験を踏まえ，中世社会の人々は，そうした法への対策を立てつつ，それぞれの集団の秩序を築いていくことになった。

御成敗式目の歴史的位置

あらためて，御成敗式目の歴史的位置づけを振り返ろう。

御成敗式目は，通俗的には「武家法の独立宣言」とみられていた。一方で，式目は律令を否定するものではなく，またさまざまな影響を受けていた。しかし，最も注目すべきことは，中世における朝廷の法が律令の解釈により流動化している中で，式目は新たな規範を打ち立てようとしたということである。

前近代の日本法史はしばしば，「断絶の不在」と評されることがある。日本は，古代には中国から律令を導入し，そして近代には西洋近代法を導入するという，二度にわたる法の継受を経験したが，律令から近代法に至る長い間，中世・近世にわたって，律令という過去の遺産を「つまみ食い」的に利用し続け，明確な法の断絶を経験することはなかった。そのために，日本においては，「法とは何か」「何によって法は成り立つのか」を根本的に考える伝統に乏しかった。

そのような中で，御成敗式目の制定は「新たな法を打ち立てる」という意識がみられる局面である。式目の制定は，天皇が武士に敗れる承久の乱というエポックメイキングな状況のもとで，「律令とは異なる法を立てる」ということを意識して行われた。北条泰時が式目の意義について説明を試みた二度の書状は，まさにこの自覚を示している。律令法が否定されないまま，式目という新たな法によって相対化されたことは，中世法の特徴といえる法の多元化・重層化を決定づける出来事だったのではあるまいか。

なお，この「新たな法を打ち立てる」ための形式として，式目の末尾において，執権・連署および評定衆（ひょうじょうしゅう）が公平な判断を行うことを神仏に誓っていることに注目したい。法を制定するときに集団が神仏に誓約を立てることは，その後も広く中世社会にみられる。このような神仏と法の関係については第5章でふれる。

「古典」としての式目

繰り返すように，式目それ自体は網羅的・体系的な法典ではなく，また式目とその後の追加法は，基本的には御家人を対象とした法であった。しかし，当初の性格を超えて，本来は対象とされていない人々までもが，自らの抱える紛争について，その法を利用して幕府に訴えを起こした。

また，実際の紛争解決に利用する以外にも，成文法の法典という形であること自体によって，さまざまな人々によって重んじられることになった。

たとえば村落においては，庭訓往来（ていきんおうらい）のような手習いの教科書とともに，式目の写本が保管されるようになった。式目は体系性をもたないため，村落で起きるさまざまな問題に対応するために使うのは難しいはずである。人々が式目の中身ではなく式目それ自体を重んじたことが察せられる。

また，朝廷においては，中世後期には式目注釈学が生まれた。平安・鎌倉期の明法家は律令法を解釈し直すことによって社会の変化に対応していたが，式目注釈学の場合は，式目を解釈し直すことによって新たな問題を解決するのではなく，式目の語句を中国の古典と結びつけて知識を披歴するというものであった。この式目注釈学の担い手は，明法家や幕府の法曹官僚ではなく，朝廷の儒学者が中心であった。いわば古典として扱っていたのである。

こうした式目の古典としての機能は，後の時代までも続いていく。戦国大名や江戸幕府からも，式目は武家政治の古典として尊重された。また，一般の人々の間でも，江戸時代の寺子屋の手習いの書などのかたちで，式目の写本が流布していた。

近代になると，西洋化を目指す時代思潮のもと，御成敗式目は，「西洋中世の封建制（封建法）と比較可能なものが日本（中世）にもあった」ことを示すものとして，新たな歴史上の意義を見出されるようになる（第2部補章でも後述）。本章で述べたように，式目をはじめとする中世の法は，近代的な立憲主義（法の支配）とは異なるものであると考えられるが，専門家以外の間では，現在に至るまで，「（中世イングランドのマグナ・カルタと同じように）御成敗式目は『法の支配』の伝統が日本にあったことを示す」という類の言説は時折繰り返されている（最近のものでは，小路田泰直『日本憲法史――八百年の伝統と日本国憲法』〔かもがわ出版，2016年〕など）。そうした言説の当否はさておき，「古典」としての式目の受容史が近代，そして現在なお続いていることに目を向けておきたい。なぜならば，法の歴史をどう受けとめるのかは，現在の私たち自身の問題だからである。

第4節●分国法の虚像と実像

分国法とは

御成敗式目の制定以後，応仁・文明の乱の頃まで，鎌倉後期の宇都宮家式条のような二，三の早いものをのぞけば，武家の法典が新たに編纂されることはなかった。この間，鎌倉幕府から室町幕府へと移り変わり，多様な集団の法や裁判が併存しつづけるなかで，中世社会の人々がどのような秩序を保ち，どのような紛争解決を行ったかは，第4章・第5章で述べる。

応仁・文明の乱以降，戦国期に入ると，分国法と呼ばれる大名領国の法が制定されるようになる。現在では図表3のように約10の分国法が知られている。

図表3　主な分国法の一覧

分国法	制定年	制定者	主な領国
相良氏法度	1493（明応2）年 1518（永正15）年以前 1555（天文24）年	相良為続 相良長毎 相良晴広	肥後国
大内氏掟書（大内家壁書）	1492～1501年（明応年間）頃	大内氏	周防国
今川仮名目録 今川仮名目録追加	1526（大永6）年 1553（天文22）年	今川氏親 今川義元	駿河国
塵芥集	1536（天文5）年	伊達稙宗	陸奥国
甲州法度之次第	1547（天文16）年	武田晴信	甲斐国
結城氏新法度	1556（弘治2）年	結城政勝	下総国
六角氏式目	1567（永禄10）年	六角義賢・義治	近江国
新加制式	1558～1570年（永禄年間）頃	三好氏	阿波国
長宗我部氏掟書	1596（慶長元）年	長宗我部元親・盛親	土佐国
吉川氏法度	1617（元和3）年	吉川広家	周防国

制定事情や内容は多様であり，式目を意識したものもあったが，一概に述べることは難しい。しかし，これまで通俗的には，分国法は戦国大名の到達点として高く評価されてきた。それでは分国法とは，具体的にはどのようなものであっただろうか。

家法と国法，そのルーツ

分国法は，大名の家中の規律である「家法」と，領国内の領民を対象とした「国法」から成る。

「家法」とは，それまで家の当主から子孫や家臣に対して，「置文（おきぶみ）」や「家訓」などの形式で示されていた規範であり，道徳的な訓戒や礼儀作法などが法と未分化の状態で含まれていた。「置文」自体は平安期からみえるが，武家の「家訓」は鎌倉時代初期からみられ，第2節で触れた，御成敗式目制定についての北条泰時の書状の宛先であった弟の重時の家訓が有名である。いわば式目とともに武家法の原点といえるものであった。

戦国期，大名の家が拡大し，領国支配の機構となることで，こうした家法が分国法としての性格をもつようになった。越前の戦国大名朝倉氏による「朝倉孝景（たかかげ）条々」（15世紀末）は，国家統治の心構えを家訓として示したものであり，分国法の先駆とされることもある（ただし，孝景の時代の成立とする点は異論もある）。武家法の原点である式目と武家家訓は，法と道徳的訓戒という異なるものであったが，戦国期において，相合わさるかたちで分国法を生みだすのである。

一方，「国法」には，御成敗式目をはじめ室町幕府の法を取り込んだものもある。ただしその前提として，すでに室町期の守護が，課税や紛争解決などを通して領国支配を推し進めており，そこで幕府法が用いられていたことを念頭に置かなければならない。分国法にみられる幕府法は，それを引き継いだものといえよう。

在地領主の法慣習

分国法には，在地領主の間で定められてきた法や慣習が取り込まれている。

南北朝期から室町期にかけての内乱の中，小規模な在地領主らは地域ごとにまとまり，共通するさまざまな問題に対処し，相互の紛争を避けることを契約した（これを国人一揆と呼ぶ。第5章で触れる）。その中で，用水をめぐる規定や，逃亡した下人を相互に返すといった規定は，分国法にも多く引き継がれている。

これらの在地領主の法は，領主間で相互に義務を課すものであったため，これを引き継いだ分国法にも，大名と家臣団が相互に義務を果たすという側面があると評価されてきた。たとえば「六角氏式目」は，当主と有力家臣団が相互に守るべき事柄を誓約したものであり，「相良氏法度」も真の立法主体が家臣団であることが明らかにされている。

また，在地領主よりさらに下，村落からの要求を取り込むこともあった。用水紛争の対処などはその典型的なものであり，たとえば伊達氏の「塵芥集」の用水規定は，地域社会の村落からの要求に伊達氏が応えたものだという説がある。戦国大名は，支配の正当性を得る一つの手段として，自らの法が撫民思想に基づいて広範な民を包摂するものであると示そうとしていた。このため，積極的に在地の法慣習を取り込もうとしていたのである。

ただし，分国法が領国内で人々に広く受容され，権利主張の際に引用された様子は，史料上確認できない。分国法もまた，領民一般に対して公示された法ではなかった。分国法の規定は，御成敗式目と同様，網羅的なものではなく，大名が行政を担う役人に対して示すマニュアルに過ぎず，定めた法が大名自身の判断を拘束すること（現代でいう法定主義）は想定されていなかった。直接領民に対して保護や賦課を定めるものとしては，「禁制」という個別法令が発せられた。これについては第5章でふれる。

喧嘩両成敗法

分国法のなかで，とりわけ有名なものとして，喧嘩両成敗法がある。喧嘩両成敗法とは，実力行使（喧嘩）によって紛争解決を図った当事者を両方とも処罰すると定めるものであり，紛争を公権力の裁判に委ねさせるのが目的である。

実力行使の禁止は，中世から近世への大きな法史上の変化の一つである。中世の自力救済，特に実力行使は，権力によって次第に規制され，織豊政権に至って権力が裁判権を独占するとともに原則的に禁止される。戦国大名の喧嘩両成敗法は，この近世への変化の先取りであり，実力行使を禁止して双方を処罰するという点で非常に強権的なものとされてきた。

しかし，「白黒を明確につけることができないので両方を処罰する」という方式自体は，中世法で重視される「当事者の衡平感覚を満足させる」という原理にもとづくものであり，戦国期以前にも，寺院法や国人一揆の法に類似する規定がみられる。また，近世と比べると，喧嘩両成敗は，はっきりと裁きを下すことができない裁判権の弱さの表れとも考えられる。分国法における喧嘩両成敗法は，中世社会の紛争解決のあり方を取り込んだという面もあるといえよう。

分国法を制定することの意味

かつての研究では，室町幕府の全国支配が崩壊した後に，戦国大名が各地で「実力で国を切りとった」というイメージが強く，分国法もまた，戦国大名が新たな支配秩序を打ち立てるために制定した強権的な法として評価されてきた。

しかし，すでに述べたように，全ての戦国大名が分国法を制定したわけではない。たとえば小田原北条氏は，体系的な分国法を制定した事実は知られていないが，法典としては整備されない単行の法令であったものの，領国内の領民を対象とする「国法」をもっていたことが知られている。むしろ，法典整備に努めた大名よりも，戦争による領国拡大に邁進した大名（織田氏，毛利氏，島津氏など）の方が結果的に戦国の動乱を生き抜いたことから，分国法の制定は戦国大名権力の強化にとって必須の条件ではなかったという指摘もある。

また，分国法の制定事情もきわめて多様であり，一概に評価することはできない。

個別の事情がわかるものとしては，たとえば1536（天文5）年に伊達稙宗（たねむね）によって制定された「塵芥集」は，御成敗式目の影響を強く受けた分国法とされる。これに先立つ1522（大永2）年に室町幕府から陸奥国守護に任じられ，1536年前後には奥州探題家の大崎氏の内乱に介入し，奥州探題をも影響下におさめたことが関わっているというのが一般的な理解である。幕府法の伝統を継承することを積極的にアピールする意味合いがあったのであろう。

一方，武田氏の「甲州法度之次第（はっとのしだい）」（1547〔天文16〕年）の場合，式目は分国法を権威づけるための装飾の一つであり，実質的には今川氏と武田氏の同盟関係を背景に，「今川仮名目録」からの影響が大きかったとされる。

その「今川仮名目録追加」には，「自分の力量によって国の法度を申し付け」ているという有名な文言がある。これは教科書などでもよく取り上げられるが，戦国大名今川氏が，自らの実力のみをもって分国支配を実現しているという意味だと説明されてきた。しかし「今川仮名目録」の末尾には，この法は相論（紛争）の裁きのために「分国のために密かに記しおくところである」とし，「このほか『天下の法度』また『私にも先規よりの制止』は載せるに及ばない」とも書かれている。つまり，今川氏の分国法は，決して式目をはじめとする武家法を否定するものではなく，むしろ「天下の法度」すなわち室町幕府法・将軍権力の存在を前提として，それに対する「私」のものとして分国の法を制定するという姿勢をとっていた。つまり，一概に「分国法の自立」とは言い難い面がある。律令と式目の関係と同様に，分国法の場合においても，幕府法を意識しつつ，新たに法典を編纂することが意識されていたのではなかろうか。

現在の戦国期研究では，天皇や室町幕府の将軍の権威が存続し，武家社会の諸関係を規律する「礼」の秩序が機能していたことを重視する。そしてこの秩序の枠組みの中で，中央の権威と地方の戦国大名との緩やかな外交関係として政治史を理解しようとしている。分国法もまた，戦国大名権力の自立性の表れとしてではなく，こうした枠組みの中で再検討される必要がある。

増補されていく法典

以上のように，分国法は，現在ではさほど大きな意義をもつものとは考えられておらず，戦国法の一部，さらにいえば特殊例にすぎないとすらみなされている。これは概ね妥当な評価といえるが，法制史の観点からは，分国法が「成文の法典」として編纂されたことの意義について，今一度問い直したい。というのは，鎌倉期の御成敗式目以降，分国法に至るまで，中世の武家では二，三の例外をのぞいて「成文の法典」は作られなかったからである。

分国法が法典として編纂されたことに，どのような意義があったのだろうか。

その一つには，分国法がいったん制定されたらそれで終わりというものではなく，条文の修正や追加が重ねられていったことが関わってくる。「今川仮名目録」は1526（大永6）年に今川氏親によって制定されたが，「今川仮名目録追加」が1553（天文22）年，今川義元によって制定されている。

そして，ほかの分国法では「今川仮名目録」とは異なり，必ずしも追加することを明示せずに，手直しがなされることがあった。伊達氏の分国法である「塵芥集」は，三段階を経て成立したという指摘がある。近年では，複数の写本のテキスト分析を通じて，一度制定された「甲州法度之次第」が武田氏滅亡直前まで何度も増補されたことが明らかにされている（村井章介「テキスト分析からみた甲州法度の成立過程」武田氏研究54号〔2016年〕）。分国法が実際に用いられていたからこそ，大名領国の統治の進展を反映して，条文の修正・追加が必要だったと考えられる。

そうした法典としての柔軟性こそが，分国法が在地領主の法慣習を含めた中世社会の多様な法を含みこみ，中世法の集大成あるいは最終形態と評される理由の一つなのだろう。

手直ししたことを明示しない理由について，原法典の編纂者の意思を重く受けとめたからであろうとする説がある（小林宏「前近代法典編纂試論」『日本における立法と法解釈の史的研究 第3巻』〔汲古書院，2009年〕）。分国法に限らず，御成敗式目にもまた制定後，やはり記録に残っていないが，比較的早い時期に手直しをされたとする二段階編纂説がある（佐藤進一『日本中世史論集』〔岩波書店，1990年〕）。中世社会において実際に機能した法として，法典の特徴を考える際，（特に明示されずに）手直しが重ねられていた可能性を検討することは，大きな研究課題として残されている。

後世への影響

分国法が法典として編纂された意義には，もう一つ，後世に対する影響力が考えられる。

近世になると，武士たちは，自らの家や先祖の由緒を重視し，ときには中世に遡って由緒を創作することも多くあった。滅亡した有名な戦国大名は，武士たちが自らの由緒を仮託するのにうってつけであった。特に武田氏はよく挙げられ，「甲州法度之次第」が有名なのはそれが一因でもある。

近年，「長宗我部元親式目」のように，江戸前期において，由緒を求めるために分国法の偽作さえ行われた例が指摘されている（平井上総「『長宗我部元親式目』考」史学雑誌 118 巻 4 号〔2009 年〕）。分国法が，滅亡した大名家に多く，戦国を生き抜いた大名家には少ないという事情は，このような点からも説明されるかもしれない。

また，存続した家においても，近世に分国法があらためて「再発見」されることがあった。たとえば伊達氏の「塵芥集」は，制定後すぐに忘れられてしまったようであるが，1679（延宝 7）年に仙台藩主伊達綱村の藩史編纂事業のなかで「再発見」された。「塵芥集」は，戦国大名伊達氏の記憶と結びつくことによって，仙台藩の歴史の中で大きな存在感をもって位置づけられた。

成文法として編纂されたことによって，式目は同時代における法としての性格とともに，後世に古典としての性格をもったが，分国法もまた，同時代において中世法の最終形態という性格をもつとともに，制定者である戦国大名の記憶と結びつくものとして，近世の歴史意識のなかで生き続けていくことになった。戦国大名の記憶は，現在でも地域の歴史意識に大きな影響を及ぼしているのではないか。そこにも分国法のもつ中世法と近世法との過渡期的な性格を見出すことができよう。

文献ガイド

＊上杉和彦『日本中世法体系成立史論』（校倉書房，1996 年）
＊笠松宏至『徳政令――中世の法と慣習』（岩波新書，1983 年）
＊勝俣鎮夫『戦国法成立史論』（東京大学出版会，1979 年）
＊長又高夫『日本中世法書の研究』（汲古書院，2000 年）
＊西田友広『悪党召し捕りの中世――鎌倉幕府の治安維持』（吉川弘文館，2017 年）
＊新田一郎『日本中世の社会と法――国制史的変容』（東京大学出版会，1995 年）
＊桜井英治＝清水克行『戦国法の読み方――伊達稙宗と塵芥集の世界』（高志書院選書，2014 年）

第4章　中世における法と礼

第1節●平安後期の《法》と《礼》

中世の社会変革と《法》と《礼》

第1章で概観した通り，古代中国で《法》と《礼》は互いに影響を与え合いつつ確立し，紆余曲折を経て日本に導入され，《法》は養老律令やその運用を補う格（きゃく）・式などの法典に結実した。一方，《礼》は礼典の形で編纂（へんさん）されなかったが，儒教経典の『周礼（しゅらい）』に基づく，中国古代の周王朝の理想的な（しかし必ずしも史実でない）制度の再現を目指す“周礼国家”の形成が飛鳥～奈良時代に進んだ。平安時代初期にはさまざまな日本の習俗が唐風化し，漢詩文の力で国を保つ文章経国（もんじょうきょうこく）が盛んになったが，それは現実の統治の空洞化を招いた。

《礼》とは，“世界の摂理を念頭に，立場に応じて最適な振る舞いを追究する思想”であり，その核心は自己規定（アイデンティティ）の自覚と実践にある（第1章参照）。しかし中世の日本には，《礼》の大前提となるピラミッド型社会の下層から人々が台頭し，新旧の“立場”が衝突する紛争の火種となった。そうした社会と，《法》や《礼》はどう関わり，どう変容するのか。本章では，第3章で紹介した中世法のあり方を踏まえて，少し時間を巻き戻して平安時代に遡り，《礼》を意識した視座から，社会規範全体の展開をたどろう。

法典の更新停止・《礼》の矮小化と摂関政治

平安初期，日本の《法》は早くも大きな転機を迎えた。810（大同5）年の藤原薬子（くすこ）の変を最後に，死刑が行われなくなったのである。842（承和9）年の橘逸勢（はやなり）・伴健岑（とものこわみね）や翌年の文室宮田麻呂（ふんやのみやたまろ）など，謀叛（むほん）人として捕らえられた人々は，律に拠れば斬刑に相当するが，流刑で済まされた。些細な理由で簡単に人を処刑し，謀叛の嫌疑だけで一族・関係者まで殺戮し尽くす中国と比べた時，謀叛人が流罪で済まされる日本の《法》運用には，驚嘆するほかない。《法》を逸脱して刑罰を減免するこの運用は，法治の放棄への第一歩であった。平安前期に《法》と距離を置き始めた日本は犯罪を抑止できなくなり，醍醐朝（10世紀初頭）の延喜格式の成立を最後に，法典の更新にも興味を失った。

図表4　天皇の系図（仁明天皇〜醍醐天皇）

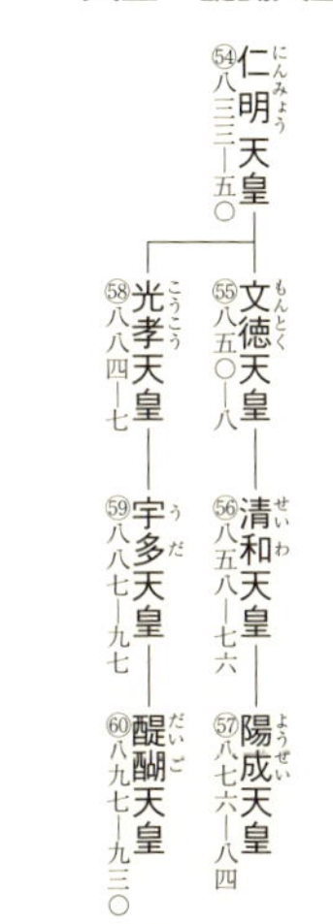

＊　丸数字は代数，西暦は在位年。

このような，《法》に対する態度の根本的な転換は，摂関政治の成立と大きく関わる。文徳朝の太政大臣藤原良房（文徳の伯父）以降，摂政・関白の肩書きで朝廷の実権を握った藤原氏の権力は，《法》ではなく天皇との姻戚関係に依存した。それは権力者の人格とその人間関係に依存する統治，いわば“人治”であり，法治とはまったく原理が異なる。しかも，清和や陽成のような幼帝を立て，太政大臣や摂政のように臣として君主を完全に代行する摂関政治は，君と臣を峻別する《礼》思想とも相容れない。

そうした社会で《礼》は，現状の朝廷を維持する儀式と対人関係の規範，つまり《儀》と同じレベル（第1章15，17頁参照）に矮小化した。

人格的結合の時代と「私礼」の台頭

9世紀後半の宇多朝の頃，昇殿制が完成した。それは，昇殿する（天皇の住居の清涼殿に上がる）資格の有無で廷臣を選別する制度であった。天皇は，全ての臣に等しく君臨し，百官を等しく統べる君主から，特定の親しい臣を囲い込んだ狭いサークルに政権を担わせる君主へと変貌した。令制に基づく官司は次第に形骸化し，中央の政務は弁官・外記（行政文書の扱いに熟達した中堅官僚）が中核を担う太政官と，天皇の腹心である蔵人を実務官僚の核として，摂関家が率いる公卿が主導する，小規模な体制へと収斂してゆく。

元日に百官が朝堂で天皇を拝する元日朝賀も，10世紀半ばの村上朝から低調になり，10世紀末の一条朝で廃絶する。代わりに成立した，摂関が一部の臣を率いて元日に天皇を拝する小規模な小朝拝は「私礼」，つまり個人的な人間関係に基づく行事にすぎない。摂関は天皇との個人的関係により，建前上は臣でありながら事実上は君の側に食い込み，君と臣の峻別を極限まで曖昧化した地位だ。君と臣の峻別を可視化する《礼》思想的な元日朝賀が，そうした摂関政治の全盛期の一条朝（藤原道長の時代）に消えたのは当然であった。

礼節をめぐる新事態——紛争と新たな礼節

その摂関政治を始めた良房が台頭しつつあった仁明朝から，官司同士の礼節上の紛争が記録され始める。目立つのは弾正台との紛争で，ほかの官司の職務怠慢の叱責を職務とする弾正台は，叱責相手に厚い礼節を要求したが，弾正台と統属関係にない相手はしばしば拒否した。そうした官司同士の礼節を定める根拠はなく，延々と紛争が続いた。

養老令に基づいて置かれた令制官でさえそうなので，令に設置規定がない令外官（蔵人・検非違使・摂関など）を含めると，官人同士の上下関係はますます不明瞭になった。その上に，個人的関係が国政の要となった摂関時代には，権力者との主従関係という，まったく別次元の要素が加味され始める。誰が誰に対してどの程度の敬意を払うべきか，という問題は複雑を極め，そして正解が存在しなかった。

こうした時代の礼節を象徴するのが，路頭礼（道で出会った場合の礼節）である。乗馬時の路頭礼の規定は令や式にも存在したが，新たな時代の上下関係の混乱にも，また牛車という新たな乗り物の流行にも対応できず，社会の需要に応えられなかった。

10世紀後半頃に源高明が著した儀式書『西宮記』はその不備を初めて埋めたが，「法に定めはないが，昨今の慣習に基づいて大雑把に記述する」と釈明せざるを得なかった。そこでは概ね，官職と位階を組み合わせ，相手と自分の身分的な距離に応じて作法が定められた。原則として尊い相手を先に通して自分が待つのだが，相手が尊いほど多くの手間をかけ，相手が通過するまで停車する，停車して横道に隠れる，駐車する，駐車して下車する素振りをみせる，実際に下車する，下車して蹲居（蹲って居る）する，下車・蹲居して平伏する（頭を下げる），といった段階があった。

それは概ねよく機能したが，権勢を自覚する相手，とりわけ台頭してきた新興勢力に，位階・官職で割り切った礼節を実践すると，相手が不満を示すことがあった。

勃興する新興勢力と礼節紛争・法運用——院政期

そうした路頭礼トラブルが，1155（久寿2）年に激発する。左大臣藤原頼長の一行が平信兼という武士と遭遇し，下車・蹲居の礼を取る信兼を頼長の従者が暴行して，怒った信兼が頼長の従者を数人射殺したのである。頼長側は従来の慣習に従い，六位の左衛門尉である信兼が左大臣に対して下車・平伏しないのは無礼とみなしたが，信兼は恐らく故意に平伏しなかった。それは，11～12 世紀の院政の展開のもとで地位を向上させた源平の武士の，高い自意識に基づいていた。しかも武士は名誉に敏感で，屈辱に対してはルールや長期的な損得を超えて，殺人さえ辞さない抵抗を徹底的に示す習性がある。頼長はそれらを甘くみたのである。

図表 5　天皇の系図（白河天皇～後白河天皇）

＊ 丸数字は代数，西暦は在位年。

翌年の保元の乱は，そうした武士の社会的地位の重要性が武士自身に自覚され，朝廷も受け入れた「武者の世」の起点であったが，闘乱の当事者の頼長こそ，保元の乱の原因の一つを作り，崇徳上皇軍の主導者として敗死した人物にほかならない。その意味でこの事件は，中世的社会の到来を告げる礼節上の紛争であった。

同様の紛争は平家全盛期の 1170（嘉応 2）年にも，摂政藤原基房と平資盛（清盛の孫）の間で発生し，資盛への暴行に怒った父重盛が基房に報復した（殿下の乗合事件）。中世の本格的到来に伴い，武士の権勢は制度を超越し，天皇の代行者である摂政さえ報復されるようになった。そうした社会で，礼節上のトラブルは殺し合いを招きかねない，日常生活に潜む危険な地雷と化した。

中世への転換は《法》にも現れた。保元の乱では，3 世紀半ぶりの死刑が賊軍の武士に執行されたが，法令は一切改定されなかった。《法》を運用する精神の方が，古代の終焉とともに変わったのである。

第 2 節●鎌倉期の《法》と《礼》

鎌倉幕府とは何者か——《礼》に沿った自己規定の表明

我々が鎌倉幕府と呼ぶ武士の組織は，それ以前に前例がなかった。前の幕府の後継組織とみなせば済む室町幕府や江戸幕府と違い，源頼朝らの組織が何なのかは，幕府自身が白紙から考え，表明せねば，誰にも判断できない。そこで頼朝らは，世界の中で自分が何者か（自己規定）を理解・表明するため特定の所作を行う《礼》思想の《儀》の意義を十全に踏まえ，既存の儀礼や新たな儀礼を活用した。

1180（治承4）年，頼朝は鎌倉に入ると，武家政権（鎌倉幕府）の発足を垸飯・弓始（的始）・吉書という三つの儀礼で宣言した。それらは以後，年始や将軍の代替わりに，自分たちが何者かを再確認する恒例・臨時行事となった。傍輩（対等な同僚）が饗応し合う垸飯は，幕府が傍輩（御家人）の連合体であることを示し，初めて弓を射て的中を競う弓始は，幕府が弓馬の術で戦う武人の組織であることを示し，初めて行政文書を発行する吉書は，幕府が（東国の）行政機関であることを示した。中でも弓始は，古代の朝廷の射礼と起源を同じくし，卑弥呼の時代の倭国固有の元日儀礼である「射戯」にまで遡る儀礼で，鎌倉幕府では年始行事として定着し，室町幕府まで継承された。《礼》や《儀》が，時代や組織を超えて継承されるしぶとさを示す好例である。

また頼朝は，儀礼による自己規定が，前例のない組織（幕府）と朝廷との関係，つまり前例のない関係を表明・定義する上でも有用と考えた。内乱が完全に終結した1190（建久元）年，上洛して右大将に任じられた頼朝は，その昇進の拝賀（昇進を賀び拝して謝する儀礼）を活用し，内乱中の対立を乗り越えて朝廷・幕府が二人三脚で新たな社会を草創するという，朝幕関係の定義・表明に流用した。

そして1221（承久3）年，幕府は承久の乱で朝廷を破ると，京都に六波羅探題を設置した。平家全盛期から，内裏を警備する大番役のために全国の武士が京都に流入していたが，六波羅探題は京都に常駐する武士を従えたため，流入傾向に拍車をかけた。まったくの実力で幕府を樹立し，敵対者を滅ぼし，ついに朝廷を軍事的に屈服させて自意識を高めた武士は，牛車や騎馬で洛中を横行して，都の古代的な礼節を揺さぶった。

御成敗式目と武家家訓——《法》と《礼》の接点

1232（貞永元）年，執権北条泰時は御成敗式目を定めた。「式目」とは“規範の要点”という意味だが，「式」の字で《法》だと表現する発想は，律令格式の「式」に由来する。泰時が制定の趣旨を，「法令（律令）を知らない田舎の武士が，それと知らずに罪を犯すことを防ぎたい」と述べたように，御成敗式目は律令の不備を補うという意味で，「式」の同類であった。

第３章で述べた通り，御成敗式目は中世を通じて基本法典であり続け，鎌倉・室町幕府は社会の変化に応じた法の制定・改正を全て追加法の制定で処理し，幕府法は巨大な継ぎはぎとして成長した。日本人は養老律令や式目など，一度定めた基本法典を何世紀でも保ち，“古き良き時代の理念を捨てない”という態度自体を重視した。室町〜戦国期には，式目は版本も作られて広く流布し，盛んに講義されたが，実は武士に式目を講義したのは儒学者で，そこに式目と《礼》との密接な関係が垣間見える。本章ではその関係を中心に，幕府法という中世的な《法》が，社会規範の全体をどう捉えていたかを見通しておこう。

北条泰時は式目を「従者が主人に忠を致し，子が親に孝を尽くし，妻が夫に従うような，民が安心して暮らせる社会のためのはかりごと」と位置づけ，式目の理念の根底に《礼》思想の徳目を据えた。また式目には，意図的に条数を51ヶ条にした形跡がある。51は17の３倍で，《礼》思想を（改竄しつつ）活用した聖徳太子の憲法十七条を継承するという理念を表明していたようだ。

御成敗式目は，親が子に与えた財産を自由に取り返す「悔返し」の権利を認めている（第26条）。それは，親が子を絶対的に支配する父権（と母権）を認定した《法》だが，なぜ親がそうした権利を持つのかは，式目を含むいかなる《法》にも明記されない。それは，父権が《法》の問題ではなく，既に日本社会が受け入れた《礼》思想の，自明の規範だからである。式目は親が悔返し権を行使すべき理由に「不孝」を挙げており，そこでは“孝”概念が《法》の根拠になっている。式目という《法》は《礼》を大前提として踏まえ，《礼》の一部を実現する機能を持っていた。

鎌倉幕府では，泰時の弟北条重時や甥実時が子孫に家訓を残した。それは奉公の心得，敬礼や所作の定め，対人関係の配慮を含む処世術，「世のため人のため」というモットーまで，およそ生活全般の指針であった。それらは人の行動を律する点で《法》に近いが，世界観や道理に基づいて倫理道徳を説く点と，父権に基づく点で《礼》に近い。それはこうした教訓の先駆けである10世紀半ばの藤原師輔の九条殿遺誡や，９世紀末の宇多天皇の寛平御遺誡でも同じだ。彼らは《法》と《礼》の厳密な区分に関心を示さなかった。その根底には，律令制で《法》に《礼》を吸収したわが国特有の認識，すなわち“規範という点で，本質的に《法》と《礼》には違いがない”という理解がある。

図表6　天皇の系図（後嵯峨天皇〜後醍醐天皇）

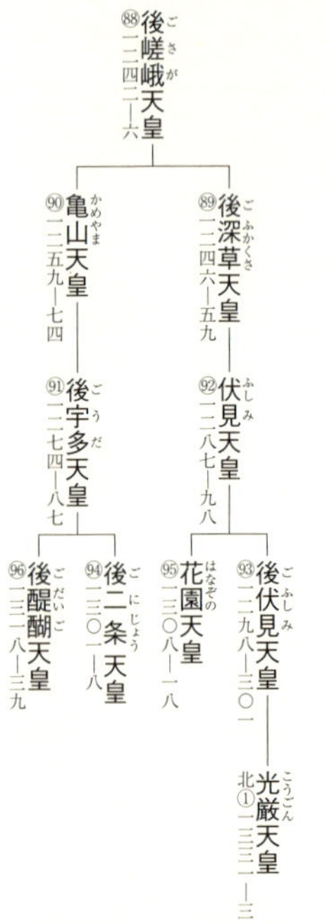

⑧⑧後嵯峨天皇 一二四二―四六
⑧⑨後深草天皇 一二四六―五九
⑨⓪亀山天皇 一二五九―七四
⑨①後宇多天皇 一二七四―八七
⑨②伏見天皇 一二八七―九八
⑨③後伏見天皇 一二九八―一三〇一
⑨④後二条天皇 一三〇一―〇八
⑨⑤花園天皇 一三〇八―一八
⑨⑥後醍醐天皇 一三一八―三九
北①光厳天皇 一三三一―三三

＊　丸数字は代数，西暦は在位年。

弘安礼節
――中世社会に即した公定礼節

一方，朝廷では，平安時代に摂家（摂関家）の従者に甘んじてきた諸大夫層の実務官僚（名家という）が，鎌倉期に院政と密着して台頭し，向上した位階・官職に相応する待遇を要求して摂家と争った。こうした対立を背景に，1285（弘安８）年に亀山上皇が弘安礼節を定めた。

弘安礼節の意義は多岐にわたる。第一に，律令格式でない形で，礼節を初めて天皇が公式・明文的に定めた。小規模とはいえ，唐の開元律令に対する『大唐開元礼』のような，法典に対して独立した礼典が日本で初めて定められた意義は，きわめて大きい。第二に，令や式が捕捉しない慣習的な礼節の分野＝院中礼（政権中枢である院の御所での所作）・書札礼・路頭礼が初めて公定された。第三に，それらは原則として，礼節を位階・官職で整然と割り切りつつ（名家に有利），過去の主従関係など個別の事情を斟酌する余地を残した（摂家に有利），紛争を解決する妥協であった。

中でも書札礼は，律令からの中世法の逸脱と強く関わる。書札礼とは書札（書状＝手紙）の書き方で，文言や差出人・宛名の書き方など，細かい表現の違いで敬譲を示す作法である。中世日本人は，書札礼が敬意を欠くと感じれば書状の受取りを拒否し，しばしばトラブルに発展した。それは本来，個人間の問題（私礼）であったはずだが，これを位階官職の問題として朝廷が公定せねばならない理由は，書札様文書という，書状形式の文書が朝廷の重要な行政文書だったからである。

朝廷の公文書は，本来は令（公式令）の定める形式（公式様文書）が主流であったが，朝廷政務は儀礼的な場合を除いて，次第に私文書である書札を転用した綸旨（天皇の命令）や院宣（院の命令）で行われるようになった。それは，天皇が私人としての性質を帯びた，平安中期以来の趨勢の行き着く先であった。その綸旨・院宣は，形式的に諸大夫層の実務官僚を差出人とする書札の形を取ることが多かった。そのため，彼らが書札礼をめぐって摂家と争うと，国政そのものに支障を来す。そこで公定の礼節が必要とされたのである。

この弘安礼節は「法」と明記して発令されなかったが，亀山上皇の意思表示（ノリ）で定められたので，強制力をもつ《法》として理解され，南北朝期には「弘安法」「王法」と呼ばれた。《礼》が《法》に内包されてゆく日本独特の構造は，ここにも生きていた。

後醍醐天皇と朱子学

中国では，宋の朱熹（しゅき）が儒教経典を拡大解釈して独自の宇宙観・倫理観を作り上げ，まったく新しい儒学＝朱子学（宋学）が成立し，これを鎌倉期に禅僧が日本に持ち込んだ。1324（正中元）年，後醍醐天皇の倒幕計画が初めて発覚した正中の変で，後醍醐が幕府の支配を非難した文書を読んだ花園上皇は「まるで宋朝の文章のようだ」と述べた。宋学が後醍醐に倒幕の正しさを確信させたとすれば，《礼》思想の一分派が，武力倒幕とその後の果てしない内乱という計り知れない影響を，わが国の中世史に与えたことになる（後に朱子学は江戸幕府に重視され，近世の法にも大きな影響を与える）。

第3節●南北朝・室町期の《法》と《礼》

混交する文化と衝突する《礼》——南北朝時代

鎌倉幕府が倒れて建武政権が成立すると，政権に参加する武士と，恩賞配分の不手際に不満を抱いて訴訟を持ち込む武士が，京都に続々と集結した。その結果，「二条河原落書」が「京・鎌倉ヲコキマゼテ」と諷刺したように，京都と鎌倉で棲み分けてきた公家社会と武家社会，西国と東国の文化が一挙に都で合流した。実力本位の時代の到来を信じる武士と，既存の権威を背負う公家・寺社勢力の自意識は激しく衝突し，「路次ノ礼儀，辻々（つじつじ）ハ無シ」といわれ，京都の路頭礼が崩壊した。

足利尊氏が北朝を建てて京都に室町幕府を開くと，従来では考えられない路頭礼紛争が発生する。1342（康永元）年には，光厳上皇の行列と遭遇した美濃の守護土岐頼遠（ときよりとお）が「院の御幸（ごこう）である。下馬せよ」と求められ，「何（な）ニ，院ト云（い）フカ，犬ト云（いう）カ。犬ナラバ射（い）テ落（おと）サン」と，上皇の車を包囲して犬追物のように矢を撃ち込む暴挙に及んだ。この時，頼遠が語ったという「此比（このごろ）洛中ニテ，頼遠ナドヲ下スベキ者ハ覚ヌ者ヲ」という忿懣は，時流に乗った武士の自意識を象徴して余りある。尊氏の弟で幕府の執政であった足利直義はただちに頼遠を処刑したが，幕府では，既存の秩序を尊重する直義らと，時流や実力にものをいわせる一派が対立していた。直義は観応の擾乱で滅亡し，60年以上も続いた南北朝の内乱は，既存の権威が時流と権勢に敵わないことを証明した。

朝廷と幕府を支配する「室町殿」の登場——室町時代

この内乱を収め，14世紀末に日本を再び統一した足利義満は，将軍でありながら左大臣まで昇って朝廷を支配した。その地位を「室町殿」といい，義満の子孫に受け継がれていった。その地位を創り出すにあたり義満は右大将に就任し，源頼朝の故事を踏襲して1379（康暦元）年に拝賀を大々的に行った。朝廷と幕府を一身に支配する新時代の最高権力者「室町殿」の地位は，朝廷・幕府を総動員した行列を従えたその儀礼によって，初めて表現可能であった。

室町期に平和が戻り，室町殿が朝廷の支配者となって，朝廷のさまざまな儀礼を復興したことで，京都は礼節の世界に戻った。すると次第に，武士も礼節の秩序に馴染んで，武家社会の独自性に対応した礼節の体系を形成していった。

恒例化する「御礼」行事——室町的な《礼》の理解

室町時代には，「御礼」という行事が恒例化した。室町殿の慶事（当人・子女の誕生・元服・婚姻や官位昇進・反乱平定など）があると，公武の人々が参賀（参上して贈り物を献上し，祝意を表明）する行事である。それを欠かすと相応の（というより厳しい）制裁が予想されたため，廷臣は「御礼」に行きそびれないように細心の注意を払った。

“感謝の意を示す返礼”という意味でしか「御礼」という言葉を使わない現代人には，この風習は理解しがたい。しかし実は，「参賀」イコール「御礼」なのではない。室町殿の慶事は天下の慶事であり，それを喜ぶ「参賀」は廷臣の地位に伴う職責＝《礼》なので，彼らは参賀そのものを「御礼」と呼ぶようになった。それは現代人が，お辞儀を「礼」というのと同じだ。「起立，礼，着席」と，教師に生徒が頭を下げる行為自体が「礼」なのではない。それは「拝」という行為である。“場面・立場に応じて当然なすべき責務（の規範）”が《礼》なので，室町殿の慶事に接した廷臣ならば「参賀」を，教室で生徒の立場で教師と接したならば「拝」を行うのが《礼》の遂行であり，それを時代や立場に即して「礼をする」と表現したのである。

法治・礼治に優先する面目と納得——人治の時代の紛争解決

鎌倉期に台頭した新勢力，中でも名家は，室町殿の側近となってさらに権勢を高めた。それは旧勢力との紛争を助長したが，室町期ならではの形で解決された。

1425（応永32）年，名家の広橋兼宣が裏築地という設備を自宅に設けた。裏築地とは，「私の家の門前では，通行人は下車・下馬すべきだ」という，きわめて尊い貴人としての自覚を前提にしつつ，通行人が下馬・下車の礼節を省けるよう配慮して，門を隠した築地塀である。ところが，広橋家はそのような貴人ではないと，後小松上皇らが猛然と反発した。この礼節上の問題は，自発的に撤去するよう広橋に促した，室町殿義持の調停で解決された。

図表7　室町幕府将軍の略系図

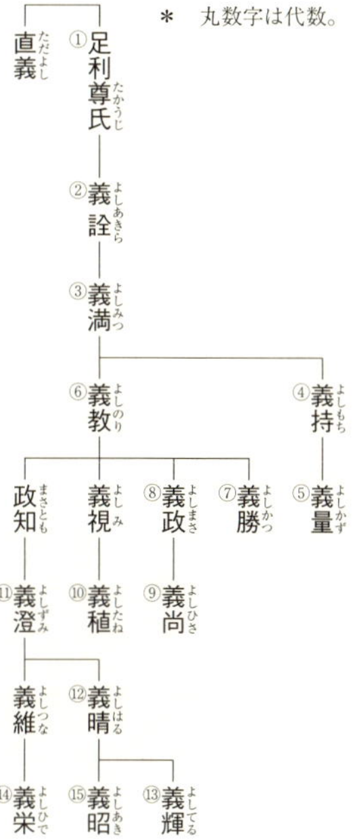

＊　丸数字は代数。

室町期には，朝廷と幕府の双方を統べる事実上の最高権力者として，室町殿が実質的にあらゆる規範の源となった。室町殿の「仰せ」（意思表示）は即ち順守すべき規範であり，それは倭王の意思表示（ノリ）が即ち規範性を持ったのと同じ構造である。その室町殿が，頭ごなしに命令・裁定してもよさそうなものを，純粋な調停者として振る舞った点に，室町期の特色がある。

既存の《法》や《礼》に沿って広橋の行動を可と断定すれば後小松上皇の権威を損ない，不可と断定すれば広橋が面目を失う。そもそも《礼》や《法》は秩序を保つためにあり，《礼》のために争ったり，《法》で裁いて争いの種を残したりしては本末転倒になる。そこで室町殿が調停し，とにかく皆で矛を収めるのが最良だ，というのが結論であった。それは，一律に社会を捉えて妥協がない《法》や，身分秩序を絶対視する《礼》よりも，（痛み分けしつつ）当事者の面目と納得を最も重視した，室町期特有の紛争解決手段であり，問題の本質が解決せずにうやむやに終わる点は，誰も問題にしなかった。それを問題にさせず，調停案に万人を従わせる，室町殿の権力があればこその解決法なのである。

**室町殿の人治とその崩壊
――権力と支持のバランス**

もっとも，その室町殿の「仰せ」に強制力を与えるのは，実は有力大名らの支持である。その自覚がきわめて強かった義持は，息子の5代将軍義量が若死にした後は，自分の後継者を指名せず，有力大名に議論して決めるよう命じて没した。彼らが自ら，全員納得する結論を出せば後継者争いは起こらず，そして自ら決めた室町殿に従う道義的責任が生じるからである。室町殿の一見絶対的な権力は，室町殿の人格的な威厳と，大名らの支持・納得に向けての細心の配慮の，絶妙なバランスの上に立っていた。そうした意味で，室町社会は法治・礼治を一定の程度まで機能させつつも，最も重要な部分が，人格同士の結合・納得を重視する“人治”の原理で動いていた。

ただし，大名らは責任を回避するため，石清水八幡宮の神前で籤を引き，神慮（氏神の意思）として義教が立てられた。義教は最初，義持流の“人治”を踏襲したが，中世，特に室町期，わけても義持期前後の日本を覆った極端な神への崇拝の影響から，神に選ばれた自分の判断は絶対的に正しいと信じ始めた。義教は，人間が作ったにすぎないさまざまな社会規範を逸脱して，意のままに処罰や殺戮を繰り返し，最後には身の危険を感じた大名赤松満祐の手で，逆に殺された。

義教の死後，幼少の室町殿が続き，調停者に必須の威厳を持つべき室町殿の人格が事実上空白となって，室町殿は調停者としての能力を失った。しかも義教が大名の家督を恣意的に交代させて多くの大名家に紛争の火種を撒き散らしたため，室町殿は大名の支持も失い始めた。かくして室町殿の権力の二つの基礎が失われ，調停者なき幕府は救い難い分裂に陥り，応仁の乱へと至る。

第4節●戦国時代の《法》と《礼》

**応仁の乱と礼節の危機
――衰退期の儀式書編纂**

応仁の乱は漫然と11年も続いた末に，決着もつけずに終結した。京都の荒廃と貴族の経済的な没落により，維持・運用費が莫大な牛車が朝廷・京都から消え，平安期以来の路頭礼が意味を失った。

そうした中，応仁の乱後から室町幕府の内部で，室町殿側近の伊勢氏や大館氏が個人的に礼儀作法の故実を書き記した儀式書を作り始める。関東でも，応仁の乱に先立つ享徳の乱で，鎌倉府（関東の独立行政府）が鎌倉から消滅する前後に儀式書が作成された。室町幕府でも鎌倉府でも，後戻りできない衰退を始めた頃に，儀式書を作る意欲が高まった点が興味深い。それは，従来当然に行われてきた礼儀作法が，地上から消滅するという危機感の産物であった。

明応の政変——人治の結末と《法》と《礼》

応仁の乱後，細川政元（乱の東軍の大将細川勝元の子）は有力大名を代表して幕府を支えたが，1493（明応2）年に10代将軍義稙を廃し，義澄を立てた（明応の政変）。室町幕府に後継者を決める《法》はなく，そもそも《法》の源である室町殿を廃する《法》など存在するはずがなく，しかも臣下が主君を廃立することは《礼》の否定である。将軍の廃立は，政元・日野富子（8代将軍義政の妻・9代義尚の生母）・政所執事（将軍家の家政機関の長）伊勢貞宗という，幕府の最有力者3人が同意したという理由だけで実行され，それを正当化するアピールもされず，朝廷には「そうなったのでよろしく」と通知されただけだ。それは，有力者の合意と納得という，室町的な“人治”の結末であった。

以後の畿内では，義稙が流浪しながら，室町的な“人治”の原則に沿って有力大名を味方につけ，将軍義澄を京都から駆逐して将軍に返り咲き，以後双方の将軍家が孫の代まで分裂抗争を繰り返した。そこに細川氏とその家臣団の分裂抗争や，果ては比叡山延暦寺や法華宗・一向宗の武装集団までもが参加し，思い思いに離合集散を繰り返し，畿内は収拾しがたい争乱の巷となった。そうした中で，個々人レベルの礼節はなお意味を持ったが，体系的な《礼》は霧消した。また，各勢力の勢力圏内だけで有効な，軍政レベルを出ない，ローカルで有効期限が短い《法》が，乱立しては消えた。

実力本位の時代と《礼》——極小化する儀礼

応仁の乱後，細川政元という人物が幕府の実権を掌握したことは，将軍家や朝廷の《礼》を大きく動揺させた。

明応の政変で政元に擁立された11代将軍義澄が，1502（文亀2）年に歴代将軍の先例に従って参議・左中将となった後，さらに先例通りの拝賀を行いたいと望むと，政元は一蹴した。拝賀は莫大な費用（牛車・装束や随従者の装束・人件費など）がかかる行列を組む大行事で，ただでさえ財政難に苦しむ幕府に負担できる余地はなかった。政元はこれを無益な浪費と断じ，「そもそも参議・左中将の任官も無益で，私はただあなたを将軍だとみなしており，それで十分です。大事なのは肩書ではなく，人があなたの仰せに従うかどうかです」と述べた。官職も就任儀礼も空疎な形式に過ぎず，人望と実質だけが大事だ，という戦乱の時代らしいこの正論によって，将軍家における《礼》思想は全否定された。

しかも政元は続けて「後柏原天皇の即位の大礼も国王の実質が伴わなければ無益で，大礼などせずとも私は国王だと認めている。一切の大儀は末代には不相応で無用」と断言した。南北朝期以来，財政を完全に幕府に依存していた朝廷では，幕府が費用を出さなければ大型行事ができない。戦乱期の武士の価値観によって，朝廷の《礼》も無駄と断じられ，朝廷の《礼》は致命傷を負った。後柏原天皇は19年後の1521（大永元）年まで即位式を挙げられず，大嘗祭は廃絶した。飛鳥時代に《礼》国家の基盤として導入した官職制度と大嘗祭の存在意義を否定した政元により，《礼》思想は戦国時代に絶滅しかけた。

位階・官職制度の強固さ——時空を超えた秩序の尺度

しかし，天皇の権力や儀礼の存在意義が極限まで衰えても，なお朝廷の《礼》は滅亡を免れた。それは，官位（官職と位階）が意味を持ち続けたからである。

第1章で述べたように，官位とは，個々の臣下が世界（ピラミッド型の身分秩序）のどこに位置づくかを確定・明示せねばならない《礼》思想に基づき，天子（天命を受けた君主）に対する奉仕関係を表現するラベルとして，古代国家が定めたものだ。官位は，あらゆる人間の序列を，時空を超えて一元的に表現できる唯一の言語の体系であり，それは中世・近世でも変わらなかった。その巨大な官位のシステムや，全時代・全国共通の尺度だという共通理解に代わるものを，どの幕府も作れなかった。

戦国大名やその家臣が暮らすローカルな地域社会の秩序でも，また遠く離れた東北と九州の大名同士の秩序でも，位階・官職はたちどころに表現できた。戦国時代のように，各地でまったく異なる環境や個性のもとで地方政権が分立した時代こそ，彼ら相互の序列・格式を唯一表現できる官位は珍重され，多くの大名がその制度とそれを保守する朝廷の維持費を提供し，それを否定する者は現れなかった。

それは天下統一の段階に至り，あらためて天下人の下に全ての武士を整序する尺度として機能した。自ら関白となり，朝廷の官職やそれと密着した貴族の家格を全国の大名統制に転用して，官位制を大いに活用した豊臣秀吉は，朝廷の維持・興隆に費用を惜しまず，大嘗祭も復活させた。秀吉は朝廷の官位の定員とは別枠の武家官位を創出し，その枠組みは江戸幕府に継承され，朝廷は幕府を整序する官位の発行源，いわば秩序を表現する言語（位階・官職）を保守する唯一の管理者として存在意義が認められ，幕末まで存続した。

天皇制の底力と《礼》の関係

天皇・朝廷は，わが国で初めて《礼》を思想として導入し，社会構造として実現する制度を作り上げた。そして数百年をかけて育て上げ，その後のどの政権にも真似できなかった信頼性を史上唯一獲得することに成功し，どれだけ社会が変革しても利用価値を失わない秩序の枠組み・尺度を，日本史上で唯一独占した。天皇制・朝廷の底力は，そこにある。

しかし天皇が秩序の管理者であり得た理由は，本来，天皇がその秩序の頂点にあったからにほかならない。江戸時代にそれが気づかれ，秩序の頂点として天皇に利用価値があると再認識された時，それは江戸幕府を終わらせる理由となった。しかも《礼》思想は，中国の宋で朱子学を派生させ，明で陽明学を派生させ，近世日本では水戸学を派生させ，それが倒幕の理念的原動力の一つとなった。天皇絶対の社会構造を作るために飛鳥時代に採用された《礼》思想は，その役割を19世紀にも果たし，日本の近代化の導火線となった。

第5節●展望：平等時代の《礼》の行方

1890（明治23）年に発布された教育勅語が，「父母ニ孝ニ，兄弟ニ友（ゆう）ニ，夫婦相和（あいわ）シ，朋友相信（ほうゆうあいしん）シ」などと，儒学に源流を持つ言説を含んだように，《礼》思想の末裔（まつえい）は近代日本の道徳規範にも生き残り，1945（昭和20）年の敗戦後に教育勅語が段階的に廃止されたことによって，初めて国家公認の規範でなくなった。現代日本では，もはや《礼》思想は国家・国民の自明の行動規範でなくなったが，未だにその名残は残っている。たとえば公務員など一部の日本人は，死後に総理大臣名で位階を贈られる。《礼》思想に由来する位階制度はどれだけ形骸化しても，国家への貢献度を示す尺度として，今なお生きているのである。

《礼》思想は，身分制社会を大前提とする。明治維新で四民平等となり，日本国憲法で均一な基本的人権が認められて，身分制社会を脱却した今日の日本では，原理的に《礼》思想は成立しないはずだ。しかし，日本にはなお，社会生活上の上下格差がある。身近な例でいえば，学校では上級生に敬語を使うことが，まだ一般的だ。1年早く生まれたというだけで敬語を使わせることに正当性があるとすれば，それは《礼》思想の"長幼の序"以外の何ものでもない。対等な男性同士が使う「君」と「僕」という呼び方（「私の君主であるあなた様」と「あなた様の僕(しもべ)である私」という意味）も，実は《礼》思想の賓礼(ひんれい)（対等の礼節）の実践だ。

《礼》思想の世界観が崩れ（総理大臣は天命ではなく民意が決め，陰陽と五行で宇宙の原理を説明する科学も存在しない），前提とする身分制社会もない中で，未だ無意識のうちに存在価値が認められている《礼儀》が今後いかなる規範であるべきかは，現代日本人が真剣に検討するに値する問題であり続けている。そうした《礼》思想の名残の中で，日本人は比較的快適に暮らしているが，時折困惑するのは，それらの習慣が《礼》思想に由来することを大部分の日本人が知らず，なぜそうせねばならないかを考える確かな材料を持たないからだ。第1章や本章が，そうした材料の一端になれば幸いである。

文献ガイド

＊桃崎有一郎『中世京都の空間構造と礼節体系』（思文閣出版，2010年）
＊百瀬今朝雄『弘安書札礼の研究――中世公家社会における家格の桎梏』（東京大学出版会，2000年）

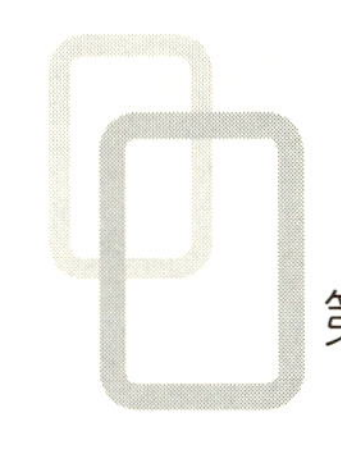

第５章　中世社会の秩序

第１節●法と慣習をみる視点

現代と中世

ここまで，古代から中世に至る，法と礼による秩序形成を概観してきた。それを踏まえて，社会に生きる人々にとって秩序とはどのようなものであるかという視点から，中世と現代を対比してみたい。

現代においては，誰もが自分の従わなければならない法の内容を知ることができ，公平な裁判を受ける権利，また不服があればさらに二度，上級の裁判機関へ訴える権利があり，その判決は最終的に国家によって強制執行される。法や裁判に対して，人々は平等にアクセスすることができ，それが国家によって保障されている。

しかし中世においては，政権の発する成文法は基本的に行政のマニュアルであり，多様な社会集団ごとに独自の法が通用し，全ての人々に等しく適用される法も裁判もなかった。ただし，個々の集団は閉鎖的だったわけではなく，一人の人間が複数の集団に所属することが多かった。複数の集団が関わる紛争においては，一つの集団の法で裁くことはできず，人々はもっぱらそれを朝廷や鎌倉幕府・室町幕府に持ち込んだ。特に御成敗式目を定めて徳政・撫民（ぶみん）を掲げた鎌倉幕府のもとには，多くの訴訟が持ち込まれたが，幕府の訴訟処理能力には限度があり，勝訴判決を下しても強制執行などを行うことは難しかった。

それでは，法や裁判を十分に利用することのできない中世社会では，人々はどのようにして日常の秩序を保ち，また紛争になった場合にはどのように自らの土地を取り戻したり債権を実現させたりしたのか。これが第５章の問いである。

当事者の選択肢

中世社会は，自分の権利は自分で主張しなければならない「自力救済」の社会であった。権利が侵害された場合には，実力行使に出たり，より権威ある権力，または自分に有利な判断をしてくれそうな権力のもとに訴えたりと，さまざまな選択肢があった。

しかし，訴訟にはコストや時間が多くかかった。朝廷や幕府は常に，「裁判制度の充実」を理想として掲げていたが，処理能力には限度があり，実際には消極的であった。このため，紛争の当事者が裁判までたどりつくためには，その都度の権力者とのコネクションが重要であった。政権の交代や制度の変化によっては，一度行われた裁判の蒸し返しが起きたり，あるいは裁判が途中で放置されたりして，紛争が長期化した。当事者もまた，少しでも自分に有利な判決を得られるよう，また朝廷や幕府の裁判への窓口になってくれるよう，さまざまな権力者と関係を取り結ぼうとしたため，結果的にやはり紛争は長引いた。

また，実力行使も，死傷者を多く出すことでさらなる紛争の連鎖を招いたり，目的であるはずの土地を周辺ごと荒らしたりする恐れがある。

このため，できるだけ実力行使を制限または回避し，当事者を納得させて迅速に解決することをめざして，さまざまな慣習が生み出された。

さまざまな慣習

日本中世における紛争解決の慣習をいくつか挙げてみよう。たとえば，中人制（ちゅうにんせい）と呼ばれる慣習は，当事者間の交渉に，さまざまな有力者が第三者＝「中人」として介入し，調停するものである。これは現代の我々にも容易に想像がつくだろう。我々も，何か紛争が起きたら，いきなり裁判に持ち込まずに，まずはお互いの事情をよく知る人や権威ある人を間に立てて話合いをする。

一方，現代からすると不条理に思える慣習もある。「解死人（げしにん）」という慣習がある。当事者双方が集団である場合，実力行使に及ぶと大きな被害を出すことから，対立の発端となった側・非を認めた側が，集団の構成員のうちから選んだ者を相手側に送り届け，その者に何をされてもかまわないという姿勢をみせるものである。この者は対立を引き起こした当人でなくてもよい。これを「解死人」と呼ぶ。相手側は，この解死人の顔だけを見て何もせず帰し，実力行使を収めるものとされていたが，殺してしまう場合もあった。

現代の我々からすると，紛争の原因に何一つ触れないこのような解決法は不条理に思えるが，重要なのは，こうすればともかく被害は限定的で済むということである。日本中世においては，双方の被害が均等になることが非常に重視されており，たとえば実力行使の結果，一方が10人，もう一方が15人の被害を出したら，後者は争いをやめず，被害はさらに拡大することになる。「解死人」は，報復の連鎖を防ぐための慣習であった。

また「湯起請（ゆぎしょう）」と呼ばれる慣習は，当事者の双方，もし集団の紛争であればその代表同士が，神仏の前で，自らの主張が偽りのないものであることを誓ったのち，熱湯に手を入れてその中の小石を拾うという慣習で，火傷を負わなかった者には，その主張が真実であったがゆえに神仏が加護を与えたと判断される。

現代からすると，神仏に判断を仰ぐというのは不条理に思えるが，これもまた湯起請に臨んだ者の負傷だけで紛争を収めることができるのである。もし双方が火傷したり，あるいは双方が無事であったりした場合でも，神仏の判断を仰ぐ厳粛な場を作ったことで，再び交渉の糸口がつかみやすくなる。

現代から慣習をみるときには　時代や地域を問わず，法や裁判が不十分な社会では，それを補うために，紛争解決の慣習が生み出されてきた。

その中で，たとえば有力者が当事者の間に入る慣習などは，現代の我々の感覚とも近く，時代や地域を異にする社会にも共通するものが多くみられる。

しかし，気をつけなければならないのは，慣習は決して“どこでも同じ”ではないことである。慣習は，それぞれの社会における法や裁判から切り離して論ずることはできない。裁判に訴えず慣習によって解決する場合でも，当事者や関係者を納得させるためには，その社会で裁判によって出されるであろう結論に準じたり，かつて当事者が得た裁判の判決を材料として考慮したりするのは，きわめて有効な手段である。裁判の変化に対応して慣習が変化していく例も多い。一見似たような慣習の細かな違いに，その社会の法や裁判，またその背景となる文化・宗教・環境などが反映されるのである。

そして，もう一つ気をつけなければならないのは，慣習を表現することばに，現代のイメージが入ってしまうことである。たとえば，当事者の間に第三者が介入するのをみると，我々は仲裁と表現するだろう。また，当事者が交渉の末に合意するのをみると，和解ということばが頭に浮かぶ。しかし，仲裁や和解は，日常的に使うことばであるとともに，現在の日本では，法律で定められた効力をもつ紛争解決の手段でもある。法律上の「仲裁」は，「仲裁法」という法律に従って行われ，「和解」もまた裁判所が関与する。つまり，これらは最終的には国家によって効力が保証されるのである。同じことばを使うことによって，法や裁判の不十分な社会で行われる第三者の関与や当事者の合意に，現代のそれと同じように安定した効力があるかのようなイメージを持ってはいけない。

また，「慣習」そのものも，現代においては国家が効力を保証する。日本においては商取引のならわしなどが「慣習」と呼ばれ，成文法と衝突しない限りで容認されることになっている。一方，イギリスやその法体系を受け継いだ国々では，判例などの積み重ねがきわめて重視されており，それらが「慣習法」と呼ばれ，裁判においても準拠される。しかし，日本中世の慣習には国家による裏づけはない。

ならば，これらの慣習が，その社会において正当とみなされ，当事者や関係者を納得させる機能を果たしたのは，どのような理由によるのか。現代の我々が，時代や地域を異にする社会の慣習について考えるときには，“その社会の人々が何を正当とみなすか”という問題と向き合わなければならないのである。

第2節●中世の法意識

そのルールはなぜ正当とみなされるか

一般的に，権力が行使されるとき，ルールが機能するとき，どのようなものであれば正当とみなされるのか（水林彪『天皇制史論』〔岩波書店，2006年〕の「支配の正当性」についての議論に学んでいる）。

一つは，その権力やルールが，社会全体の公共機能を担う場合である。典型的なものは勧農や救貧を行うなどのインフラ・再分配機能を担うことであり，第3章でみたように，鎌倉幕府が「撫民」を掲げたことや，戦国大名が在地領主や村落の用水規定を分国法に取り込んだことは，自らの支配の正当性を強めるものであった。内乱・飢饉・災害などの時期には，こうした権力やルールの正当性がいっそう強くなる。

また一つは，その権力やルールが，その社会にすでに存在する秩序に従っている場合である。たとえば，一定の手続で形成されたり，先例に従っていたり，より上位の権力からの任命や委任によるものであったりする権力やルールは正当とみなされやすい。

ただし中世においては，全ての人々に等しく適用される法がなかったとともに，全ての人々から常に正当性を認められる法もなかった。公共機能を担う法や，すでに存在する秩序に従った法であっても，それらが相互に矛盾し衝突することは頻繁にあった。もちろん慣習も，常に誰からも正当性を認められるものは存在しなかった。人々は紛争のたびに，正当性をもつさまざまな法や判決，先例，慣習などのうち，自らにとって有利なものを持ち出して主張した。

そうした多様な正当性のなかで，中世において特に注目すべきものが，神仏の論理である。

神仏の名を借りた正当性

日本中世においては，国家は神仏によって安泰に守られるという前提があった。そして，守られている状態を維持するために，国家は祭礼などを欠かさず行い，崇敬を示さなければならないと考えられていた。つまり神仏を崇敬することは，国家が安泰に保たれるために必要なもの，いわば公共機能や再生産機能を担うことであると考えられてきた。

それゆえ，神仏を擁する有力寺社は，祭礼や祈祷を実施することと引き換えにして，または神輿（みこし）や神木など神威の象徴をふりかざして，あるいは自らの神仏が凶兆を起こしたと主張して，政権に対してさまざまな要求を行った。政権はそれらの要求を，ある程度は正当なものとして認めざるを得なかった。

それだけ聞くと，中世の国家や社会は神仏に縛られていたと思われるかもしれない。しかし，神仏のためという正当性をふりかざすことは，寺社だけの専売特許ではなかった。社会のさまざまな勢力が，自らの目的のために，この正当性を積極的に利用していた。

たとえば，朝廷や幕府は課税の範囲をそれまでよりも拡大するとき，あるいは臨時に課税を行うとき，それを正当化するために，神仏に関わる祭礼・儀礼・年中行事などの経費調達を目的として掲げていた。増えた税収の全てが目的のために使われるわけではなく，相当部分が権力の財源となり，課税は先例となった。

また商人は，公家や寺社に所属することによって，祭礼や年中行事などの物資調達に関与した。それらの物資は通行税を免除されることになっていたが，商人は自らの扱う物資の全てにその免除特権を拡大した。

村落においても，共同体としての結束を確認する拠りどころとして，また共同体の運営を正当化する一つの手段として，その地域の鎮守となる寺社の祭礼に共同体が出資するようになった。これは“神仏が国家を守り，国家は神仏のために祭礼を行う”のミニチュアである。また，共同体同士が交渉するとき，複数の共同体が合意を結ぶときにも，寺社という場はしばしば利用される。さきほど述べた湯起請も，地域の重要な寺社で行われた。

中世社会において，神仏を崇敬することは，一方的に人々を縛るものというより，さまざまな人々の権益のために，あるいは共同体の結束や安定のために，柔軟に利用されるものだった。

一　揆

何らかのルールを定めるとき，神仏に誓うのに加え，“集団が全員一致で”誓うという手続を踏むことで，いっそう集団内外に対して，その正当性を強めるという慣習があった。それが「一揆」である。

一揆には「土一揆」「徳政一揆」など，暴動のイメージがあるかもしれないが，本来は，人々が一つの目的や意思のために互いに力を合わせる関係を結ぶことをいう。中世では，村落のみならず，領主や僧侶などさまざまな身分や階層の人々が，いろいろな目的で一揆を結び，ルールを定めた。集団はだいたい同じ身分や階層の中で結成されるのだが，それでも個々人の所領や歴史・格式などの差はある。しかし内部では，構成員は平等なものとして扱われ，定めたルールや裁判に一律に服することになっていた。

第3章で述べたように，「御成敗式目」を定めるにあたって，鎌倉幕府の要職にある人々が，“公正な裁判を実現し，身内に贔屓(ひいき)をしないこと”を一揆して神仏に誓い，式目の末尾にその起請文(きしょうもん)を載せた。また，南北朝期の全国規模の戦乱のなかで，国人(こくじん)と呼ばれる現地の小領主らが，それぞれ自らの所領を守るために，地域ごとにまとまって一揆を形成し，戦争への参加や所領の経営についてルールを定めた。これを国人一揆と呼ぶ。

一揆という手続を踏んで定めたものは，集団内部に対して拘束力をもつだけではなく，外部に対して突きつけても，侵しがたい正当性が生じるとみなされてきた。このため一揆は，訴訟など，何らかの目的をもって結ばれることが多かった。最も端的なものは，比叡山延暦寺など，巨大な寺院の全ての僧侶が一揆して要求を決議し，朝廷や幕府にそれを突きつけた「嗷訴(ごうそ)」と呼ばれる訴訟である。これに手を焼いた末，室町幕府は，延暦寺の中の一部勢力を常に幕府側に抱き込んで「一揆させない」という対処法をとった。

神仏の後退

「神仏のために」という正当性は，このように，中世を通してさまざまな人々によって利用されつつも，法の制定や裁判に関しては，次第に後退していった。

嗷訴は南北朝期をピークとして次第に室町幕府から阻止され，きちんと裁判がなされるようになっていった。また，式目が神仏への起請文というかたちで法を制定したのに対して，戦国大名の分国法は，意識的に式目を模倣した六角氏式目と塵芥集（じんかいしゅう）を除いて，必ずしも神仏の権威に頼っていない。

一方で，経済的な権利に関して，たとえば権力による祭礼を理由とした課税や，商人による神仏の名を借りた通行特権の確保は，必ずしもそれらと歩調を合わせず，中世末期まで盛んに主張されていた。神仏の正当性がどのように後退していったか，さまざまな面について具体的にみていくのも興味深い。

コラム2　起請文

起請文とは，神仏に対して誓いを立て，それが偽りであったならいかなる罰を受けてもかまわないと記す文書であり，さまざまな局面で用いられた。

とりわけ裁判においては，自分の主張が正しいことを，あるいは無実であることを誓う起請文を書いた後に，さらにプラスアルファとして神の判断を仰ぐ行為をする。平安期から鎌倉期にかけては，当事者が寺社に一定期間参籠（さんろう）し，その間に病気になったり動物に衣装を食われたりといった変事（「失」と呼ばれる）が起きなければ，神が当事者の誓いを認めたとみなされた。これを参籠起請と呼ぶ。室町・戦国期には，その行為が過激なものになり，15 世紀を中心に行われた湯起請は，当事者が煮えたぎった湯に手を入れ，16 世紀から近世初頭に行われた鉄火起請では焼けた鉄を掴んで，それで火傷を負わなければ，神が当事者の誓いを認めたとみなされた。

裁判において，誓いを立てた後，普通ならば怪我をするような行為を行って神の判断を仰ぐという方法は，神判と呼ばれ，広く世界中でみられる。誓いを立てることで証拠に代えるにせよ，神判にせよ，いずれも前近代特有の，証拠に乏しい裁判における，非合理的な裁定方法とされてきた。

しかし一方で，中世において「理非」を重んずる姿勢を打ち出した「御成敗式目」が，初めて起請文を本格的に訴訟制度に位置づけたことには注意しなければならない。幕府は，それまで公家や寺社のもとで慣行として行われてきた参籠起請の期間や場所，「失」の内容などについて，明確な基準を定めた。また，実際の裁判において起請文が用いられるのは，所務（所領紛争）や検断（警察）など，公的な決定が必要とされる局面で，どうしても証拠によっては白黒が定まらない場合などに限られた。つまり，できるかぎり合理的に，訴訟制度の中に起請文を組み込んでいったのである。そして，先例が蓄積されたり追加法が制定されたり，訴訟制度が整備されていくのにしたがって，起請文を用いる必要がなくなっていった。

また起請文は，新たな法を作り出すときにも用いられた。まさに「御成敗式目」も，北条泰時をはじめとする鎌倉幕府の重臣らが，公正な法の運用を行うことを誓う起請文をあげて定められている。さまざまな集団の法が重層的に分立する中世社会において，一揆の法，荘園における法など，一定範囲内の新しい法を機能させるために，それに携わる人々が起請文をあげることは，重要な合意形成の手続であった。

このように，起請文の用い方からは，中世の人々が盲目的に神仏の判断を仰いだのではなく，できるかぎり合理的な法や裁判の運用を目指したことがうかがわれる。

第3節●在地社会の法と慣習

村落が求める秩序，都市が求める秩序

ここまで，中世社会の法と慣習をめぐる状況について，現代との違いを明らかにしながら描いてきた。それでは，この社会の人々はどのように日常の秩序を保ち，また紛争当事者となった場合はどのように解決したのか，村落と都市とに大きく分けて，具体的にみていくことにしたい。

ただし，中世の村落と都市は，決して相互に孤立したり断絶したりしてはいない。鎌倉期以降，日本列島全体にわたって活発な人と物資の往来があり，交通の要衝や寺社門前には市が立ち，為替手形など遠隔地間の決済手段も発達していた。とりわけ1980年代以降，網野善彦（あみのよしひこ）らの研究により，京都・奈良など畿内先進地域の大都市ばかりではなく，それまで山深い農村と思われていた地域においても，都市と呼びうるような場が広く発展していたことが明らかにされた。

しかし，村落と都市とは，必要とされる秩序のあり方が異なる。村落では，人々はある程度の長きにわたって定着しており，生産の基盤は土地である。境界や用水など，生産と密接に結びついた紛争が重要な問題であり，慎重な解決が必要とされた。それに対して，都市では，人々が短期的に離合集散し，商業・流通をはじめ多様な経済活動が行われており，異なるバックボーンをもつ者同士のさまざまな利害対立が生じやすい。また，財が集中するため，多様な権力から，戦費をはじめとする臨時の賦課を受けやすい。都市は，人々の往来とその経済活動が円滑に行われる必要がありながら，まさにそのことによって内外から紛争が起きる恐れがあった。したがって，本章では，村落と都市とに分けて，それぞれの秩序のあり方をみていきたい。

中世の在地社会とは

まずは村落，研究上は「在地」とも呼ばれる社会に焦点をあてる。

村落と呼べるような，ある程度まとまった集落がみられるようになるのは，13 世紀，鎌倉後期以降である。それは集落を維持できる程度に生産が安定する一方で，開発が一定の限界を迎えたことを意味していた。

限界を迎えた土地をめぐって，鎌倉後期には，領主層に紛争のきっかけが多く存在した。一つは荘園の支配関係に関するものである。荘園領主と地頭，また荘園領主とそれが任じた荘官との間でたびたび紛争が起き，現地が荒らされることもあった。こうした訴訟が鎌倉幕府に持ち込まれたことは第 3 章で触れたが，幕府が解決に消極的であることに業を煮やした荘園領主が，訴訟戦略として，実際には大した紛争ではないにもかかわらず，「悪党」＝朝廷に逆らう存在というレッテルを紛争相手に貼り，無理やり幕府の力を借りることもみられた。これは悪党問題と呼ばれる。

また一つは，武士の分割相続による紛争である。開発の限界とも相まって，12 世紀頃から，分割相続で子孫に十分な広さの所領を与えることはほとんど不可能になっていた。戦乱のたび，武士はなんとか所領の拡大を図ろうとしたが，最終的には単独相続へと移り変わっていった。

鎌倉幕府は紛争における実力行使を禁じていたが，その所領を実際に支配している側が，訴訟においても収益を得るにおいても有利であったため，訴訟の最中にも実力行使は絶えなかった。このため，処罰される実力行使の範囲が拡大した。鎌倉末期，14 世紀初頭に，「刈田狼藉（かりたろうぜき）」続いて「路次狼藉（ろじろうぜき）」という行為が処罰されるようになった。「刈田狼藉」とは，本来は自分の所有する田が他者に占領されて裁判を起こした原告が，その最中にその田に実った稲穂を刈り取る，つまり収益だけでも得ようとする行為である。「路次狼藉」とは，債権者が，やはり裁判の最中に債務者と行き合って実力で取立てをする行為である。これらは実力行使であるが，これ以前は，もとの所有権や債権が正当なものと裁判で認められた場合は処罰されなかった。しかし，紛争が増えて混乱が増すに伴って，これ以降はもとの権利が正当であっても処罰されることになった。

南北朝期から室町期に入ると，内乱のなかで，在地に対する守護の権限が拡大していった。「刈田狼藉」などの取締りを行ったのも，また判決の執行を行うようになったのも守護である。現地の小領主や村落なども守護の裁判を受ける機会が増え，それを通して室町幕府法にふれるようになった。第3章で述べたように，戦国大名の分国法には幕府法が取り込まれているが，それは室町期に守護の裁判が行われていたことが下地になっている。

内乱への対応として，現地の小領主らも，さきほど述べた「国人一揆」として地域ごとにまとまり，幕府や守護への対応や戦争への参加について意思決定をしたり，相互の人返しなど所領の保全をめぐるルールを決めたりしていった。

村落もまた，共同体としてまとまりをもつようになった。個々の村落では，中小規模の農民も含めた多くの構成員の寄合により意思決定がなされ，そうした村落がいくつも，荘園規模で連携するようになった。これらの連携も一揆という形式をとり，「荘家（しょうけ）の一揆」「惣荘（そうしょう）一揆」などと呼ぶ。当初は，訴訟を行ったり年貢減免を求めたりといった目的のための臨時的なものだったが，次第に，用水の配分や戦乱からの自衛など村落にとって重要な秩序形成を行い，紛争を防止する，恒常的な繋がりとなっていった。荘園が複雑に入り組んだ近畿では，領主の枠組みさえ超えた連携になった。

村落の内部の秩序

個々の村落の内部でも，次第に，自治，つまり自らの秩序を自ら担う機能を整えていった。まず年貢納入について，領主に対する年貢を村落共同体が一括して請け負う「村請（むらうけ）」という形をとった。また，検断と呼ばれる警察機能についても，村落内部のことについては村落共同体が行うという「自検断（じけんだん）」が行われた。

これによって，領主側から，年貢未納や検断を理由として，村落に踏み込まれることはなくなった。特に，中世の検断においては，犯罪のケガレを祓（はら）うため・犯罪者の生活基盤を奪うためなどの理由で，犯罪者の家を焼いたり財産を没収したりという処罰が伴い，没収財産は検断を行った者のものになったため，逆にそれ目当ての不当な検断が行われることも多く，自検断はこうした動きを防ぐものでもあった。

村落共同体の運営や構成員の資格についても，独自の「村掟（むらおきて）」が定められた。こうした共同体内部の意思決定については，さきに述べたように，村落の鎮守の寺社における寄合によって決定された。共同体の拠りどころとして，また権威づけとして，寺社の祭礼や年中行事は共同体の支出によって行われた。

祭礼の決算書などは，一見法制史とは何の関係もなさそうであるが，共同体の構成員がどのような人々であったか，どれほどの広がりをもっていたかを知るために，きわめて有益な史料である。

村落共同体が，年貢の納入や警察機能の行使など，領主の行政の重要部分を代行することは，近世にも引き継がれていく。一方で，共同体の正規の構成員は限られていたり，村掟がきわめて厳格なものであったりと，内部に対する弊害もあった。たとえば中世末期，飢饉の村落において，蕨（わらび）の粉を盗んだ母子が処刑され，領主であっても，それを苛烈に過ぎると認識しつつも介入することはなかった（『政基公旅引付（まさもとこうたびひきつけ）』）。

村落共同体同士の争い

こうした村落共同体同士の間で，境界や用水・用益など，生産と密接に結びついた権益をめぐって紛争が起きた場合は，あるときは交渉を重ね，あるときは実力行使を行い，あるときは領主への訴訟を起こすなど，多様な対応をとっていた。最も研究が進んでいるのは，こうした村落同士の紛争における慣習についてである。最初に挙げた，解死人や湯起請といった慣習も，こうした共同体同士が，実力行使によって多数の死傷者を出さないよう，最低限の被害で済ませるためのものであった。

共同体は，そうした交渉や実力行使のかたわら，荘園領主への訴えも盛んに行っていた。畿内のような所領関係が入り組んでいる地域においては，関連するさまざまな領主に訴えを起こし，できるだけ自らに有利な判断を引き出そうとした。村落共同体は直接朝廷や幕府に訴えを起こすことはできず，自らの直接の主である荘園領主を通さなければならなかったが，その中でも，朝廷や幕府へのコネクションが強い領主を巻き込もうと試みた。

こうした裁判で得た文書，提出した文書などは，村落共同体がまとめて文書群として管理しており，近世を経て現代まで残っているものもある。これらの文書を詳しく追うと，村落共同体が，権力の裁判の変化に巧みに応じていっていることがわかる。たとえば15世紀，訴訟において，証拠として文書が重視されるようになると，それまでの口頭の由緒や伝承をもとに偽文書を捏造して提出するようになった。また，もともと自らが自力救済を行ったことを隠して訴えることはあったが，近世に近づき，一切の自力救済が厳しく禁じられるようになると，自らに有利な材料として“領主に年貢を納めている”“相手は実力行使を行ったがこちらは行っていない”など，自らが領主の法を遵守したことを主張するようになっていった。

戦乱と禁制　また戦国期，戦乱に巻き込まれる恐れが生じると，村落は，戦国大名やその家臣から，「禁制（きんぜい）」「制札（せいさつ）」などと呼ばれる，村落の安全を保障する法を発してもらうようになった。古代・中世の法のほとんどは，権力の行政マニュアルであり，一般の人々には公開されなかったが，禁制や制札は，権力から支配対象である一般の人々に直接向けられた，数少ない例外であった。

中世末期には，村落・都市・寺社など，さまざまな対象に対して，室町幕府や戦国大名から禁制が与えられており，一見，権力が支配を強めようとしたかにみえる。しかし実際には，村落・都市・寺社などの側が，権力に対して，多額の金銭や何らかの奉仕と引き換えに禁制を求め，その権力の軍勢からの金銭・兵糧・人夫などの徴発に対し，受け取っていた禁制や制札を自ら掲げて拒絶したのである。禁制を受け取るとは，高価な安全を買うことであった。

以上のように，中世の在地社会においては，年貢納入や警察機能を請け負う自治的な村落共同体を最小の単位として，その一揆的な地域結合のもとで，基本的な秩序が形成されていた。共同体同士の紛争においては，実力行使，慣習，そして裁判のいずれもが用いられ，裁判においては権力の変化に応じて訴訟戦略が立てられた。また戦乱に備え，権力から安全を保障される禁制を直接得るようになった。法や裁判へアクセスする力を次第につけていったのである。

第4節●都市社会の法と慣習

中世都市とはどのような場か　日本中世の都市は，法や行政の面で，農村と明確に区別されていない。これはほかの時代や地域の都市と比べて特徴的である。しかし都市においては，多様な利害をもつ人々がそれぞれ自らの権益を主張するため，紛争が起こりがちであり，にもかかわらず，人々の往来とその経済活動が円滑に行われるように，その場の治安や取引の秩序が強く守られなければならなかった。行政において農村との明確な区別はなくとも，実態においては農村とは異なる秩序が要請される。

このような利害や紛争が特に集中する大規模な都市として，室町期の京都の秩序をみていきたい。

都市民と権力のネットワーク

室町期の京都は，朝廷・寺社・幕府・守護など，支配層の人々が一極集中しており，荘園からの年貢が集まり，訴訟を受けるためや雇用を求めるために人々が出入りし，大規模な消費が行われた。

都市民は，貴族や武士のもとで雇われたり，寺社の門前に居住して祭礼の役を務めたりと，多様なかたちで，これらの支配層とつながりをもった。我々は主従関係といえば，近世の“二君に仕えず”というような強固な主従関係のイメージを思い浮かべるが，中世の主従関係や雇用関係は非常に流動的であり，一人が同時に複数のつながりをもつこともできた。

都市民が支配層とこうしたつながりを結ぶのは，他の支配層から課せられる何重もの人的・金銭的負担を逃れたり，日常のさまざまな紛争の後ろ盾になってもらったりと，身を守るためであった。また，幕府は都市の紛争をめぐる訴訟に対応はしていたが，都市民から直接ではなく支配層から受けつけるのが基本であったため，都市民は訴訟の窓口としても支配層とつながる必要があった。そしてつながりを複数結ぶことで，保険を幾重にもかけたのであった。

商業支配の論理

支配層にとっても，都市に集まる富は非常に魅力的であり，できるだけそこに参入して何らかの利益を得ようとした。その結果，多様な権力がそれぞれ，市場における行商，常設店舗での営業，業種ごとの商人集団，都市の出入りなど，都市における人や経済活動をさまざまなかたちで切りとり，営業税や通行税を賦課するといった分割支配が行われた。

この諸権力の中で注目したいのは，内蔵寮（くらりょう），御厨子所（みずしどころ），造酒司（みきのつかさ）などといった朝廷官司である。これらはいずれも，古く律令制のもとで，天皇や年中行事に関する物資調達の任を割り振られた役所であったが，中世には地方の所領ではなく都市の商人への賦課を財源にした。しかし，これらの官司は，賦課の名目はもっていても，徴収する実力には乏しく，しばしば室町幕府の力を借りようとした。

これに対し，商人らは，諸権力のいずれかと結びつき，その権力にだけ税を納め，見返りに特権や保護を得て，それ以外の権力に対抗した。朝廷官司に所属すれば，天皇や年中行事に関わるという名目，寺社に所属すれば，国家のための祈祷に関わるという名目が得られる。これによって，自らの扱う物資全般についての通行税が免除されたり，自らの所属する以外の権力からの賦課を逃れたりできるというメリットがあった。

金融業者は，寺社に所属することによって，さらにメリットがある。それは“神仏から借りたものは必ず返さなければならない”という観念を利用して債務者から取立てを行えるということであった。寺社に所属する金融業者が，回収できない債権を抱えている債権者から債権を買いとり，自らが債務者から取り立てることもあった。これは「面（つら）を替える」と呼ばれ，朝廷や幕府からは繰り返し禁止されていたが，それを行う者はあとを絶たなかった。

土倉・酒屋と呼ばれる室町期京都の金融業者は，そのほとんどが比叡山延暦寺に所属しており，この二重のメリットを大いに享受し，莫大な財をたくわえていた。室町幕府は，彼らに賦課を行うために，延暦寺と折衝を繰り返し，その祭礼に助力しなければならなかった。その甲斐あって賦課にこぎつけた土倉・酒屋役は，幕府の大きな財源となった。

このように，京都においては，多くの支配層や商人が，自らの支配や特権の正当性の根拠を，朝廷や神仏に属することに求めていた。一方で，朝廷や幕府から，都市全体に対する法や，こうした個別の支配や特権の関係に介入するような法が発せられることはなかった。

論理の破綻

しかし，ここには大きな問題がある。それは，朝廷や神仏に属する商人らが相互に紛争を起こした場合，それぞれの正当性の根拠が根本的には同じであるため，優劣が定まらず，解決が難しいということである。

この破綻が極端に現れたのは，応仁の乱以降である。地方の荘園が次第に失われる中，支配層にとって京都の商業支配が譲れない権益となったため，商人同士，またその後ろ盾となる支配層同士の間で紛争が多発し，ときには実力行使にまで及んで，治安を害した。

こうした紛争において，当事者は自らの正当性の根拠を誇大に語り始めた。たとえば商人は「天智天皇の御代より朝廷に仕え，鎌倉時代末期（1316〔正和5〕年），朝廷の蔵人所（くろうどのところ）で正式に認定された」とか，自分たちは「六十六ヶ国（日本全国）」で商売をしており，朝廷に役をつとめる以外は相手が誰であっても賦課には応じないという主張をしている。課税しようとした朝廷の公家も「東西南北（とうさいなんほく），奥浦津（おくのうらつより）」の荷物全てに，いかなる「権門勢家（けんもんせいけ）」に属する商人であろうと例外なく課税すると主張した（『山科家礼記』『言継卿記』）。

双方が同じ根拠にもとづく自らの正当性を強調した結果，訴訟で検証できるような議論の体をなさなくなったのである。そしてこの解決のために，商人の側が湯起請を提案している。論理的に解決することのできない紛争において，“神に誓約できるほど自分の主張は正しい”と強調しようとするほかなかった。

ネットワークの破綻と町共同体

朝廷や神仏の論理が破綻したのと同じ時期に，都市民が身を守るために多様なつながりを持つという手段も，機能不全を起こし始めた。

第4章で述べたように，16世紀，中世末期の政権中枢が短期間で交代を繰り返すようになると，都市民は，つながりを持つ相手に守ってもらうどころか，相手が失脚すれば巻き添えを食うことになった。そのため都市民は，支配層とのつながりを増やすのではなく，自らの身を置く「町」を単位とする共同体に属することによって身を守るようになった。人的な関係から地縁的な関係が中心となったのである。

この町共同体は両側町という形をとる。古代の平安京は，中国の条坊制に倣い，一辺約120メートルの正方形の地割から構成されていた。中世になると，この地割に沿って，街路に向かって口を開き奥に細長く広がる「ウナギの寝床」のような家が立ち並ぶようになる。120メートルもある広大な正方形を単位としてまとまるよりも，正方形の一辺と道路をはさんだ向かい側の正方形の一辺とがまとまる方が実際的であった。この生活に即したまとまりが両側町という単位である。

近世へ

また都市においても，支配層を介してではなく，町共同体や商人集団に宛てた幕府の禁制が発給されるようになった。村落と同様，都市においても，一般の住民の共同体が，権力から安全保障を買ったのである。

そして，織田信長の入京前後から，こうした禁制のなかに“権力が町共同体の安全を保障する”という内容とともに，“共同体が権力の法令を順守し，違反者は共同体として取り締まる”という内容が，同時に含まれるようになっていった。また，それまでは制札や禁制を得るため・訴訟を受理してもらうために当事者が金銭を払うことは当然とみなされてきたが，時を同じくしてそれらも廃止されるようになった。これは，権力と共同体とが，安定を守るためにそれぞれの役割を果たす，双務的関係になっていったことを意味する。権力による安全保障の対価は，金銭ではなく，共同体が責任をもってその構成員に法を順守させることとなったのである。村落共同体と同様，町共同体が，都市における行政機能の代行をつとめるようになったこの流れは，近世へと引き継がれた。

行政を代行するためには，町共同体が構成員をきちんと把握していなければならない。近世になると，町共同体へ新たに加入する場合には構成員の同意が必要であるとか，町共同体同士でも古い共同体と新しい共同体が区別されるなど，都市においても，村落同様，住人の共同体は閉鎖的なものになっていった。

地方の都市

地方にも，寺社門前や交通の要衝といった都市と呼べる場は多く存在したが，そこにいかなる法や裁判があったかを示す史料はほとんど残っていない。都市に対する法といえるものは，やはり16世紀の戦国大名からの禁制である。

かつての研究では，戦国大名は，城下町を建設したり楽市楽座令を発したりと，積極的に都市の振興を行ったとされてきた。しかし，中世の地図などと照合してみると，大名が一から十まで新しく城下町や市を築いたというよりは，城下町が築かれる以前からすでにあった市をまず保護し，それを徐々に城下町の中に抱き込もうとしており，都市に対してさほど強権的に臨んではいないことがわかる。

戦国大名が都市に対して発した禁制にも，違反者は大名により処罰されるとあるが，そのためにはその者を都市で逮捕して大名に引き渡す必要がある。こうしたことから，地方都市の禁制も，大名が積極的に都市を振興させるために発給したというより，村落と同様，都市が対価を払って求めたものと考えられる。

それでは，都市は何を求めたのか。幕府の発給文書のテンプレートを集めた『武家名目抄（ぶけみょうもくしょう）』という書物に，市町の法のテンプレートとして，次のようなものが挙げられている。「押買狼藉を行う（無理やり買い取ったり暴力を振るったりする）こと，国質や所質をとること，喧嘩や口論を行うこと。これらの行為を堅く禁ずる。諸商人はこれらの旨を守り当市で売買をしなければならない。もし背く者があれば成敗する。以上のように定めるものである」。「国質」「所質」は中世の慣習で，債務者と同じ地域の出身であるというだけの者に対して債権者が取立てを行う行為であり，これらが容認されるような場には，多様な人々が行き交うことはできなくなる。つまり，いずれも治安維持を主眼とする内容である。

実際に出された禁制はもう少しバリエーションが豊かであるが，基本的には治安維持を中心としていた。上記のほかにしばしばみられるのが「徳政免除」という項目である。ここでいう「徳政」は債務棒引きを意味し，領国で徳政が行われても都市は適用範囲外とするというものである。すでに人々の間では，徳政への対策として「たとえ徳政が行われてもこの契約は履行される」という文言が入った契約が多く結ばれていたが，取引の秩序が重んじられる都市という場では特に，徳政は権力によって厳しく排除されなければならなかった。

また，大名から物資を運ぶための馬の供出などが定められることもある。これは都市が安全の見返りに大名に対して負担を引き受けるものといえよう。しかしその馬の数は明記されており，都市の負担を明文化して限定するという意義もあった。

以上のように，多様な人々が集まり経済活動が行われる中世都市の秩序を概観した。京都の都市民は，それぞれに支配層と結びついて特権や保護を得たが，中世末期には紛争の過熱化と支配層の不安定化により機能不全を起こし，地縁共同体を単位としてまとまり，政権に安全を保障する禁制を求めた。これは同時期の村落や地方都市が，戦国大名から禁制を得たのと同じ動向である。そして近世に移り変わる中，多くの都市で，政権が地縁共同体に安全を保障し，地縁共同体が法令を順守する双務的関係が生まれていった。

第５節●社会と裁判の距離

裁判へのアクセスと文書の利用

南北朝から室町期にかけて，村落も都市も，次第に裁判との距離は近くなっていった。

中世の都市では，都市民は公家・寺社・武士などの支配層と多様な結びつきをもち，特権や保護，また朝廷や幕府への訴訟の足がかりを得ていた。村落においても，検断や年貢納入については自治を行っていたが，紛争が起きれば関連する多様な権力のもとへ訴訟を持ち込み，守護の裁判にアクセスするようになった。そして戦乱などの危機が迫ると，政権や戦国大名に対価を払って安全保障を求めた。

そのため，人々は幕府や守護の裁判への戦略を立てるようになった。当事者間の契約や紛争解決では重視されていなかった事柄であっても，幕府や守護の裁判で重視されるならば，その対策が練られた。つまり，裁判に対応して慣習が変化したのである。その最も大きな変化は，15 世紀頃から，文書が重視されるようになったことである。

文書さえ持っていれば

朝廷・鎌倉幕府・室町幕府などの裁判では，基本的に証拠として文書が重視された。

それに対し，一般の人々の契約や集団内部の取り決めなどは口頭でなされるものも多かったが，裁判が身近なものになるに伴って，人々もまた文書を重視しなければならなくなり，正式な手続では証拠とされない文書までまとめて保管するようになった。

たとえば土地の所有権を争う裁判において，幕府の法では，現所有者の正当性を保証する文書，つまり前の所有者から正当な売買，譲与，相続などによって権利が移転したこと，あるいは権力から正当に与えられたことを示す文書があればよいとされていた。

しかし，当事者はしばしば，前の所有者からの権利の移転を示す文書だけでなく，本来は必要ない，それ以前のさまざまな所有者の間の権利の移転を示す一連の古い文書を貼り合わせて提示していた。その一連の文書をたどっていくと，ところどころに移転関係の空白もみられる。この空白からは，新しい文書を作らず，それまでの一連の古い文書を渡すことで，所有権移転が行われたケースがあることを示している。逆にいえば，自分のもとに権利が移転してきたことを直接に示す文書がなくとも，それ以前に遡る古い一連の文書を持っていれば――それがたとえば拾ったり盗んだりした物であっても――その権利を主張しうる可能性があったことになる。

幕府法の文書主義に適応しようとした結果，社会の慣習においては，本来の趣旨を超えて文書「のみ」が重視されるようになったといえる。

なお，少し話はそれるが，中世後期，“文書の持ち主を（どんな入手方法であっても）その文書に記された権利の持ち主とみなす”，つまり文書それ自体だけを重視する傾向は，裁判以外の面でもきわめて強かった。たとえば信用経済の面において，匿名性が高く譲渡可能な「割符（さいふ）」と呼ばれる手形が活発に用いられたことも，「割符」という“文書”の重視が根底にあったと考えられている（コラム4「中世の経済秩序——②信用経済」も参照）。

集団内部の法

同じように，仲間うちの口頭のルールであるものも明文化されていく。

端的なものは，都市における「座」のルールである。特権商人らの集団である座は，自らの独占販売圏を主張したり，あるいは座の構成員の相続について異議をとなえたりと，頻繁に自らのルールを掲げて訴訟に登場する。

しかし実は，座のルールそれ自体がまるごと残っていることはほとんどない。中世末期の京都のいくつかの座のものが残っているに過ぎず，その内容は，訴訟の窓口になってくれる公家に忠誠を尽くすことを強調するものであり，訴訟のために明文化されたことが推察される。

偽文書

また，人々は大量の偽文書を作るようになった。

これだけ聞くと，慣習の変化どころか，ただの不正のように思われるかもしれないが，まったくの虚偽を捏造したというよりも，それまで口頭の伝承として語られてきた由緒が，裁判で文書として必要になるからと，そのまま文書にしたというのが実態に近いと考えられている。

というのは，偽文書は，朝廷官司と結びついた村落や商人集団に多くみられ，天皇の名前や文書の形式は間違っているのだが，その文書に記された年月日の頃に，本当に朝廷とその集団が関わりを持っていたという傍証があることも多いのである。たとえば第4節で，室町時代末期の京都で「天智天皇の御代より朝廷に仕え始め，鎌倉時代末期に朝廷の蔵人所で正式に認定された」と主張する商人集団を挙げたが，天智天皇はともかく，鎌倉時代末期に朝廷と関わっていた可能性は高いという。

これらの偽文書に対し，15世紀には，守護などには証拠を精査する能力がまだ備わっておらず，明らかに名前や形式が間違っていようとも，その偽文書にもとづいて訴えを聞き入れることも多かった。裁判を行う権力が，当事者の持ち出す，はるか昔の朝廷や幕府が発給したとするあらゆる文書に対し，その形式に通暁して偽文書を暴くことは難しかったのである。こうした勝訴の記憶とともに，偽文書は大切に保管され，今日まで伝わっている。

湯起請と文書重視

一見まったく関係がないようにみえるが，湯起請の一時的な盛行と衰退も，社会における文書重視と関連するのではないかと指摘されている。

当事者に普通なら怪我をするようなことをさせて神の判断をあおぐという神判は，西欧中世など，世界のほかの地域にもみられたり，あるいは神話に登場したりするため，我々は，こうした神判は古くから，ごく自然に存在するものと思い込みがちである。

しかし，湯起請という形式が裁判として行われるのは，実は15世紀に集中しているという。そしてすでにこの時代の人々は，神の判断を盲信することはなく，きちんとした検証を尽くさないまま湯起請を安易に行うことには否定的であった。では，こうした合理性を備えた人々が，それでも湯起請に頼ろうと考えたのはどのような場合か。

第4節で「六十六ヶ国（日本全国）」で自由に商売をしており朝廷以外の賦課には一切応じないとする商人と，「東西南北，奥の浦津より」の荷物全てに例外なく課税すると主張する公家とが争い，この論理的に解決のつかない問題について，当事者が湯起請を提案した例を挙げた。

このように，決め手となる文書を持たないことによって紛争が膠着したとき，当事者，ことに不利な側が湯起請を提案する例が多くみられる。裁判において文書が重視されていく中で，もとは文書を作らず口頭の契約で事足りていた人々が，その代わりに“神に誓約できるほど自分の主張は正しい”と，ブラフを仕掛けようとしたのだと考えられる。

一見まったく無関係に思われる，湯起請に頼ろうとした人々と，偽文書を作ろうとした人々は，いずれも，裁判における文書重視という，同じ事態への対応だったのである。

このように，裁判における文書の重視に対応するため，それまで口頭で語られていたものも文書にされていき，その中でさまざまな変化や軋轢が生まれたのである。合理的とも非合理的とも思われるさまざまな対応は，中世の人々と裁判との距離感を示している。

しかし，こうした慣習は，近世に向かうとともに次第に消えていく。守護や戦国大名の裁判は，次第に証拠審査能力を備えるようになり，偽文書は通用しなくなった。また，戦国大名のもとで御用商人になった人々は，朝廷の物資調達に関わった由緒によってではなく，戦国大名に対して奉仕することによって特権を勝ち取っていた。つまり由緒を主張することそれ自体に意味がなくなってきたのである。京都においても，中世の座は，豊臣秀吉のもとで一律に廃止され，座法もその意味を失った。

コラム3　中世の経済秩序——①銭

貨幣は経済秩序の根幹をなすものであるが，日本においては，10世紀半ばから江戸時代に入るまで，国家が貨幣を鋳造することはなく，12世紀半ば以降，輸入された中国銭が貨幣として社会に広く流通した。

中国銭は日本の国家から保証を受けたわけではなく，むしろ当初は使用が禁じられた。しかし国家は，財政の基準としていた米や絹の価値が下がるのを恐れて禁じたのであり，財源さえ確保できるようになると，次第に介入しなくなった。13世紀には荘園の年貢なども中国銭によって納められるようになった（代銭納）。本書「日本法史への招待」で述べたように，国家が貨幣政策に対して消極的な態度に終始する中で，貨幣の機能を果たすものとして，社会は自発的に中国銭を用いたのである。

こうした社会の自発的な秩序形成は，危機への対応にもみられる。15〜16世紀には，中国銭の劣化・流入減少・ついには途絶といった問題が発生し，権力も撰銭（えりぜに）令などを出して対応したが，社会もまた，地域によって多様な精銭・悪銭・米・貴金属の交換レートを立てるなど，それぞれの状況に応じた経済秩序の維持を図った。こうした社会の動きの中に，私鋳をも含む最も質の悪い銭（ビタ銭）を用いることで，とにかく銭の供給量を安定させようとするものがあった。中世の権力はこれを悪銭売買として禁じたが，この動きは最終的に，近世の権力の貨幣政策に受け継がれる。江戸幕府のもとで，ビタ銭は米や金とともに公定の交換レートに組み入れられ，後に発行された寛永通宝はビタ銭に代わる銭として位置づけられた。

12世紀から16世紀に至る中国からの銭の流出とその途絶は，日本のみならず広くアジア諸国にもインパクトを与えており，それぞれの国家や社会の対応を比較するのも興味深い。

コラム4　中世の経済秩序——②信用経済

中世は列島規模で盛んに経済活動が行われた時代であり，遠距離で送金するために，銭以上に便利な手段が模索されていた。

朝廷や寺社から地方の所領に対する支払指図書に淵源をもつ「切符」，送金とともに借金の手段にもなった「替米」「替銭」など，さまざまな送金手段が講じられたが，特に注目されるのが，15世紀を中心に活発に用いられた「割符」である。

割符は概ね，①畿内諸都市の問屋が，畿内と地方を行き来する遠隔地商人から現金を受け取り，割符を発行する，②遠隔地商人が地方の荘園などに下り，生産物を購入し，代金として割符を渡す，③荘園の代官らは，その割符を用いて京都の荘園領主へ年貢を送る，④荘園領主は京都でその割符を現金化する，というかたちで流通する。割符はすべて10貫文という額面であり，いわば高額紙幣のような機能をもった。

割符の特徴は，必ずしも特定の誰かの保証を伴わず，転々と流通するということである。実は，この流通性の高さは，近世と比べても突出している。近世においても経済活動の中で為替手形は利用されたが，基本的には商人の本店・支店間のネットワークにもとづくものであり，転々と渡っていく割符との違いは大きい。

さらに，中世においては，債権債務にまつわる文書が，最初の当事者の手を離れて流通していくことはほかにもみられた。一つは，「借書」すなわち借金の証文であり，また一つは「折紙」と呼ばれる贈与の文書である。第4章でふれた将軍への「御礼」をはじめ，中世の人々はさまざまな理由で贈与を行い，金銭を贈与することもあった。その場合，いきなり現金を贈与するのではなく，まず贈与する額を記した文書を贈るのだが，この文書を折紙と呼ぶ。折紙に記された額の現金が後日あらためて贈られるが，そのタイムラグの間に，贈られた者がまた別の者にこの折紙を贈ることが多くあった。売買や貸借とは異なり，贈与というものは当事者同士の人間関係に基づくものと思われるが，これもまた当事者の手を離れて転々と流通したのである。

しかし，割符にせよ借書にせよ折紙にせよ，最後に受け取った者は，直接の取引相手とは別の者，場合によっては見知らぬ者に対し，金銭の支払いを要求することになる。そこに不安はなかったのだろうか。これを支えたのは，本章で触れた中世後期特有の文書主義，すなわち“文書の持ち主を（どんな入手方法であっても）その文書に記された権利の持ち主とみなす”つまり文書それ自体をきわめて重視する観念ではなかったかと考えられている。そのためか，この観念が衰えるとともに，割符もまた姿を消す。

第6節●中世から近世へ

近世には，人的・地域的管轄や手続が明確になった職権主義的な裁判制度が築かれた。裁判が不十分である代わり，裁判のほかにも慣習や実力行使など，さまざまな手段を選ぶことができた中世から，このような近世への変化は，きわめて大きい。

この過渡期である戦国・織豊政権期に，最も決定的な変化として，実力行使が厳禁された。第3章と重なる点もあるが，本章でみてきた，中世のさまざまな秩序や紛争解決の変化と併せて，このプロセスをみておきたい。

実力行使をした両当事者を処罰する喧嘩両成敗法は，実際には，双方の被害が同じにならなければ納得せず紛争を終わらせないという当事者の衡平意識が反映された，中世の慣習であった。戦国大名の分国法にも喧嘩両成敗法は採用されたが，主たる目的は「実力行使をせず裁判に訴えれば処罰しない」，つまり裁判に誘導することであった。戦国大名は自らの支配の正当性を強めるため，領国の公共機能を担うことを強調しており，裁判はこの重要な機能の一つであった。

併せて，それまでは当然のものとなっていた裁判の手数料を定額化したり廃止したりと，積極的・職権主義的な要素を強めた。これによって，裁判や裁判外での紛争解決のために必要とされていた，中世の多様な庇護関係は，次第に不要なものとなっていった。

実力行使を厳禁する画期となったのは，豊臣政権である。豊臣政権は，大名から一般の村落や都市の共同体まで，あらゆる階層に対して，実力行使を禁じ，裁判権を独占した。近年，この政策実施のプロセスについて研究が進んでおり，明確な画期となる法令はなかったが，全体としてゆっくりとこの方向に進んでいったとされている。

中世後期，都市や村落の共同体によって担われていた自治のうち，年貢納入や警察機能などは，織豊政権から近世になっても，これらの共同体が行政に組み込まれていくというかたちで残った。しかし，共同体が紛争に際して実力行使をすることに対しては，共同体の代表を処刑するといった厳しい処罰が行われた。これは当事者の衡平観念を満たして紛争を収拾するための両成敗ではなく，紛争がどうなろうと実力行使を起こしたこと自体を処罰する両成敗である。

これに対応するように，近世初期の訴訟においては，共同体は“年貢を納めている”“相手は実力行使をしたがこちらはしていない”など，自らが法を遵守したことを，有利な証拠として主張するようになっていった。こうした近世の秩序形成のゆくえについては第2部に譲り，ここで古代・中世の部を閉じることとしたい。

文献ガイド

＊網野善彦『網野善彦著作集 13　中世都市論』（岩波書店，2007年）
＊網野善彦『網野善彦著作集 7　中世の非農業民と天皇』（岩波書店，2008年）

＊笠松宏至『徳政令――中世の法と慣習』(岩波新書，1983年)
＊勝俣鎮夫『一揆』(岩波新書，1982年)
＊桜井英治『日本中世の経済構造』(岩波書店，1996年)
＊桜井英治＝中西聡編『新体系日本史12　流通経済史』(山川出版社，2002年)
＊清水克行『喧嘩両成敗の誕生』(講談社選書メチエ，2006年)
＊清水克行『日本神判史』(中公新書，2010年)
＊田中克行『中世の惣村と文書』(山川出版社，1998年)
＊仁木宏『空間・公・共同体――中世都市から近世都市へ』(青木書店，1997年)
＊春田直紀編『中世地下文書の世界――史料論のフロンティア』(勉誠出版，2017年)
＊藤木久志『戦国の作法――村の紛争解決』(講談社学術文庫，2008年〔初出1987年〕)

第2部　近　　世

●はじめに
●第1章　近世国家の基本構造と自力救済の変容
●第2章　法と礼の整備と可視化される秩序
●第3章　近世社会と法
●補　章　過去の法へのまなざし
——日本法史学史

はじめに

「近世」の時代的特徴

「近世」の時代区分については，必ずしも一致した見解があるわけではない。たとえば山川出版社の高校日本史教科書『詳説日本史』では，1543（天文 12）年にポルトガル人を乗せた中国人倭寇の船が種子島に漂着した出来事で，近世の幕を開け，1853（嘉永 6）年にアメリカ東インド艦隊司令長官ペリーが来航して開国を求めた一件から，近代を記述している。近世には室町時代，安土桃山時代，江戸時代が含まれていることになる。日本史を世界史の大きな動きの中で捉えようとする傾向にあるともいえよう。織豊政権と徳川政権との質の違いについては解釈が定まっておらず，紙幅の制限もあることから，ここでは主に江戸時代の国家・社会と法（規範）について考えたい。

幕藩体制は将軍（征夷大将軍），将軍と主従関係を結んだ大名（知行高 1 万石以上）や旗本（1 万石未満で将軍に御目見できる者）・御家人（1 万石未満で将軍に御目見できない者）を当主とする武家が，村や町に住む百姓・町人たちを支配する体制を指す。幕府は参勤交代制や証人制（大名や重臣の近親者を人質として江戸に住まわせた制度）を採用し，武家諸法度に違反した大名を改易・転封し，知行高に応じた軍役負担を課してその力を牽制した。しかし，将軍家に対抗できる軍事力を大名家が保持することを否定しなかった。

江戸時代に行政組織が発達したことから，武士は官僚になったともいわれるが，武士が軍人であることに変わりはない。武士は軍事力を持っており，政治も担っていたという意味で，江戸時代は武家政権であるといえる。しかし後述するように，庶民も脇差の携帯が認められ，村では鳥獣被害から作物を守るために，猟師以外の百姓も鉄砲所持が許可されていた。つまり，江戸時代の軍事力・武力のあり方は，現代日本と全く異なっていたのである。

朝廷と幕府の関係は，江戸時代初期にみられるような緊張関係を経て，5 代将軍徳川綱吉の治世には安定した。しかし 18 世紀後半になると，将軍が統治に携わるのは天皇から委任されてのことである，という大政委任論が登場する。時を同じくして異国船が日本列島近海に現れ，軍事的脅威が徐々に高まっていった。開国の是非をめぐって，それまで幕政に参加できなかった大名たちも，意見を求められるようになり，国家主権のありかが問題となっていった。1867（慶応3）年，15代将軍徳川慶喜は大政奉還し，王政復古の大号令が発せられ，版籍奉還，廃藩置県を経て中央集権体制が作られていくが，これは天皇が文武の両権を保持していた古代の枠組みを利用し，中・近世の700年近くに及ぶ武家政権を否定したことを意味している。

法（規範）・裁判の位置

近世社会はさまざまな身分集団から構成されていた。現代のように，個人が同等の法的権利をもった一般社会は存在しない。したがって，国民全てに同じ法が適用されるという現代の目から，近世をみることはできない。たとえば人が殺されたとき，江戸時代では所属する身分や上下関係などが考慮され，適用される法も刑罰を決定する者も異なった。日常生活を律する規範は，触（ふれ）や村法・町法などで文章化されることもあったが，教育・教諭などを通じて社会道徳としても受容された。

秩序を維持し無用の紛争を避けるために，江戸時代の人々は，自分の身分や社会的地位を示す必要があった。武士は二本差しで袴をはき，供を連れて外出しなければならなかった。苗字帯刀を認められた百姓や町人もいたが，それは一種の特権であり，決められた時にしか帯刀は許されなかった。衣服の色や種類，髪型なども，社会的地位を示す記号であった。大名が江戸城へ年始の挨拶に訪れる際も，日にちや挨拶する部屋は決まっていた。身分間・身分内秩序はその服装や言動，立ち居振る舞いにより表現され，儀礼・礼式には序列が表象されていた。成文化された法のみならず，視覚化されたさまざまな「装置」から，近世の国家・社会を秩序立てていた当時の人々の意識がみえてくる。

自力救済が広く行われ，「訴えなければ死人なし」として，職権主義的に人の生命に権力が関与しない中世との最も大きな違いは，人の生命や財産に関わることについて，近世の幕藩権力が介入するようになる点である。事件や紛争に対する自力救済のあり方が変質し，「権利」――権利という言葉は明治期の翻訳語であるが――の主張の場としてのアリーナが変化したといえよう。山野河海の入会をめぐる村落間紛争では，鉄砲や槍を交えた争いに発展し，犠牲者を出すこともあったため，実力行使が禁じられ，双方が自己の主張する権利を証明する証人や証拠を持ち出し，その審理をゆだねる体制が定着していく。敵討・妻敵討は認められていたが，過失であっても殺人傷害事件は届け出が義務づけられ，死体遺棄も罪とされた。道徳的・倫理的に問題視される不義密通や親不孝も処罰された。第1部で述べた礼に違反した言動は無礼とみなされ，とりわけ武士に対する庶民の無礼は，手討ちの対象になった。法や規範は日常における実践を通じて共有され，その違反者が処罰を受けることで，あらためて罪の意識が醸成され，社会に浸透していったのである。

もちろん，紛争解決にあたっては村や町の非公式な力も働いた。偶発的に起きた喧嘩で相手が死亡した場合，犯人は死刑になるので，ときには村ぐるみで事件を隠蔽することもあった。逆に被害者遺族からの宥免願いが認められて，刑罰が軽くなることもあった。近世中期以降になると，幕藩権力は人々の生命に関わる事柄により深く関与していく。一方，個人間の金銭貸借などは，法廷の場で両者を直接対決させたり，当事者間で解決を見いだすように内済を奨励したり，ときには相対済令を出して，訴えを受理しないこともあった。内済の場合には合意内容を記した済口証文を書かせ，一部は権力側に提出させて，証拠とした。私人間の紛争にはできるだけ介入せず，彼らの間で納得できる合意点をみつけさせたのである。裁判担当者が少なく業務が忙しいという理由もあるが，むしろ町や村，あるいは公事宿などの力を借りながら，自己解決させる姿勢は，結果的に地縁・血縁共同体の紛争解決能力を高めることとなった。

前近代と近代という二項対立的視点からの脱皮

ところで，江戸時代の「政」には，現代の「行政」とは異なり，立法・司法・行政の三権，さらに祭祀も含まれていた。武士がこのような統治権力を保持していたことについて，かつては，武士が軍事力を背景に庶民を搾取し，法は専制的政治を実現するための支配の道具・ツールと考えられていた。しかし，政治・社会状況を考慮しながら判決を下し，法を制定することには利点もあり，「三権分立＝近代」「三権未分立＝前近代」という図式で，近世を理解することはできない。むしろ，当時の人々がどのような発想のもとに罪と罰を捉え，法・裁判の制度を組織・改編し，紛争を解決しようとしたのかを考察することが重要である。

近世から近代への移行期についても，少なくとも明治10年代までは，江戸時代の発想が生き続けていたように思われる。明治初頭に新律綱領や改定律例など，中国法の文言を用いた刑法が作られ，その後，フランスの刑法・民法などが参照されて，新たな法典が編纂されるわけだが，その法観念はどれほど近世と異なっていたのだろうか。発展段階論的視点から，理想化された西欧近代と日本とを比較して，その差異にばかり目を向けるのではなく，根底に流れる罪と罰の考え方について，近世の法観念との連続と断絶の具体的な姿に注目することが求められる。

第2部では以上のような発想のもと，近世法を考える。第1章では中世との比較を意識しながら，近世国家の基本構造と自力救済の変容についてとりあげる。第2章では，法や裁判を担う人々やその制度，さらに近世の罪と罰の観念について解説し，法・礼が秩序の維持とその可視化に重要な意味を持っていたことを示す。第3章では，村法・町法をはじめ，庶民の視点から金銭貸借や家族・土地などをめぐる訴訟を扱う。補章では，法を研究する際のまなざしが近世から現代にかけてどのような変化をたどったのか，その一端を紹介する。

文献ガイド

* 石井良助『新編江戸時代漫筆 上・下』（朝日選書，1979年）
* 平松義郎『江戸の罪と罰』（平凡社ライブラリー，2010年）
* 國學院大學日本文化研究所編『法文化のなかの創造性――江戸時代に探る』（創文社，2005年）
* 藤木久志監修，服部良久＝蔵持重裕編『紛争史の現在――日本とヨーロッパ』（高志書院，2010年）
* 谷口眞子『近世社会と法規範――名誉・身分・実力行使』（吉川弘文館，2005年）

第1章　近世国家の基本構造と自力救済の変容

第1節●武家・公家・寺社の支配統治機構

1　武家——将軍との主従関係

一国一城令と寛永の軍役令　1600（慶長5）年の関ヶ原の戦いで徳川家康は勝利を収め，1603（慶長8）年2月12日に征夷大将軍（以下，将軍と略称）に任じられた。しかし，家康はその2年後に秀忠へ将軍職を譲り，自身は大御所として駿府に移る。1615（慶長20）年の大坂夏の陣で豊臣秀頼は自死し，幕府は同年閏6月13日に一国一城令を発し，居城以外の城をことごとく破却するよう命じた。

幕府は大名の領国支配を認める朱印状を発給した。そこに表記された石高は，実際に田畑で生産される米の生産量そのものではなく，軍役負担のための基準高であった。当時の軍隊は，弓・槍・鉄砲足軽隊や騎馬隊などから構成されていた。さらに馬に乗る武士には，甲持や挟箱（衣装入）などの供連（供廻り）が付き従った。誰がどれだけの戦闘員やその従者を供出するか，石高に応じて軍役を決めたのが，1633（寛永10）年の「寛永の軍役令」である。

これは200石〜10万石までを対象にした軍役規定（2000石まで100石ごと，2000石以上1万石までは1000石ごと，それ以上は1万石ごとの規定）で，旗本・御家人と10万石までの大名に適用された。10万石の大名の場合，騎馬170騎，鉄砲350挺，弓60張，槍150本，旗20本となっている。

大名家臣団に対する幕府の戦時動員は，島原天草一揆以後，幕末の幕長戦争（長州征討）までなかった。しかし，大名改易の際には，城受取りやその後の在番任務を割り当てられたり，将軍上洛や日光社参にあたってその供奉（行列に加わること）を命じられたり，江戸城の門番や火の番，将軍家の菩提所である寛永寺・増上寺の火の番などを担当させられたりした。行政的役職が増えても，

図表8　武家諸法度発布一覧

	将　軍	将軍在職期間	武家諸法度公布日	備　考
初代	徳川家康	1603年2月〜1605年4月	なし	
2代	徳川秀忠	1605年4月〜1623年7月	1615年7月7日	1615年7月，二条城で禁中并公家諸法度を発布 1616年に一部改訂
3代	徳川家光	1623年7月〜1651年4月	1635年6月21日	1629年に秀忠発布のものを一部改訂
4代	徳川家綱	1651年8月〜1680年5月	1663年5月23日	
5代	徳川綱吉	1680年8月〜1709年1月	1683年7月25日	
6代	徳川家宣	1709年5月〜1712年10月	1710年4月15日	
7代	徳川家継	1713年4月〜1716年4月	なし	家継は数え歳8歳で死去
8代	徳川吉宗	1716年8月〜1745年9月	1717年3月11日	
9代	徳川家重	1745年11月〜1760年5月	1746年3月21日	
10代	徳川家治	1760年9月〜1786年9月	1761年2月21日	
11代	徳川家斉	1787年4月〜1837年4月	1787年9月21日	
12代	徳川家慶	1837年9月〜1853年6月	1838年2月21日	
13代	徳川家定	1853年10月〜1858年7月	1854年9月25日	
14代	徳川家茂	1858年10月〜1866年8月	1859年9月25日	
15代	徳川慶喜	1866年12月〜1867年12月	なし	

家臣団が軍隊であるという性格は幕末まで変わることはなかった。

武家諸法度と諸士法度

幕府は一国一城令を発した後，1615（慶長20）年7月7日に，13ヶ条から成る武家諸法度を発布した。これは武家を統べる最も基本的な法である。

将軍はその代替わりごとに大名に対して武家諸法度を発布し，将軍と大名の主従関係を確認したといわれているが，図表8（武家諸法度発布一覧）をみると，初代将軍徳川家康，7代将軍家継，15代将軍慶喜の代には武家諸法度を出していない。また，将軍宣下（せんげ）（天皇による将軍の任命）を受けてから武家諸法度発布までの期間も，2代秀忠は10年，3代家光は12年，4代家綱は12年弱，5代綱吉は3年弱とばらつきがあり，1年以内に発布されるようになったのは，6代将軍家宣以降である。

武家諸法度の内容には時期による違いがある。最初の武家諸法度は，徳川家を中心とした幕藩体制が確立していない時期に出されており，文武弓馬の道をたしなみ，平時に戦争を忘れず修練に励むよう求めた上で，叛逆者・殺害人の隠匿禁止，倹約の励行，徒党禁止，幕府へ届け出のない私婚の禁止などが定められている。注目されるのは，諸国の居城は修理であっても届け出を義務づけたことである。城は軍事的拠点であり，砦や濠は大乱の元であるとの認識がその背景にある。また君臣上下の序列を示すため，衣服を区別している。家光発布の 1635（寛永 12）年の武家諸法度では，江戸への参勤交代が規定され，500 石積み以上の大船建造を禁止するほか，領主の私的争論を禁じ，江戸の法度を諸国で遵守するよう命じるなどの変更がみられた。1663（寛文３）年にはキリシタン禁制の徹底と不孝者の処罰が加わり，綱吉発布の 1683（天和３）年の武家諸法度は，第１条の文言を「文武忠孝を励し，礼儀を正すべき事」と変更し，養子制度の改正と殉死の禁止を明文化した。家宣発布の 1710（宝永７）年の武家諸法度は新井白石が作成したもので，和文に直され，風俗の粛正を命じるとともに，公正な行政のあり方を訓示している。第２条には「国郡家中の政務，各其心力を尽し，士民の怨苦を致すべからざる事」とみえ，儒教的倫理観を投影させつつ，文武を以て天下を支配する統治者としての側面を強調したともいわれている。しかし，８代将軍吉宗は，綱吉発布の天和３年令を武家諸法度として発布し，以後 14 代将軍まで部分的変更はありながらも，天和３年令が踏襲された。

将軍の直属家臣たる旗本・御家人には諸士法度が発布された。1632（寛永９）年に９ヶ条，1635（寛永 12）年に 23 ヶ条の条目が出されたが，1663（寛文３）年に一部改訂後，1683（天和３）年に諸士法度と武家諸法度は統合された。

幕府は諸大名に参勤交代を命じ，正室と嫡子を江戸藩邸に居住させ，大名の家臣も証人（人質）として差し出させた。末期養子の禁は寛文期に緩和されたものの，家督相続には幕府の許可が必要であった。幕府と藩がともに軍事力を保有しながら，幕藩体制が長期にわたって存続したのは，大名権力と将軍権力のパワーバランスによるところが大きい。

コラム５　幕府・藩の呼称

幕府・藩という呼称は高校の教科書のみならず，研究者も多用する便利な言葉である。中国の周代に，天子が諸侯に領土を与えて政治をゆだねる封建制度のもとで，諸侯の支配領域を「藩」「藩国」と呼んでいた。藩とは取り囲む垣根，籬（まがき）の意味である。「幕府」は同じく中国の戦国時代に，将軍が指揮を執る陣地を指していた。

江戸時代には，幕府と藩はそれぞれ，公儀と御家（おいえ）・御国（おくに），あるいは大公儀と小公儀などと呼ばれていた。当時，藩という呼称を使わなかったわけではない。18世紀初頭に，諸大名の家伝・系譜書を編纂した新井白石の『藩翰譜（はんかんぷ）』が，「藩」という呼称を使っているし，幕末には吉田松陰や久坂玄瑞（くさかげんずい）も使用している。

研究史上，「藩」は大名が統治する地理的領域として，あるいは大名を頂点とした家臣団から構成される統治機構として，あるいはその双方を含む意味で使われてきた。地理的領域を指す場合，国名（加賀藩や長州藩など）で呼ぶことが多い。しかし，加賀藩の所領は加賀国・越中国・能登国に，また長州藩は周防国・長門国に及んでいたから，所領がある場所全てを表現しているわけではない。

近年，「藩」という呼称をやめて，「家」を使う傾向がでてきている。両方の呼称で「加賀藩前田家」「岡山藩池田家」などと呼ぶ場合もある。本家の知行（ちぎょう）の一部，あるいは新田開発分を与えられた家は，かつて本藩に対して支藩と呼ばれていたが，本家・分家と表現されるようになった。

1868（明治元）年，将軍家直轄領は府県，大名領は藩とされ，府藩県三治制がとられ，藩の行政と藩主の家政を分離するよう指示が出された。版籍奉還で藩の領土・領民が政府に返上されて，旧諸侯の家禄が決められ，家臣との主従関係は解かれた。さらに1870（明治3）年の藩制で海軍費を政府に上納するよう決められた。こうして，1871（明治4）年の廃藩置県に至るのである。

本書では，以上のような，幕府・藩という呼称をめぐる複雑さがあることを指摘した上で，入門書の解説であることに鑑み，便宜上「幕府」と「藩」という呼称を使う。

2　天皇・公家——幕藩体制における天皇・公家の位置と職務

禁中幷公家諸法度

1615年7月，将軍秀忠は二条城で家康・秀忠・前関白二条昭実（あきざね）の3名が署名した，17条から成る禁中幷（ならびに）公家諸法度を発布した。武家諸法度がその後，家継・慶喜以外の歴代将軍によって発布されたのとは対照的に，禁中幷公家諸法度はこのとき限りの発布であった（日本史学界では禁中幷公家中諸法度が正式名称であると指摘されているが，ここでは一般の呼び方に従っておく）。

第1条の冒頭部分「天子諸芸能の事，第一御学問也」の解釈をめぐっては，第二次大戦前と戦後で違いがある。戦前には江戸時代の天皇を学問に誘導し，政治的に無力化しようとしたことを示す条文と解釈された。戦後はむしろ，近世における天皇の存在を，積極的に位置づけようとする箇条であると理解されている。ここでいう「学問」とは，『貞観政要』『寛平遺誡』『群書治要』といった，唐代の中国や日本古代以来の帝王学を修めることを指している。さらに光孝天皇以来の和歌や『禁秘抄』に代表される有職故実を合わせて，天子の「諸芸能」としている。

第10条の公家衆への規定にも，学問・有職故実・和歌につとめ，奉公の労を積むこと，とみえる。寛文印知——1664（寛文4）年から翌年にかけて，将軍家綱が諸大名，公家，門跡，寺社などに領知判物や朱印状を発給したこと——の際の公家の知行高をみると，1000石以上は九条・近衛・二条・一条・菊亭・鷹司・萩原家のみ，22家は家領がなく30石3人扶持，残りの85家がその間の石高で知行をあてがわれている。彼らは幕府から知行を得たが，家々の学問＝家業（和歌，神楽，蹴鞠，装束，陰陽道など）に従事し，天皇が居住する禁裏を守衛する禁裏小番をつとめる——一部の公家は除外——ことが，その職分だった。

将軍を含め大名は朝廷から官位を与えられ，公家の娘を妻に迎えるなど，幕藩権力は天皇・朝廷の権威を借りながら，将軍家を中心とした政治を行ったわけだが，天皇を以上のように位置づけ，公家にも知行を与えて朝廷の存続を保証したことは，はからずも19世紀になって大きな意味を持つようになる。

近世公家の家内式目

将軍家や大名家が自己の家臣に対して，家臣としての心得や規範を定め，その言動を規制したように，公家の中には家中に対して法度を定めた者もある。その例として，今出川家が定めた家内式目の中から，「家中式目」と「供先之事」を紹介しよう。

30ヶ条からなる「家中式目」の第1条には「奉公第一専ら忠儀（ママ），昼夜勤番懈怠無く相勤むべき事」とみえ，後述する武家の家中法と同じく，奉公して忠義を尽くすのが本務であると定めている。勤番の合間には学文（問）に精を出し，「文筆・音楽・詩歌・算術・武術等諸芸」も心がけるようにと書かれている。倹約の奨励，えこひいきの禁止，喧嘩口論の禁止，傍輩との個人的な遺恨による訴訟沙汰の禁止，過度の飲酒の禁止，博打や賭け事の禁止，礼儀・礼節の遵守など，いずれも基本的な事柄が列挙されており，武家法にもみえる項目である。

興味深いのは，今出川家家臣は主人へ諫言するのが「臣たるの道」と記されていることである。「家に諫臣あらば家を失わざるの由，先賢の教誡なり」とみえ，家の当主が家臣からの諫言を認めることが約束されている。上意下達型の規則ではなく，家臣と家の当主との協約の要素が含まれていることに注意したい。

9ヶ条からなる「供先之事」には，路上で他の公卿とすれ違うときの下乗の有無をはじめ，道路を通行する際，老人・幼少の者・女性が路頭で少々礼を失する行為をしても許すこと，馬で乗り打ち（馬から降りずに通り過ぎること）した者は，姓名と主人の名前を聞いておくことなどが挙げられている。通行時の挨拶や下馬下乗（げばげじょう）の有無は，すれちがう相手との上下関係を示す指標であった。互いに作法を守ることで，些細ないさかいや，乗馬による衣服への泥はねから起きる紛争を避けられる可能性が高くなったのである。

3　寺社——世俗権力による宗教権力の統制

キリシタン禁令と宗旨人別改め

宗教は個人の精神的内面の問題であるが，家康の目にはキリスト教は危険な思想と映った。当初，キリスト教の布教禁止を条件に，オランダやイギリスに貿易を許可していたが，幕臣にも多くのキリシタンが存在することがわかり，1613（慶長18）年に全国へキリスト教禁令を発布する。その後，イギリスが撤退し，島原天草一揆後，1639（寛永16）年にポルトガル船の来航が禁止され，ヨーロッパではオランダ船のみ長崎への入港を認められた。貿易と布教が一体化したカトリック国とは異なり，プロテスタントで貿易だけの関係を結べるためである。このポルトガル船来航禁止の際にオランダ人に伝達した「覚」には，禁止しているキリスト教の布教活動をする者を乗船させてはいけない，とある。またキリシタン禁制の高札には，宣教師や信者を訴えた者には褒美を与える旨，書かれている。

その一方で設けられたのが，一村ごとに作成された宗旨人別帳（宗門人別帳）である。ここには，各家の当主と配偶者，子供などの氏名，年齢，男女の別，宗派と檀那寺などが書かれており，帳面末尾にはキリシタン宗門の者はないとの誓約がみられた。キリシタン禁止は国是であり，取締りはきわめて厳しかった。宗旨人別帳は宗門改めを目的としたものだったが，男女の人数や年齢など各家の情報を記した重要な書類でもあったので，藩主が交代する際には引継文書に含まれた。宗旨人別帳の記載事項をもとに，人口統計学的観点から，当時の世帯構成や婚姻圏などを分析した研究もある。

寺院法度

キリスト教禁令と並行して，幕府は江戸時代初頭（慶長・元和期）に，京都や鎌倉などの本山・本寺の地位を認め，その管轄下にある寺院を統制するための寺院法度を，宗派ごとに出した。寺院法度起草の中心人物は，臨済宗僧侶の金地院崇伝（以心崇伝）で，これらの法度は本寺の権限強化，各宗僧侶の教学と修行，政治的・経済的規制を特徴としていた。

宗派の組織化が進み，本寺・末寺間の関係が確立したところで，1665（寛文5）年7月11日に出されたのが，諸宗寺院法度である。4代将軍家綱朱印状の「定」9ヶ条と，老中連署の下知状（命令文書の一種）「条々」5ヶ条から構成され，宗派を超えて全寺院・僧侶に共通に出された初めての法度として，以後寺院法度の基本となった。

図表9（諸宗寺院法度と諸社禰宜神主法度）の家綱朱印状の「定」から，各宗派は教義を守り，それを地域社会で伝える末寺には，住職にふさわしい者をあて，檀家と良好な関係を築くよう求めていることがわかる。徒党や諍いを企む行為を禁止するほか，国法違反者をかくまうことも禁じている。寛文印知により，寺院の領地と石高が確定したことを受けて，寺領売買の禁止，質入れの禁止項目が設けられ，寺院仏閣の修復も節約が命じられた。また老中連署の「条々」では，分限に応じた衣服を着用し，衣服の色で僧侶の序列を視覚化するよう求めている。華美に流れない儀式の執行など，倹約を命じているのは武家法にも通じる。在家に仏壇を構えて，宗教活動を行うことを禁じているのは，僧侶が寺院の支配下にあり，寺法が適用されるからであろう。

中世寺院がもっていたアジール——世俗権力の力が及ばない避難所——としての機能は，近世の寺院にもみられた。幕府から縁切寺として公認されていた東慶寺や満徳寺は，離婚を望む女性が逃げ込んで，1年と1日たてば離婚が成立する寺として知られている。さらに，近世には地域社会や領主が寺を利用する場合もあった。喧嘩口論により寺へ駆け込んだ者が，住職の取りなしで関係者に謝罪したり，作物荒らしなどの不届者を，村が寺に預けて謹慎させたりするなど，地域の寺院は，世俗の紛争や問題を解決する装置の一翼を担っていた。火事を出した火元の者に対し，藩によっては，「入寺」を正式な刑罰として認めているところもあり，寺院は権力と地域社会の間で，公式・非公式に紛争解決の機能も果たしていた。

図表9　諸宗寺院法度と諸社禰宜神主法度

諸宗寺院法度（寛文5年7月11日）

4代将軍徳川家綱朱印状の「定」

① 諸宗派はその法式を乱してはいけない。不行儀の者は処罰する。
② 宗派の法式を知らない者を住職にしてはいけない。新説を立て「奇怪の法」を説いてはならない。
③ 本末関係を乱してはならない。本寺も末寺に対して理不尽のことがあってはならない。
④ 檀家はどのような寺であっても寺の考えに任せること。僧侶も互いに争ってはならない。
⑤ 徒党を結び闘諍を企むなどの行為をしてはならない。
⑥ 国法に背いた者が寺に来たら追い返すこと。
⑦ 寺院仏閣の修復は美麗に及ばないようにすること。仏閣の掃除は怠らないこと。
⑧ 寺領は売買してはならず，質に入れてもいけない。
⑨ 由緒のない者が弟子入りを望んでも，みだりに出家させてはいけない。子細ある者は所の領主や代官の指示に従うこと。

老中連署の「条々」

① 僧侶の衣服はその分限に応じたものとし，仏事や作善の儀式には檀家が望んでも費用をかけないこと。
② 檀家が建立に由緒を持つ寺院の住職の人選は，本寺と相談した上で檀家衆に任せること。
③ 金銭の授受により，後任の住職を決めてはならない。
④ 在家を借りて仏壇を構え，その利用を求めてはならない。
⑤ 他人はもちろん親類のよしみであっても，寺院坊舎に女性を抱えてはならない。ただし妻帯は別である。

諸社禰宜神主法度（寛文5年7月11日）

① 諸社禰宜神主は神祇道（吉田神道）を学び神社に祀る祭神について理解し，古来の神事祭礼をつとめること，怠慢の者は神職をとりあげる。
② 社家が位階昇進を受ける際，神社伝奏（朝廷に執奏する公家）によっていた者は，今後もそのようにすること。
③ 無位の社人は白張（白布の狩衣）を着ること。そのほかの装束は吉田家の許状により着すこと。
④ 神領は売買してはならず，質に入れてもいけない。
⑤ 神社が壊れた時には相応の修理をすること。神社の掃除は怠らないこと。

神社法度と家康の神格化

次に神社法度についてみよう。諸宗寺院法度と同日に，神社共通の一般令として出されたのが，5ヶ条からなる諸社禰宜（ねぎ）神主法度である。寺領と同じく神領もまた，売買や質入れの対象からはずされており，相応の修理をほどこし掃除を怠らないよう命じている。第1条で神祇道（じんぎどう）（吉田神道）を学ぶようにとみえ，第3条で無位の社人以外は，吉田家の許状で装束の種類を決めることとある。吉田家を中心に，神社や神職の組織化・管理を進めようとしていたことがわかる。

さらに徳川家は新たな神社を創りだした。それが初代将軍徳川家康を祀る日光東照宮である。1616（元和2）年4月17日に死去した家康には，「東照大権現」号が天皇から与えられ，翌年日光東照社へ勧請（霊を移して祀ること）された。

将軍家光は家康の神格化をすすめた。家光は華麗な堂舎を建て，1645（正保2）年，東照社は東照宮と改称された。将軍（大御所・大納言時代を含む）による日光東照宮への参詣（日光社参）は江戸時代を通じて17回行われたが，そのうち14回は17世紀である。また将軍の代参が日光へ派遣され，江戸城内の紅葉山に勧請された東照宮へ，将軍や老中などが参詣している。諸大名も自領に東照宮を勧請し，東照宮は全国に広がっていった。日光東照宮は，日光にある天台宗輪王寺の管轄下にあり，後水尾天皇の皇子が入寺以後，門跡（皇族や公家が住職を務める寺院）となった。輪王寺宮門跡は江戸の寛永寺で日光山以下天台宗を統括した。天皇家と将軍家の近世的関係の一端が読み取れよう。

コラム6　対外関係と国家主権

1853（嘉永6）年にペリーが来航して，海禁政策をとっていた日本に開国を迫った。内憂外患をかかえながら，日本は大政奉還，王政復古，戊辰戦争を経て新たな時代を迎えることになるのだが，外国人との間に起きた紛争をどのように処理するかも，大きな問題だった。

1867（慶応3）年，将軍徳川慶喜が大政奉還の上表を提出し，王政復古が宣言されたが，1868（慶応4）年1月3日に鳥羽・伏見の戦いが勃発し，徳川慶喜征討令が出された。新政府が旧幕府領地を直轄下においた日の翌日（1月11日），神戸事件といわれるフランス人水兵との紛争が起きた。新政府に西宮の守備を命じられた，岡山藩家老日置帯刀の部隊が，神戸を行進していたとき，フランス人水兵が隊列を横切ろうとしたことから，発砲事件に発展したのである。アメリカ・イギリス・フランス兵が出撃し，神戸の居留地は占拠され，兵庫港に停泊していた日本船舶も拿捕された。

新政府は1月15日に各国公使へ王政復古を通達し，1月17日に外国と和親を結ぶ旨を布告，1月20日に幕府締結の条約遵守を各国に通告した。フランス人水兵を負傷させた滝善三郎を切腹させ，家老の日置を謹慎させる解決案を岡山藩が受け入れ，2月9日に滝善三郎が兵庫の永福寺にて切腹した。各国公使館から1人ずつ合計7人，日本側からも7人が立ち会い，ハラキリが初めて外国人に公開された。

ところが，それから1週間もたたないうちに堺事件が起きる。2月15日に，土佐藩兵がフランスの水兵11人を，堺港で殺害したのである。駐日フランス公使レオン・ロッシュとの交渉により，日本側は外国事務局督山階宮晃親王・土佐藩主山内豊範らが謝罪し，賠償金15万ドルを3期分割で支払うことになった。2月23日に堺の妙国寺で行われた切腹については，当初20人の予定だったところ，被害者と同数の11人目終了時点で，水兵が乗っていたデュプレー号艦長の要請により中止され，残る9人は土佐藩内の地に流罪となった。

同年3月に五箇条の誓文が出され，江戸城開城は4月であることを考えると，欧米列強の軍事力の脅威にさらされながら，新政府は――政府といえるかどうかは問題だが――外国との交渉にあたることで，幕府のあとを継ぐ統治者として振る舞おうとしたと考えられる。

第2節●自力救済の変容

1　武器の所持と認められた実力行使

暴力行使の禁止と武器のゆくえ

1588（天正16）年，豊臣秀吉は刀狩令を発布し，刀，脇差，弓，槍，鉄砲といった武具を百姓が持つことを禁じた。その理由として，年貢などをめぐる争いが生じ，一揆を企てるようなことがあれば，田畑の耕作ができなくなるから，としている。その後，秀吉は小田原攻めを成功させて全国を統一し，人掃令（ひとばらいれい）を出した。これは，武家奉公人が百姓・町人になったり，百姓が転業したりすることを禁じた法令である。武家奉公人はまた，無断で主人を変えることも禁止された。翌年行われた戸口調査により，戸数や人数などが書き上げられ，武家の人的支配下にある者と，村や町といった共同体に所属する者が区別された。

この現象は兵農分離と呼ばれ，かつては「武器（暴力手段）を占有した武士」と「丸腰の百姓」が対比的に語られた。また慶安（けいあん）の御触書（第3章参照）により，百姓は土地に緊縛されたともいわれてきた。しかし，17世紀に江戸の町奉行が所管した事件の判例をまとめた「御仕置裁許帳」には，脇差携行を理由に処罰されている例はない。長脇差の携帯は禁止されたが，護身用としての脇差所持は認められていた。また身分を超えて，百姓や町人の一部へ苗字帯刀が許されることもあった。

さらに村には，多くの鉄砲が存在していたことが指摘されている。関東では17世紀後半から，幕府による在村鉄砲の把握と規制が始まった。イノシシや鹿などの，動物による作物荒らしの被害を防ぐ威（おどし）鉄砲，山での猟に使用する猟師鉄砲などが村にあり，それを把握するための鉄砲改めが始まるのである。

生活に必要な鉄砲以外は没収し，鉄砲の使用者に鑑札を与える方針は，1687（貞享4）年から諸国鉄砲改めで全国に広がった。ちなみに紀州藩の場合，1693（元禄6）年段階で威鉄砲3011挺，猟師鉄砲3893挺など，合計8013挺もの鉄砲が支配地の村々にあった。全国でみれば，何万挺もの鉄砲が在地に存在していたことになる。ただし，百姓は一揆や打ちこわしの際，鉄砲を合図にしか使わず，領主側への発砲もほとんどみられない。

以上のことから，地域社会を武装解除して丸腰にし，圧倒的な武力を背景にした武士が支配した武家政権というイメージは，誤っていたことになる。

敵討・妻敵討

江戸時代には裁判制度が発達したが，全ての自力救済が禁じられていたわけではない。中世で認められていた敵討・妻敵討は近世でも行われており，証明されれば無罪であった。不思議なことに，敵討は幕末まで行われていたにもかかわらず，「公事方御定書」（第2章参照）には条文がない。対して，夫が妻とその密通相手を共に殺害する妻敵討は，条文が定められている。

敵討（かたきうち）は親や主人などの敵を討つことを指すが，遅くとも17世紀後半には，殺された者の氏名，敵討をする者の氏名と殺された者との関係，敵の氏名，敵討を決意するに至った事情を，町奉行所に届け出る制度が設けられていたようである。敵討に成功すると，その場所の責任者から連絡がいき，届け出済みであることが判明すれば敵討と認定された。事前に届け出をしなくても，敵討が証明できれば同じく無罪となった。大名家の家臣が敵討をする場合には，大名から幕府へ届けを出して，敵討に旅立つ。場合によっては，成功するまで家族の面倒を藩がみることもあった。

敵討は武士の特権ではない。近世中期以降は百姓の敵討もみられる。父親殺しの犯人を百姓の娘が討って，父の敵討に成功した事件では，百姓女が父の敵を討ったとして幕府はこれを賞賛し，老中は褒美を与えている。事の発端は，村役人たちが遺族に示談を強要し，犯人を逃がしたことにあった。共同体は，ときに事件を隠蔽する場合もあったのである。

妻敵討（めがたきうち）は，妻と密通相手をともに殺害することが原則である。密通現場で二人を一緒に殺すのが，最も確かな方法だが，それができなくても，恋文などの物証や証言が得られ，密通が証明されれば妻敵討と認定される。密通がわかった場合，一般には離婚や示談などにより解決することが多いと考えられるが，夫が妻の密通を許しがたいと思った場合，公儀に訴えて裁判で明らかにするか，二人をともに殺害するか，選択肢があるわけである。妻敵討をすれば，密通が世間に知られるところとなり，とりわけ武士の場合は家名に傷がつくが，密通を見逃してほかからその事実が漏れると，家の当主として監督不行き届きを指摘され，改易になることもあった。百姓や町人は生活基盤があるが，武士の場合は奉公により生活しているので，改易になれば，住むところすら失う結果となる。当時の社会背景を考えれば，女性の貞操が求められた事情も理解できよう。

2　紛争解決の原理

折中（折半）・中分の原理と鉄火裁判

敵討や妻敵討は社会的名誉にも関係するが，個人間ないしは家族間の問題である。戦国時代の紛争解決のあり方，特に村落間紛争などの集団での争いは，江戸時代においてどのような原理のもとに解決されたのだろうか。

近世前期の山野河海の境界や用益をめぐる村落間紛争をみると，戦国期から地域社会で行われていた慣習的解決原理を，裁判に採用していることがわかる。当事者同士が自力で妥協点を見つけ出すよう，和解が推奨されたが，それが功を奏さない場合には，次のような手順で判決を下した。すなわち双方の証言・証拠を吟味し，絵図や文書記録を検討し，紛争地域において実地検分を行い，最終的に境界線や入会（いりあい）権を決定したのである。双方の主張が平行線をたどり，合意点が見いだせない場合の解決原理は，「折中（折半）・中分（ちゅうぶん）」であった。

それでも双方が納得しない場合，鉄火裁判が行われることもあった。代表者が熱した鉄の棒をつかんで，それを三方（さんぽう）の上にのせ，手のひらの火傷の具合で，勝負をつける方法である。中世では熱湯に手を入れて，その火傷の程度で勝負を決める湯起請（ゆぎしょう）が行われていたが，それが鉄の棒になったのである。『信長公記』には，織田信長が鉄火を握った記事がみえるので，織豊政権期から行われていたようだが，江戸時代初頭にもいくつか事例がある。鉄火裁判は，権利を主張して一歩も譲らない当事者が提案する場合と，まったく妥協点が見いだせない双方に対して，奉行の側から提案する場合とがある。鉄火を握れば，火傷のために農業ができない可能性が高いので，年貢を免除するとか，家族の面倒をみるとか，村ではその後の補償を考えて代表者を決める。火傷の程度で決めるという方法は，神仏の加護や天罰を信じていた時代という印象があるかもしれない。しかし，くじ引きと同じく「恨みっこ無し」という発想だったように思われる。湯起請にせよ鉄火裁判にせよ，結果は天命に任せるしかない。その意味で，人知を排した世界に結論をゆだねる考え方であるともいえる（谷口眞子「神判の機能――鉄火裁判の分析」成蹊大学一般研究報告36巻〔2005年〕）。

喧嘩両成敗の意図

喧嘩両成敗法は，「理非を論ぜず喧嘩両成敗」と史料にみえることから，理非を問わず双方を成敗する，非合理的な解決方法だと解釈されてきた。しかし，この文言が現れている史料では，喧嘩口論禁止が冒頭でうたわれ，荷担した者は喧嘩の当事者より重罪にするともみえる。つまり，喧嘩両成敗法の趣旨は，何よりもまず当座の喧嘩，すなわち深い理由や遺恨などによらない，偶発的な喧嘩の発生を抑止し，個人間の争いが親族や仲間などの助勢により，集団間の大きな紛争に発展しないようにするところにあった。特にこの法の対象となったのは，武士や武家奉公人であり，軍法には必ず喧嘩口論禁止の条目が含まれている。江戸時代初頭には戦いの余韻が残っており，ささいなことがきっかけで騒動が起きる可能性は十分にあった。

戦国時代には誰かが殺されて殺人犯が捕まらない場合，殺人犯が所属している集団の成員を人質にとり，犯人またはその身代わりを引き渡すよう要求することがあった。また，債権債務関係において，債務を履行しない者がいた場合にも，債務者と同じ集団に所属する人物を人質にとって，債務履行を迫ることがあった。人質を取ることによって，殺人や債務不履行を，個人間の問題ではなく集団に関わる問題とし，集団の力によって，当事者ないしその身代わりに責任をとらせようとする行動といえる。戦国大名は，このような人質取りを禁止する方向にあったが，江戸時代はその方針を受け継ぎ，死刑の決定やその執行を自己の権限としていく。

一方，戦国時代の衡平（こうへい）原理を採用しなくなるのは，近世の特徴の一つである。衡平原理とは，たとえば喧嘩で一方の集団の者が2人死ねば，もう一方の集団も2人の解死人（げしにん）（下手人（げしゅにん））を出し，痛み分けとして事件を解決する方法である。これは，双方の被害を同等にすることによって，さらなる争いを防ごうとする考え方である。解死人には身代わりが出される場合もあった。このような衡平原理と身代わりの採用を禁止し，罪を犯した本人が刑罰を受けるべきであるという考え方をとるのが近世国家である。江戸時代の紛争解決原理は，前代から受け継いだ部分と，新たに近世国家が採用した部分の双方から成り立っていた。

文献ガイド

＊高木昭作『日本近世国家史の研究』（岩波書店，1990年）
＊橋本政宣『近世公家社会の研究』（吉川弘文館，2002年）
＊高埜利彦『近世の朝廷と宗教』（吉川弘文館，2014年）
＊田中暁龍『近世朝廷の法制と秩序』（山川出版社，2012年）
＊佐藤孝之『駆込寺と村社会』（吉川弘文館，2006年）
＊小島信泰『日本法制史のなかの国家と宗教』（創文社，2016年）
＊曽根原理『神君家康の誕生——東照宮と権現様』（吉川弘文館，2008年）
＊服藤弘司『幕府法と藩法』（創文社，1980年）
＊谷口眞子『武士道考——喧嘩・敵討・無礼討ち』（角川叢書，2007年）
＊塚本学『生類をめぐる政治——元禄のフォークロア』（講談社学術文庫，2013年〔初版：平凡社選書，1983年〕）

第2章　法と礼の整備と可視化される秩序

第1節●大名家にみる「家」意識の進展

1　大名家の法と慣習・慣行

日本法制史では，公事方御定書制定を近世の画期とみなし，その前後に分けて法の流れを叙述することもある。しかし，御定書は主として庶民を対象にした法であり，武士は対象とされていない。戦時・平時にかかわらず武士は軍人であり，武力・暴力手段の保持者であるがゆえに，武士には，軍隊を統制するための軍法や家中法と呼ばれる法が適用された。藩によっては，藩祖や初代藩主の壁書（遵守すべき事項を城の壁に貼るなどした文書）を家中法の基礎に置くところもあった。喧嘩口論禁止，押買押売禁止，乱暴狼藉禁止，傍輩との良好な関係の構築など，軍隊に普遍的な事柄が定められている。家中の不統制は，将軍が大名を改易する理由となったので，武士の行動規制は厳格であった。この姿勢は近世を通じてみられる。

国持大名については，すでに1633（寛永10）年の「公事裁許定」で，家臣団と百姓・町人の目安はその国主が仕置きすべきこと，と定められており，領国内の訴訟は大名が裁定することになっていた。その後，1697（元禄10）年6月に「万石以上」（すなわち大名）だけを対象に，いわゆる「自分仕置令」が出された。「逆罪の者」（主人殺しや親殺し）と「火付けをした者」について，他領・他家に関わる場合は，従来どおり老中へ伺いをたてるが，一領一家中内部であれば，江戸の刑罰に準じて自分で申しつけてよいと定められた。このように諸藩の大名は，自己の人的支配下にある家中と領民に対して吟味を行い，刑罰を科す権利を保証されたわけである。

ただし，大名は家中に対して一方的に権力をふるっていたわけではない。大名と家臣は主従関係にあり，大名は家臣を切腹・改易にすることができたが，家臣もまた大名に諫言することがあった。大名が政務を怠って遊興にふけったり，年貢の過酷な取立てで百姓一揆が起きたりすれば，幕府から御家断絶を申し渡されることもある。そうなれば，家臣もまた武士としての地位を失うわけである。家臣からの諫言を受け止める大名もいたが，周囲の家臣が止めるのも聞き入れず，諫言した家臣を切腹させる大名もいた。大名と家臣の間には，相互依存関係と潜在的対立関係の両方が存在していた。

したがって，ときには不行跡の大名を屋敷内に押し込め，跡継ぎの藩主をたて，家老による合議制によって藩政を運営することもあった。家老をはじめとする重臣たちが集団で，主君を政治の場から排斥するのである。表向きは主君の体調がすぐれないなどの理由で，幕府に隠居を申し出，跡継ぎによる家督相続を認めてもらい，家の存続をはかる行為は，主君「押込」慣行と呼ばれている。

2　法圏が錯綜する都市：江戸

大名の人的支配は江戸においても有効であった。江戸藩邸には上・(中)・下屋敷があり，大名は上屋敷と下屋敷を幕府より拝領した。上屋敷には，妻（正室）と嫡子が幕府の人質として住んでいたほか，「定府」「江戸詰め」と呼ばれる家臣が住んでいた。大名が参勤交代で国元から上京した折には，国元から大名に供奉してきた家臣も，江戸藩邸に住むことになる。

参勤交代制度は，大名と国元の関係が深まることを阻止する点では効果があったが，その反面，諸藩の家臣団の一部が，たえず江戸に集結していることになり，江戸は「軍都」の様相を呈していた。たとえば，長州藩主が江戸に在府していた，1746（延享3）年の長州藩江戸藩邸居住者は，藩士308人，足軽・中間988人，陪臣・奉公人875人で合計2171人にのぼる。登城する大名の供が，江戸城の下馬先で他家の供と争いになることもあり，それを禁止する触も出されている。

江戸で展開される大名同士の交際は，大名社会で生き残るための重要な活動であり，それを支えたのが，江戸藩邸に常駐していた江戸留守居である。殿席（大名が江戸城本丸に登城した際に伺候する部屋）が，大廊下（御三家ほか数家）・溜之間（会津松平家・彦根井伊家・高松松平家ほか数家）以外の大名家の留守居は，殿席を同じくする家の留守居たちと留守居組合を作り，先例・旧格（古くからのしきたり）の照会をはじめ，さまざまな情報交換を行った。新たに江戸留守居に任命された者は，同じ組合の他家の留守居を接待するなどして，交際の円滑化をはかった。江戸で起きた事件について判決の写しを取得したり，大名行列同士の紛争を内々で解決したりして，大名家の存続に寄与した側面も大きい。

江戸藩邸はその藩の法が効力を持つ空間だった。先に挙げた長州藩の江戸藩邸では，藩士たちの行動はかなり規制されていた。1ヶ月に寺への参詣は2回まで，私用による外出も2回までで，暮六ツ時（夕方6時頃）が門限だった。親類の出入りが許されたのは甥・姪までで，藩邸には通行許可証を持つ商人が出入りした。藩邸内で起きた藩士や武家奉公人の事件・紛争は，藩の定めた法度に従って裁断が下された。この空間では，大名の自分仕置権が認められていたのである。

ただし支配下の者であっても，藩邸外で事件が起きれば幕府が関与するところとなり，諸藩の大名屋敷が立ち並ぶ江戸で，大名の家名が不名誉な形で出てしまうことになる。岡山藩士が酔っ払って，江戸城内に迷い込んだ事件では，江戸の町奉行から国元への追放を命じられて，池田家は岡山まで身柄を送り届け，その旨を幕府へ報告している。彼は日光社参を祝う恩赦により，事件から11年経って幕府より赦免された。江戸詰の藩士は借金返済が滞っているとして，江戸の町人から町奉行へ訴えられることもあり，その際には，藩邸も問題解決のために動かざるを得なかった。

藩邸の内と外の境界は明瞭に思われるが，それほど単純ではなかった。道路に面した藩邸の門の屋根の下でみつかった捨て子の世話や，敷地内から外へ伸びた樹木に，縄を掛けて首をつった自殺者の処理などは，藩邸と道路に設けられた辻番所（江戸の武家地の警備を担当する者の詰所）との，どちらの責任で行うのかなどが問題となった。また，辻番を担当している大名の屋敷前で，喧嘩が起きた場合の当事者の扱いなども，徐々に決まっていくようになる。近世後期には，これらの事件・紛争への対処を記した「異変取計方心得（とりはからいかた）」のようなマニュアルができてくる。

第2節●裁判と法の整備

1　江戸時代の裁判

裁判を担う人々　高校の教科書には幕府の組織図が掲載されているが，そのような組織は一度にできたわけではなく，時代状況の変化に応じて役職が増え，支配系統が確立した結果である。江戸時代の奉行は職務を兼帯することも多く，職掌範囲も変動している。

幕府の政治機構は将軍を中心に，譜代大名数人が任命される老中以下から構成されていた。老中は江戸城内の御用部屋で，朝廷，諸大名，外国との折衝など，幕府外部との関係をめぐるさまざまな業務に従事した。触や達の作成・伝達のほか，大名からの仕置伺などの問い合わせも処理した。

老中につぐ重職が京都所司代である。譜代大名がつく役職で，与力50騎・同心100人を配下に置いた。板倉勝重が19年，子の板倉重宗が30年余りにわたって，京都所司代をつとめたことで知られる。重宗は「板倉重宗二十一ヶ条」を発布し，京都町中の訴訟手続や商業取引など，京都民政全般を定めた。さらに1655（明暦元）年には9ヶ条の法度が出され，後世まで京都における基本法典とされた。江戸時代中期には，朝廷の守護・監察，公家・門跡の監察，京都町奉行・奈良奉行・伏見奉行の統括，二条城の支配などが職務となった。

大坂城代は，5～6万石の譜代大名が任命された役職で，大坂城の守衛，西国大名の監察，在坂役人の統括などを担当した。不定期だが，公事日に月番の大坂町奉行宅で公事聴（くじぎき）をした（大坂町奉行は東西1名ずつで，大坂の司法・行政・裁判・治安・警察・消防などを担当した）。1722（享保7）年以降，摂津・河内・和泉・播磨4ヶ国における公事・訴訟を扱うようになり，同じ地域に対する盗賊改役（あらためやく）の権限をもち，国触も出した。

寺社・町・勘定奉行は，三奉行ともいわれる。寺社奉行は，幕府典礼を担当する奏者番（そうじゃばん）が兼帯する役職で，譜代大名が4名ほど担当した。朱印状発給の際の改めのほか，紅葉山・寛永寺・増上寺などへの将軍御成（おなり）に付き従った。寺社と寺社領の住人，神職・陰陽師（おんみょうじ）などを支配し，寺領の百姓や関東以外の私領の訴訟事務などにも携わった。自分の屋敷を奉行所としたので，月番ごとに公文書を箪笥（たんす）に入れて引き継いだ。

町奉行は，江戸町方の行政・立法・司法・警察・消防など全般を担当した，旗本の役職である。南北奉行所に各1名ずつ配置された（一時的に中町奉行所が置かれた）。月番交代で訴訟を受け，月番は毎日登城し，退出後に訴訟や請願などを聴き，裁許の申渡しなどを行った。1717（享保2）年から19年にわたり，政務にあたった南町奉行大岡忠相は，講釈「大岡政談」で名裁判官のイメージが強いが，裁判だけでなく法の制定にも関わり，都市政策にも取り組んだ。

勘定奉行は，幕府財政の管理，全国の幕領と関八州の私領の公事訴訟を受理する旗本の役職である。享保期に勝手方と公事方に分かれ，公事方が全国の幕領と関八州の私領の訴訟を担当した。

これらの奉行を構成員としたのが，幕府の最上位の司法機関である評定所である。1635（寛永12）年に，幕府は老中，寺社・町・勘定奉行，大目付（江戸時代初期には諸役人の監察，中期には，法令の伝達や江戸城内の席次・礼法の監督を主に担当した，旗本の役職），目付（旗本・御家人の監察，殿中礼法の指揮などを行った，旗本の役職）らを評定衆と定め，その後，三奉行が中心となった。月に3日ずつ，式日・立合・内寄合が開催され，評定所の建物は，朝廷から勅使・院使を迎える伝奏屋敷の敷地の北半分に作られた。

大坂町奉行，京都町奉行，長崎奉行，佐渡奉行，日光奉行，駿府町奉行などや代官・郡代も，程度に違いはあるが吟味（審理）・仕置（科刑）できる権限を有していた。大名は自己の人的支配下にある者同士の事件については，自分仕置権が認められていたが，一方が他領地支配の者である事件は，他領地支配引合事件として，老中に「奉行所吟味願」を提出し，幕府の吟味を願った。老中はその内容に応じて，三奉行にそれぞれ吟味を割りふり，重大案件については，大目付・目付・掛奉行（担当奉行）各1人からなる三手掛，大目付・目付・三奉行各1人からなる五手掛で臨時に扱った。また，老中は評定所一座に諮問することもあり，最終的に重追放以上の重罪事件は，老中や将軍が刑罰を決定した。

評定所は幕府の法典・法律編纂事業も担っていた。1737（元文2）年より，三奉行から1名ずつ合計3名が，「公事方御定書」の編纂促進のために御定書掛に任命され，評定所の役人たちがそれを助けた。また，評定所に伺いのあった判例を集めて編纂した「御仕置例類集」は，刑事判例集として知られている。

以上の役職には相関関係がある。譜代大名の昇進コースとして，奏者番・寺社奉行から大坂城代に就任し，京都所司代を経て老中に進む者が多かった。旗本の場合，目付は要職に就くための登竜門の一つで，目付から長崎奉行・大坂町奉行・京都町奉行などに昇任している。また目付・長崎奉行などから勘定奉行に就任した者が，大目付・町奉行などに転出した。つまり，裁判に携わって先例に通じるなど，経験豊富な譜代大名と旗本が中心になって，評定所が運営されていたのである。

吟味筋と出入筋

江戸時代の裁判手続には，「吟味筋」と「出入筋」がある。一般的な説明では，吟味筋は糾問主義的な（糾問主義：刑事訴訟上，起訴を待たず，裁判官が職権で直接に犯罪捜査を開始し，被疑者を取り調べて審理し，裁判する方式）刑事裁判，出入筋は原告が被告を相手取って訴える，当事者主義的な民事訴訟的裁判といわれる。しかし，密通などの可罰的事案が出入筋で裁判されることもあるので，出入筋は刑事裁判的要素も含むといえるし，出入筋の裁判が，途中で吟味筋に切り替えられることもあり，両者が明確に区別されていたわけではない。むしろ出入筋には，現在の弾劾主義（刑事訴訟法上，検察官による訴追をまって手続を開始する方法で，検察官・被告人が当事者となり，攻撃・防御を行う）が含まれていると考えられる。

出入筋については第3章で扱うので，ここでは吟味筋の手続を説明する。まずは犯罪捜査から始まるわけだが，犯人が逃亡している場合には，その親族や町・村役人に捜索義務を課した（180日まで）。被疑者の身柄が確保できると，次に冒頭手続がある。ここで担当奉行が，人定尋問と罪状の取調べを行う。被疑者を勾留している間に，実務担当役人が本格的な吟味を行い，本人からの自白を得る。審理が終了すると奉行出座のもと，作成した口書（供述調書）を被疑者に読み聞かせ，押印させる。この「吟味詰り之口書」によって犯罪事実が確定した（自白以外の証拠しかない場合は「察度詰」といわれ，自白がある場合よりも刑が軽くなった。犯罪事実をもとに，公事方御定書や類似の判例を検討しながら，刑罰が慎重に決められた）。この過程で膨大な判例を参照する必要があったため，町奉行所では「例繰方」の与力・同心が動員された。

判決が申し渡されて刑罰が執行される。江戸から遠島にする場合は，年に2回しか船が出ないので，それまで犯人は留め置かれた。そもそも江戸時代には，歴代将軍やその家族の命日，将軍宣下や結婚といった慶事など，祭祀に関わる日には，判決の申渡しや刑罰の執行を行わなかった。1年の半分近くがこの

「御仕置除日」に当たっており，その間に恩赦が適用されることもあった。

評定所・奉行所の実務担当役人と判例の蓄積

評定所一座は寺社奉行4名，町奉行2名，（公事方）勘定奉行2名からなるが，彼らは裁判や法律集編纂のほかに，多くの業務を抱えていた。評定所一座が出廷するのは，公事の初回吟味と最後の判決申渡しのときだけで，審理・糾問などは評定所留役（とめやく）が担当している。

評定所留役は，評定所で審議対象となる事件について，事実関係の下調べをし，書類を作成し，奉行に代わって審理を担当した。評定所で訴状の朗読を担当する評定所勤役儒者が，寛政期（18世紀末）に廃止されてからは，目安読みも行った。評定所留役は150俵20人扶持，御目見以上の役職で，1685（貞享2）年に初めて任命され，5名～8名が月番で担当した。その後，70年あまり経って，評定所で書類の作成に従事する評定所書役（かきやく）が設置された。定員10名だったが，19世紀半ばには18名に増えている。時代が下るにつれ，裁判事務が増加していった様子がうかがえる。

また町奉行所や大坂町奉行所の与力・同心が世襲的実務官僚となり，その結果，判例が蓄積されていった。町奉行所与力は，南北25騎ずつ設けられた。一代限りの抱席（かかえせき）（非世襲のこと）だが，子が見習いで出仕し，事実上世襲されていく。裁判を担当するのは吟味役で，専門知識を要したため，江戸中期以降，家柄が固定化する傾向にあった。八丁堀に住み，明治維新後，与力の大半が市政裁判所に組み入れられた。原胤昭（たねあき）は南町奉行所与力の三男で1866（慶応2）年，13歳で与力として出仕し，維新の際には市政裁判所に配属された。出獄人保護をはじめとする，社会事業へ貢献したことで知られている。

大坂町奉行所与力は東西各25騎ずつ，後に東西各30騎ずつ設けられた。町奉行所与力と同じく知行高200石で，父の在任中に子が見習いとして出仕し，当番役所をつとめながら年功をつみ，退番した父親のあとを受けて正式に組入りする。大坂町奉行所与力の八田定保（はったさだやす）は，1765（明和2）年に15歳で見習いとなり，目安役，証文方，石役，盗賊吟味役，寺社役，吟味役を経て，1790（寛政2）年に同心支配となっている。町奉行所や大坂町奉行所では，与力が事務処理を担当し，その指示で，同心が事件の調査や裁判の証拠確認などに動いており，町奉行―与力―同心のタテ関係がしっかりしていた。

彼らが裁判にあたって先例を重視した様子については，先に言及した町奉行所与力原胤昭の説明が要を得ている。「昔は，何年何月何日にどのような罪科によりいかなる刑に処したかという前例を先に立て，それに擬律したので，先例・類例を多く知ってたやすく索引で引き出せるようにしておくのが，肝要だった。そこで平素書き留めておき，自分の手控えを整理して参考できるようにしておく。そのために毛筆で小さな字を書くのも，役人の家庭では日課の一つだった」という（千代田区教育委員会編『原胤昭旧蔵資料調査報告書(1)——江戸町奉行所与力・同心関係史料』〔2008年〕5頁）。

2　法の整備

触（単行法令）の発令とその効力

中世と近世の大きな違いの一つは，触（ふれ）が政治を担当する役職や機関でやりとりされる，いわば行政マニュアルではなく，百姓や町人たちを対象にした多様な命令・規則・注意などを伝達する方法として発達したことであろう。幕府や藩は，前代よりも人々の生活に関心を持つようになっていったのである。

幕府が触を出す場合，キリシタン禁令のように全国を対象にした全国触もあれば，幕府直轄地である幕領に限定して出した触もある。また大名が領内に出した触もある。全国触には，「幕領・私領」という文言がしばしば使われ，大名領が「私領」と表現された。法の制定主体という意味では，幕府・藩から町・村・同業組合のような単位までさまざまあり，それらが重層的に機能していたのである。

江戸時代の触のうち，幕府が出したものについては，一連の御触書集成や『江戸町触集成』『京都町触集成』などが，また諸藩については，『藩法集』をはじめとする資料集が刊行されているが，それらに収められているのはいずれも触の一部にとどまる。250年を超える江戸時代には，数え切れないほどの触が出されていた。

触にはそれがいつまで効力を有するのかは書かれていない。したがって，倹約令などは何度も出されることになるし，米が不作のときには，その都度酒造制限令が出されることになる。一見すると，行き当たりばったりのようにもみえるが，その時々の状況に対処するために出すのが触であった。類似の触を出す際には先行の触が参照され，ときには文言を変えずに，日付だけを変えてそのまま出すこともあった。

重要な法令は高札に掲げられて，常に人々の目にふれるところにあった。たとえば1744（延享元）年に，江戸の日本橋にある高札場にあがっていたのは，キリシタン禁令のほか，親子・兄弟・夫婦は仲良く暮らすように，などと書いた正徳の触だった。どちらも恒常的に，幕府が遵守を要求していた事柄である。高札は大きな一枚板に，毛筆で漢字仮名交じりで書かれた。

幕府や藩が自領の村や町に触を出す場合，一定範囲に回覧する方法をとった。名主・庄屋は触を写し取って，次の村に回すのである。地域の村方文書には，今でも「留帳」が残っているが，それは幕府や藩からの触を書き留めた物である。触は候文で書かれており，漢字仮名交じり文だった。名主や庄屋にはそれを読み，書き残すだけの識字能力があったことになる。近世後期になると，彼らの中には仏教書や医学書，節用集（国語辞典）など多様な蔵書をもつ者が現れる。各社会集団の頭に回すことにより，津々浦々まで触が届くようになっていた制度は，地域社会のリテラシーの高さを前提としていた。しかし，地域社会は一方的に上意下達の触を受け取るだけではなく，自身の考えも発信していた。

目安箱の設置と民意の吸収

民意を行政に訴える方法については，目安箱，駕籠訴，一揆などさまざまあるが，詳しくは第3章で扱うので，ここでは目安箱を設置した意図について述べておく。

目安箱は，将軍吉宗が1721（享保6）年に，江戸の評定所前に設置したことで知られている。吉宗は紀州藩主をつとめた後，7代将軍家継の死去に伴い，8代将軍となった。幕府財政を再建し，優秀な人材を登用するなど，多岐にわたる政策を推し進めた享保の改革の一環が，目安箱の設置である。

目安箱に入れられるのは，①政治的な提言・意見，②役人の違法・不当行為，③訴訟を受理しながら，役人が詮議を遂げず放置している案件について，住所・氏名を記載し，封をした物のみである。目安箱は毎月3回置かれ，そのたびに回収され，将軍吉宗が目を通した。①の例として，江戸小石川の伝通院前に住む町医者の小川笙船が，極貧の病人のために，施薬院の設置を求める目安を投書したことが挙げられる。幕府はすぐに対応し，小石川薬園内に養生所を建て，独身で看病人がいない者，妻子ともども患っている者を，養生所で治療を施す対象とした。

藩においても享保，宝暦，天明から寛政期といった改革期に設置されたことが知られており，大藩（20万石以上）は86％，中藩（10万石以上20万石未満）は69％が，目安箱を設けたという。幕府は武士が目安箱へ投書することを認めなかったが，藩には武士だけ，あるいは武士にも投書を認めた例がある。困難や危機に直面して，人々の意見を取り入れ，官僚を統制しながら「仁政」を実現するのが，君主たる責務として求められたのである。

公事方御定書・御触書集成などの法典編纂

吉宗は1721（享保6）年，江戸城内吹上で老中・若年寄ら列座のもと，三奉行による公事裁許を見分（公事上覧）するなど，裁判や法に関心をもっていた。その取組みの一つが，「公事方御定書」をはじめとする法典編纂である。1736（元文元）年から評定所，その後，老中の松平乗邑（のりさと）を主任に，寺社奉行・町奉行・勘定奉行を中心として，「公事方御定書」編纂が本格的に始まり，1742（寛保2）年に完成した。上下巻で上巻は法令集，下巻は完成当時までの先例・取決めなどから構成される。現行法の刑法に当たる規定が最も多いが，民法・訴訟法的条文も含まれている。条文はそれまでの先例をもとに作られた。その多くは吉宗の代になって出された判例である。直近に例がない場合は，「従前の通り」として，それまでの判例にもとづき条文が作成された。そのため規定は具体的であるが，体系性は欠いており，いわゆる判例法に近い。吉宗は編纂にあたり，担当奉行からの上申に対して自己の見解を加えているが，この傾向はすでに享保期からみられ，当時町奉行だった大岡忠相の上申に意見を述べている様子が，「撰要（せんよう）類集」からうかがえる。

「公事方御定書」は将軍，老中，評定所，三奉行，京都所司代，大坂城代にしか配られていないが，実際には，評定所留役がその必要性から写しを作成しており，その他の幕府役人や大名も写本をもっていた（福井藩の「御仕置条目」，盛岡藩の「文化律」，亀山藩の「議定書」などは，御定書の影響を受けた刑法典といわれている）。一般庶民の目にふれることは，ほとんどなかった。秘密法典としての建前から，あるいは各箇条の詳しい説明がなかったことから，該当条文の適用に疑問があった場合，たとえば大坂町奉行から大坂城代へ御仕置伺を出すことがあった。「大坂町奉行吟味伺書」に収載されている，1741（寛保元）年の捨て子一件はその様子をよく示している。これは妾（めかけ）が生んだ子を養子に出したい者から，養子先を斡旋するとだまして金銭を受け取り，赤ん坊を捨てた事件である。大坂町奉行は，奉行所管内でこの種の事件の先例はないが，見せしめのためこの者を死罪にし，居村で獄門としてはどうかという案を黄紙に書いて，大坂城代へ伺いをたてた。大坂城代は，その通り申しつけるよう命じた付札を付けて返却した。この史料には，ほかにも大坂城代へ伺いをたてた事件が集められており，作成したのは審理の実務にあたる，大坂町奉行所与力の八田氏であった。

遠国奉行のうち，長崎奉行や佐渡奉行などは重追放以下まで独自に吟味を行い，刑罰を科すことができる（「手限」）が，その枠を超える事件や判断に苦しむ事件については，同じく御仕置伺を出した。このような伺・指令を通じたやりとりによって，条文の解釈やその適用に一定の理解が生まれ，法観念が共有されていったと考えられる。その範囲は幕府内にとどまらなかった。

評定所は「御触書」も編纂した。吉宗は「公事方御定書」が完成した1742（寛保2）年，今度は1615（元和元）年から120年を超える期間に出された幕府法令を，編集するよう指示したのである。約3550通の法令が，80部に分けて編年（年代順）で編纂された。これが「御触書寛保集成」である。将軍のほか評定所・三奉行の手元にもおかれた。その後も御触書は編纂され，現在『御触書寛保集成』『御触書宝暦集成』『御触書天明集成』『御触書天保集成』『幕末御触書集成』として刊行されている。

吉宗政権期には中国法制の研究も行われた。荻生徂徠は蘐園社中での明律研究をもとに，明律の注釈書『明律国字解』を著した。吉宗の命を受けた紀州藩の儒者高瀬喜朴は，1720（享保5）年に，『大明律例訳義』で明律を和訳している。吉宗は，荻生徂徠の弟である荻生北渓に，清朝の刑法に関して唐人から情報を得るように指示もしている。吉宗は中国法の影響を受けて，入墨・敲刑を導入したといわれている。

藩レベルでは，熊本藩の「刑法草書」や津軽藩の「寛政律」などが，中国の明清律を参考に作られたといわれている。その特徴として，律に準じた編別構成，労役刑である徒刑の採用などが指摘されている。特に「刑法草書」は，追放刑を廃止して徒刑制を採用し，日本における最初の近代的自由刑の誕生と位置づけられることが多い。幕府が寛政の改革で，火付盗賊改長谷川平蔵の建議を入れて，無罪の無宿や軽罪人を収容する人足寄場を，石川島に設置したことは有名である。

第3節●刑罰と身体

1　刑罰と拷問

さまざまな刑罰とみせしめの解釈

罪を犯せば罰が科せられる。江戸時代の刑罰は多種多様だが最も重いのは死刑であった。死刑の是非が議論にのぼっている現代に生きる我々には，江戸時代の死刑にいくつも種類があることは驚きであり，その執行方法はいずれも苛酷にみえる。入墨も，犯罪者であることを身体に刻印することから，社会更生を促すようにはみえない。徒刑や人足寄場が懲役刑の萌芽であるとしても，近世の人々の心性が現代と著しく違うようにも思われる。しかし，当時の時代状況を考える必要がある。

そもそも，江戸時代には現代のような警察機構が存在しない。強盗や博打を働く無頼者は，近世後期の関東周辺では特に問題となり，関東取締出役が村を回ったが，地域社会には犯罪者の身柄を拘束すること以上の権限はなかった。警察機構が全国にはりめぐらされ，監視カメラに囲まれている現代とは，社会状況がまったく異なっているのである。この点を考慮して，「公事方御定書」に記された刑罰のうち主なものを挙げた図表10（主な刑罰の一覧）をみよう。

近世法の特徴は，武士と庶民で適用される刑罰が異なり，身分を反映した刑罰体系になっていたことである。武士の死刑は切腹だが，庶民には鋸挽（のこぎりびき）・磔（はりつけ）・獄門・火罪・死罪・下手人（げしゅにん）がある。刑を執行する場所は，斬首を行う牢屋敷内の切り場と，磔・獄門・火罪を行う千住（せんじゅ）小塚原（浅草ともいう）ならびに品川の鈴ヶ森の刑場に分かれる。小塚原と鈴ヶ森は江戸に入る東西の入口だったため，人目につく場所であった。

武士が改易により家中から追放されたのに対し，庶民には遠島（えんとう）ほか重追放・中追放・軽追放・江戸十里四方追放・江戸払・所払などがあった。非人手下（てか）や奴（やっこ）は身分を変更する刑罰である。

また，今後の犯罪を抑止するために，犯罪者は大衆の面前にさらされることがあった。「引き回し」は，罪人を後ろ手に縛って馬に乗せ，警固の者が罪状を記した幟（のぼり）を示しながら，町や村を練り歩く刑罰である。死刑の中でも重い鋸挽・磔・獄門・火罪に付加刑としてついた。「さらし」は，罪人を牢屋から出して，日本橋の高札場の向かいにあるさらし場に座らせて，行き交う人々に

図表10　主な刑罰の一覧（庶民を対象としたもの）

区分	刑罰	内容
死　刑	鋸　挽	罪人を地中から首だけ出させ，そばに血をつけた鋸を置いて人目にさらし，その後磔にする。
	磔	頭と両手両足を柱に結び，左右から脇の下を槍で突く。
	獄　門	牢内ではねた首を3日間刑場にさらす。
	火　罪	罪人の姿がみえなくなるほど茅を二重・三重に積んで火をつけるが，窒息死したとも，支柱に太縄で縛りつけた際に首が絞められて死んだともいわれる。3日間刑場にさらす。
	死　罪	斬首され，闕所（けっしょ。財産没収）の付加刑がつき，死体は試し切りになる。
	下手人	斬首されるが，死体は下げ渡される。
遠　島		江戸からは伊豆七島，京都・大坂以西からは薩摩五島・隠岐・壱岐などへ流罪とする。
追放刑		御構地（立ち入り禁止区域）により重追放・中追放・軽追放・江戸十里四方追放・江戸払・所払の別があった。
	重追放	居住国と犯罪国のほか，武蔵・相模・上野・下野・安房・上総・下総・常陸・山城・大和・摂津・和泉・肥前・東海道筋・木曽路筋・甲斐・駿河が御構地で，田畑・家屋敷は闕所，家財は没収される。
	中追放	居住国と犯罪国のほか，武蔵・下野・山城・大和・摂津・和泉・肥前・東海道筋・木曽路筋・日光道中・甲斐・駿河が御構地で，田畑・家屋敷は闕所。
	軽追放	居住国と犯罪国のほか，江戸十里四方・京・大坂・東海道筋・日光・日光道中が御構地で，田畑・家屋敷は闕所。
	江戸十里四方追放	日本橋から四方五里の外へ追い払う。居住地も御構地。
	江戸払	品川，板橋，千住，本所，深川，四谷大木戸から追い払う。居住地も御構地。
	所　払	居村・居町への立ち入りを禁止する。
身体刑	入　墨	前科者としての証拠にするもので，地域によって形や入れる部位が異なった。
	敲	牢屋敷門前で肩や背などをたたく刑罰で，軽敲は50回，重敲は100回である。
身分刑	非人手下	非人の身分におとされ，非人頭の支配に属す。
	奴	一種の労役刑で奴婢として下げ渡される。

＊　このほか，庶民には戸締（とじめ。釘で門戸を打ちつける）・手鎖（てじょう。両手に手鎖をかけ，封印して家内で謹慎）などがあった。

＊　武士には切腹・改易・蟄居（一室に閉じこもり謹慎するが家族は門の出入りが自由）・閉門（門に竹竿を十文字に打ちつけて出入りは禁止され，窓もふさぐ）などがあった。

その身体を見せることである。女犯の罪を犯した僧侶や心中に失敗した男女などが，その対象となった。武士に対する閉門や庶民への戸締なども，門を閉ざして出入りできないよう，木材を打ち付けていることから，軽罪とはいえ一目でわかる刑罰である。

幕末期の江戸における，入牢者数と主要な刑罰の適用数をみておこう。幕末の動乱で，日本の各地から脱藩者や身元不明の者が江戸周辺に滞在し，治安状態が最悪だった時である。神保文夫氏によれば，在牢者の多くは吟味が終わっていない者であった。御仕置伺（刑罰案）を出したがまだ下知（命令）がない者，遠島が決定して船を待っている者なども含めた数字として，1866（慶応2）年4月が293人，1867（慶応3）年5月が406人，挙げられている（國學院大學日本文化研究所編『法文化のなかの創造性――江戸時代に探る』〔創文社，2005年〕125頁）。刑罰が確定した者は1866年の場合，1年間で入墨敲287人，敲201人，追放113人，死罪48人，獄門46人，入墨36人，遠島28人，引き回しの上死罪16人，引き回しの上獄門2人であった。

拷問

津田真道は「明六雑誌」第7号（1874年5月）と第10号（同年6月）で，拷問論を展開した。1873（明治6）年の「断獄則例」では殺人などの重罪犯にかぎり，石抱などの拷問を認めていた。これに対して津田は，拷問は天下の悪の最たる行為であり，えん罪を生み司法への不信感をもたらすおそれがあるとし，その廃止が条約改正実現につながると訴えた。一方，従来の近世法制史研究では，被疑者を誘導して自白させるのが吟味役人の手柄とされており，拷問はめったに行われなかったとしている。実際にはどうだったのだろうか。

まず，江戸時代に用いられた「拷問」という言葉は，現在使われる一般的な意味での拷問より狭い意味，すなわち釣責（両手を後ろでしばり，上からつるす）を指した。「牢問」は笞打と石抱（並べた角材の上に座って石を抱く）を指し，海老責は行われることが少ない，例外的な牢問であった。

公事方御定書下巻の「拷問申し付くべき品の事」には，殺人，火付け，盗賊，関所破り，謀書謀判について，確かな証拠があるのに自白しない者，審理の過程で死罪に該当する他の犯罪が発覚した場合に限り，拷問が執行できると定めている。つまり，狭義の拷問＝釣責はきわめて限定的にしか使われていなかったことになる。平松義郎『近世刑事訴訟法の研究』（創文社，1960年）によれば，

図表11 『徳川幕府刑事図譜』(1893〔明治26〕年)

出典：国立国会図書館デジタルコレクション（http://dl.ndl.go.jp/info:ndljp/pid/787026）

図表12 『刑罪大秘録』(1836〔天保7〕年写本)

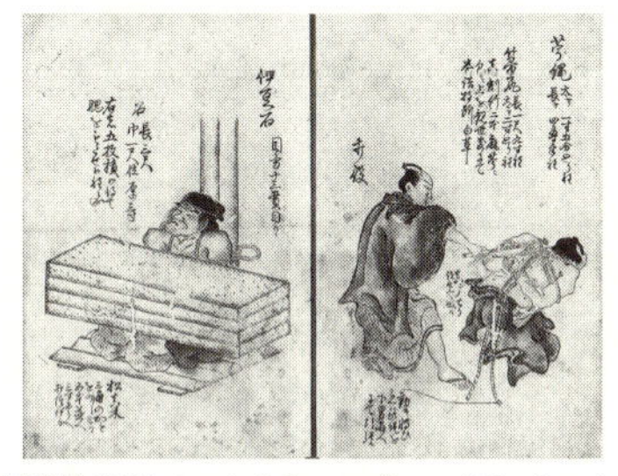

出典：国立国会図書館デジタルコレクション（http://dl.ndl.go.jp/info:ndljp/pid/1365404）

1804（文化元）年から幕末まで，幕府が狭義の拷問を行った例は，ほとんどなかったという。

一方，牢問の笞打と石抱については実例があるが，これも頻繁に行われていたわけではない。代官は勘定奉行の指令のもとで牢問を実施できたが，たとえば笞打は，両方の手をしばり，左右の手首を肩胛骨（けんこうこつ）の下まで持ち上げることによって，肉が集まった肩をたたき，骨に痛みが達しないようにとある。用いる笞も，ワラを巻いた長さ1尺9寸（約57センチメートル），周囲5寸（約15センチメートル）の物で，医者の立会いも命じられている。

江戸の場合，牢問は町奉行支配下の囚獄石出帯刀（いしでたてわき）の管轄で，小伝馬町（こでんまちょう）の牢屋にて行われた。そのため，寺社奉行や勘定奉行は，町奉行に牢問執行を依頼しなければならない。牢問によって自白すれば，「吟味詰り之口書」が作成され，自白がないまま察度詰になった場合，ときに刑罰は一等減軽された。牢問は人的証拠・物的証拠がそろっていながら，本人が自白しない場合に行われるが，それでも牢問をせずに自白をとることが求められた。

一般的な意味での拷問について，私たちがよく目にするのは図表11の1893（明治26）年に作成された『徳川幕府刑事図譜』の絵である。しかし，図表12の1836（天保7）年の写本『刑罪大秘録』と比べると，同じ笞打と石抱でもずいぶん印象が違う。前者の方が「野蛮」「残酷」にみえるのは，力の強い男性が「弱き者」たる女性をしめあげているからだろう。髪を振り乱し，眉をひそめて苦痛を訴えている女性の様子が，視覚的に残酷さを強調した劇画タッチで描かれており，悲鳴が聞こえてきそうである。これに対して，江戸時代に書かれた『刑罪大秘録』は方法を説明する図であり，そこに物語性は見いだせない。

2　身体と生死の観念

生類憐み令

拷問や牢問は，身体を痛めつけて罪を認めさせせようとする行為だが，それが頻繁に行われなかったことは，生類憐み令と無関係ではないように思われる。生類憐（しょうるいあわれ）み令は1687（貞享4）年から五十数回にわたって，生類の殺生や虐待を禁じた法令の総称である。将軍綱吉が逝去するまで22年間にわたって行われた。新井白石の著『折たく柴の記』には，生類憐み令違反に問われて数千人が罪人とされ，綱吉死去の恩赦により彼らが赦免されたと書かれている。綱吉は「犬公方（くぼう）」とあだ名され，町人よりもお犬様を大切にすると揶揄されたが，実際の法令をみると犬のほか病気の牛馬の扱い，捨て子や行き倒れ人の扱いなど，その対象は犬に限定されていたわけではない。

1687（貞享4）年に出された最初の生類憐み令は，5ヶ条からなる。1条目は，捨て子がいたらまず発見された場所で世話をし，そのまま養育するか，希望者に渡すこと，2条目は誰かに傷つけられた鳥類・畜類は届け出ること，とある。3条目と4条目は犬に関することで，野良犬には食物を与え，飼い犬は死んでも届け出には及ばないとみえる。5条目は犬に限らず，全ての生類に対し慈悲の心で憐れむことの重要性を説いている。江戸では野良犬が横行し，生まれたばかりの赤ん坊が犬に食われる事件が起きており，そのような社会状況を背景とした上での措置であった。

この法令の後にも，関連法令が出されたわけだが，行き倒れ人の送致などは，江戸時代ならではのシステムを使って行われた。四国遍路の途中で母子が倒れ，大坂蔵屋敷を通じて連絡を受けた親類が，現地へ迎えにいくということもあった。大坂には堂島米会所があり，諸藩はそこで年貢米を売っていたので，大坂にはどの藩も蔵屋敷をもっていた。そこで，行き倒れ事件があった藩の役人が自藩の大坂蔵屋敷に書面で知らせ，受け取った蔵屋敷の役人が事情を相手の藩の蔵屋敷の役人に伝え，そこから国元へ連絡がいき，その藩の役人が親類へ知らせたのである。遠く離れた藩同士であっても，江戸や大坂の藩邸を通じて連絡をとりあうことはできた。「人権」という言葉はないが，人命を尊重する思想はあったといえよう。

身体的死と法的死

とはいえ，死体の扱いについては現代と異なるところが多々ある。死刑のうち，磔は主殺し・親殺しに科される刑罰だが，犯人が病気で牢死，あるいは牢屋で自害をしたとしても，その死体は塩漬けにされ磔にかけられた。死体の腐敗を防ぐために塩漬けにした上で，死体に刑罰を執行したのである。死罪と下手人はどちらも斬首であるが，後者が遺族による死体の引取りを認められたのに対し，前者は死体の引取りを認められず，死体は試しものにされた。山田浅右衛門は試し切りを家業にしていた。獄門は斬首された「死んだ首」を獄門台の上にのせる刑罰なので，死体の一部を飾っていたことになる。

さらに遺体の引取りは認めるが，葬儀を禁止することもあった。簡素であっても葬儀をあげるのが一般的だった時代に，これは不名誉なことだった。すでに死亡している犯罪者に対して恩赦が適用され，その罪が赦されて公式に葬儀をあげ，墓を作ることができた場合もある。法的責任は身体的死をもっても解消されないと考えられていたのである。

第 4 節●礼と法により可視化される秩序

1　礼と無礼

切腹に表現される威厳

武士には切腹が最も重い刑であった。大名の家臣の場合，家老たちの合議があるにせよ，最終的には大名が決断を下した。また大名の怒りを買った家臣が切腹を言い渡されることもあり，御側の者がそれを止めることもあった。1663（寛文 3）年に幕府は殉死を禁止したが，殉死者には，かつて主君に命を助けられたことを恩義に感じていた者が，しばしばみられる。

江戸時代は平和状態が続いたため，近世中期には切腹に本物の短刀を使わず，腹にあてた瞬間に介錯が首を落としたともいわれるが，真偽は定かではない。吉良邸へ討ち入った赤穂浪士が切腹を命じられた時には，お預け先の大名屋敷の家臣が急遽，介錯人に選ばれており，武士として切腹や介錯の作法を身に付けている必要があったことは確かだろう。山本常朝も『葉隠』の中で，二度にわたって切腹の介錯を無事やりとげたことを自慢している。

第1章のコラム6「対外関係と国家主権」で扱った神戸事件で，滝善三郎が兵庫の永福寺で切腹したときの様子を，ミットフォード（長岡祥三訳）『英国外交官の見た幕末維新――リーズデイル卿回想録』（講談社学術文庫，1998年）131頁よりみてみよう。

> 短刀を左側の腹に深く突き差し，ゆっくりと右側へ引いた。そして，傷の中で刃を返すと，上向きに浅く切り上げた。この胸の悪くなるような痛ましい動作の間，彼は顔の筋肉一つ動かさなかった。彼は短刀を引き抜くと，前屈みになって首を差しのべた。その時初めて苦痛の表情が彼の顔をちらりと横切ったが，一言も発しなかった。彼のそばにうずくまって，その動作を注意深く見守っていた介錯が，その瞬間，すっくと立ち上がり，一瞬，刀を空中に構えた。刀がさっと閃くと，重たい物が落ちるどさっという嫌な音がした。一太刀で首は体から切り落とされたのである。その後，死のような沈黙が続いたが，わずかにそれを破るものは，目の前の死体からどくどく流れる血潮の不気味な音だけであった。ほんの一瞬前までは，それは勇敢で，義侠的な男だったのである。本当に恐ろしいことだった。
>
> 介錯は深く一礼すると，用意していた紙で刀を拭い，高座から下りた。血に汚れた短刀は切腹の血塗られた証拠としてうやうやしく運び去られた。

最初から最後まで，厳かな雰囲気の中で，礼式にのっとって切腹が行われていることがわかる。武士の切腹は，ハラキリとして外国人の心に強く残り，伝えられていくのである。

儀礼の場で可視化される身分内秩序

身分内・身分間秩序は，可視化することによって維持された。それは序列化というよりも，法に従

図表13　江戸城本丸表中奥部分

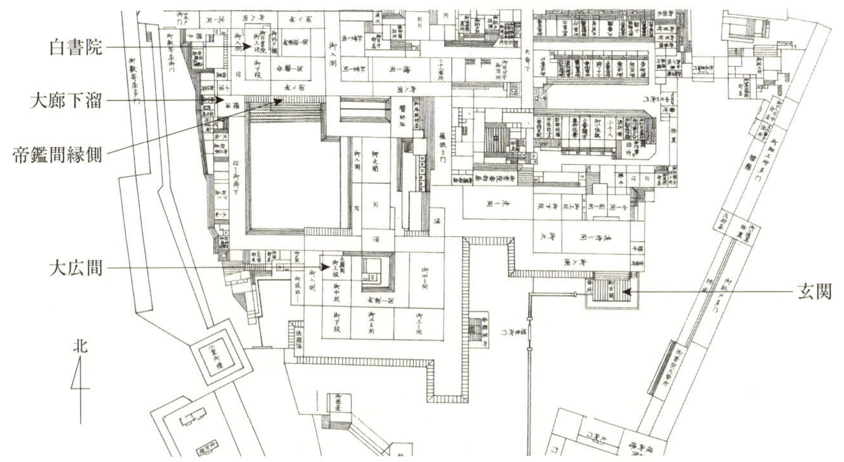

出典：「御本丸表中奥絵図」(『徳川礼典録附図』所収）を基に作成

い秩序を明示することで，無用の紛争を回避する手段でもあった。江戸城で行われた将軍への年始の儀礼の場合も，日にちと江戸城内の部屋で，大名は区別されていた。1月1日は，大廊下詰・溜間（たまりのま）詰・四品以上の大名は白書院，諸大夫以下の大名などは大広間で将軍に拝謁した。2日には，御三家の嫡子や諸大名が登城し，御三家の嫡子は白書院，大広間席の大名は大広間で将軍に拝謁する。3日には無官の大名や旗本，幕府直轄都市の町役人などが登城し，前者は白書院の大廊下溜，後者は帝鑑間（ていかんのま）縁側で将軍に拝謁する。3日には謡初（うたいぞめ）が大広間で行われ，能も開催された。

また，図表14は井伊家文書に残った年始御礼で，少将の式次第である。動く順番に一，二，三，……と番号が付されている（図表中に①，②，……で示した)。将軍は白書院上段に着座している。井伊家側は松の廊下の北側にある桜之間（溜）の御三家の前を通り，隣の小溜で太刀折紙を前に置いて控える（一・二)。御用番老中の前を通り中に進んで，白書院下段の1枚目の畳で御礼を申し上げ（三)，盃を頂戴する（四)。右側には若年寄と高家が控えている。いったん小溜に戻り，表坊主組頭たちがいるところで盃を渡して控える（五・六)。次に白書院下段手前で呉服を頂戴する（七)。些末にみえるが，こうした礼式に従うことが求められたのであった。

図表 14　正月朔日年始御礼之席図

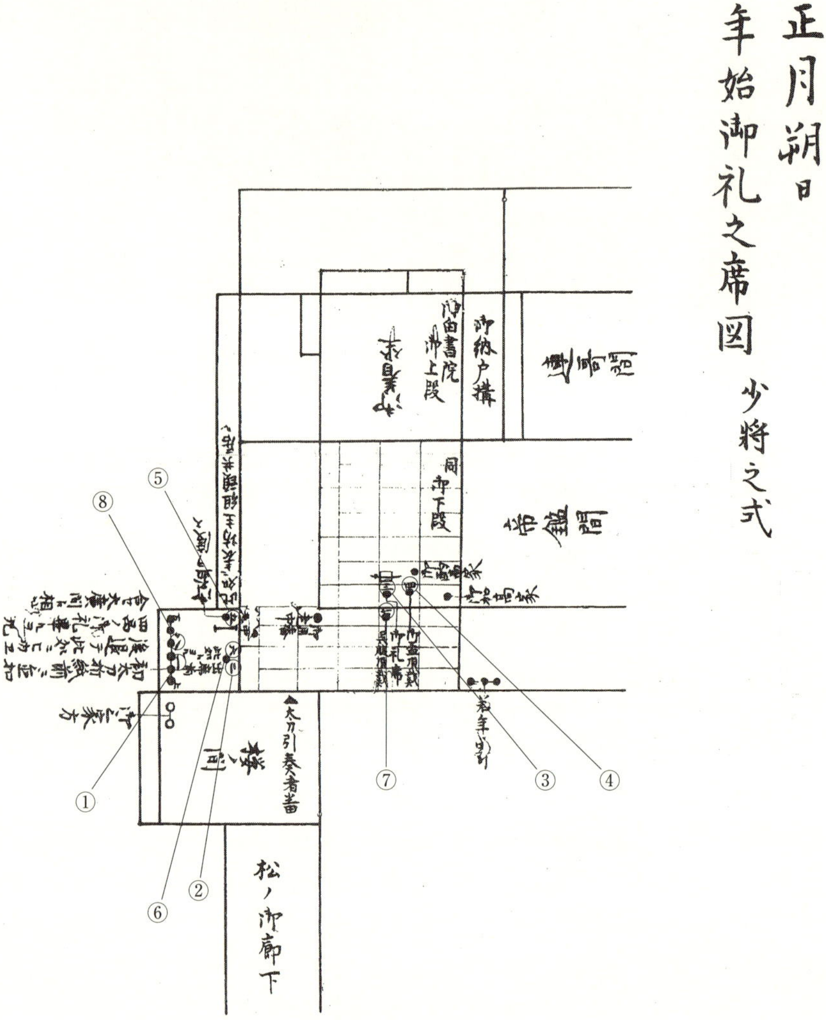
正月朔日
年始御礼之席図
少将之式
御白書院
御上段
御納戸構
同
御下段
太刀引奏者番
松ノ御廊下
①
②
③
④
⑤
⑥
⑦
⑧

出典：深井雅海編『江戸時代武家行事儀礼図譜 第５巻』所収資料を基に作成

無礼討ち
――身分秩序を逸脱した無礼に対する名誉の防衛

礼の秩序を破る行為は「無礼」とみなされた。その典型例が無礼討ちである。武士に対して，庶民が人前で悪口雑言を吐いたり，つかみかかったりするなどの行為に及び，それを謝罪しない場合，武士は身分秩序を逸脱した無礼を理由に，相手を手討ちにすることがあった。無礼討ちと認定されるためには，手討ちにした武士が，現場と自己の支配頭に届け出，検死を受け，無礼の目撃者による証言などが必要だった。テレビドラマなどでは，「この無礼者！」と言った武士が，百姓や町人を手討ちにして，その場を去るシーンがあるが，実際には現場にとどまるのが定例である。無礼の証明をしなければ殺人とみなされてしまうため，よほどの場合でない限り，無礼討ちが実行されることはなかった。

しかし，無礼討ちの権利が認められていたということは，江戸時代を理解する上で注目すべきことである。「無礼」は著しい名誉毀損・侮辱であり，武士は武士としての地位を保つために，自己防衛を行うことが認められていたと解釈できる。

2　先祖祭祀と法

服忌令と鳴物停止令

平和状態が続き，家が何代にもわたって相続されていくにつれ，先祖祭祀の重要性が増した。幕府や諸藩では，回忌法要など先祖祭祀を行っていたが，それに加えて，死と血の穢れを忌避して，家族や親類に不幸があったときの登城を禁ずるなど，服忌の制度（「服」は喪に服して慶事・神事をひかえること，「忌」は近親者の死去により家内で慎むこと）もできてくる。幕府では1684（貞享元）年，綱吉政権下で服忌令を発布し，以後5回の追加補充を行い，吉宗が将軍だった1736（元文元）年に改定されたものが明治維新まで用いられた。図表15（服忌令の規定（一部））からわかるように，父母，養父母，継父・継母，兄弟姉妹では男女に違いはない。しかし，夫は妻より，また跡継ぎの嫡子はそれ以外の子よりも，服忌の期間が長い。祖父母は父方と母方で服忌の期間が異なった。曽祖父母・高祖父母は母方については服忌がなかった。穢れについては，出産は父7日・母35日，流産は父7日・母10日であった。

遠方で近親者が死亡した場合，死亡日から死亡の知らせを聞くまでに時間が

図表15　服忌令の規定（一部）

本人との親族関係	忌日の期間	服喪の期間
父母	50日	13ヶ月（閏月を数えない）
養父母	30日	150日
継父・継母	10日	30日
祖父母（父方）	30日	150日
〃　（母方）	20日	90日
曽祖父母（父方）	20日	90日
〃　　（母方）	なし	なし
兄弟姉妹	20日	90日
夫	30日	13ヶ月（閏月を数えない）
妻	20日	90日
嫡子	20日	90日
末子と女子	10日	30日

かかることがある。父母については，その訃報を聞いてから規定の服忌を行ったが，その他の親類については，死去してから訃報を聞くまでの期間を，規定日数から引いた残りの期間，服忌を受けた。そのほか，離別した親や養子などについても，細かい規定が定められていた。そのため服忌令の適用・解釈については，問答例や注釈などを加えた，『服忌書』といわれる専門的な書物も出された。とりわけ武士はこの規定を守ることが求められた。

祭祀との関係で今ひとつ見逃せないのは，鳴物停止令（なりものちょうじ）である。これは，天皇や将軍などが死去した際，鳴物（楽器）の使用や音が出る家の普請（ふしん）（工事）などを一定期間中止し，冥福を祈って静謐（せいひつ）を保つよう命じるものである。1680（延宝8）年に4代将軍家綱が逝去した際の鳴物停止令では，町中での鳴物・作事を中止し，喧嘩口論がないようにし，火の用心に気をつけ，借家の者や店借りの者なども外出を控えるようにとある。家綱の場合は5月9日から6月29日に至る期間，すなわち四十九日の忌明けまで，江戸や京都の静謐が求められた。

服忌令や鳴物停止令は，逝去した個人に対してさまざまな社会関係にある者が，各自の態度や行動によって，その死去を悼んでいることを外形的に表現するよう求めるものであった。

先祖祭祀と恩赦

恩赦は天皇・将軍・藩主の死去や回忌法要などの弔事，あるいは将軍宣下や世継ぎの誕生，官位叙任や婚姻などの慶事の際に実施された（江戸時代，恩赦は「御赦（おしゃ）」「赦（しゃ）」などと呼ばれたが，ここでは恩赦という用語で統一する）。前者は「法事の赦」，後者は「祝儀の赦」と呼ばれる。遠島や追放刑などが，刑期の定めがない不定期刑であったこと，歴代将軍・歴代藩主やその家族の忌日に，裁判や刑の執行が一部行われなかったため，牢屋に多くの未決囚のほか，遠島先への船を待つ罪人や死刑執行を待つ死刑囚がいたことなどが，恩赦実施の理由である。

先祖祭祀を行うことが，先祖に対する「孝」であると考えられていたことから，将軍や大名は回忌法要を行い，軽罪者や吟味終了以前の未決囚を赦免し，ときには死刑を言い渡された者も一等減じるなど，追善供養として「法事の赦」を実施した。また，将軍の回忌法要の実施は外様藩でも行われており，その際の恩赦は，将軍権力を領民に示すことにつながった。一方，「祝儀の赦」は，領民が将軍家・大名家の祝儀の恩恵にあずかることも意味していた。近世後期になると，藩の中には，政治的理由に左右されず，司法独自の論理で恩赦を行うべきであるという考え方も芽生えた。幕末になって，藩が恩赦実施の間隔をその規模に応じて定めたり，幕府が赦律を制定して，恩赦実施に一定の規則性をもたせようとしたりしたのは，行政から司法が分離する兆しだったともいえる。

「法事の赦」についてみると，幕府の場合，追放刑などすでに刑を執行されている者については，その家族が寺へ赦免嘆願し，回忌法要が行われる寛永寺や増上寺がまとめて，リストを幕府へ提出した。幕府では，一件ずつ吟味して恩赦の適用可否を決定した。藩でも，同じく回忌法要が行われる菩提寺からの嘆願を受けて，藩で検討した。なお「法事の赦」当日には，寺で赦免を言い渡される軽罪者がいたが，それは家族からの嘆願とは別に，あらかじめ幕府や藩が独自に検討して決定した赦免者である。「祝儀の赦」については，何ヶ月も前から，幕府や藩が独自に恩赦適用者を検討して決めていた。

近世の恩赦には刑の執行中止や減刑，有罪の言渡しの無効，すでに死亡した者の名誉回復，さらに罪の有無すら問わない形式がみられ，現代の恩赦の原形——現行法では，恩赦は大赦・特赦・減刑・刑の執行免除・復権の5種類——が，すでに江戸時代にあったことがわかる。

文献ガイド

＊笠谷和比古『主君「押込」の構造――近世大名と家臣団』（講談社学術文庫，2006年〔平凡社選書，1988年〕）
＊大平祐一『目安箱の研究』（創文社，2003年）
＊大平祐一『近世日本の訴訟と法』（創文社，2013年）
＊安高啓明『近世長崎司法制度の研究』（思文閣出版，2010年）
＊平松義郎『近世刑事訴訟法の研究』（創文社，1960年）
＊小倉宗『江戸幕府上方支配機構の研究』（塙書房，2011年）
＊深井雅海『江戸城――本丸御殿と幕府政治』（中公新書，2008年）
＊中川学『近世の死と政治文化――鳴物停止と穢』（吉川弘文館，2009年）
＊林由紀子『近世服忌令の研究――幕藩制国家の喪と穢』（清文堂，1998年）
＊石井良助『江戸の刑罰』（吉川弘文館，2013年〔初版：中公新書，1964年〕）
＊高塩博『江戸時代の法とその周縁――吉宗と重賢と定信と』（汲古書院，2004年）
＊ダニエル・V・ボツマン（小林朋則訳）『血塗られた慈悲，笞打つ帝国。――江戸から明治へ，刑罰はいかに権力を変えたのか？』（インターシフト，2009年）

第3章　近世社会と法

第1節●近世社会の身分的広がり

第1章では近世国家の基本構造，第2章では法と礼による秩序について，いわば上からの秩序形成について概観した。本章では，法と秩序が，一般の人々，つまり庶民の生活にいかに関わるかをみていきたい。

近世の庶民については「士農工商（えた非人）」や，それをまとめた「四民」という言葉が有名である。しかしこの言葉は，江戸時代の身分制度の実際を正確に説明した言葉ではない。

1712（正徳2）年，江戸時代中期に大坂の医師寺島良安が編んだ『和漢三才図会』という本がある。この105巻に及ぶ大部の書物は絵入りの百科事典ともいうべきもので，刊行以来，明治時代まで実用された。天文，官位，芸能，楽器，兵器，刑罰具，衣服など，計36の編目に当時の世の中の事柄を分類し，その下位の個別項目では，中国の各種古典，古事記，日本書紀に代表される日本の古い歴史書などを引用した解説を付け，一部にはイラストも添える構成である（図表16や17のイラストの一部は江戸時代の風俗にしては古風な様子に描かれているが，それは措く）。

さて，この書物のなかで人々の身分に言及する編目が「人倫類」である。以下，原文に記された読みも併せて内容を紹介すると，「帝王」（天皇）に始まり，「仙洞」（上皇），「太子」と皇族に関する項目を順次設け，続いて「公卿」に始まる貴族に関する項目，その次に「武士」「農人」「工匠」「商人」が並ぶ。「武士」の解説は，「剛彊直理なるを武と曰い，威彊徳に敵するを武と曰い，克く禍乱を定じて武と曰い，民を刑し克く服するを武と曰い，学んで位に居るを士と曰う」（強く正しい道理に従うもの，威厳があって徳にかなった行いを成すもの，世の中の騒乱を治めるもの，民衆を治めるものを武と呼び，知識を深めて位を得るもの

図表16　「武士」「農人」「工匠」「商人」（『和漢三才図会』）

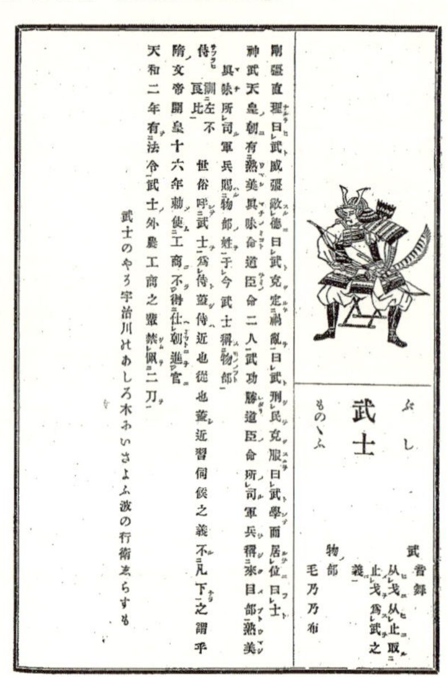

ぶし
もののふ
武士
武 音舞　从戈从止、取止戈為武之義
物部 毛乃乃布

剛強直理曰武、威彊敵徳曰武、克定禍亂曰武、刑民克服曰武、學而居位曰士
神武天皇朝有熱美、其味命道臣命二人武功勝、道臣命所司軍兵、稱来目部、熱美其味所司軍兵、賜物部姓、于今武士稱物部
侍 訓左不 世俗呼武士為侍、蓋侍近也、從也、蓋近習伺候之義、不凡下之謂乎
隋文帝開皇十六年勅使工商不得仕進官
天和二年有法令、武士外農工商之輩禁佩二刀
武士のやそ宇治川のあしろ木にいさよふ波の行衛しらずも

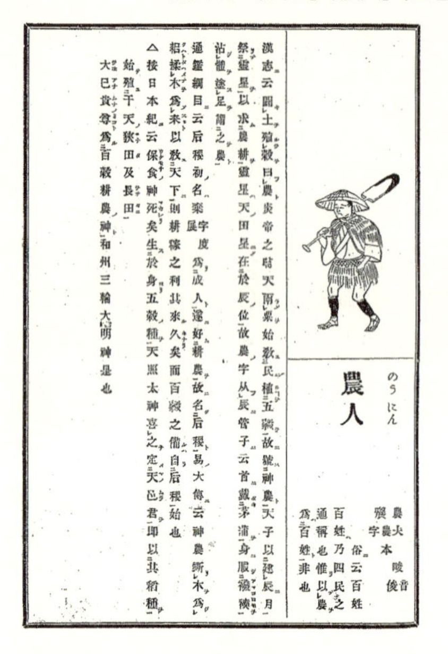

のうにん
農人
農 音暖
農夫 本字辳 俗云百姓
百姓乃四民之通稱也、惟以農為百姓非也

漢志云、闢土殖穀曰農、黄帝之時天雨粟、始教民植五穀、故號神農、天子以建辰月祭靈星、以求農耕、靈星、天田星、在於辰位、故農字从辰、管子云、首戴茅蒲、身服襏襫、沾體塗足謂之農
通鑑綱目云、后稷名棄、字度、為成人、遂好耕農、故名后稷、易大傳云、神農斲木為耜、揉木為耒、以教天下、則耕耨之利其來久矣、而百穀之備自后稷始也
△按日本紀云、保食神死矣、生於身五穀種、天照太神喜之定天邑君、即以其稻種始殖于天狹田及長田
大巳貴尊為百穀耕農神、和州三輪大明神是也

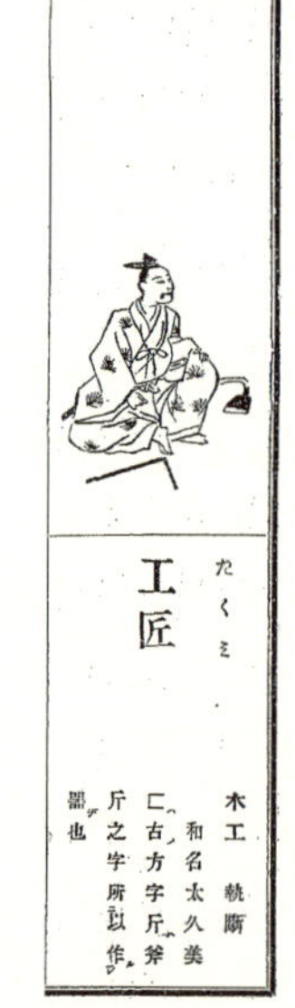

たくみ
工匠
木工 統斷　和名太久美
匚 古方字、斤斧
斤之字所以作器也

中略

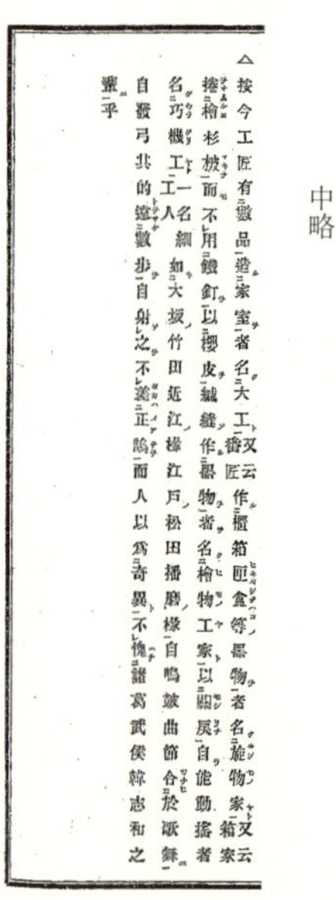

△按今工匠有數品、造家室者名大工、又云番匠、作櫃箱匣倉等器物者名旋物家、又云箱家
捲檜杉枋而不用鐵釘、以櫻皮緘縫作器物者名檜物工家、以臨戸自能勤搖者
名巧機工、一名細工人、如大坂竹田近江掾、江戸松田播磨掾、自鳴鼓曲節合於舞
自發弓其的遠數歩自射之、不差正鵠、而人以為奇異、不愧諸葛武侯韓志和之輩乎

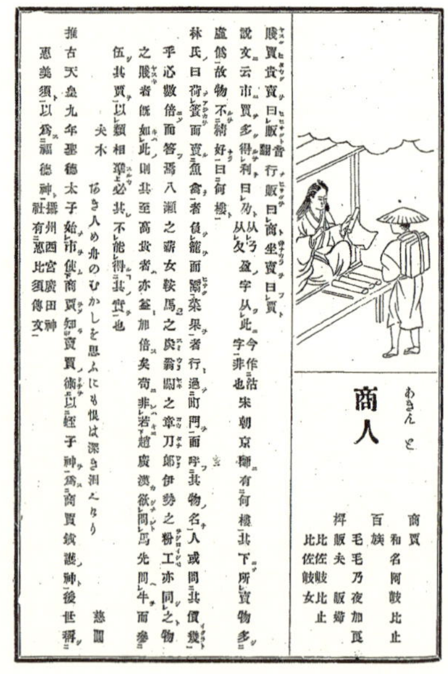

あきんど
商人
商賈 和名阿岐比止
百族 毛毛乃夜加良
坪 販夫 販婦 比佐比止 比佐岐女

賤買貴賣曰販、翻音行販曰商、坐賣曰賈
説文云、市買多得利曰夃、从乃从夊、盈字从此、今作沽字非也、宋朝京柳有何樓、其下所賣物多濫僞、故物不精好曰何樓
林氏曰、荷貲而賣魚禽者、負籠而鬻菓果者、行過町門而呼其物名、人或問其價錢乎、必數倍而答焉、八瀬之薪女、鞍馬之炭翁、闘之章刀郎、伊勢之粉工、亦同之、物之賤者既如此、則其至高貴者亦益加倍矣、苟非若趙廣漢欲問馬先問牛而參伍其賈以類相準、必不能得其實也
夫木　あき人め舟のむかしを思ふにも恨は深き泪となり　慈圓
推古天皇九年聖徳太子始市、使商買知賣買術、以蛭子神為商賈鎮護神、後世稱惠美須、以為福徳神、攝州西宮廣田神社有惠比須傳文

出典：国立国会図書館デジタルコレクション（http://dl.ndl.go.jp/info:ndljp/pid/898160）

図表17　「儒士」「医」「樵夫」「猟師」「洗母」（『和漢三才図会』）

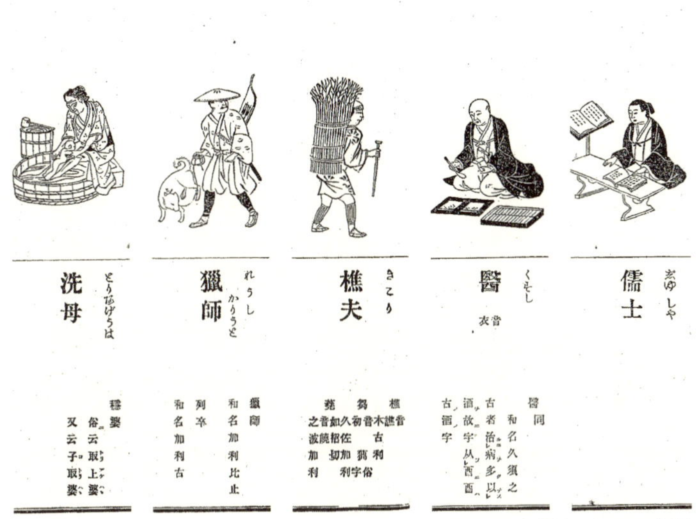

出典：同前（見出し部分のみ抜粋）

を士という）と，「武」「士」の字義解説から筆を起こし，「侍（さふらひ）」という言葉は「武士の俗称で，主君の傍近くに控えさぶらう役目から来たもの」と来歴を記している（なお，イラストの武士はあまり江戸時代っぽくない）。次の「農人」は，その由来を中国の伝説の帝王の一人である炎帝（神農）が人々に穀物の栽培を教えたことに遡るとし，『日本書紀』の記述も引いて，農民の歴史の古さ，神々との接点を強調する記述になっている。「工匠」は，『山海経』や『日本書紀』を引きつつ，「現在は何種類かに分かれ，家を作る大工（番匠），家具や小物を作る旋物家（さしものや）（箱家），檜や杉の薄い板を曲げて器などを作る檜物工家（ひものや），ネジやバネを使って動くものを作る巧機工（からくりや）」があるとする。そして「商人」は，関連する名称に「商売（あきない）」「販女（ひさぎめ）」などを挙げた上「安く買って高く売ることを販（ひさぐ）といい，出かけて販ぐことを商，座って販ぐことを売という」と字義を解説している。

武士から商人までで終わるなら確かに「士農工商」なのだが，この後もまだまだ解説は続く。牙儈（仲買人），儒士，医，鍼医（鍼を使って治療する医師），外科（体の外側の傷やできものを治す医師），按摩（マッサージ師），僧，尼，相人，卜筮に，人の模範となって教え導く師（師匠，先生），猟師，漁夫，仏工，傾城，乳母などなど，「人倫類」全体では，イラスト付きの項目に限っても58種もの「身分」が紹介されているのである。農人から後の項目だけが庶民としても，その種別の多さが窺える。否，むしろ，生計の立て方や，それに応じた道具・身なりなどの様子が最も多彩なのが庶民である。

また，徳川吉宗の著と奥書にある『紀州政事草』などの当時の為政者層の記した統治に関する思想書や手引きの類を読むと，「町人」「商人」「百姓」「武士」などの身分に関する言葉があるが，必ずしも「士農工商」のセットでは言及されない。「四民」の表現は時々現れるが，それよりも，「君ー臣」「町人ー百姓」「侍ー商人」などの二者の対比が目立つ。

要は，「士農工商」は江戸時代の日本の実情から生まれた言葉ではなく，あくまでも観念的な用語なのである。江戸時代の身分の種別やそのあり方は，時代や地域の特性や偏りを包含して広く深く，「混沌」と表現したいほど多様である。

まず，職業や生活のあり方が多様である。たとえば，「春～秋の日中は米や野菜を作り夜は手工芸品の製作，冬には農機具や日用品を作る傍ら次の春の植え付けの準備」という生活をする人は，「農」だろうか，「工」だろうか。為政者の法令や通知を適用対象となる被支配者に周知徹底する役割を帯びて，俸禄を受けながら農村で暮らすような大庄屋（呼び方は地域により多様）だったらどうだろう。技術はあれど生活力がなく，藩の困窮者扶助施設への出入りを繰り返す刀鍛冶，などという例も加賀藩に実在した。

また，同じ職業や生活をしている人々が時代や土地によって違う名で呼ばれることや，逆に同じ名で呼ばれても，時代や土地によって職業や生活の実態が違うということも多い。たとえば加賀藩では大庄屋は「十村」と呼ばれていた。また加賀藩では，藩の設けた困窮者扶助施設を非人小屋と名付け，この小屋の入所者や，路傍で物乞いをして生活の糧を得る困窮者も「非人」と呼称した。前述の刀鍛冶も「非人清光」と呼ばれた。これは高校の日本史の教科書で「えた・非人」というときの「非人」とは異なる。身分制度の実態は，一面において妙に曖昧で，また一面においては伝統的理解にみられる如く堅固である。

そして法の適用は身分と密接に関わっている。第１章では武家・公家・寺社の法について触れたが，一方で，庶民限定で適用された刑もあった。また，身分の変動そのものを刑罰とする「非人手下」という刑もある。そして法の生成という視点に立ったとき，目が行きやすいのは武家や公家かもしれないが，庶民もまた村法や町法などの制定主体となりうる。

本章では，幕府や藩および朝廷といった為政者層に対し，「下々」「百姓（百の姓，つまり多くの人々のことで，この場合は庶民全体を指す）」と総称された一般庶民に焦点を当てる。しかし庶民の中にも，視点の設定次第で為政者とも被支配者ともなりうる層はでてくる。たとえば，複数の農村を束ねる大庄屋などは，領主からみれば被支配者にほかなるまいが，零細の農民からみれば為政者に連なる立場の存在であろう。結局のところ，ある程度の相対性を含む基準にしかなりえない。その曖昧さを許容しつつ，以下，「身分制社会」たる江戸時代の庶民の生活と法規範について概観する。

第２節●庶民の間での法の伝達・生成

1　町・村での法令伝達とその利用――触と高札

まず，幕府や藩の法が，どのように被支配者に伝達されるかをみていく。

前章にも言及がある通り，江戸時代の法令の中で，幕府・藩が作って町・村に布達し，適用されるものは，触と呼ばれた。1649（慶安２）年に出されたといわれる庶民の生活に踏み込む規制が「慶安の御触書」の名を冠せられているのは，この定義に則している（ただし現在は，その発令の主体・時期ともに従来の見解に疑問符が付いている）。

触は，幕府が出す場合を例にすれば，将軍の決裁の後，書付（命令書）が老中から大目付，目付，三奉行等，と順に降りてくる。それを一般民衆に広げる最後の中継点が町・村役人である。

触のうち特に重要なものは，一度通知して終わりではなく，人々の間にそれを根付かせるための工夫が凝らされていた。その代表格が高札である。長い足を付けた板に法令・禁令などの内容を簡潔に記し，交差点や橋の袂など，人通りの多い場所にこれを掲げて公示したものだ。また，毎月２日に町人・村人を集めて町・村役人が法令の内容を読み聞かせる「二日読」は加賀藩での例である。

町・村役人は，後の自分の仕事のために，書付を書き写して手元に残しておくことがあった。「御用留（ごようどめ）」「御触留（おふれどめ）」といった標題の古文書は，それを持っていた家の先祖が書き写した，触の控えなのである。自分の仕事に関連する文書を書き写し，執務資料として手元に残す行為は，当時は一般的なことだった。部外秘のはずの公事方御定書すら，写本がいくつも残っている。結果，ある藩の別の村の村役人の家から同じ内容の触留が発見されたりする。そういったセットをうまくみつけると，汚れ，破れ，虫食い，悪筆など，さまざまな理由で判読が困難な史料の内容が確認できる（事がある）。筆まめで几帳面な役人は，その存命中のみならず，現代においても重宝されているのである。

こうしてみると，町・村役人は，町・村への法令伝達・定着・利用に重要な役割を果たし，その円滑な運用を下支えする存在である。しかし彼らは常に，受動的で，為政者への服従を崩さない姿勢であったわけではない。たとえば，加賀藩の十村は，各村の村役人を窓口として住人が藩に向けて発する要求を汲み上げ，藩へと上申する役割も帯びていた。17 世紀末の元禄飢饉の際，石川郡（現石川県金沢市近郊）十村らは数度にわたり郡奉行に宛てて窮状を訴えて対策を求め，幕末の安政災害の被災後には，特に被害が甚大だった新川郡（にいかわぐん）（現富山県富山市近郊）の十村が救援物資の要求を取りまとめ，藩が決めた支給物資の数量・内容の修正を求めている。このような，能動的な調整役もまた，彼らの仕事の一環であった。

2　共同体の定める規範――村法・町法・仲間法

次いで，町や村，同業者組合など，庶民の共同体が定める法がある。

すでに中世において，村や町が自治的な共同体を形成し，権力と関わりながら法を形成してきたこと，またその共同体の秩序が近世につながっていくことについて，第1部第5章で述べた。ここでは近世におけるそれらの実態について説明する。

村　法

鎌倉後期から，ある程度まとまった集落としての村が形成されるようになり，後の時代へとつながっていく。江戸時代の村は，土地から直接収入を得る農業・林業などを主たる生業にする人々が居住し，村役人と呼ばれるリーダーの主導の下で租税等を負担したり，また，同じ村に属する人々の生活を統制する単位となっていた。不作の年や災害が発生した際には，領主の施す各種の対策を受けるより前に，村民同士で助け合うように求められることが通例であり，その意味では，その村の構成員のセーフティネットでもあった。この，村で機能した法を，広く村法（そんぽう）と呼ぶ。村極（むらぎめ），村掟（むらおきて），申合等の別名もある。

中世以来の村掟の内容は「森林窃盗・作物窃盗の禁止」「申合せ内容の遵守」のほか，「必要とあらば村内で一致団結し，逃散（ちょうさん）などによる実力行使によって領主への要求を通すことも辞さない」という村の共同体の強い意志を表明するもので，違反には追放など厳格な罰則が科された。それに対して，江戸時代の村法は，概して領主の定めた規範に対して従順な傾向がある。

江戸時代の村において機能した法は，大きく領主が定めた法と村自身が定めた法とに分かれる。村内で旧来の慣習上法的効果・機能を有する決まり事もまた，たとえ文章化されていなくてもこの一種であるが，以下では文章化されたものを「村法」として紹介する。

領主，すなわち藩主や幕府が制定し，下達し，村々に遵守を命じた法令を領主法と称する。その一方，村が——実際に実務に関わる者を挙げれば村役人が——制定した法もある。「村で機能した法」よりも対象を狭くして，この「村が作った法」を村法と呼ぶ場合もある。これもまた，町法同様，村民に内容を通達した上，文書に連署および連印して遵守を誓約することで成立した。内容には，日常生活を送る上での教化的性質を有する規定が多い。具体的には，質素倹約や勤勉の奨励，村の運営への参加，期日と額を正確に守った年貢の納付，博奕（ばくえき／ばくち）（賭博）の禁止，孝行の奨励，入会（いりあい）の順守などだ。入会とは，簡単にいえば山林や原野，海，川など，広域で共同利用する自然資源の利用ルールだ。これらの内容は，領主法の規定とも深く結び付いている。古い形の村法は，領主に対する実力行使によっても意志を通さんとしたが，江戸時代の村法は領主の決めた事柄に準じる内容が多く，両者の性質の差が明らかである。そして，江戸時代の村法の違反に対する罰則規定は，重大なものは中世同様の追放や，共同体としての付き合いを絶つ「村八分」である一方，規定に表れる多くは科料，つまり財産的な負担であって，制裁は中世よりも緩和されていたと考えられる。

図表18　江戸朱引図

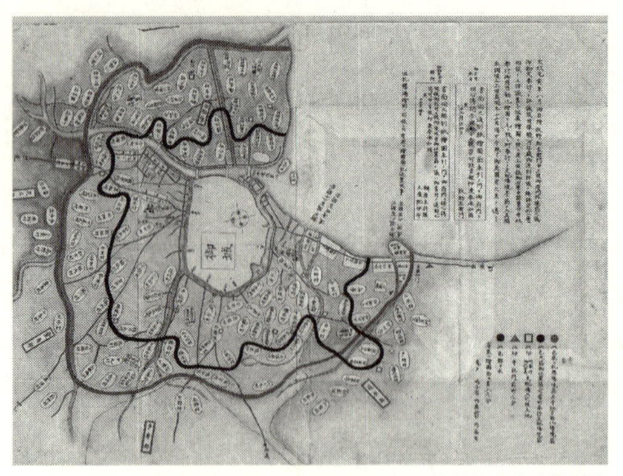

東京都公文書館所蔵

町　法

古代において「町」は条坊制の都市において「坊」を細分化する区画の名称であり，中世京都の「町」も都市全体ではなく，両側町・片側町など，都市を構成する一区画を指す。江戸時代における町の定義も同様に，都市を構成する一区画を指し，武家地や寺社とは異なり「町奉行の支配下にあり，町役人を中心にまとまる」すなわち支配関係という要素が加わる。

最大の都市が江戸であり，「大江戸八百八町」といわれることからも，多くの「町」で構成されていることがわかる。しかしこの言葉を丁寧に確認するならば，まず，「八百八」とは「江戸にはとても多くの町がある」ことを示す慣用句であって実数ではない（16世紀末～17世紀半ばには約300町，18世紀半ばには1678町である）。また，「江戸」の定義自体も曖昧であった。たとえば，役所の管轄を基準に「江戸町奉行管轄地域＝江戸」と定義したとしても，江戸と呼ばれた地域にある町でも寺社奉行が管轄する，つまり町奉行の支配を受けない地域もある。結局，「江戸」についての幕府の公式見解が出されたのは1818（文政元）年であり，それを示す図が作成された。それが図表18の「江戸朱引図」である。図の朱引（少し淡い線）で囲まれた地域が「江戸」と定義された。図の中心にある「御城」つまり江戸城を囲む近接地域の墨引（濃い線）は，町奉行の支配地を示す。墨引は，概ね朱引の内側である。

なお，江戸時代において都市と農村は明確に区別されていたが，その枠組みから外れるものが「在郷町（ざいごうまち）」である。成立に関しては，「戦国時代以来，商業や工業で成り立っていた村への領主の公認・黙認に始まる」とする説と「江戸時代の商品経済の発展に伴って出現」とする説とがある。いずれにしても，都市の特徴である商工業を営む者が暮らす，都市でない地域である。畿内では，概ね17世紀末頃には各地で繁栄しており，その構成員は商業と農業を兼ねる者も多かった。

これらのような町において作られ，適用される規範が「町法（まちほう／ちょうほう）」である。町式目，町掟（まちおきて），町極（まちきめ），町定（まちさだめ），丁中定（ちょうちゅうさだめ）等の別名もある。「まち」と「ちょう」に厳密な使い分けはない。

町法は「町での日常生活を送るにあたって守るべき事柄」を申し合わせたものであり，その町において「町地の中に屋敷地を持ち，町役を負担し，町の運営に関与する者」が，これらの町法が記された文書の末尾に署名・捺印を連ね，遵守を誓うことで成立する。

屋敷地とは，今でいう宅地，すなわち家の敷地である。町役とは，その町の住人として負担する金銭・労務的な各種の義務で，町内に持ち家がある者に課せられた。内容は多岐にわたる。大坂を例にとれば，寺社への初穂料（元はその年に最初に収穫した作物を神仏に「初穂」として供えた慣習。作物に代えて納める金銭をこう呼ぶ）から町奉行所等の関係役所の役人への季節の心づけ，水道・橋梁の維持管理費に至るまでの金銭負担があり，町役人等の町の役員を務めること，各種会合には一戸から一人が参加することなどの労務負担があった。

町には多様な人々が居住していたが，長屋などの貸家に住み，多くは日用（ひよう）（日雇い仕事）や振売（ふりうり）（各種の行商）の小商いで生計を立てる層は負担も権限も軽く，持ち家でそれなりに安定した暮らしを営む層は負担も重い一方，町法を定めるなど権限も大きかった。

町法の内容は，公儀法度の遵守から，町役人の勤務マニュアル，奉公人の雇用手続や，町内のメンバーの各種通過儀礼や冠婚葬祭の儀式等に際して町や町役人に納付すべき祝儀の内容までを含む。たとえば，1803（享和3）年に金沢で出された「町中二日読御定拾七ヶ条（ちょうちゅうふつかよみおさだめ）」と題する町法は，前文に「町在の者ども，近年別（わけ）て身分不相応奢侈（しゃし）の族（やから）これある躰（てい）に候条，衣食住を初，今般仰せ出され候趣（おもむき）に准じ，以来急度（きっと）相い守り候様，それぞれ厳重に申し渡さるべく候事」（町の者にも村の者にも，最近贅沢な暮らしをしている者が見受けられる。そこで，衣食住をはじめとする生活は今回申し渡した内容に準拠して営むこととし，以後もこの内容は厳守すること）と記した上で，次のような項目を立てている。「一，売人はその商売，職人はその家職，専らにすべき事」「一，振舞（ふるまい）（行事に際して関係者に提供する食事）の義，縦（たと）い富者と雖（いえど）も，一汁三菜を過ぐべからざる事」「一，嫁娶（かしゅ），新宅，前髪を取り候祝義（しゅうぎ），ならびに二日寄合の刻，振舞一円無用の事（嫁を迎えたとき，家を新築したとき，子の成人したときの祝儀や，二日寄合を行うとき，いずれの場合も食事の用意はしないこと）」「一，年頭，五節句等の祝義音物贈答無用，但し一類の内，親子分へ軽く遣り候義，心次第の事（年始や五節句の祝儀や贈りものは，原則しないこと。ただし，親子の間で簡単に行う分にはとがめない）」。このほか，衣類に使ってよい生地と使ってはいけない高級品の例示，家の建具や装飾の制限に加え，正月や各種の祝い事の食事や飾りは華美にならぬように，葬儀には棺桶を使って会葬者は少なく抑えよ，など，質素倹約を命じる具体的な内容が列挙されている（金沢市史編さん委員会編『金沢市史 資料編6 近世4』〔2000年〕355～359頁）。遵守すべき項目が事細かに記されている一方で，違反に対する罰則規定は，現時点で確認できる根拠に拠る限り少ない。

なお，祝儀（上の引用では祝義と表記）に関しては，現代とは考え方が大きく異なる。今日，たとえば「結婚の御祝儀」といえば，新郎新婦に周囲の人間がプレゼントするものだが，江戸時代では逆であった。新郎新婦（正確には，新郎新婦の属する家）が住んでいる町やそれをまとめる人に贈るのである。これには，単に祝福の気持ち云々ではなく，「納付者を町の一員として，受領者を町の運営者として町の他の構成員に公示する」という意味合いがある。出産，子の成長の節目，婚姻，長寿，相続等々，折に触れて，町では「誰がメンバーで，誰がリーダーか」を確認しあっていたのである。

仲間法

「仲間」とは商工業者の同業者組合である。仲間の内で，特に官許を得ている組織は「株仲間」，それ以外のものは単に「仲間」と呼ばれた。新規参入を制限するような独占的な営業形態を維持したり，利益を増進することを目的として結成された組織である。この（株）仲間もまた，独自の法を作り，構成員に遵守を求める主体になりえた。仲間が作った法なので，これを「仲間法」という。

中世の同業者組合であった「座」は，1585（天正13）年，豊臣秀吉によって解体されたが，江戸時代に再び登場した。幕府は，当初は貿易品の統制や犯罪の取締りの目的に関わる業種についてのみ仲間結成を許可するという，比較的厳しい姿勢で臨んだ。この時期に許可を受けていた業種は，生糸業者が作る糸割符仲間と，質屋・古手屋（古着屋，古道具屋）の仲間である。糸割符仲間は貿易統制，質屋・古手屋は盗品売買の取締りを意図していた。

しかし，幕府は次第にその態度を和らげ，1721（享保6）年には，各種商工業者に仲間の結成を奨励するに至る。態度の軟化の理由には，それ以前から続く取締りに加え，仲間に冥加金という営業税を賦課することで税収増を図る目的があった。これにより，幕府に認められた仲間たる株仲間が普遍化し，独占的営業権を持つ公認の同業者団体としての性質が表面に出ていく。また，経済システムが時代を下るにつれて発達し，また複雑化していったために，それに対応するべく仲間法による取り決めが増えていった側面もある。

株仲間の組織は，一般会員と役員からなる。役員を，当時の名称で行司（行事），肝煎，年寄，組頭などと呼んだ。運営のための寄合（会合）を行い，会所，寄合所，通路所などと呼ぶ事務所を用意していた。

そして，仲間は「仲間申合帳」などの名の規約を作っていた。営業目的，業務を行うに際して請求する口銭の額，役員の職務内容，仲間の経費，一般構成員の義務，権限等が主な内容で，会員一同の連署・連印を付した。義務の例は上納金の納付や労務の提供であり，権限の例には，新規の株仲間参入者を制限し，仲間外での営業を禁止することによって支えられる独占的な営業権があった。仲間外営業に該当する営業はそれを差し止められる，強力な権限だった。

また，仲間に加入する資格である株の取扱いと，それに関わる対価の設定も仲間法に規定があった。株は売買や譲渡，相続の対象であり，株を取得した者は新規参入，相続をした場合には仲間の地位を引き継ぐことができたが，その際には加入銀の負担が求められた。株の数は各仲間内で一定で，あらゆる処理には仲間内部の合意を取り付けねばならなかった。

株仲間は作り上げた堅固な組織を背景に，各々の商品の価格を統一したり，供給量を制限したりして市場をコントロールしようとしていたのである。

第3節●訴訟と公事宿

1　出入筋

裁判手続

江戸時代において，今日の「裁判」に相当するものは大きく分けて2種類あり，吟味筋，出入筋，とそれぞれ呼ばれた。吟味筋については第2章で述べたので，本章では出入筋について取り上げる。

出入筋は原告による訴訟提起で始まり，両当事者が自ら証拠を提示し弁論を展開する当事者訴訟の原則に則って進行し，裁判担当役所は両者の主張を聞いて判決を下して終わった。判決による解決よりも，内済（和解）による解決が推奨され，手続は当事者対決主義によって進められた。その訴訟対象物を基準に，金公事・本公事・仲間事に分類できるが，大まかな手続は金公事・本公事で共通している。

審理は，訴訟人（原告）が目安（訴状）を審理を担当する役所に提出して被告に対する訴えを起こすことによって開始される。訴状を受け取った役所では，その内容の審査を行い，公事銘（訴状のタイトル）を付して，金公事・本公事・仲間事のいずれかに分類する。これを目安糺という。この段階で仲間事と判断されれば，訴訟は無取上，つまり却下で門前払いとなる。また，内容に不備があれば書き直しを，そもそも出訴要件を充たしていないものは不受理の決定を下した。金公事または本公事と判断されれば，あらためて本目安（正式な目安）を提出させ，次の目安裏書，別名裏判の手続に進む。これは，役所の奉行が，提出された目安状の裏に必要な文言を書き込み，押印して原告に引き渡す手続である。裏書の内容は，「訴えられた内容に関する答弁書を提出し，出廷せよ」との被告に対する命令であり，金公事の場合は，これに後述する内済を勧告する文言が加わる。裏書を書いた奉行が以後の審理を担当するので，役所にとっては担当決めの手順でもあった。

裏書された目安状を受け取った原告は，それを自分の手で被告の元に持参する。交付の際には，原告・被告それぞれの居住地の町役人が立ち会う。訴状を受け取った被告は受領書である「裏書（裏判）拝見書」を作成して，訴状と引き換えに原告に交付する。目安状は，被告方で厳重に，具体的には三方に載せて床の間で保管される。三方とは神や貴人に進上する物を載せる台（現代では正月の鏡餅や神社のお供えを載せる台としてよく目にする）であり，この目安状が非常に大切に扱われていたことが察せられる。裏書の受取りを拒否した場合は，所払（居住地からの追放）の刑事罰が科せられた。

次の段階から実際の審理に入る。初回審理のことを，初而公事合とか，初対決と称した。裁判官に相当する奉行が一通吟味として簡単な取調べを行い，詳細は事務官・書記官に相当する下役が進行させる。原告・被告双方からの事情聴取が済むと，下役は情報を整理して両者の言い分を併記した口書（裁判調書）を作成し，両当事者に読み聞かせの上，確認の押印をさせた。これが裁許，つまり判決を下す根拠資料となる。

判決の言渡しは白洲において行われた。担当の奉行が被告人を前に，裁許状を音読するのだ。これによって，判決は発効する。裁許の言渡しによって事件が終了することを落着（落著）といった。その後，両当事者は，裁許状よりも詳細な裁許請証文に連署し押印して奉行所へ提出する。裁許請証文の原本は裁判担当役所で保管されたが，写しは各当事者が作成し，手元で保管できた。こうして作られた文書は，運がよければ現代まで生き延びて，貴重な研究史料となっている。

金公事と本公事

出入筋は金公事・本公事・仲間事の三つに分けられるが，これらはいったい何を指すか。

これまでの研究では，金公事は「利息付・無担保の金銭債権で，内済や相対済令の適用による当事者間での解決を促されたもので，総じて訴訟法上の保護が弱いもの」とされ，本公事は無利息で物的担保を付した金銭債権で，物の引渡しや，土地，身分，場合によっては罰せられる行為に関わる事案とされている。本公事については，「金公事と仲間事以外の全て」という定義もみられる。

現代の言葉で端的に言い換えることができないのかと，もどかしく感じられるかもしれない。また，「罰せられるべき行為，ということは刑事的案件なのだから，吟味筋で扱うのでは？」という疑問が抱かれるかもしれない。しかし，関連する法令や実際の事件から探っていくと，こうした定義になるのである。

実はこの金公事・本公事のみならず，過去の法や裁判を，現代の言葉によって明確に言い換えることはきわめて難しい。人々がどのような法や契約を結んだか，どのように紛争に備えたか，権力がどのような秩序を重要と考え，どのような権利を保護したか，いずれも時代や地域によって大きく異なる。だからこそ，現代の言葉を安易に持ち込んで説明するのではなく，関連する法令やマニュアル，実際の事件から，少しでも実態に迫っていくほかない。

金公事についてもそうして研究が重ねられ，1928（昭和3）年に始まり1997（平成9）年までに10本以上の論考が発表され，議論が戦わされている。ここでは，少し詳しくなるが，研究という営為の一端を感じ取ってもらうために，一歩踏み込んで紹介してみたい。

研究の経過　金公事を扱う論文の共通の論点は，①「金公事の定義」と②「金公事の訴訟法上の保護が弱い理由」である。

研究の嚆矢（こうし）となったのは，1928年から29年にかけて発表された金田平一郎「徳川時代の特別民事訴訟法――金公事の研究」（国家学会雑誌42巻11号～43巻9号）である。①は「物的担保がない利息付の金銭債権」とし，②は，第一に当事者間の合意・実意に基づく契約に関わる問題の解決に公権力を煩わせることは不当と考えられていたため，第二に扱う訴訟を減らすため，第三に債務者を保護するため，第四に収益を目的とする債権が軽視されていたためとする。その後の議論では，根拠となる史料が多様化する一方，②「訴訟法上の保護が弱い理由」については，この金田論文の四つの論点が繰り返し登場する。

たとえば，服藤弘司（「近世債権法上における証書の機能」金沢法学4巻2号〔1958年〕，5巻2号〔1959年〕，6巻1号〔1960年〕）は，①は利子付き無担保を原則とする債権，②は「利子つき無担保債権である金公事は穢らわしいものであり，奉行所の保護に値しないと観念されたこと」としており，これは金田説の第四「収益性」を拡充した考え方である。また，1984（昭和59）年の大平祐一「近世における『金公事』債権の保護について――学説整理を中心にして」（大竹秀男＝服藤弘司編『幕藩国家の法と支配』〔有斐閣〕所収）では，①は「主として利子付無担保の金銭債権」とし，②は，朱子学的道徳の蓄財は悪とする考え方を背景に，利子付き，つまり貸し付けたよりも多い金銭の支払いを求める契約を幕府が軽視したためとする。そして，訴訟法上の保護が弱い分，当事者間の自主的な解決を促進するべく強調された言葉が「相対（あいたい）」や「実意」である，との立場をとる。当事者間での丁寧な話合いに基づく合意の形成や，関係者が相互に誠意をもった対応をすることが要請されていた，というわけである（なお，研究は「先行研究の把握」から始まるので，新しい文献には先行する論考の概略が記されている。これから金公事・本公事についての勉強を深めたい場合には，新しい文献から過去に遡って読んでいく手順を勧める）。

さて，この「相対」に深く関わる法制史学のキーワードが相対済令である。「この法令に定める時期より以前（または以後）の貨幣の支払いや売掛に関する訴えは受理しないので，当事者間で解決するように」との内容を有する複数の触を総称してこのように称する。江戸での相対済令の例は，古い順に 1661（寛文元）年，1663（寛文３）年，1682（天和２）年と続き，以下 19 世紀の天保年間まで繰り返されている。江戸時代においては今日の裁判所に相当するような専門の役所がなく，各役所で行政一般と訴訟関連事務とを並行して処理していた。そこで，金公事の訴えが増えすぎて役所の事務処理能力を圧迫するようになると，相対済令を出して出訴を制限・整理し，負担の軽減を図ったのである。そして，一度発令しても時間が経つにつれて出訴の件数が増えるため，同じ内容の触を繰り返す事態となった。

また，相対済令が出されていない時期においても，金公事に関しては内済が推奨されていた。この対応は，幕府の各種役所に籍を置いていた元幕臣や，江戸城に勤めていた女官などに実務の聞き取り調査を行った記録である『旧事諮問録』にも残っている。この中で，評定所留役御目付（評定所の書記官兼判事）だった小俣景徳は「訴訟を受け付けた後，内済にさせる意図をもって判決を長引かせることがあったか」という質問に対し，「さようであります」と端的に答え，留役が内済のために一方当事者の言い分を他方へ解説し，妥協点を探る提案をしていたことを補足する。「その為に審理，ひいては江戸での滞在が長引くことになり，費用もかさんで有難迷惑に思われたのでは」との質問には，「３年ほどかけても結審に至らない事案もあり，その中にはなるべく内済をさせようとしたために長引いた例もあったかもしれない」と応じている。幕府の内済重視の姿勢が読み取れる。その方針はまた，審理の手続中のいかなる時でも内済を申し立てられたこと，金公事には片済口が認められたことにも表れている。片済口とは，本公事の内済が原告・被告双方の裁判担当役所への出頭と申立てが必要だったのに対し，原告のみの出頭と申立てで足りたことに由来する名称である。

とはいえ，内済を推奨する方針自体は金公事特有のものではなく，本公事でも同様であった。特に土地の境界や農業のための取水権に関わる事案では重視された。これは，争いの性質からして，当事者たちが納得する妥協点を見出すことこそが，問題の根本的な解決になるためである。

そして，しばしば相対済令とセットで語られる幕府の命令が，棄捐(きえん)令である。これは「旗本御家人に対する貸付けは，一定の条件を満たせば返済を求めず，それ以外についても一部を減じる」ことを命じる，つまり，現代語で表現すれば，債権者に対して債権を「捨てる」ことを命じるものであった。相対済令が債権の存在は認めるが訴えは受理しないとする命令とすれば，棄捐令は債権の存在そのものを消し去る命令である。よく知られている棄捐令は，1789（寛政元）年に幕府が出したものである。これは，旗本御家人の債権者である札差(ふださし)に対し，1784（天明4）年以前の貸付けで返済されていない分は一律に棄捐，翌年から寛政元年までの貸付けは年利を6％に引き下げて年賦とすること，などを命じている。また，幕府の棄捐令ほどの知名度はないが，松江，加賀，佐賀などの諸藩においても，藩士への貸付けを行っている業者に対して，その破却や返済条件の緩和を命じた事例がある。これもまた，棄捐令の一種といえる。

仲間事

出入筋の最後の一つ「仲間事」については，公事方御定書に三つが挙げられている。

ひとつは「連判証文有之諸請負徳用割合請取候定(れんぱんしょうもんこれあるしょうけおいとくようわりあいうけとりそうろうさだめ)」，関係者一同がハンコをついた，つまり共同で事業を営む者同士の損益計算。二つには「芝居木戸銭」で，芝居の興行主とスポンサーの収益。三つが「無尽金(むじんきん)」で，元々はご近所の互助等のための共同積立だったが，後に賭事の一種となる金銭の集配システムの掛金や，当選金の請求。これは「頼母子(たのもし)」の別名もある。

これらに該当する争いは仲間事とされた。仲間事は，たとえ目安を提出したとしても無取上(とりあげなし)とされ，当事者間での解決が当然とされていた。

……と，現代のレベルでかいつまんでしまえば明瞭なようだが，これも長い研究の道のりを辿った成果である。仲間事関連では金田平一郎「我近世法上の『仲ヶ間事』」（国家学会雑誌46巻4号・5号〔1932年〕）に始まる多くの論文があり，仲間事の定義，および訴訟として取り上げられない理由が議論の中心になっている。

興味のある場合は，金公事・本公事と同様に探ってみてもらいたい。

正規の訴訟手続が機能しない場合——越訴

以上，通常の出入筋の手順を紹介した。しかし，それは必ずしも順調に進行したわけではない。関係者の怠惰や不慣れによる遅滞，また，時期によっては裁判担当役所が多忙で処理が追いつかない，という場合もあった。この「裁判担当役所」という表現には理由がある。前述の通り，江戸時代には，今日の「裁判所」に相当する司法専門の機関はなく，行政機関がその役割も兼ねていたからだ。なお,「訴訟」という言葉は，江戸時代の用法では裁判に限らず行政機関への嘆願をも指す。よって，役所の業務は常に立て込んでいた。加えて，仮に恙(つつが)無く手続が進行したとしても，原告の望んだ結果になるとは限らない。

迅速に審理を進めてほしい，あるいは，下された判決に納得がいかない，けれども，正規の手続に則ってもその不満は解消されない。そんな状態に陥った者は，非正規の手段に頼った。これを越訴(おっそ)と総称する。また，差越願(さしこしねがい)，筋違願(すじちがいねがい)とも呼んだ。越訴の態様には，幕府老中に代表される上位の裁判機関に直接訴えをなす直訴(じきそ)，その一種で訴え出る相手が乗った駕籠に駆け寄って訴状を差し出す駕籠訴(かごそ)，奉行所などの門内に駆け込む駆込訴(かけこみうったえ)，多人数で集まり，暴力的に主張を行う強訴(ごうそ)，強訴の一種で特に役所の門前に押しかける門訴(もんそ)があった。そして，前章で触れられた目安箱への投書，箱訴(はこそ)である。

越訴は法令上は禁止されていたが，駕籠訴と駆込訴については事実上容認されていた。また，箱訴はその性質上，直訴を合法化したシステムである。

2　経済法

経済活動に関する規範や裁判事例は，商業が発展した地域に多く残る。江戸時代の米の取引を例にみてみよう。16世紀の終わり頃から三河，米沢などを皮切りに各地に米市が発生し，それぞれが貢租米(こうそまい)を貨幣化し，その地方に貨幣経済を浸透させる要となった。しかし，各地の米市には，単独でその領内の貢租米の全てを貨幣化するまでの力はなかった。そこで，諸藩は各地の商業・金融が発達した都市に蔵屋敷を置き，中央の米市場の発達を促すこととなる。蔵屋敷が集中した都市の代表例として大坂を挙げると，諸藩の蔵屋敷への廻米(かいまい)は堂島米市で商品化され，その運営は堂島米会所(どうじまこめかいしょ)が担った。米の取引には，通常，蔵屋敷が1枚あたり米10石との交換を約束して発行する「米切手(こめきって)」という証券を利用したが，蔵屋敷が実際の米の在庫量を超えて米切手を発行することも多かった。こうして発生する交換すべき米がない米切手を「空米切手」と呼ぶ。米切手取引の信用，ひいては経済の安定を守るために幕府は18世紀中頃から米切手の統制に乗り出し，空米切手の発行を禁じる「空米切手停止令」を発する。空米切手を巡る大名－商人間でのトラブルの例が残っているが，両当事者の動きに加えて，審理を担当する大坂町奉行の迅速な内済による解決を促す対応も興味深い。1791（寛政3）年の久留米藩蔵屋敷の米切手に関する騒動は，「在庫が傷んでいて引き渡せなかっただけで，空米切手ではない」との理屈をつけ，交換が滞った米切手は商人から蔵屋敷が買い戻すことで内済した。この結末を強く後押ししたのが当時の大坂東町奉行小田切直年であったことは，原告らが感嘆を込めて書き記しているところである。

また，手形制度が特に発達した地域も大坂である。江戸時代の手形は，1628（寛永5）年に大坂の両替商，天王寺屋五兵衛が初めて用いた，とされる。これには，江戸時代のややこしい貨幣制度が一役買っていた。

江戸時代の通貨には金・銀・銭の3種類があり，これを「三貨」と呼んだ。金（大判・小判など）は四進法をとり，単位は両・分（歩）・朱を用いる。金1両が4分，1分は4朱である。銀（丁銀・豆板銀など）は秤量貨幣（重さと品質を基準として価値の決まる貨幣）で，貫・匁（10，50など切りのいい数の場合は「目」）・分・厘などを単位とした。1貫目が1000目，分以下は十進法を使う（なお，贈答用の白銀は1枚が43匁）。そして，貫・文・疋で数え，銅や鉄で鋳造された銭である。1貫文が1000文，また，1貫文が100疋，1疋が10文だった。

これら三貨は，誰に渡すか，何の支払いに充てるか，どこで使うか，などの条件に応じて使い分けられていた。大別すれば，上方（大坂，京都など）は銀遣い，江戸は金遣い，少額の支払いの場合には銭である。また，三貨の両替にあたっては，1700（元禄13）年に金1両＝銀60匁と公定したが，上方では守られず，実質的には変動相場制であった。たとえば，1789（寛政元）年に55匁4分，1864（元治元）年には81匁5分，といった変動が記録されている。また，銭についても江戸時代の初めは1両＝4貫の相場が定められていたが，これも実際には変動相場制であった。1842（天保13）年には，あらためて6貫500文と公定したものの，1849（嘉永2）年には変動相場制に戻された。

ここで，特に大坂と江戸の間での金銭や商品の動きに目を向けよう。大坂から江戸への商品輸送の決済にあたっては，江戸から大坂へ対価を送らねばならない。諸藩は大坂の蔵屋敷で米やさまざまな産物（大坂の別名「天下の台所」も，集まる物資の種類と量の豊かさを物語る）を換金し，その対価の多くを江戸藩邸での経費に充てていたため，大坂から江戸へ送金せねばならない。上述の通り，大坂と江戸では使用する貨幣が異なったので，両替が必要になる。大坂で両替商が発達した所以である。また，銀は秤量貨幣であるから，支払いや受取りの度に重量を確認せねばならない。この手数を省ける利点から，上方，特に大坂では手形が発達した。

天王寺屋五兵衛が使った手形は，持参人には誰にでも預け金を支払う「預かり手形」だったと考えられる。これは支払手段として大坂周辺で主に用いられたものであった。手形には，ほかに「誰それ殿へ」との妻書（つまがき）（宛名）を記入し，その人物に支払いを行う「振（振出）手形」や，当日限りの有効期限付きで両替商同士の貸借の決済に使う「振指紙」，遠隔地間の送金に使った「為替手形」などがあった。為替手形は，前述の大坂―江戸間の送金にも使われ，「江戸為替」と称した。ほかにも，「公金為替」「上方為替」「京為替」などの種類があり，上方で活用された。なお，江戸でも手形は使われはしたが，その始まりは延宝年間（1673～1681年）と大坂よりも遅く，しかもその後もさほど一般化はしなかった。

なお，中世にも多様な手形が発達していたが，近世にそのまま連続したわけではなく，特に匿名性が高く，譲渡・流通が可能なものはいったん姿を消し，近世の経済・流通構造の中で再び生まれてきた。こうしたツールが単線的に発展するとは限らないのが興味深い点である。

3　公事宿と公事師

公事宿

江戸時代の訴訟は本人訴訟が原則であった。しかし，「触」など直接庶民に宛てられたものを除いて，人々が法や訴訟について知識を得ることはきわめて難しかった。このような状況で，出入筋の訴訟補助を行ったのが「公事宿（くじやど）」である。地域により，郷宿（ごうやど），公事人宿（くじにんやど）などとも呼ぶ。江戸では初め旅人宿（りょにんやど）や百姓宿と呼んだが，後に公事宿の呼び名が広まった。煩雑になるのでここでは「公事宿」と統一し，江戸での活動を紹介する。なお，吟味筋は，担当の役人の職権で手続が進行するので，代理人の介入する余地はない。

公事宿とは，その名の通り「公事のために居住地を離れて出府したものを宿泊させる宿」である。公事とは，元々は朝廷の儀式や公務を指した言葉であるが，次第にその意味を拡大し，ここでは訴訟や裁判を示す。この公事宿では，併せて，奉行所からの命令により，訴訟進行のための業務の一部を引き受けていた。具体的には，召喚状の送達や，関係者の身柄の保護または確保である。加えて，公事宿では主人・下代（雇い人）が宿泊客に訴訟戦略を授けたり，必要書類を代書したり，相手方と和解交渉をしたり，差添（付添い）として法廷に同行したりしていた。これらの活動は円滑な訴訟進行のために有益で，幕府においては公認の存在となっていた。

江戸の公事宿は，初め小伝馬町や馬喰町周辺にあった。隅田川を挟んで両国の西隣，浅草の南で，奥州街道の起点でもある土地である。公事宿は，時代を下るにつれて各地に拡大していくが，「馬喰町　人の喧嘩で蔵を建て」「馬喰町　諸国の理非の寄る所」などのように，馬喰町を公事宿の代名詞として使う古川柳があるのは，このためである。世相や暮らしの断面を軽妙に詠む古川柳に登場するほど，公事宿は民衆に馴染んでいたのである。

公事師

反対に，非公認であったのが公事師である。彼らは，身に付けた法知識や訴訟技術を利用して生活していたが，その手法には禁じられている訴訟代理や債権譲渡を受けての出訴などの違法行為もあったためである。とはいえ，公事宿も公事師も同種の知識を身に付けており，公事師が公事宿の下代に入ることもあった。

第4節●親族と法

婚　姻

本章の冒頭で触れた江戸時代の身分が明瞭な影響をみせる事柄の一つが，婚姻である。婚姻は，同じ身分で行うことと定められ，その中で経済力や家柄が釣り合う者が望ましい相手とされた。結納の授受によって両者は婚約関係となり，婚姻成立に準じた貞操と服喪の義務が発生した。婚姻は，婚儀，つまり婚姻の儀式の挙行によって成立し，以後は夫には妻敵討の権限や妻の持参財産に対する管理権限，妻には家政を取り仕切る権限である主婦権が発生した。

ここまでは身分の如何に関わらぬ共通原則であるが，武士は，事前に両家当主から幕府または藩に縁組願（えんぐみねがい）を提出し，許可を得なくてはならなかった。これは各家の関係性を把握し，家格の違う格違い婚を防止するためである。この内容は武家諸法度にもあるが，1763（宝暦13）年に再婚以降は「勝手次第」，つまり当事者の好きにしてよいとされた。一方，庶民にはこのような申請や許可は不要である。とはいえ，庶民も武士と同様，家格に釣り合う相手との婚姻を望む傾向があり，家格が高い家ほど通婚圏（配偶者を探し，迎える地理的な範囲）は広い。要は，距離を厭わず「ふさわしい人」との縁を求めていたのである。他領の者との婚姻には領主・代官への届け出が必要であるとの手続が定められていることも，遠隔地の婚姻が珍しくなかったことを物語る。なお，妻の人別を夫の人別に移すためにも町・村役人への届出が必要だったが，人別の統一は婚姻成立の必要条件ではなかった。むしろ，より重要だったのは周囲の認知であったため，仲人を立会いとした祝言（しゅうげん）の儀式を行い，婚姻の事実を地縁血縁に披露することが大切であった。

離　婚

離婚は離縁と呼ばれた。武士の離婚は「双方熟談」の上，藩または幕府に離縁届を提出すれば手続は完了する。現代の協議離婚と同じ進行である。

一方，庶民の離婚には現代には存在しない手順があった。夫から妻への離縁状の交付である。これは必ず夫から妻に出され，逆はない（妻が請求して出させることはある）。公事方御定書には「離縁状の授受を欠く再婚をした男は所払（ところばらい），女は髪を剃り実家に帰す」（第48条）との規定があり，庶民の離婚成立のための法的要件であった。離縁状には，三行半（みくだりはん）の別名が示すとおり，「離婚すること」「元妻が再婚しても，元夫は関わらないこと」を3行半程度の分量の簡潔な文章で記載することが多い。たとえば，「其元（そこもと）との不熟につき，双方熟談の上，離別いたし候。然る上はこの後何方へ縁付きいたし候とも差し構いこれなく，後日のため，仍（よ）って件（くだん）の如し」のような文章である。学術的には，前半を「離別文言」，後半を「再婚許可文言」と呼ぶ。離別文言の「熟談」に関する事例研究は，旧来の夫専権離婚説が見直される理由の一つとなった。

離婚の効果は，再婚ができるようになることと財産の処分である。「あき風を防ぐ持参の金屏風」という古川柳の示すとおり，妻が婚姻に際して持参した財産は，離婚時には妻が引き取るものだった。夫は，物品は当然，費消済みの持参金も返還せねばならない。したがって，財産目当て，あるいはそこまで露骨ではなくても資産家の女性と結婚した男は，軽々に離婚することはできなかった。子は，父が引き取ることが原則だった。

妻が離婚を望むにもかかわらず夫が話合いに応じない場合には，彼女は寺や幕府・藩の機関を頼ることができた。中でも有名なのは「縁切寺」，群馬県太田市の満徳寺と鎌倉の東慶寺だろう。いずれも将軍家と繋がりのある尼寺である。離縁を望む妻は，それらの寺に駆け込んで助力を受けた。ただし，妻の主張に道理がない場合はこの限りではない。また，所定の手続を踏み費用を負担する必要もあったので，駆け込みさえすれば離縁がかなったと考えるのは早計である。縁切寺のほかには，盛岡藩では特定の部署や，身分のある人物の屋敷などが駆け込み先となっていた例がある。それらの門内に駆け入る（身に着けている物を門内に投げ込むことで「駆け込んだ」とみなされる場合もある）と，そこで妻の話を聞き，離婚を望む相応の理由があると判断すれば，妻に協力して離婚を成立させたのである。

相　続　財産の処分を離婚の効果の一つとして上に挙げたが，このほかにも財産の帰属を考えねばならない場合がある。相続である。

江戸時代の庶民の相続に関しては，当事者が町人か農民かで場合分けをして考えねばならない。まず，町人の場合は，相続対象は，営業や作業に必要な家屋敷や貨幣，商品，屋号などである。父祖から，営業や作業に必要な一切を引き継ぐことを家督相続と呼んだ。家督は相続人が単独で受け継ぐが，貨幣や動産の一部は兄弟姉妹にも分けられた。相続人は多くは被相続人の長男だったが，彼に無能や素行不良などの事情があれば，有能な二男以下の子や，婿，養子を迎えて相続人とした。附言すれば，相続後に当人の不適格が判明し，一族や関係者によって強制的に隠居させられる場合もあった。受け継いだ家督は，次代に無事に受け渡し，永続させるべきものと考えられていたからである。被相続人の妻や娘が相続する場合もあったが，それは，いずれ男子の相続人に家督を引き渡すことを前提とした暫定的な措置であった。相続は，被相続人の意思に従って行われたため，死亡相続の場合にそれを示す書置（かきおき）（遺言状）は，事前に町役人等が立ち会って作成され，彼らのもとに預けられた。被相続人の死後，町役人らの立会いのもとに開封，実行されたが，極端に不条理な内容の場合は無効とされ，別に相続人が選定された。

次に，農民の場合は，先祖伝来の所持のある田畑や家屋敷を相続対象とする。

所持とは，農民が田畑に対して有する諸権利のことであるが，現代の所有権とは考え方が大きく異なる点もある。たとえば，地主が自身の土地を永小作（年限の定めのない小作）に出すと，地主と永小作人はともに所持人となる。これは，地主の有していた完全な所持が，永小作人に対して，いわば分割されたもの，とみることができる。一方，幕府や藩などの耕地・屋敷地に対する諸権利は「領知」と称された。これらは現在の「私有地」と「国有地」のような，択一的，排他的なものではなく，両者は同一の土地に重なり合って存在する。つまり，ある土地に対して，藩主の領知と，そこを実際に耕作する農民の所持が重複している状態は，ごく普通のことであった。

さて，農民の相続もまた，被相続人の隠居または死亡により開始された。相続人は総じて長男であるが，東日本には性別にかかわらず第一子を相続人とする例があり（弟がいても長子たる女子が家督を継ぐことから「姉家督」とも呼ぶ），西南日本には逆に末子を相続人とする例もあり，地域差がある。相続の方式は，初期には分割相続が多く行われたが，時代を下るにつれそれは避けられるようになる。土地の細分化による生産性の低下が嫌われ，また，17 世紀の後半以降に幕府や諸藩が出した分地制限令によって，一定以下の面積に土地を分割することができなくなったためである。

なお，田畑に関しては，売買についても制限があった。いわゆる「田畑永代売買禁止令」による規制である。幕府が 17 世紀に発した代官，農民それぞれに向けた命令と罰則規定の計三つの法令をかく総称する。このほか，藩でも同種の規制を行っている例があるが，さしあたり幕令に準拠して内容を紹介する。

そもそも，田畑の処分が規制されたのは，それが幕府・藩がよって立つ土台たる年貢の賦課・徴収と直結していたからである。年貢は農民の田畑屋敷地に課される基本的な税で，本途物成ともいう。「本来の税」の意味である。これはさらに，米納を基本とする田方物成と，大豆や綿などの作物の現物を納めることの多い畑方物成に分かれる（いずれも貨幣で納付する場合もある）。また，代官向け法令には「富裕な者が田畑を買い集めて更に富み，困窮する者が田畑を売り払って更に困窮する事態を防ぐため」との制定意図が記されている。違反に対する罰則は，売主は牢舎の上追放，買主は過怠牢の上買い取った田畑の没収で，両者共に本人死亡の場合は子が処罰された。「公事方御定書」では罰則は軽減されるものの，禁止の方針自体は維持されている。

しかし，これには質という抜け穴があった。「質入れしたが，返済ができず流れた」ことにすれば，結局は売買と同じ効果が得られたのである。1722（享保7）年，幕府はその穴を塞ぐべく「質流地（しちながれち）禁止令」を出すものの，反発が大きく，翌年に撤回した。以後，1744（延享元）年に売買の罰則の大幅な緩和，そして1872（明治5）年の太政官布告によって田畑永代売買の禁は廃止された。

以上，3章に亘って日本近世，主として江戸時代の法制を概観してきた。文中で言及したように，ここに示した事柄には中世との繋がりがあるものもあり，ないものもある。近世に生まれて消えたものもある。そして，近代，さらには現代までその痕跡を残すものもある。

「歴史」と名の付く科目では，時代区分で章を分ける記述方式が一般的だが，実際の時間は連綿と繋がり，人もまたそうである。元号が明治と変わった1868年を境に，江戸時代の，あるいはさらに前からの考え方がまったく廃され，切り替わったわけではない。明治期にはヨーロッパの法や制度が盛んに参照されたが，法制とその根底にある考え方の変化のグラデーションに目を向ける必要がある。

文献ガイド

第1節
＊柳父章『翻訳語成立事情』（岩波新書，1982年）
＊旧事諮問会編（進士慶幹校注）『旧事諮問録――江戸幕府役人の証言 上・下』（岩波文庫，1986年）
第2節
＊成松佐恵子『名主文書にみる江戸時代の農村の暮らし』（雄山閣，2004年）
＊中江克己『図説 見取り図でわかる！ 江戸の暮らし』（青春出版社，2009年）
第3節
＊大平祐一『近世日本の訴訟と法』（創文社，2013年）
＊大平祐一『近世の非合法的訴訟』（創文社，2011年）
＊高橋敏『江戸の訴訟――御宿村一件顛末』（岩波新書，1996年）
＊高槻泰郎『近世米市場の形成と展開――幕府司法と堂島米会所の発展』（名古屋大学出版会，2012年）
第4節
＊中田薫『徳川時代の文学に見えたる私法』（岩波文庫，1984年）

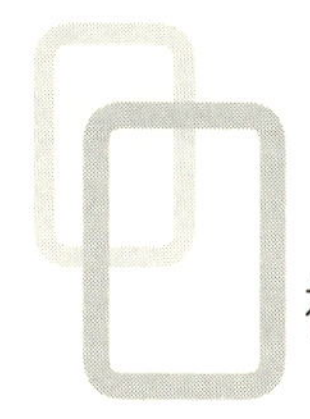

補章　過去の法へのまなざし――日本法史学史

研究自体にも歴史がある

学問の歴史を研究することを学史研究という。法学については法学史，経済学については経済学史という分野がある。本章の試みは，過去の法がどのように研究されてきたのか，法史学の歩みについて，いわゆる法史学史を扱うものである。歴史の研究には，唯一絶対の「正解」は存在しない。研究者個人の視点や問題関心に応じて変わるものであるし，研究者をとりまく学問状況や時代状況にも影響されている。歴史を対象とする研究自体にも歴史（学史）があるのである。研究にはオリジナリティが大事であるといわれるが，ゼロから生まれるわけではない。研究とは，それ以前の研究の成果を踏まえ，新たな知見を加えていく営みであるので，まずはどのような研究がなされてきたのかを知る必要がある（そのために論文やレポートには先行研究整理や典拠を示す「注」が必要とされる）。いうまでもなく，本書もまたゼロから生まれたものではなく，これまでの研究を踏まえ，著者らの問題意識からまとめたものである。だからこそ，読者には文献ガイドを手掛かりに元の研究に遡ってほしいと思う。

学史を振り返るとき，過去の研究は，その当時の問題意識や価値観の影響を多かれ少なかれ受けており，後世の人からはバイアスがかかっているようにみえることがある（これを時代被拘束性という）。しかし，そこには自らの置かれていた現実と切実に向き合う学者たちのアクチュアルな課題意識が関わることが多い。「後世の人の後知恵」でそれを批判するのは容易であるかもしれない。だが，そのときには私たち自身についても，未来の人々からは我々の時代特有の何らかの思い込みに捉われているようにみえる可能性に想像力を働かせてみてもよいかもしれない。過去の人びとがどのような切実さをもって過去に向き合ってきたのかを振り返ることは，私たち自身の切実さを見つめ直すためにも，大事であるといえるかもしれない。

紙幅の都合上，必ずしも網羅的なものではないが，本章では，どのような関心のもとで過去の法が研究されてきたのか，（主に日本古代中世法を中心にして）例示を試みる。法が歴史的に変化していくという「法史」の認識がどのように生まれてきたのか，言い換えれば，古代・中世・近世・近代と時代順に続いていく「日本法史」の枠組みが最初から自明のものではなかったことに気づいてもらいたい。

近世における律令研究

法史学は法学の一つである。しかし，近代に欧米より法学が導入される以前に，法制度の歴史的沿革に関する研究は始まっていた。いうまでもなく，先例として過去の法を参照する営みは古く遡る。だが，「実用」という観点から離れて，過去の法を現在の法とは異なるものとして本格的に学問的な検討対象とするのは，江戸期における律令法の研究に始まる。

古代中世にも，律令や御成敗式目の注釈学は存在した。しかし，律令格式（きゃくしき）は貴族にとってあるべき政務を記した有職故実（ゆうそくこじつ）のテクストであり，「実用」と不可分であった。律令格式の写本は，貴族や学者の家に秘蔵され，広く世に出ることはなかった。これに対して，近世には，律令格式の写本が世に出ることとなった。江戸幕府を開いた徳川家康は，新たな武家政治の模範を歴史に求め，和漢の古典の蒐集（しゅうしゅう）を開始し，古寺社や公家に命じて写本を提出させた。江戸期の律令研究は漢学者・国学者によって担われることになる。

明治初期の法史研究

近代における法史研究もまた律令研究に始まった。明治維新は近代化・西欧化といわれているが，新政府自身は「復古」を掲げ，太政官制を復活するとともに，律系の刑法典を採用した（第3部第1章）。明治10年代の東京大学法学部では，「羅馬法」（ローマ法）とならんで「日本古代法律」の講義が開かれた。法史学としての専門的な学問が成立していたわけではないが，法制関係古語の考証や写本の蒐集などに関して，近世末から近代初期にかけての国学の果たした貢献を無視することはできない。

明治政府は古代法とともに，江戸期の法令や法慣習についても積極的な調査を行い，江戸幕府の法令集『徳川禁令考』などを編纂（へんさん）している。民法典編纂のための準備作業として，司法省によって全国各地の慣習調査が行われ，『全国民事慣例類集』（1880年）にまとめられた（このような慣習調査はその後，朝鮮・台湾など植民地においても行われた）。この時期の法史研究は政府主導で行われ，「実用」という関心が強かったことに注意したい。

また，明治期には，来日した欧米人によって，主に比較法・法文化論的な関心から日本法の調査が行われたことも指摘しておきたい。慶應義塾の法律科の設立に尽力したアメリカ人ジョン・ヘンリー・ウィグモアは，江戸期の法令の研究・英訳を行い，海外に日本法を紹介した。

大学における法制史講座の設置

法史研究が近代的な学問として確立するのは，明治後期になって，ヨーロッパの例に倣って大学の法学部に法制史講座が設けられてからである。帝国大学法科大学（現在の東京大学法学部）において法制史の講義が行われたのは，初代担当者であった宮崎道三郎が留学から帰国した1888（明治21）年以降であった。宮崎は国学の伝統を継承しつつ，ドイツの学問の影響をうけ，帰国後は久米邦武たち歴史家とも研究会を開き，近代的な法史学の創設に尽力した。宮崎の研究は日本古代法・法制関係古語が中心であったが，宮崎の後継者である中田薫は，鎌倉期以降の「中世」と呼ばれる時代の法制史研究に初めて本格的に取り組んだ。

「中世」の発見

中田薫の法史研究の特徴は，日欧（特にドイツ）の比較を重視する立場にある。中田は日露戦争（1904～1905年）前後の時期に集中的に中世法制史の研究を発表した。封建制の観点から西欧中世（ゲルマン法）と日本中世の類似性を論じたほか，近年に至るまでの荘園制理解の基礎となる荘園研究を発表した。日露戦争前後の時期は，大学で近代的な学問を学んだ最初の世代が，法史学のみならず文学部系の歴史学や経済史においても，後の研究の基礎となる研究（いわゆる古典学説）を発表していた。いずれも西洋史の枠組みをもとに日本史の新たな像を示した点に特徴をもつ。「日本も西洋と同じように中世封建制を経験した（だから近代化に成功した）」という論調（これは後に「近代化論」と呼ばれる議論につながる）に特徴的なように，中国よりも西欧との共通性を強調する傾向があった。

日本法史は古代から近現代までの「通史」を叙述しにくいといわれる。日本は欧米法を導入するかたちで近代法を整備したため，前近代法と近代法との間に断絶を経験していると一般に考えられている。そのために，現行法の理解には，前近代の法史研究は必ずしも役に立たないと思われがちであり，「日本法史」といっても近代法史が中心となっている講義や教科書は多い。前述のように，明治期には古代律令法の研究は早くから進んでいた。しかし，古代法は明治国家にとって「復古」の対象であったため，古代法のあり方がどのように変容して明治維新に至るのか，歴史的な研究は乏しかった。ゲルマン法との類似という観点から，古代とは異なる段階として中世法を見出した中田の研究は，法が歴史的に変化していくものであることを示した点で，「日本法史」の第一歩といえる記念碑的な業績であった。

法律進化論

法が歴史的に変化するものであるという法史学の視点について，社会進化論の影響を無視することはできない。種は不変ではなく進化するとした進化論をとりこみつつ，適者生存の法則のもと人間社会自体も進化を遂げていくというスペンサーの社会理論（社会進化論）が19世紀後半に広がった。日本では，イギリスの歴史法学派メインの名著『古代法』（1861年）が明治期に紹介され，その法進化論の発想は日本の法学者に影響を与えた。

法典編纂の中心メンバーでもあった法学者の穂積陳重（のぶしげ）もその影響を受けた一人であり，生物や社会と同じく法もまた進化を遂げるとして「法律進化論」を提唱した（穂積の『法窓夜話（ほうそうやわ）』はそのエッセンスがエッセイ風にまとまっていて，読みやすい名著であり，現在岩波文庫で復刊されている）。たとえば，当事者による復讐が制限・禁止され，国家による刑罰が行われるようになるという法進化の像が提示された。穂積が提示した個々の論点の多くは現在否定されている。しかし，日本の前近代史において，西欧の近代法の影響を受けずとも，法進化が始まっていたとする視点は，日本中近世法の研究を積極的に意義づけようとする後世の歴史家たちに少なからぬ影響を与えた。後述するマルクス主義歴史学の発展段階論もまた，社会進化論的な発想がその根幹にある。

法科派と文科派

文学部史学科で学ばれるような一般の歴史学においても，法史は研究されている。それは法学における法史学とはいかなる関係にあるのであろうか。近代歴史学とは，証拠（史料）に基づいて過去の事実を明らかにする学問である。法史学はあくまでも法学の一分野であるが，たとえば古代における律令の条文（それが何であったのか）を復元するという営みにおいて，歴史学と法史学とは近接する。

大正期に活躍した歴史家三浦周行（ひろゆき）は，法学部の中田薫ら「法科派」に対して自らを「文科派」と称した。三浦は，水戸学の流れをくむ学者で，穂積陳重とも交流があった。その学風は，法の文化的背景やその変遷を重視する点に特徴をもつ。三浦は中田のように比較史的な問題意識をもたず，「翻訳」された概念ではなく，むしろ日本固有の法文化に強い関心を寄せていた。律令法導入以前の「固有法」（本書冒頭の「日本法史への招待」で前述）についても，江戸期の国学者以来の議論を踏まえて，『日本書紀』『古事記』の記紀神話のなかから日本の法文化の原型を探る試みを続けた。

しかし，三浦は現実の社会情勢に無関心な学究ではなかった。むしろ日本固有の法文化の追究は，現代社会と向き合う三浦の切実な問題意識から始まったものであった。たとえば，1919（大正 8）年の論文「日本人に法治国民の素質ありや」では，当時西洋流の法治主義を日本に導入することの困難さが論じられていたのに反論し，鎌倉時代には訴訟が数多く起こり，裁判制度が発達したことを強調し，日本人に法治国民の素質があるという主張を行った。高校日本史教科書に，鎌倉幕府の裁判制度の図が載せられていることを思いだす人も多いだろう。「前近代において高度な発展を遂げた鎌倉幕府裁判」という三浦の描いた像は，その後の研究に根強い影響を及ぼした。

第一次世界大戦前後から日本においても社会主義・社会問題が論議されていたのに対して，三浦はまずは「国民の歴史や国民性の考察」を踏まえるべきだと主張し，『国史上の社会問題』（1920 年）を執筆し，日本「社会史」研究の道を切り開いた。1912（明治 45・大正元）年の三浦の論文「戦国時代の国民議会」では，高校の教科書にも登場する「山城の国一揆」（1485〔文明 17〕年）の存在を紹介している。そのきっかけには，中国における辛亥革命（1911 年）があった。革命後の動乱のなかで各地に作られた「市民会」などの社会団体に関心を寄せた三浦は，日本における住民自治体の起源を研究するという目的をもって山城の国一揆に注目したとされる。三浦には，社会問題が噴出する大正期日本の現実を前にして，西洋近代を模倣するだけではなく，日本固有の法のあり方を再発見し，現在の問題を考えていこうとする構えがあった。そのため三浦は，「外国法模倣時代」である古代・明治に対して，「固有法」的な中世に注目したのではなかろうか。

通史への挑戦

中田薫は師・宮崎道三郎の退官（1922〔大正 11〕年）に伴って日本法制史の講義を担当するようになると，古代から近世までの日本法史の通史叙述を試みるようになる。しかし，東京帝国大学法学部における中田の「日本公法法制史」「日本私法法制史」講義録（『日本法制史講義』〔創文社，1983 年〕）をみる限り，上古・中世・近世という時代区分はなされていたが，近世部分は史料的な状況もあって概論にとどまっていた。大正期には近世法制史の研究も本格化していたが，近代までの日本法史の通史を書くにあたっては，研究の基礎となる法制史料の整備が必要であった。

古代から中世までの本格的な日本法史の通史叙述は大正～昭和初期に始まる。三浦周行の最初の法史叙述「法制史総論」(『法制史の研究』〔岩波書店，1919年(1908年成稿)〕) は律令・式目という法典中心の叙述にとどまっていたが，1921 (大正10) 年と1923 (大正12) 年に成稿した三浦の「法制史概説」「法制史講義」(『続法制史の研究』〔岩波書店，1925年〕) では，「上古時代」(第一固有法時代)，「中古時代」(第一外国法模倣時代)，「武家時代」(第二固有法時代)，「明治時代」(第二外国法模倣時代) という時代区分がなされ，大正時代の現在は西洋模倣を脱して，固有の伝統を踏まえた日本独自のあり方を模索すべきだという展望が示されていた。同時期に，瀧川政次郎の『日本法制史』(有斐閣，1928年〔講談社学術文庫，1985年〕) では，「固有法時代」(大化以前) と「継受法時代」(古代律令法)，そして「融合法時代」(中近世) という見取り図が提示された。その後，上世 (古代)・中世・近世という現在一般的な時代区分での通史的な叙述スタイルを確立したのは，中田の後継者である石井良助である。石井は『御触書集成』『藩法集』などの近世法制史料集の編纂を進めていたが，戦後すぐの時期に著した『日本法制史概説』(弘文堂，1948年) は，現在の日本法史の教科書の土台となっている。

中田や石井は，時代ごとの構造に注目した。つまり，個々の法典編纂・法令発布やその事実関係だけではなく，それぞれの時代にどのような法が存立しており，それぞれにどのような関係にあったのか，法の全体像を復元しようとした。具体的にいえば，近代法的な枠組みを当てはめ，公法と私法／刑法と民法などの枠組みで，古代～近世の法を整理する傾向があった。こうした手法については，「近代とは異なる前近代の法秩序に，近代法の概念を当てはめた」という批判を受けることが多い。しかし，それ以前に日本法史の通史がない状況のもと，近代法と対話可能なかたちで各時代の法の枠組みを復元し，前近代を通した日本法史の叙述を実現したことは，後の研究の確かな基礎となったのである。

一般的にいえば，法学者の法史研究は，時代ごとの法の構造を描く点に長所がある。その一方で，法の社会的背景やその歴史的な変化をうまく叙述できないという傾向があり，「文科派」の三浦周行から批判を受けた。石井は各時代の法の構造がそれぞれに誕生と衰退を繰り返すという「波動史観」を提唱した。石井はそれによって各時代の法の構造がどのように変容して次の時代の法の構造に変化していくのか，法史の通史的な叙述を実現しようとしたのである。

法学部の法史学は，三浦のような文学部の歴史家たちの法史研究と互いに影響を与えあいつつ進展していった。

第二次世界大戦後——マルクス主義法学と法社会学

第二次世界大戦後，戦時体制と敗戦をもたらした日本近代の歩みへの真摯な反省がなされるようになった。そして日本における近代化の不十分さの理由を，前近代に探る動きが生まれた。

戦後のいわゆる冷戦期において，日本の知的世界ではマルクス主義が一大潮流となった。マルクス主義法学は，法を支配階級による被支配階級への階級支配の道具であると位置づけた。そして，人類社会はどこの国・地域であっても原始共同体→古代奴隷制→中世封建制→近代資本主義という経済史的発展を遂げるという「世界史の基本法則」的歴史理論を前提にして，日本の近代法を日本資本主義との関係から論じた。当初は実定法各分野の研究者が取り組んでいたが，やがて日本近代法史学が独自の専門分野として発達することになる。

こうした知的潮流の影響もうけつつ，法社会学の研究が進展した。法社会学者の川島武宜『日本人の法意識』（岩波新書，1967年）は，日本人は独立した主体としての意識が未熟で，訴訟を好まない「日本人の裁判嫌い」というべき傾向があると唱えた。これは，個人の権利意識が確立し，「権利のための闘争」を行うなかで近代的な裁判制度が生まれた西洋に対して，日本では西洋流の近代化を実現できない文化的な要因があるという主張でもあった。

川島の議論は現在ではさまざまな視点から批判されているが，歴史家に大きな影響を与えた。大正期の段階で三浦周行が指摘したように，鎌倉期には多くの訴訟が引き起こされ，裁判制度が発達していたことは知られていた。近代の日本人が「裁判嫌い」であるとすれば，いつ，いかなる要因によって「裁判嫌い」になったのかという問いが立てられた。一つの解答は，近世の幕藩権力が中世的な自力救済を抑制したというものである（三浦自身，江戸期は警察国家であり，そのもとで権利意識が抑圧されたと説明していた）。また，明治新政府の支配に理由づける説もある。いずれの場合も，中世（特に鎌倉時代）に注目し，権利意識の強い中世人像や裁判制度の発達を見出すという点では共通する。

しかし，近年では，主に国制史的な視角から，鎌倉幕府裁判を理想視してきた三浦周行以来の中世法像への根源的な批判が提示されている。

国制史の登場

1970年代以降，ドイツの国制史（Verfassungsgeschichte）研究が村上淳一らによって日本にも紹介されるようになった。よく誤解されるが，国制史とは制度史のことではない。国制史は「構造史」・「概念史」ともいわれるように，「所有権」のような近代的なものの見方によって前近代社会を理解しようとするのではなく，また，国家と社会，政治や経済と法を切り離して考察するのではなく，国や時代ごとに固有の全体構造や概念に注目して，その社会を理解しようとするものである。そして，伝統的な法制史のように政治・経済と無関係のものとして法の歴史を自己完結的に描いたり，あるいはマルクス主義歴史学のように経済構造に規定されるものとして法の世界を論じることを批判した。その上で，「近代（法）」といっても一様ではなく，英仏独など国ごとに多様なあり方があることが示された。

日本における国制史研究の先駆けである石井紫郎（しろう）は，奴隷制社会から封建制社会へというマルクス主義史学の発展段階論とは異なる視角から，中世・近世の国制像を提示した。そして，中世の国制が近代とは異なる構造をもつとしたら，そこにおける「法」とは何か，という問いが生まれる。新田（にった）一郎は中世前期における「法」が必ずしも人々一般を対象とするものではなかったことを論じ，鎌倉中期の幕府裁判に「法治国民の素質」を見出した三浦周行以来の中世法像に対して，中世固有の法のあり方を示した。現在では古代から近代初期までを見通した研究を進めている（新田一郎「日本人の法意識」『岩波講座 日本の思想 第6巻』〔岩波書店，2013年〕など）。

今後の法史研究

それぞれの時代固有の法や社会のあり方を探ることは，結局のところ「人間」それ自体への強い反省をもたらすように思われる。私たちは誰でも自己中心的で，過去に現在の自分たちの姿を投影しがちであるので，実態面の研究の結果，「過去の人間も現在の我々と同じだ」「人間の行動は古今東西同じである」という人間の普遍性を強調することになりがちである。しかし，同じ人間であるにもかかわらず，その人間を取り囲む構造や物事・行動の表れ方が時代や地域によって大きく変わってくるのはなぜなのであろうか。そこに私たち自身を問い直すヒントがあるはずである。

現在（近代）の姿を投影するのではなく，かといって「前近代」として近代の前段階であるかのように（否定的に？）みるのでもなく，現在の私たちとは異質な他者として過去と向き合うことが大事である（最近では「前近代」ではなく，「非近代」という言葉が使われることもある）。現在のあり方と比較することで，過去の別の面が見えてくると同時に，過去の知見によって現在の常識が揺さぶられることもある。現代社会の抱える問題は何なのか，現代社会において歴史研究はどのような役割を果たすのか，というアクチュアルな問いと密接に関わりあいながら，私たちの法史研究は今後も変わっていくのだろう。

文献ガイド

＊中田薫『法制史論集』全 4 巻 5 冊（岩波書店，1926〜1964 年）
＊三浦周行『法制史の研究 正・続』（岩波書店，1919，1925 年）
＊新田一郎『日本中世の社会と法――国制史的変容』（東京大学出版会，1995 年）
＊新田一郎『中世に国家はあったか』（山川出版社，2004 年）
＊石井紫郎『日本人の国家生活』（東京大学出版会，1986 年）
＊石井紫郎『日本人の法生活』（東京大学出版会，2012 年）
＊水林彪『国制と法の歴史理論――比較文明史の歴史像』（創文社，2010 年）
＊村上淳一『近代法の形成』（岩波書店，1979 年）
＊法制史学史についてまとまった単著はないものの，『国史大辞典 12』（吉川弘文館，1991 年）の「法制史学」（服藤弘司執筆），『日本史大事典 6』（平凡社，1994 年）の「法制史」（石井紫郎執筆）が参考になる。
＊『東京帝国大学学術大観〔法学部・経済学部〕』（1942 年）
＊瀧川政次郎＝小林宏＝利光三津夫「律令研究史」法制史研究 15 号（1965 年）
＊法進化論の考え方は，19 世紀特有の進歩史観を背景としたものであり，日本の近代学問もその影響を受けている。メインの歴史法学をはじめとする学問史については，P・スタイン（今野勉ほか訳）『法進化のメタヒストリー』（文眞堂，1989 年）などが参考になる。

第3部　近現代

●はじめに
●第1章　近代における社会変動と法
　　　　——収斂と変異
●第2章　法教育と法学の始まり
●第3章　帝国日本における植民地の法
●第4章　近現代における司法と政治

はじめに

「近代法」との出会い

現在の私たちが使用している「法」は，19世紀までに西欧諸国にて成立したシステムを基礎としている。今では「近代法」と呼ばれるこのルールを，日本は明治期に導入した。このため，江戸期までの「法」と，明治期以降の「法」とでは——少なくとも表層的には——大きく様相が異なる。現在の私たちが当然のものとしているルールの多くは，日本では100年そこそこしか遡ることができない。

この日本法史上の一大転換は，19世紀中葉の西欧諸国による東アジア進出と，それに伴う不平等条約締結に帰せられる。片務的最恵国待遇，領事裁判権，関税自主権の喪失等を規定した修好通商条約を改正することは，当時の日本の最重要課題であった。このため明治政府は西欧的な法典を整備し，国家機構を整え，軍事を含めた国力の増強に注力した。

そもそも，なぜ日本はわざわざ不平等な条約を結んだのか。それは，西欧諸国が日本を対等な国家としてみなしていなかったことに起因する。

当時の国際法は，国家を「文明国」「半未開（半文明）国」「未開国」の3段階に分けた。そして「文明」と「未開」を分ける基準の一つに，西欧的な法秩序の構築を設定した。この法秩序こそが，現在では近代法と呼ばれるものであり，大学法学部初年度の入門講義で教えられる法学の諸原則にほかならない。「文明国」である西欧諸国にとって，そのような法秩序を備えない「半未開国」日本との平等な条約締結は，想定の外にあった。

結局，日本は「文明」という尺度を選択し，西欧諸国との条約改正を目標に，近代法を急速に整備していく。主立った法典の制定時期をみれば，（旧）刑法が1880（明治13）年，大日本帝国憲法（明治憲法）が1889（明治22）年，民法が1896（明治29）年および1898（明治31）年，商法が1899（明治32）年と，矢継ぎ早に立法がなされている。一見するとスムーズな導入が果たされたようにもみえるが，もちろんそうではない。西欧諸国とは，もとよりその法思想から差異があるため，日本はまず西欧の法的な論理や歴史，そして言語から学ばねばならなかった。さらに，それらが導入される際には，必然的に変容＝「日本」化されて受容された。

たとえば「権利」という語についても，それは特徴的である。明治中期には定着した「権利」という日本語は，仏語の droit（ドロワ）や独語の Recht（レヒト）が持っていた「法」という意味を含まない。英語における right と law の使い分けのように，「権利」は「法」と異なるものとして，日本人一般には受容されたことを示しているといえよう。

それでは，droit も Recht も right も同じく有する「正しさ」という意味は，「権利」という日本語に表れているか？　私たちが現在思っている「権利」という語の印象は，「正しさ」というよりは，どちらかといえば「利益主張の根拠」の方が強いかもしれない。「権利」の語は，漢訳版『万国公法』（1864年）を通じて最初に日本に広まったが，そこでは「義務」（obligation）との対応としての「権利」の意味が強かった。これに対して，福沢諭吉が明治初年に right を「権理」と訳したことは，よく知られている。一見すると「権理」の方が「正しさ」という意味をよく表す訳語に思えるが，結局定着することはなく，福沢自身も明治中期になるともっぱら「権利」という語を使うようになった。

このように基本的な用語一つとっても，ニュアンスの違いが現在まで残る。当然，近代法の導入にあたっては，当時の社会との齟齬や衝突が数多く生じた。日本はある程度の時間をかけて，これを受容し，そして運用していった。これが本書第3部の扱う内容となる。

各章の構成

さて，第3部の期間はおよそ150年であるが，この短い期間にも，日本の法は目まぐるしい変容を遂げた。工業化，対外戦争，植民地獲得，世界大戦，連合国による占領，独立回復と高度成長，バブルとその崩壊等々，国際秩序や社会環境の変化に応じて，法もまた多岐に亘って対応する必要があった。これらを全て網羅するには，本書の紙幅は到底足りない。よって第3部はそのダイナミズムを重視し，これをテーマ史として叙述することで，近現代法史の豊かさを捉えてみたい。

第1章「近代における社会変動と法――収斂と変異」では，日本における「近代化」と法制の関係を，社会学者であるタルコット・パーソンズの言説に依拠しながら概観していく。近代という「システム」が日本においてどのように作用した／しなかったのかという観点は，近代法が日本においてどのように受容された／されなかったのかを理解するための重要な前提となる。第1章では，近代化がもたらした不可逆的な社会変動が，法制度そのものにも変容をせまったことが示される。

第2章「法教育と法学の始まり」では，西欧の法と法学を導入した日本が，それらを自国のものとしていった過程が描かれる。第2章が着目するのは，大学における法教育と法学者である。当初，国家的なエリート養成を目的とした大学機関が，徐々に拡大し「大衆化」していくなかで，学生は何を目指して学んでいたか。そして，刻々と移り変わる時代状況の中で法学者の関心がどこに向いていたかを確認することにより，第1章で概観された近代の法制度に対しての，法学の対応をみていくこととなる。

第3章「帝国日本における植民地の法」では，日本と「植民地」の法を検討する。「帝国」として現れた近代日本は，まずは沖縄・北海道を，続いて台湾・朝鮮半島を領有し，さらには南洋諸島と満州国の支配権を有した。日本本土という「中心」と，植民地という「周縁」の関係性は，近現代史を理解するためには必要不可欠なテーマであるが，同分野の法史については近年になってようやく端緒が拓かれたばかりである。ここでは，法史の最前線の一つが現在どこにあるのかを含めて，植民地の法を確認していく。

第4章「近現代における司法と政治」では，明治初期から2000年代に至るまでの司法制度とその実態を追っていく。一般に消極性が指摘される日本の司法であるが，それは戦前期以来の歴史的要因と無関係ではない。第4章では，特に政治部門との関係性に注目することによって，行政優位の司法システムがその草創期から近年まで連綿と続いていった背景を明らかにする。

なお，第3部の構成からは外れるが，本書を締めくくる「法史から現代の法へ」では，現代日本における刑事司法制度とその運用をめぐる乖離が語られる。西欧から諸制度を導入した日本は，なぜその基本理念から離れてしまうのか？その一つの答えは，日本法史の中にある。古代から近現代までの法と秩序の歴史をたどってきた終着点として，ぜひとも「現在」の問題もまた考えてみてほしい。

第3部　近 現 代　　はじめに

文献ガイド

＊伊藤正己編『岩波講座現代法 14　外国法と日本法』（岩波書店，1966 年）

＊鹿野政直『「鳥島」は入っているか——歴史意識の現在と歴史学』（岩波書店，1988 年）

＊成田龍一『近現代日本史と歴史学——書き替えられてきた過去』（中公新書，2012 年）

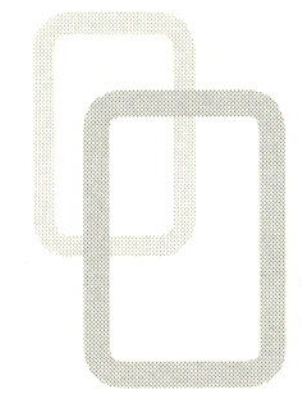

第１章　近代における社会変動と法――収斂と変異

第１節●パーソンズの学説

本章では，近代の法の特徴を明瞭に把握できるように，近代に進行した「近代化」と呼ばれる社会の変動と関連づけて法の歴史を叙述する。そして，そのような叙述を行うために，社会学の巨匠タルコット・パーソンズ（1902-1979, 米）の学説を活用する。

パーソンズは，原始的な部族社会に始まり，古代エジプトやギリシア・ローマ，また中国やインドにイスラム帝国，さらには中世のヨーロッパから現代のアメリカまで，さまざまな社会の比較を行っている。そして，時代・地域を横断する世界史規模での比較を通して，各社会に固有の特徴を明らかにしつつ，共通のパターンを突き止めている。すなわち，一般的な傾向として，近代化と呼ばれる社会の変動と法の発展が密接に関連していることを明らかにしている。したがって，パーソンズの学説は，近代化と関連づけて法の歴史を叙述する際には格好の手引きとなる。

従来，そのような手引きとしては，法学を修め社会学の大家となったマックス・ウェーバー（1864-1920, 独）の業績がしばしば参照されてきた。ウェーバーも，世界史的視野から社会変動と関連づけて法がどのように発展してきたのかを，著書『法社会学』で描き出している。その不朽の業績は，パーソンズにも継承されている。

もっとも，パーソンズは，ウェーバーの業績に限らずさまざまな分野の知見を貪欲（どんよく）に摂取している。さらに，パーソンズは日本で占領政策を実施する文官や軍人の教育・訓練を担うほど，第二次大戦中から数多くの実践的な日本研究に携わっていた。また，戦後は三度も来日するなど，日本の近代化も対象とする研究を行っていた。したがって，パーソンズの業績は，日本で近代化が進んだ明治以降の社会変動と法を理解するにあたって，ウェーバーの業績以上に適切な手引きとして活用できる。

しかし，これまでそのような活用はあまりなされてこなかった。パーソンズは近代化を楽天的に賛美しているだけだという誤解が流布されてきたからだろう。ところが，現実のパーソンズは，近代化が人権保障の拡大をもたらしつつもユダヤ人迫害のような人権侵害を生みだす危うさを常に抱えていると分析するリアリストであった。だから，リアリストにふさわしくソ連崩壊など数多くの予測を見事に的中させているし，日本の近代化についてもかなり的確な分析ができていたと評価されている。さらに，日本の近代を対象とする歴史研究の蓄積は，はからずもパーソンズの学説が今なお通用することを裏付ける。そこで本章では，パーソンズの学説と歴史研究の諸成果を統合して厚みをもたせながら，日本の近代の法がどのような特徴をもつのか描き出していく。

第2節●近代化をどう理解するか

産業革命と民主革命

世界史的にみると，近代化の源泉は，イギリスを中心として18世紀後半に生じた産業革命に求められることが多い。確かに，技術革新によって蒸気を動力源として利用できるようになり，機械を本格的に稼働させる工場生産が可能となった。そして，蒸気機関車や蒸気船のような迅速に大量の輸送を行う交通機関も発達し，農業ではなく工業を中心とする社会への移行が引き起こされた。しかし，パーソンズは産業革命だけでなく，それ以前の17世紀にイギリスで生じた民主革命も，近代化という社会の変動を引き起こした重要な契機として重視する。

民主革命の代表例となるのが，「権利の章典」をもたらした名誉革命である。名誉革命などを通して，王の専制を制約する根拠として，王も含め「何人も例外なくコモン・ロー（共通の法）に服する」という「法の支配」の原理が確立した。その結果，王・貴族・平民などの身分にかかわらず，また，荘園ごとに割拠せず領土全体で共通して，コモン・ロー（共通の法）が妥当するようになる。そして，共通の法の下への包摂が進んだだけでなく，法によって保障される権利の内容も，数世紀かけてではあるが徐々に充実していく。「法の支配」の拡張である。

たとえば，信教の自由や財産の自由を保障するような自由権が，まずは広く認められた。そして参政権も続く。さらに，社会権という，その社会で人並みの生活を送るために必要な福祉を享受する権利（最低限の生活水準や教育水準を維持するための権利）も認められていく。

このように，権利の保障が徐々に拡充していく過程として近代化を捉えるのが，パーソンズの特色である。だから，産業革命も権利の保障と関連づけて理解されている。すなわち，権利の保障は個々人が自由に活動する余地を拡大するので，市場の拡大を可能にする。そして，市場が拡大すると，産業革命のような画期的なイノベーションも生まれやすくなる。つまり，権利の保障をもたらした民主革命が産業革命の土壌を用意したとパーソンズは考えるのである。

さまざまな要因の複合

もちろん，産業革命によって財産と教養を有する市民層が貴族に代わって台頭するようになると，民主革命の成果はより一層強固なものとなる。その点では，民主革命と産業革命は相互に補強しあう関係に立つ。たとえば，イギリスより遅れて近代化が生じたフランスでは，イギリスからの産業革命（技術革新）の伝播と，民主革命に該当するフランス市民革命が，18世紀後半という同時期に生じている。

したがって，近代化は何か単一の究極的要因によって生じるものではなく，複数の要因が組み合わさって生じるものだと考える必要がある。そもそも民主革命は，古代ギリシアの民主制（市民の平等）や古代ローマの万民法（共通法）など，ヨーロッパ世界に共通の伝統に由来する部分があるが，古代ヨーロッパでも中世ヨーロッパでも産業革命は生じず長きに渡って近代化は起こらなかった。さまざまな要因が複合して初めて，近代への突破が生じると把握する必要がある。

また，近代への突破は，ヨーロッパ全域で同時に生じたわけではない。ギリシアやローマからかけ離れた，ヨーロッパの辺境であるイギリスやオランダ・フランスといった北西ヨーロッパ地域が先導した。すなわち，いずれも共通して，キリスト教のプロテスタント派が普及した地域である。だから，宗教改革によって登場したプロテスタントの思想も，近代化を促した重要な要因の一つだと考えられている。

プロテスタントの思想

プロテスタントの思想に着目する学説としては，ウェーバーの『プロテスタンティズムの倫理と資本主義の精神』が有名である。地上における神の御国（みくに）の建設に向けて仕事への献身を動機づけるプロテスタントの「天職」観念が，産業資本主義の勃興に適合的だったという説は，よく知られているだろう。とはいえ，話はそれだけに限らない。

そもそもプロテスタントの一派であるピューリタン（清教徒）が起こしたピューリタン革命が民主革命の先陣を切っていたように，プロテスタントの思想は権利の保障とも深い関わりをもつ。たとえば，ウェーバーに影響を与えた法学の大家ゲオルグ・イェリネックは，近代的な人権保障の起源を，宗教弾圧に抗してピューリタンたちが確立しようとした信教の自由に求めている。また，宗教の自由化を求めるピューリタンから，複数の宗派の共存を認容するリベラルな思考が生まれ，それが近代化を支えるリベラリズム（自由主義）の源泉になったとウェーバーもパーソンズも考えている。

また，パーソンズに学んだ社会学の大家ロバート・マートンは，科学革命の拠点となったイギリスのアカデミーを例に，近代科学の発展がピューリタンの思想によって促されたことを明らかにしている。天職として自身の仕事へ献身するよう求めるピューリタンの思想によって，不断の努力により科学の発展に尽くすことが科学者の使命であるとの見方が広がり，科学の発展がもたらされたというのである。

パーソンズも，科学や産業の発展は天職として仕事に献身する人々によって，しかも彼らが共に自由を認め合って活動することでもたらされたと述べる。つまり，各自の自由を尊重し各々の可能性を自由に発揮できるようにすることで，イノベーションのような成果が次々と産み出されるというわけである。もちろん，各々が自由に活動する余地を広げるとその分だけ衝突も増えるが，それさえも社会にとってプラスになるようなアクロバティックな仕掛けになっている。というのも，暴力に訴える実力行使ではなくルールに則った競合を促すことで，衝突が破壊的闘争から切磋琢磨へと変換され，社会の活力が増大するからである。

このように，各自に自由を認め共存と競合の両立を図ろうとするのがピューリタンの思想の特徴であり，それが科学や産業だけでなく政治の領域にも浸透していると，パーソンズは考えている。つまり，王の専制のような独裁化とは異なり，複数の党派が共存しつつ競合する議会制度が採用されている点に，ピューリタンの影響を見出している。

もちろん，現実は楽天的な自由競争モデルと違って，競合と共存が予定調和のように両立するとは限らない。アクロバティックな仕掛けはまさに綱渡りで，競合が切磋琢磨（共存）ではなく破壊的闘争（非共存）になる危うさを常に抱えている。だからこそ，共存を担保するよう誰にも等しく権利を保障することが，決定的に重要になる。つまり，ピューリタンの思想は法によって支えられていると，パーソンズは考えている。

収斂と変異

以上のように，産業革命だけでなく，民主革命やプロテスタントの宗教思想（を普及させた宗教改革・革命）といったさまざまな要因が組み合わさり複合して近代化が生じたと，パーソンズは理解している。いずれも革命と呼ばれるだけあって社会に劇的な変化をもたらす現象であり，近代化と呼ばれる社会変動を引き起こした引き金として重視されている。そして，共通して権利の保障が鍵を握ると考えられている。

また，パーソンズは近代化を，先導役であるイギリスを主な起点として，まずは北西ヨーロッパ周辺で普及した後，地球規模で広く伝播していった現象だと捉えている。したがって，近代化には地域事情に応じて多様なバリエーションが存在することになる。つまり，近代化を促すさまざまな要因の複合のなかに，その地域特有の要因が含まれるので，変異が生じるようになる。たとえば，イギリスと違い君主制を廃したフランスは，民主革命がより徹底された地域になる。

とはいえ，各地で固有の「変異」が生じつつも，地域事情にかかわらず制度（法だけでなく，法を運用する上での慣行なども含む）は「収斂」する。たとえば，ウェーバーにとっては官僚制化された行政制度がそうであり，パーソンズにとっては権利保障に関わる司法制度や議会制度もそうである。どの社会にも共通するニーズがあったり，先進例が模倣されたりして，似通ってくるからである。パーソンズを重要な源流とする制度の研究では，制度の「同型化」と表現される現象である。そして，収斂（同型化）と変異という基準を用いると，近代日本で導入された諸制度がどのような特徴をもつのか手際よく整理し説明できる。以下で，具体的に示していこう。

第3節●近代化の開始

欧米からの伝播

産業革命の産物である蒸気機関を用いた蒸気船（黒船）の来航が，日本列島における近代化の一大契機となる。黒船来航による国交の樹立と不平等な通商条約の締結を通して，日本列島も欧米中心の国際社会に本格的に組み込まれていくこととなった。

国際社会への組み込みは国際市場への組み込みを伴い，物資の海外流出を激化させ，物価高騰をもたらした。その結果，下級武士や庶民の生活が圧迫され，社会不安が高まった。お蔭(かげ)参りが流行したのも，黒住(くろずみ)教や天理教・金光(こんこう)教といった民衆宗教が新たに台頭したのも，そうした社会不安の高まりによって精神的な拠りどころが強く求められるようになったからだと考えられる。

また，社会不安は人々の現状に対する不満も強め，不満は異人への敵意となって攘夷(じょうい)運動を引き起こしたり，人々の窮状にうまく対処できない幕府への反感を強めたりした。だから，世直し一揆や打ちこわしといった，実力行使に出る直接行動も続発した。パーソンズによれば，社会不安の高まりが宗教運動や他者排斥・政情不安をもたらすのは，神秘主義と結びつきユダヤ人を迫害しクーデターを起こしたナチスが典型であるように，近代化という社会変動の過程でしばしばみられるものである。

こうして社会のなかで緊張が著しく高まるなか，欧米諸国の議会制度をモデルとして政体の再編と強化を図る構想が，佐幕派でも討幕派でも共通して力を持つに至る。佐幕派では将軍家も上院のメンバーなどで参画する案が，討幕派では将軍家を排斥する案が，打ち出された。従来のやり方が通用しなくなった状況に新たに適応していくために，身分制度に縛られず真に実力のある者が幅広く政治に参加し力を発揮できるようにするのが必須である。そのような認識が，欧米の事情を学ぶなかで広がっていた。近代化の開始当初から，欧米諸国と同型の制度を導入する動きがあったわけである。

なお，政治参加の拡大はさまざまな勢力を取り込むことで社会の分裂を防ぐだけでなく，諸勢力のコミットメント（関わり）を幅広く確保できるので，政体の動員力（つまり権力）が増大する。したがって，諸勢力が幅広く参加する議会政治は，王の専制政治よりも権力をはるかに多く有し，諸々の目標を達成する能力を高められる。しかも，諸勢力が離反して敵対したり破壊的闘争を繰り広げたりするのではなく，一定のルールの下で競い合い切磋琢磨することで活力が増す。パーソンズはこのように考える。

新政府の樹立

結局，戊辰戦争を経て将軍家を排斥する討幕派が勝利し，新政府が樹立される。新政府は，諸勢力の結集をはかるため，「広ク会議ヲ興シ万機公論ニ決ス」べきことを，1868（慶応4）年に発した五箇条の誓文の第1条で示した。「公議輿論の尊重」と呼ばれる施政の大方針で，議会政治を意識したものとなっている。

また，新政府を具体的にどう組織するか明らかにするために，政体書も発布された。政体書ではまず，「天下ノ権力ヲ総テ太政官ニ帰ス」と，封建制のように藩ごとに割拠していたそれまでの統治体制を脱却し，太政官の下に中央集権化を図ることを謳っている。さらに，「太政官ノ権力ヲ分ツテ立法行法司法ノ三権トス」と，アメリカをモデルにして欧米諸国と同型の三権分立制を採用することも示している。

なお，太政官とは，王政復古の大号令によって倒幕を成し遂げた新政府が，古代の律令制度に倣って採用した統治機構である。当初は七官から構成され，上と下の二局からなる議政官が立法を，行政官や神祇官・会計官・軍務官・外国官が行政を，刑法官が司法を担い，名目上は権力を分立する制度として設計されていた。その後，太政官は二官六省になるなど何度か組織の編成を変えつつ，国会開設に向けて内閣制度が1885（明治18）年に創設されるまで存続する。

このように，統治機構については，中央集権化と三権分立を採用している点で欧米型への収斂（同型化）が生じている。ただし，太政官制を採用したように，古代の制度が（時代を経るにつれて徐々に割合を低下させていくとはいえ）混合している点では変異も確認できる。新政府が最初に編纂した刑法典である仮刑律も，古代の大宝律や養老律，江戸期の公事方御定書などを参考にしていた。

もっとも，こうした伝統との混合は近代化の過程において頻繁に認められるものであり，通常の現象である。パーソンズは，革命的な変化をもたらす近代化のような社会変動によって社会不安が高まると，拠りどころとして伝統へのノスタルジックな回帰が一定の支持を集めるようになると指摘する。また，伝統との混合があるからこそ，新たな制度が遊離せずに社会に浸透することも可能になる場合があると指摘する。確かに伝統は近代化を妨げる要因になりうるが，他の要因との組み合わせ次第で，逆に近代化を促進する要因にもなりうるのである。

領土内での共通化　新政府は，割拠状態を脱し共通の法の下へと包摂を進める大変革にも，次々と着手している。まず，政体書で宣言した中央集権化を図るため，1869（明治２）年に諸藩主が領地（版）と領民（籍）を天皇に返還する版籍奉還を実施した。その結果，封建制でみられるような藩主と藩士の主従関係は解体され，各藩の兵力が一律に新政府へと帰属先を変更する足がかりができた。また，藩主は知藩事という新政府の官吏として公務にあたるよう求められた。

さらに，1871（明治４）年には，藩を廃止し府県を設置する廃藩置県が実施され，知藩事は罷免となり，代わって中央から知事が派遣されるようになる。こうして，新政府が一律に直轄する全国共通の一元化された統治体制への移行がさらに進んだ。廃藩置県当初は全国で３府302県も設置されていたが，すぐに統廃合が行われ３府72県に，その後，1876（明治９）年には３府35県にまで減少するなど，地方行政の区域の整理は段階を踏みつつも急激に進められたといえよう。

また，行政だけでなく司法に関しても，新政府は共通化を図っている。廃藩置県が実施された翌年の1872（明治５）年に，司法職務定制と呼ばれる「司法省職制並ニ事務章程」が定められた。これは，フランスやオランダなどの制度を参考にして，全国統一の裁判所制度を導入する施策である。同時に，検事や代言人（後の弁護士）・代書人（後の司法書士）などに関する制度も整備された。そして，これまで地方で独自に行われていた裁判のやり方を否定し，司法省が管轄する全国共通の第一審として府県裁判所を設置しようとした（が，人材・予算が不足するなど簡単には進まなかった）。

税制に関しては，1873（明治６）年制定の地租改正条例に代表される一連の改革によって，武家地の免税特権を廃するなど全国共通の基準（歳入を安定させるため収穫高ではなく地価を基準とした）で土地に課税し，原則として物納ではなく金納を求める制度が導入された。併せて，税負担者を明確にするため土地の所有を証する地券が発行され，土地への財産権（私的所有）が認められた。こうした施策は，土地が私的な取引財産として自由に流通することを促進し，領主が領地（とそこに紐づけられた領民）の全てを包括的に支配する封建制的な土地支配を解体に導いた。

他方で，これまで村の共同利用に供されていた山林原野などの入会地については，多くが官有となった。結果，その利用をめぐって，村人たちが騒擾（そうじょう）や入会権確認訴訟などを起こす事態が後代に至るまで続発することとなった。

平等化と自由化

版籍奉還によって封建制の解体が本格始動した1870（明治3）年には，平民苗字許可令によって，武士の特権とされていた苗字の使用が平民にも公認された。また，廃藩置県が行われた1871（明治4）年には戸籍法が制定され，地域ごとにばらばらであった戸籍作成が全国共通の規則に従うよう統一された（が，婚姻届が出されないことも多かった）。さらに，身分解放令と呼ばれる，「穢多非人ノ称ヲ廃シ身分職業共平民同様トス」ることを示した太政官布告が出されたり，平民と華族・士族との通婚の自由が認められたりした（が，差別は続いた）。

このように，従来の封建制的な拘束を撤廃し身分制を解体していく四民平等の政策が進められた。賤業（せんぎょう）に縛られない「職業の自由」のほかに，出生した土地に縛られない「居住・移動の自由」なども新たに認められた。1872（明治5）年に発布された学制では，フランスなど欧米諸国をモデルとして身分を区別しない国民皆学が目指され，小学校・中学校・大学校の設置も計画されるようになる（が，完全な実現には時間がかかった）。また，武士層に限定しない国民皆兵の方針から，1873（明治6）年には徴兵令も公布された（が，徴兵逃れも多発した）。

既に述べたとおり，パーソンズは，カースト制のような分断主義の障壁を突破して，身分や地域にかかわらず，共通の法の下への包摂が進行していく過程として近代化を捉えている。しかも，それは地球規模で生じるものだと考えられている。したがって，近代化は共通の法の下に各地域・国家が包摂されていく，つまり，国境を越えて共通の法が普及していく過程になる。確かに，国際市場への組み込みを大きな契機とする日本の近代化も，職業の自由や居住・移動の自由などを等しく認めるという点では，国際的に共通する法の下へと包摂され，欧米型への収斂（同型化）を実現するものであった。

また，職業の自由や移動の自由によって，出自や出生地といった生得的な属性の縛りが弱まり，自助努力や教育などを通して自分の可能性を自由に発揮する道や立身出世する道が開かれると，それだけ社会がダイナミックに活気づき，切磋琢磨によってイノベーションも次々と創発していく。それが，一国の枠を超えてもっと大規模になると，その分だけ社会の活力も増大する。このように，共通の法によって社会の規模がどんどん拡大し活力も増大していくのが，宗教革命・民主革命・産業革命によってもたらされる近代化の基本的な趨勢だと，パーソンズは考えている。そして，そのようなイギリス発祥の，地球を飲み込んでいく潮流に，日本も巻き込まれていったのだと理解できる。

したがって，ピューリタンの思想に由来する自己啓発書として有名なイギリス人サミュエル・スマイルズの『自助論』（翻訳書は『西国立志編』）が，文明開化・殖産興業を目指す明治期にミリオンセラーとなったのも偶然ではないだろう。同書などを通して，勤勉の精神によって自らの手で大事を成し遂げ立身出世し社会的成功をつかむよう動機づける思想が広がっていった。

軋轢と調整

ただし，上述したような数々の革命的な大変革は，軋轢（あつれき）を生み社会的な緊張を高める。とりわけ変革によって既得権益が損なわれる層は，変革にブレーキをかける抵抗勢力となりやすい。そのため，変革を着実に進めるためには，抵抗を緩和するための何らかの対処が必要とされると，パーソンズは指摘する。

実際，版籍奉還と同時に，公卿や諸侯に対しては華族の籍が，旧幕臣・旧藩士に対しては士族の籍が与えられ，平民との差別化を図る新たな措置がとられていた。また，華族や士族に対して従来支給されていた俸禄を，国家財政を逼迫させるにもかかわらず，新政府は引き継いだ。

とはいえ，俸禄は段階的に削減されていく。1873（明治6）年には秩禄奉還の法が定められ，俸禄（秩禄）を返還（奉還）すると，秩禄の数年分が公債や現金で一括給付された。一括給付された財産は，新たに事業を興す資本として充当するのに好都合であった。さらに，秩禄は米ではなく金禄（現金）での支給に切り替えられ，1876（明治9）年には金禄公債証書発行条例が定められる。その内容は，秩禄を廃止して代わりに金銭換算された公債を交付し，当分は利子のみを支払うだけに留めるという，国家財政にとって好都合な処置（秩禄処分）を断行するものであった。

他方で，士族の就業を奨励する社会福祉政策として，士族授産と呼ばれる救済事業も実施されている。たとえば，開墾を促す官林荒蕪地（こうぶち）の払下規則が1873（明治6）年に，北海道開拓と辺境防備の強化を目指した屯田兵例則が

1874（明治7）年に，それぞれ発布された。

このように，社会で生じる軋轢を緩和し諸利害を調整するための取決めとして諸制度は理解できると，パーソンズはいう。近代化によって損なわれる既得権益に一定の配慮をしつつも，それがたとえば公債として大々的に金融商品化されたように，既得権益を従来通り残存させるのではなく新たに育成しようとする市場経済体制に組み込む方向で，経済の近代化に資するように調整が行われていた。

破壊的闘争

もっとも，だからといって調整が全てうまくいったわけではない。合意できずに暴力に訴える破壊的闘争に陥ったケースも多々発生している。

たとえば，1876（明治9）年の廃刀令などがきっかけとなり，伝統的な特権が次々と剝奪されていくことへの憤激から，士族が武装蜂起した。また，地租改正や学制・徴兵令に対しては，税負担の重さや自家の労働力をとられることへの反発が起き，各地の農村で大規模な一揆が起こった。

さらに，新政府を率いた有力指導者たちの間では，意見の対立から離合集散が繰り返され，内乱も生じた。征韓論を端緒とする明治6年の政変（1873年）では，倒幕の最大の功労者といわれる西郷隆盛や，司法卿として近代的な司法制度の整備に力を尽くした江藤新平が，政争に敗れ下野した。そして，江藤は佐賀の乱（1874〔明治7〕年）を，西郷は西南戦争（1877〔明治10〕年）を引き起こした。他方，政争に勝利した大久保利通は，不平士族のテロにあい暗殺された（1878〔明治11〕年）。

このように，日本における近代化は，短期間のうちに急激に，王政復古という体制転換も含めて大規模に推し進められたため，さまざまな軋轢をもたらし，新政府の樹立前も後もテロを含めて数々の武力闘争を引き起こした。とはいえ，植民地化されないように諸外国と対等になることを目指す万国対峙が優先課題であるとの危機意識が広く共有されていたため，過激な抵抗運動が大規模に組織化されることはなかったし，内戦も泥沼化せず比較的早期に決着をみたといわれている。そして，内政に関しては，暴力に訴える実力行使ではなくルールに則って競合する議会制度が，紆余曲折を経てその後確立していく。

第4節●近代的な諸制度の確立

自由民権運動と議会開設の請願

五箇条の誓文で「公議輿論の尊重」が謳われていたにもかかわらず，薩長出身者からなる藩閥による専制が行われている。こうした批判から，議会政治の早期実現を求める自由民権運動が社会のなかで盛り上がった。

その一大契機となったのが，1874（明治7）年に政府に提出された民撰議院設立建白書である。明治6年の政変により下野していた板垣退助ら元士族が中心となって結成した愛国公党が，自分たちの復権を目論見ながら，政府の建白制度を利用して提出したものである。その主旨は，「天下ノ通論」からすると租税負担者は国政に参加する権利をもつし，国政参加によって君民一体・官民一体を実現することは国家の強化に資すると，民選の議会の設立を建白（意見）するものであった。このような意見は，第3節中の「欧米からの伝播」の末尾で触れたパーソンズの学説を参照すれば，よく理解できるだろう。

大久保を中心とする当時の政府においても，議会政治は当初から導入が目指されていたし，世界の多くを支配するかのようなイギリスの栄華は民主革命を経た市民の活発な政治参加によってもたらされていると認識していたから，（開設時期はともかく）議会の開設自体には異論がなかった。そこで，大久保は板垣のほかに，憲法制定を外征（征韓論者の強兵路線）よりも優先課題と考えていた木戸孝允（たかよし）らを加えて，大阪で密かに会談を行い，立憲制を採用する政体へと漸次移行していく約束を行う。いわゆる大阪会議である。そして，会議での約束にもとづいて，1875（明治8）年に立憲政体樹立の詔（みことのり）が発布され，政体の改革が段階的に進められることとなった。

まず，それまでの太政官制を部分的に改廃して，立法機関にほぼ該当する元老院と，司法の最高機関である大審院が設置された。また，1878（明治11）年には，いわゆる地方三新法が制定され，民意を汲みとるための改革が実施された。具体的には，①地方議会である府県会の開設を定める府県会規則や，②地方税の税目を定めるとともに収支予算について府県会の議決を求める地方税規則，そして，③行政区画を地域社会の伝統・実情に即した編制にすることを許す郡区町村編制法が制定された。

とはいえ，自由民権運動は下火とならず，士族だけでなく地主や豪農も加わって隆盛する。1880（明治13）年には，運動の担い手である全国各地の結社や有志が結集して国会期成同盟が結成された。そして，五箇条の誓文や租税負担者の権利・天賦人権などを根拠として，国会開設を強く要求する請願書が政府に提出された。

また，そうした強硬な社会運動と呼応して，政府の要職にあった大隈（おおくま）重信が議会の早期開設を求める急進的な提案を行ったため，政府内でも対応が急務になった。そこで，大隈ら早期開設派に主導権を渡さないように，岩倉具視（ともみ）や伊藤博文・井上毅（こわし）は大隈一派を追放し，自分たちで憲法を起草し議会制度を設ける方針を固める。明治14年の政変（1881年）である。そして，1890（明治23）年を期して国会を開設することを約した国会開設の詔が，1881（明治14）年に出された。

言論・出版の自由，集会・結社の自由

自由民権運動が活発になると同時に，言論活動を規制する法も整備される。立憲政体樹立の詔が発布された1875年には，新聞の発行を許可制にする新聞紙条例や，官吏を侮辱・風刺するなどの名誉毀損に刑罰を科す讒謗律（ざんぼうりつ）が制定された。また，出版の事前届出を求めて出版条例が改正された。これらは，政府に対する批判を抑え込むために活用された。

さらに，強硬な主張をする国会期成同盟の結成に脅威を感じて，政府は政治集会や結社を弾圧する集会条例を制定した。1881年に国会開設の詔が発布された後は，発行禁止処分などの規制を事細かに定める新たな新聞紙条例が制定された。言論・出版・集会・結社の自由が次々と制限される事態を迎えたのである。

もちろん，度重なる自由の抑圧は，政府と自由民権運動の関係を悪化させた。その結果，急進的活動家がテロを計画するなど，激化事件が相次いだ。たとえば1884（明治17）年に起きた秩父事件がよく知られているであろう。国際生糸市場の長期に渡る価格低下によって没落した秩父の農民たちを自由党員が組織し，政府転覆を目的に武装蜂起したのである。こうした一連の事件は，苦難に直面する人々が苦難から解放されるユートピアの即時実現を自力で企図して実力行使に及んだ直接行動だと理解できる。パーソンズによれば，解放を謳うユートピア運動は，出自のような制約から人々を自由にし社会の変革可能性を広く認知させる，近代化の過程で生じやすい現象とされる。

政府と運動の間の緊張関係は，その後も続く。言論の自由・地租軽減・不平等条約の適切な改正を求める三大事件建白運動が1887（明治20）年に生じた際には，結社や集会を厳しく取り締まる保安条例が突如制定され，公布と同時に即日施行された。そして，同条例に基づいて，500名以上の運動家が皇居から3里以上離れた地への退去を命じられた。

パーソンズに学んだ法社会学者レオン・メイヒューは，次のように述べている。イギリスの民主革命では，publication（公表・出版）による自由な言論活動を通した切磋琢磨こそが，王の独断より優れたpublic opinion（公共の・公衆の意見）をもたらすと考えられていた。だから，publicationによってpublicな存在が社会のなかで創出されることが，publicを代表する議会の地位を引き上げ為政者の専制を制約する根拠として持ち出されていた。しかも，その背景には，カトリック教会とは異なるピューリタンに特有の万人司祭主義の信念があった。すなわち，中央集権化された官職組織である教会とは別に，個々の民間人が集会や結社を通して信仰（や政治信条）を自由に伝道し共鳴者を増やす活動を是とする見方があったのである。だから，そうした活動の自由に対する制約は，神への敵対行為とみなされた。

ところが，日本の近代化では，神によって自由を究極的に根拠づけるピューリタンのような思想が支配的にはならなかった。そのような要因もあって，議会制度の確立が図られつつも，言論・出版・集会・結社の自由はあまり尊重されず，政府に都合の良い範囲でしか認められないという変異が生じていた。施政の大方針として「公議輿論の尊重」が謳われていたにもかかわらず，public opinionとしての輿論はさほど尊重されなかったわけである。

憲法制定と議会開設　言論・出版・集会・結社への規制は存在したものの，議会開設に向けて，私擬（しぎ）憲法と呼ばれる憲法私案が各地で相次いで作成された。作成主体の多くは，自由民権運動を担う各地の結社である。その代表例とされるのが，福沢諭吉を中心とする結社の交詢（こうじゅん）社である。交詢社が出版する機関誌で1881（明治14）年に公表された私擬憲法案では，イギリスに倣って議院内閣制を採用し，議会優位で政治を行う国家体制が構想されていた。

しかし，政府は民間の草案や意見を集約することなく，伊藤博文を中心として独自に憲法の起草に取り組んだ。伊藤らは 1882（明治 15）年に訪欧して調査にあたり，たとえばベルリンでは実務経験豊富な法学者のグナイストから，ウィーンでは法学者で社会思想家のシュタインから，イギリスでは社会学者のスペンサーから助言を受けた。なお，スペンサーは，「適者生存」を唱えたため，優勝劣敗の生存競争を正当化する社会ダーウィニズムの御本尊とみなされた人物で，その名声・思想は当時国際的に広く普及していた。と同時に，婦人も含めて自由が同等に実現するように社会は進化していくと説き，日本の自由民権運動にも多大な影響を与えた。

伊藤は 1883（明治 16）年に帰国した後，政府顧問として招聘（しょうへい）したドイツ人法学者のモッセやロエスレルらの意見を参照しつつ，井上毅などとともに草案を作成する。加えて，「天皇親臨シテ重要ノ国務ヲ諮詢（しじゅん）スル」合議体として新たに設置した枢密院（すうみついん）で，非公開の審議を重ねた。そして，1889（明治 22）年 2 月 11 日に大日本帝国憲法が発布され，東アジア地域で初めて近代的な成文憲法を冠した国家体制が樹立された。

大日本帝国憲法は，同じ近代化の後発国であったプロイセンに倣って君主と行政が優位に立ち，諸施策を上から推し進めやすい統治体制を採用する点に特徴があった。たとえば，天皇には陸海軍の統帥や条約締結，官吏の任免，帝国議会の開閉といった権限が天皇大権として幅広く認められており，天皇を補佐する国務大臣の議会に対する責任は明示されていなかった。他方で，議会は予算案や法律案の審議・議決などが認められていたものの，天皇大権との関係で権限行使にかなりの制約があった。それらの点では，英米に比べて，議会の地位は低かった。

なお，総理大臣については，議会で指名されるのではなく，憲法上は規定のない元老（天皇の重臣たち）の奏薦（そうせん）によって決まるのがその後の慣行となった。元老は，西園寺公望のように公家出身者もいたものの，明治維新の功績者である伊藤博文や山県有朋（やまがたありとも）・黒田清隆などほぼ薩長出身者で占められた。

また，議会については，全国から公選された議員が構成する衆議院だけでなく，皇族・華族・勅任議員が構成する貴族院も設置された。つまり，エスタブリッシュメントに当たる皇族や華族などの身分的な地位が依然としてある程度重視されていた。なお，議員の選任手続は憲法と同時に公布された貴族院令と衆議院議員選挙法で定められていた。

権利保障の範囲

公布当初の衆議院議員選挙法は，小選挙区制を採用しており，直接国税15円以上を納める満25歳以上の男性のみを有権者として認めていた。つまり，イギリスなど欧米の先進諸国と同様で，当初はいわゆる「財産と教養のある市民」のみが参加を許されていた。その後時代を経るにつれて制限は緩和され，パーソンズがいうように，権利保障は徐々に拡充されていく。

また，大日本帝国憲法では，参政権のほかにも，所有権や請願権，居住・移転の自由や信教・言論・集会・結社の自由，裁判を受ける権利などが認められた。ただし，「法律ノ範囲内」や「臣民タルノ義務ニ背カサル」場合に限るといった漠然とした留保がつけられていた。そのため，モデルとしたプロイセンと比較しても，権利保障が不十分であると評価されている。さらに，イギリスと比較すると，それは一層明白になる。パーソンズによれば，イギリスでは権利主体であることと君主の臣民であることとがはっきり区分されている。つまり，市民は臣民として君主に従う一方で，権利主体として君主を抑制できる均衡関係に立ち，市民と君主の間で権力分立が成立している。ところが，日本では君主に劣後する「臣民の権利」にとどめられていた。

したがって，次のようにいえるだろう。日本の立憲制は大枠としては先進の欧米諸国と同型で，身分にかかわらず権利の保障があり，国政参加の道も開かれた。ただし，君主に忠実な臣民であることが権利主体であることよりも明確に優先される，という変異がみられた。しかも，「忠君愛国」を謳う教育勅語や，皇祖を祀るいわゆる国家神道の制度によって，その優先関係は補強されていた。

パーソンズは，国家の枠を超えて広く普及していたキリスト教との比較で，神道が国家の枠内にとどまるものであった点に注目している。というのも，キリスト教（とりわけ宗教革命に由来するピューリタンの思想）の影響から，神に根拠づけられた個人の神聖な権利は国家すら超越する普遍性をもち，君主も侵害できない普遍的な人権だと観念されるようになったことが，「法の支配」を可能にした重要な要因だと考えているからである。また，そうした権利観念は，自由民権運動などが掲げた天賦人権説に通じる。なぜなら，天賦人権説では「全ての人間は生まれながらにして天から授かった権利を有し，為政者もそれを奪うことはできない」と考えるからである。

ところが，神道は特定の国家・君主と一体化しており，国家・君主に優越する権利保障を根拠づけるものではなかった。権利を神聖視するのではなく国家・君主を神聖視するものだった。したがって，パーソンズの学説を参照すると，日本の近代化は，ピューリタンの思想を普及させる宗教革命を欠くため，「法の支配」によって権利保障をもたらす民主革命も不十分だったといえるだろう。このように，宗教的要因まで考慮に入れると，どういった立憲制なのかその特徴がより明確になる。

重要諸法の整備

憲法の制定と並行して，他の重要な法も次々と制定されていく。そのような取組みは，もともと開国時に締結した不平等条約の改正に関わるもので，近代化の当初から大きな課題となっていた。とりわけ居留民保護を理由とする領事裁判権の撤廃を導くためには，欧米と同等の「文明国」として認められるように，成文法を整備し権利を保障する近代的な司法制度を確立する必要があった。

もっとも，前述した仮刑律を編纂した後，新政府が1870（明治3）年に制定した新律綱領は，江戸期と同じく明や清の律令に倣ったものであった。その主な内容は罪と罰について定めた刑事法になるが，広く社会秩序の維持全般を目的として民事法や行政法に関する内容まで無限定に含んでおり，法の領域の分化が不十分だった。また，仇討ちのような復讐行為も容認されていた。

ちなみに，パーソンズは法の領域分化のような分化の進展が近代化の重要な指標になると考えている。たとえば，復讐など私人による自力救済を禁止し公権力が物理的制裁を独占する状態も，公私が明確に分化していることを意味するので，近代化の程度を測定する重要な指標の一つになる。したがってそのような指標からすると，近代化当初の制度は，復讐が容認されているように，分化がまだまだ不十分なものが散見される。

とはいえ，新律綱領のような旧来の制度を継承する法が施行されている間，フランスから政府顧問として招かれていた法学者ボアソナードに助けられながら，欧米に倣った近代的な刑法典の編纂が進められていた。そして，1880（明治13）年になって，民事法や行政法が分化し，人権保障に資する罪刑法定主義や不遡及の原則を採用した近代的な刑法（旧刑法）が公布された。

民事法については，土地が領主支配から脱し私的所有と自由な流通が可能になったことに伴い，土地の担保に関わる地所質入書入規則が地租改正条例と同じ1873（明治6）年に定められた。また，土地売買譲渡規則が1880（明治13）年に定められた。しかし，重要な資産であった土地に関する法を除くと，民事関係の法は民法の制定まで整備が必ずしも十分ではなかったと指摘されている。また，法を適用して判決を下す裁判ではなく，条理などに基づき当事者を和解に導く勧解（かんかい）という簡易・迅速な処理手続が頻用されていた。かつ，持ち込まれる総事件数も，後代ではみられないほどきわめて多かった。

その間，ボアソナードが中心となり，10年近くの時間をかけて民法が起草された。そして，憲法発布の翌年に，商法や民事訴訟法・刑事訴訟法とともに公布された。しかし，フランス法の影響が強過ぎるとの非難が出されるなど，法典のあり方をめぐって論争が生じたため，商法とともに施行は延期される。結局，日本人起草者を中心に据えて，ドイツ法のパンデクテン方式を採用したり，慣習を取り入れる余地を広げたりする修正が行われた。また，商法については，ドイツから招いたロエスレルを中心に起草されていたが，ここでも日本人起草者を中心に据えて，商慣習をより積極的に法として認める修正が行われた。民法も商法も，国内の現状から遊離し過ぎないように調整が図られたといえよう。

専門化

上記のように，憲法・刑法・民法・商法・民事訴訟法・刑事訴訟法の六法が整備され，19世紀末には近代的な法体系が確立された。それと同時に，法を運用するための制度も整備されている。1890（明治23）年には三審制や裁判官の身分保障などを規定する裁判所構成法が制定された。さらに，1891（明治24）年には判事検事登用試験規則，1893（明治26）年には弁護士法や文官任用令が定められ，大学で専門的な教育を受け，いわゆる高等文官試験のような試験に合格した者によって法が専門的に運用される制度も導入されていく。

もともと1886（明治19）年の帝国大学令によって発足した帝国大学，とりわけ法科大学は，法学を修めた官吏の養成を重要な使命としており，文官採用試験の試験科目も法科偏重となっていた。また，「法科万能」といわれたように，法科出身の官僚は工科出身の技術官僚などより昇進で有利であった。

こうして，身分や出自ではなく，学業・学歴がものをいうメリットクラシー（知的能力・業績が力をもつ制度）が確立していく。専門的な能力を活かした統治を行うことに加え，藩閥や政党の影響を受けた縁故採用・情実人事を排することもその目的とされていた（もっとも，政党政治が隆盛すると，選挙活動の取締りや公共事業の決定を担当していた内務省のように，政治家が幹部人事に干渉するケースがみられたそうである）。

なお，パーソンズによれば，法の運用の専門化，すなわち専門分化も，分化の一例として近代化の進展を示す重要な指標になる。そして，専門分化は外部からの干渉のハードルをあげるので，法が政治などから分化し自律・独立する重要な契機となる。

たとえば，1891（明治 24）年に起きた大津事件を取り上げてみよう。薩摩藩出身の松方正義首相などから死刑を求める圧力があったにもかかわらず，大審院は法に従いロシア皇太子襲撃犯に対して無期徒刑の判決を下した。専門性を重視する職制が裁判所で採用されており，裁判官が（人事権については司法大臣に握られていたものの）裁判権については独自に行使できたことが，藩閥の圧力や政治介入をはねのけられた要因の一つであると指摘されている。

他方で，裁判官のような在朝法曹と違い，在野法曹である弁護士については，1893（明治 26）年の弁護士法で弁護士会の活動に政府（司法省）が規制をかけ介入できるようになっており，自治が十分には認められていなかった。パーソンズによれば，法の担い手の自治は，外部からの介入を抑えて法を貫徹していく際の支えとなり，「法の支配」の基盤になる。ところが，そうした基盤は脆弱であった。政府からの俸給ではなく，依頼者（民間人）から報酬を得て自活する弁護士の立場が脆弱であると，政府に対する制約が働きにくく権利保障が不十分になる可能性が高くなってしまう。

とはいえ，不十分ながらも，国際社会で求められる水準の権利保障の仕組みが徐々に整備されていった。その結果，1894（明治 27）年の日英通商航海条約の調印を皮切りに，不平等条約の改正が実現していく。

第 5 節●日本における近代化の特徴とその後の展開

官尊民卑の傾向

上記のように，欧米諸国が支配する国際社会に組み込まれたことで，欧米から浸透してきた近代的な諸制度を共有していく過程が近代化だと理解できる。パーソンズの学説に準拠すると，欧米との社交をつつがなく成り立たせるために，その社交で必要とされる規範を学び身に付け，一人前のメンバーとして仲間入りを認められる（同等・対等な一等国として扱われるようになる）過程だと表現できる。

ただし，独自の変異も生じている。とりわけ重要なのが，宗教革命を欠いたことによる権利保障の弱さと関連して，「官尊民卑（かんそんみんぴ）」の風潮が支配的だったことである。そのような特徴は，日本における近代化のその後の展開も大きく規定したと考えられる。

官尊民卑といわれるようにもっぱら官に権威が集中する傾向は，ちょうど憲法がプロイセンをモデルとしていたように，プロイセンを典型とする北東ヨーロッパ地域の近代化でみられるパターンだとパーソンズはいう。ヨーロッパの北東地域は，イギリスなどヨーロッパの北西地域に比べると近代化の後発組であるため，一気呵成（かせい）に近代化を推進しようと急激な社会改革が次々と実行に移された。そして，そのような一大事業を進めるにあたって力を発揮し権威を誇ったのが官僚制化された行政機構である。なぜなら，中央集権化されしっかり統率されて強力かつ効率的に業務を遂行することに秀でた組織形態だからだと，パーソンズはウェーバーの官僚制研究を参照して指摘する。

実際，官吏は権威・権力を有し俸給も良かったから，学歴エリート層には非常に人気のある進路であった。また，天皇の任官大権（大日本帝国憲法第10条）によって官吏は任用されていたため，君主を戴き君主に帰属するものとして威光を笠に着ることができた。高官ともなると威光は相当に大きく，民選の議員以上に郷土の偉人として歓迎されることもあったという。

さらに，昭和期に入り行政機構による統制が増大すると，「天皇の官吏」と吹聴され，天皇が嘆くほどの驕り高ぶりを官僚はみせるに至る。それくらい君主と官庁の一体性が強調され権勢を振るった。ウェーバーが母国ドイツの行く末として懸念していたように，日本でも官僚制が人々を抑圧していく事態が生じるのである。

市民の自由への制約

権利の保障は本来，個々人が「臣民」として君主・官庁に無限定に従属し全人格的に支配されるのではなく，「市民」として支配を受ける範囲を限定する働きをもつ。したがって，権利保障は君主・官庁の権力行使を制約するし，君主・官庁が中央集権的に政策を実行する際には阻害要因となりうる。そのため，近代化の後発組では，君主・官庁の権限行使を妨げない範囲でしか権利が保障されなくなる傾向がみられる。

そうした民主化を制限する調整が，既述の通り，大日本帝国憲法でも図られていた。

さらに，行政を訴えることが大幅に抑制されていたのも見逃せない特徴である。もともと，江藤新平が中心となって1872（明治5）年に出された司法省達第46号では，府知事や県令といった地方官等に対する行政訴訟が認められていた。その結果，自由民権運動の影響もあって役人が次々と訴えられ，（市民の訴えが契機となって発動する）司法権によって行政権が掣肘（せいちゅう）される「行政牽制の弊」が主張されるに至る。そこで，行政訴訟を抑制するさまざまな試みが行われた。江藤失脚後は，行政に対する権利主張（訴訟）ではなく，行政への陳情・哀願こそが好ましいと考えられるようになっていたからである。そして，憲法施行に合わせて1890（明治23）年に公布された行政裁判法では，司法権を行使する通常の裁判所とは別に，内閣に属する行政裁判所が新設された。また，言論・集会・結社・信教の自由に対する行政処分等は除外するなど，訴訟要件がきわめて狭められた。

こうした事情から，法は市民の自由を守る権利保障の砦というより，国家を運営していく上で必要な官吏の統治技術とみられがちになる。法学が市民本位の「市民法学」ではなく役人本位の「官僚法学」だと度々非難されてきたのも当然といえるだろう。

また，公益がもっぱら「官」によって実現されるかのような錯覚をもたらす制度にもなっていた。たとえば，イギリスではチャリティ法が400年以上もの歴史を誇るように，福祉事業などでは民間のボランティア団体による公益活動が積極的に推進されてきた。しかし，日本では19世紀末に民法で法人制度が定められて以降，21世紀初頭に公益法人制度改革が行われるまで，1世紀以上に渡って民間主体の公益活動が官庁の裁量で制約されてきた。それが市民社会の未成熟といわれる事態を招く一因になっていると考えられる。

このように，日本の近代化は，イギリスやその周辺地域が先導してきた近代化の先頭集団とは異なり，君主・官庁の優位が顕著である点に特徴がある。しかも，そのような特徴は，近代化が進展するなかでさらに明瞭になる。

産業振興の実施

官優位の傾向は，日本における産業革命が官のリーダーシップによって導かれていたことからも確認できる。明治維新以来，政府は近代的な産業を一刻も早く育成するため，工部省や内務省といった省庁を中心に，鉄道・電信・造船や造幣・軍工廠（こうしょう），鉱山・工場などの経営に自ら乗り出していた。しかし，官営工場は経営状態が良好でないものも目立ち，また民間産業を奨励するため，1880（明治13）年の工場払下概則を皮切りに，官営事業の民間への払下げを次々と進めていった。そのような施策は，政府と相互依存関係にあった三井・三菱などの政商が，外資に対抗できるだけの巨大資本を形成し，さらには財閥へと成長していく一助となった。

当時，重要産業が外資の手に渡ると国外勢力に経済的な支配を受け植民地化の拠点とされる恐れがあった。だから，官営化もしくは国内資本の育成が重要な課題となっていた。

他方で，朝鮮の支配権を争った日清戦争（1894～1895年）で巨額の賠償金を得ると，政府はそれを資本にして，軍需を含む産業振興を図った。また，割譲された台湾では製糖業を中心に産業振興を図る植民地経営を行った。支配権を得た朝鮮では，鉄道事業や銀行業など重要なインフラに投資を行ったりして利権を獲得し，居留民も大量に送り出した（その保全・保護が，1904年の日露開戦の重要な要因になる）。

こうした一連の事情が積み重なって，六法が出そろった19世紀末頃から，会社が次々に設立され工場の操業開始が相次ぎ，貿易量も劇的に増大するなど，日本の産業革命と呼ばれる著しい経済成長がみられた。経済成長は，政府の事業推進，法（とりわけ民商法）の整備による市場社会の興隆，サミュエル・スマイルズの『西国立志編』や福沢諭吉の『学問のすゝめ』などが奨励した立身出世志向の普及など，政治的・社会的・文化的な要因が組み合わさることによって実現したといえよう。このような連関に，パーソンズは注目する。

保護政策の実施

産業発展に伴い農村にも市場化が一段と波及する。その結果，茶のように換金性の高い商品作物が積極的に栽培されたり，官立の農学校での指導を通して養蚕業が盛んになったりした。そして，農業経営に加え貸金業や商工業などの事業に成功し土地を買い集める大地主（中には都市部在住の不在地主もいた）が台頭する一方で，不況による市場価格の下落によって生活が破綻し金納の地租を払えず小作人に転落する農民も続出した。

そこで，零細農家の没落により社会が不安定化するのを防ぐため，ヨーロッパの協同組合制度に倣った産業組合法が1900（明治33）年に制定された。同法は，農業に限らず林業・商工業・水産業などを対象に，販売や購買・信用といった事業の改善・向上を図るため同業者組合（現在の農業協同組合や生活協同組合，信用金庫などの源流に該当する）の結成を促すものだった。そして，行政による指導監督の下で税の減免を行った。

また，農家からは現金収入を求めて工場に働きに出る人々も多く，増加する工場労働者の一大供給源になっていた。ただし，工業生産は世界規模の市場競争に組み込まれて容赦のない競争圧力に晒されていたため，労働者はしばしば不衛生な環境で長時間・低賃金の労働を強いられていた。そこで，過酷な労働条件を改善するため，労働法の制定も試みられた。1903（明治36）年に刊行された『職工事情』は，農商務省が法案作成のために行った実地調査の結果を5巻にまとめた大著で，各産業の賃金や労働時間，悲惨な労働実態などについて聴き取りを行った成果が実に生々しく記されている。

しかし，紡績業を営む中小企業を中心に経営者側からの反対が強く，なかなか立法は実現しなかった。日露戦争後の1911（明治44）年になってようやく，年少者や女性の深夜業を禁止するなど工場労働者の保護を目的とする工場法が制定された。もっとも，施行は5年後の1916（大正5）年であったし，例外規定を抜け道として悪用するケースが相次いだ。しかも，集会・結社を規制する治安警察法が農民・労働運動の弾圧を目的として1900（明治33）年に制定されており，労働者の団結・ストライキには制限がかけられていた。

社会権の保障

上記のような保護政策も，イギリスをはじめ近代化の先進国として既に同様の問題に直面していた欧米に倣ったものである。ここでも基本的な点では制度の同型化が生じていた。とりわけドイツの鉄血宰相ビスマルク（1815-1898）による社会政策が，先進的な取組みとして官僚たちから参考にされていた。

また，ビスマルクの特徴であるアメ（保護）とムチ（運動の弾圧）の併用も，上述の通り模倣されていた。そこにはビスマルクの場合と同様に，社会主義思想の浸透に対する強い警戒があった。社会主義者・無政府主義者を強引にも非公開の公判手続で死刑に処した1910〜1911（明治43〜44）年の大逆事件に，その警戒ぶりが端的に表れているだろう。こうして，明治末期の20世紀に入る頃から，社会主義運動への対抗もあって，社会権の保障が政治課題として意識されるようになる。

たとえば，大逆事件の直後には，いわゆる済生勅語によって天皇からの御下賜金（ごかしきん）を基金とする恩賜財団済生会（現在は日本最大級の社会福祉法人である）が設立されている。そして，国民皆保険が未だ実施されていないなか，貧困者に無料の医療を提供するなどの慈善救済事業が開始された。こうした公益事業は，半強制的に華族・官僚・資産家などの寄付も募りつつ，内務省管轄の警察や役場に委嘱して実施されていたことから，治安対策も兼ねた富の再分配を伴う社会福祉政策だったと評価されている。しかし，社会権の保障の一環として生存権という権利が認められたわけではなく，あくまで恩恵にとどまった。

他方で，教育を受ける権利については進展がみられた。憲法では規定がなかったものの，1900（明治33）年に改正された小学校令により授業料が原則廃止となり義務教育が無償化される。そして，異法域とされた植民地を除けば，就学率も100％に近似するレベルで安定的に推移するようになる。パーソンズは，公教育の機会均等を平等原理に基づいて均等化を促す社会権の一環として捉え，そうした社会権の保障の実現が初期近代化と区別される現代化の重要な指標になると考えている。したがって，そのような指標からすると，20世紀初頭前後が現代化の端緒だと判断できる。

第6節●現代化の開始

平等化の圧力

出自・性別などに関係なく平等に初等教育（に加え中等・高等教育）が普及することを，パーソンズは教育革命と呼ぶ。なぜなら，民主革命や産業革命と同じように，軋轢を伴いつつ，社会に革命的な変動をもたらすからである。

初等教育の普及によって人々の知的水準が向上すると，新聞・雑誌などの出版ジャーナリズムが大衆一般に普及するようになり，社会問題への意識や人権意識が社会で向上する。そうした連関が日本では20世紀に入る前後からみられるようになるが，ちょうどその頃から，言論や集会への規制にもかかわらず，待遇の改善を求めて声を上げる社会運動が徐々に台頭する。具体的には，労働者の地位向上を求める労働運動に加え，女性の地位向上を求める女性解放運動や，差別解消を求める部落解放運動などがある。

これらは，パーソンズの学説を参照すると，平等が不十分にしか実現されていない現状を問題視し，平等の徹底に向けて圧力をかける運動になる。身分制からの大転換が進む初期近代化が一段落し，平等原理が価値あるものとして幅広く共有される社会へと移行したことを物語る状態であるだろう。

さらに関連して，参政権の平等を求める普通選挙運動も徐々に広がりをみせる。1900（明治33）年には納税要件が直接国税10円以上に引き下げられたし，1911（明治44）年には普通選挙法案が貴族院では否決されるも衆議院では可決されるに至る。また，参政権を有しない人々が，政治的な影響力を実質的に行使する事態もみられた。

その代表例が，1912（大正元）年に生じた第一次護憲運動である。財政難の中での軍備拡張問題がきっかけとなり，軍と結びついた藩閥支配を排し政党による議会政治を尊重するよう求めて「閥族打破・憲政擁護」を叫ぶ運動が起きた。当初は交詢社に関係するジャーナリストや実業家・政党員たちが主導したものの，参政権をもたない都市下層民なども多数参加する大規模な大衆運動へと発展したため，長州出身の桂太郎率いる藩閥内閣は2ヶ月ほどで退陣を余儀なくされた。大正政変と呼ばれる事件であり，大正デモクラシーと呼ばれる時代の幕開けである。

また，米の市場価格の暴騰に抗議し直接行動に及ぶ米騒動が1918（大正7）年に全国各地で多発し，大衆の力の大きさが如実に示されたことで，人々の支持を選挙によって調達する政党の地位が高まるようになる。結果的に米騒動は，衆議院第一党であった立憲政友会の総裁である原敬（たかし）が元老から奏薦され「平民宰相」となる道を切りひらいた。そして，もっぱら軍人が就任していた軍部大臣などを除き，ほぼ全ての閣僚を政党員から選ぶ本格的な政党内閣が誕生した。「公議輿論の尊重」が政権選択にまで及ぶようになったといえよう。

民主化の進展　パーソンズによれば，公教育を均等に普及させる教育革命は，平等化圧力を高め，民主革命をより徹底する方向へと社会を変動させる。つまり民主化を進展させる。日本の近代化でも，確かにそのような影響があったと認められるだろう。1923（大正12）年には陪審法が公布され，市民が刑事裁判に参加する陪審制が導入された。刑事司法の民主化である。

なお，陪審制導入の背景には，検察の暴走を牽制する狙いもあったと指摘されている。当時，検察官僚は，政治家が関わる汚職事件や選挙違反の捜査・訴追などを通じて政治に影響力を行使できるほど，権力を強大化しつつあった

（代表例となるのが平沼騏一郎である）。また，政治家に限らず一般市民に対する強権的な取調べが，人権蹂躙として問題視されていた。だから，前年に大改正された刑事訴訟法でも，弁護士などからの強い要求を受けて，黙秘権を保障するなど権利保障が強化されていた（が，実際の運用では，人権蹂躙問題が解消することはなかったと指摘されている）。

さらに，刑事司法だけでなく民事司法の民主化を求める動きも出てくる。大衆の権利伸長を目指す弁護士団体（代表例となるのが自由法曹団である）の活動が活発になり，資産を「持たざる者」にも配慮する方向で契約のルールを是正するよう求める社会運動が次々と発生した。そこで，関係者の利害調整を図る調停制度が次々と導入された。

たとえば，都市化が進むなかで住宅不足が深刻化し借家争議が頻発したため，立場の弱い借主を保護し力関係の不均等・不平等を是正する借地法・借家法が1921（大正10）年に制定され，加えて借地借家調停法が1922（大正11）年に制定された。さらに，農村では小作料の減額・免除を求める小作争議が頻発し，調整役や調停役として各府県に小作官を設ける小作調停法が1924（大正13）年に制定された。労使紛争については，調停官を設ける労働争議調停法が1926（大正15）年に制定された。

なお，調停は話合いによって当事者間に融和的な円満解決をもたらそうとするものであるから，社会運動の牙を抜いて体制内に取り込む措置だったという見方もある。とはいえ，従来よりも主張を表明する手段・機会が「持たざる者」にも広く開かれるようになったのは確かであるし，その限りでは民主化が進展したといえよう。

また，関東大震災が起きて間もない1924（大正13）年の年明けには，第二次護憲運動も生じている。大半の閣僚が貴族院議員である清浦奎吾内閣が発足したことに対し，特権階級打破を訴えて大衆の支持を確保しながら，憲政会・革新倶楽部・政友会の三党（護憲三派）が中心となって倒閣運動が繰り広げられた。追い込まれた清浦内閣は衆議院の解散・総選挙を行うものの，政党内閣や普通選挙の実現を主張する護憲三派が圧勝する。そして，新たに発足した加藤高明内閣では，国際協調路線をとって軍縮（経費削減）が行われたほか，いわゆる普通選挙法が1925（大正14）年に成立し，原則として満25歳以上の男性に選挙権が，満30歳以上の男性に被選挙権が認められた。

自由主義からの分岐

上記のように，大正デモクラシーは民主化を大いに進展させたといえよう。とはいえ，普通選挙法では女性の参政権は認められなかったし，同時に治安維持法も成立していた。治安維持法は，共産主義運動の台頭を警戒して，国体の変革と私有財産制度の否認を目的とした結社を処罰するために制定されていた。しかも，その後，罰則を強化する改正（1928〔昭和3〕年）や拡大適用が行われ，同法は軍国主義化のなかで思想統制のために用いられていく。

興味深いことに，パーソンズは，軍国主義化した日本がナチス・ドイツやソ連と同じ傾向を有するとみなしている。というのも，いずれも，強者として自由を謳歌する英米（自由主義の源流）を敵視し対抗するため，個々人の自由を次々と制約して統制を強化し対外膨張を図る強権的な体制だったと把握できるからである。イギリスを起点とする近代化の主潮流からコースアウトし，分岐した別の路線をたどるようになったわけである。では，そのような変異は，どうしてもたらされたのだろうか。

パーソンズの学説を参照すると，次のように考えられる。社会に革命的な変化を引き起こす近代化は，必然的に社会を不安定にする。そこで，社会の不安定さが政情不安に結びつくのを防ぐため，安定化装置として，諸勢力が参加し調整を図る議会制度が必要とされるようになる（明治維新前後に生じた事態である）。しかし，他の党派と競合しながら共存する議会制度に，全ての勢力が喜んで参加するとは限らない。議会制度は誰にも等しく信条の自由を認めて複数の党派の平和的共存を認容するピューリタン由来のリベラルな考え方に沿うものであるが，そうした寛容の精神とは相容れず破壊的闘争を選択する勢力も存在するからである。すなわち，自らの主義主張を絶対化して他者を攻撃し排斥する排他的なラディカリズム（過激な急進的運動）である。ラディカリズムは，自己が思い描くユートピアの即時実現を絶対視する急進性ゆえに，他者の自由や権利を尊重して妥協したりするような迂遠な議会制度を重視しない（同じ社会運動でも普通選挙運動などとは異なる点である）。

しかも，パーソンズによれば，議会のような安定化装置が機能せず社会が不安定化すればするほど，精神的な拠りどころを求めて「絶対的」なものへの帰依を渇望する依存欲求が高まり，攻撃的で威勢のよい過激な急進的運動が台頭しやすくなる。そして，強硬路線をとる過激な急進的運動が社会全体を巻き込むほど広がりをもち，リベラル派を抑えて支配的な勢力へと成長すると，自由や権利などお構いなく目的のためには手段を選ばない強権的な体制が成立する。フランス革命（民主革命）後に生じたジャコバン派の独裁的な恐怖政治が有名な例である。とするなら，大正デモクラシー後の日本においてはどのような要因が複合して，そのような強権的な体制が成立したのだろうか。

ラディカリズムの台頭

大きな転機となったと考えられるのが，1929（昭和4）年に生じたアメリカ発の世界恐慌である。近代化とともに国際市場に深く組み込まれていったため，繊維製品の輸出が激減するなど影響は否応なく日本にも及び，社会は一挙に混乱し不安定化した。国内では失業率上昇や農村の窮乏化が進み，国外では欧米諸国がそれまでの門戸開放路線を転換して閉鎖的なブロック経済化を進めるなかで，日本は苦難に直面する。その結果，欧米を模範とする近代化，とりわけ資本主義経済化に疑念を持つ声が大きくなる。

さらに，国内外の危機にうまく対処できない既存の政治のあり方にも，疑念を持つ声が大きくなる。しかも，政党が財閥と結託して利権漁りを行う金権政治に堕しているとの非難が湧きあがり，政党政治への幻滅が広がっていった。こうして，自由主義を基調とするイギリス由来の議会制度（民主革命の産物）も資本主義（産業革命の産物）とともにかつての輝きを失い，腐敗しているとみなされるようになる。

そうした閉塞感が漂う状況下で，明治維新ならぬ「昭和維新」をスローガンに国家を革新しようとするラディカリズムが台頭する。すなわち，金権的な資本主義（とその手先である議会制度）を克服する社会主義をモデルとして，国難を乗り越えられる強力な国家を天皇の名の下に建設しようとする急進的なユートピア運動である。

そのユートピアの淵源は，国家主義と社会主義を組み合わせた国家社会主義や，社会の救済に取り組む新興の宗教運動であった。また，大正デモクラシーで顕著にみられた平等化・平準化志向も継承されていたとの指摘もある。「自由（特に信条の自由）を平等に実現する」ことが自由主義の理念であるとすれば，急進的運動は「自由（特に「持てる者」の自由）を犠牲にしてでも平等を実現する」ことを理念にしていたといえよう。

彼らは議会制度を尊重せず，ユートピアを即時実現するため，腐敗した政党や財閥などを排除しようとテロやクーデターといった非合法な実力行使に出た。1932（昭和7）年の血盟団事件や五・一五事件，1936（昭和11）年の二・二六事件がよく知られた例である。

強硬路線の展開

ラディカリズムによるクーデターは，鎮圧されたため政権掌握に失敗した。とはいえ，国家を揺るがす大事件が相次ぐことで政党による政権運営には限界があるとの認識が広まり，結果として政党政治に多大なダメージを与えた。そして，面目を失った政党に代わって，威勢のよい軍部が台頭し，ラディカリズムが目指したような方向へと情勢は動いていく。

もともと軍部の台頭は，1931（昭和6）年に生じた満州事変の頃から顕著になっていた。満州事変では政党内閣の承認を欠く軍部の独断専行が続いたにもかかわらず，その戦果は偉大な皇国の証として国威を発揚し，大衆の熱狂を呼んだ。国際協調よりも破壊的闘争を仕掛ける攻撃的な強硬路線が支持を集める時勢になっていたのである。

そうしたなかで，テロやクーデターがたびたび発生し，親英米の国際協調派や政党勢力は威圧され，従来の軍縮路線は覆された。さらに，軍部にとって目障りな勢力に弾圧が加えられていった。議会政治を重視するなど大正デモクラシーを支えた憲法学の権威で，軍部大臣のポストを軍部から取り上げるような改革を提案していた美濃部達吉が，1935（昭和10）年に軍部から指弾された天皇機関説事件が代表例である。

その上，共産主義のみならず自由主義的な考えまでもが弾圧され，学問の自由も風前の灯火となっていく。強硬路線が支配的になるにつれて過激なナショナリズムが台頭し，万世一系の皇統など日本独自の神秘を誇る国体思想を絶対化して，それにそぐわない学説などは攻撃し排斥する排他的な気運が高まったからである。こうして，自由を尊重せず排他的で強権的な体制が築かれていった。

国家統制の拡大

日中戦争が1937（昭和12）年に始まると，自由の抑圧はさらに拡大した。戦争遂行のために，軍需産業に優先的に融資を回すための臨時資金調整法や，軍需優先で物資の需給を統制する輸出入品等臨時措置法がすぐに公布された。1938（昭和13）年には，「人的及物的資源ヲ統制運用スル」ために国家総動員法が制定され，議会の審議を経る必要のない勅令によって国民生活のほとんどあらゆる領域を統制できる広範な権限が政府に与えられることになった。こうして，軍部・行政という上意下達の官僚制機構が社会の隅々まで国家統制を及ぼそうとする体制が出現した。

もっとも，国家総動員法が施行されても，緊急性がなければ勅令ではなく法律を成立させるように主要政党は努力した。議会制度が形骸化しないように努めたのである。ウェーバーにとっては，民衆を「庇護民」として隷属させる官僚制化の趨勢を押し止めるのが，市民の代表として人々の自由を守る議会制度であった。また，パーソンズにとっては，社会が極端な方向へとラディカルにシフトするのを押し止めるのが，諸勢力の調整を図る議会制度であった。確かに，その通りの働きがみられたといえよう。

とはいえ，その後，勅令である国民徴用令（1939〔昭和14〕年）によって軍需工場などへの強制動員が行われたり，価格等統制令（同年）によって公定価格が強制されたり，新聞紙等掲載制限令（1941〔昭和16〕年）によって言論統制が行われたりした。1941年に主に米英蘭との間で太平洋戦争が始まると，生活必需物資統制令によって，軍需優先による物資不足に対応するための配給制度が本格化する。また，企業整備令（1942〔昭和17〕年）によって，民需から軍需への転換を促すために中小企業の統廃合も進められた。

そのような動きと同時に，1938（昭和13）年には国民福祉増進のため厚生省が設置され，国民健康保険法が公布された。さらに，1941（昭和16）年には労働者年金保険法が公布されるなど，社会権の保障につながる社会保障法の整備も進められた。

なお，一連の重要な統制法や社会保障法が成立した時に首相を務めていたのは，青年期に「持てる国」である英米を批判し社会主義も研究していた近衛文麿（このえふみまろ）である（華族出身の貴族院議員であった）。そして，近衛内閣の下で創設されたのが，国家総動員体制の企画・推進にあたる企画院である。企画院には，統制の強化によって国家の革新を目指す革新官僚のほか，治安維持法違反で検挙され共産主義から国家社会主義へと転向した元運動家たちが多数登用されていた。彼らはナチス・ドイツやソ連の統制経済・計画経済体制をモデルとして，国家総動員体制を構築しようとしていた。さらに，ナチス・ドイツやソ連のような一国一党制への移行をもくろむ近衛らの主導で，大政翼賛会が1940（昭和15）年に結成され，全政党が解散するに至った。

第7節●現代日本の基礎

本章では，パーソンズの学説に準拠して，近代化という革命的な社会変動と関連づけながら，法の歴史を叙述してきた。すなわち，イギリスを起点として地球規模で広がっていった近代化の波に巻き込まれ，共通の法の下への包摂によって権利の保障が拡充していく過程を描き出してきた。もちろん，その過程では主に模倣を通して制度の収斂がみられただけでなく，変異も生じていた。立憲制や議会制度を導入するなど大枠では同型であっても，言論や結社の自由をはじめとする権利の保障は日本では不十分であった。

さらに，自由が一層幅広く抑圧され，全政党が解散する事態も生じた。信条の自由を重んじて複数の結社が競合し共存することを是とする自由主義の路線から外れて，軍事偏重で排他的な一体性・同調を強制する一党独裁化のコースを歩み出したのである。もっとも，議会制度や権力分立制を規定する憲法がブレーキの役割を果たし，全体主義的専制国家にまでは至らなかったと指摘されている。

とはいえ，自由主義路線への引き戻しは，連合国軍最高司令官総司令部（GHQ）による占領改革によって進められることになった。占領改革では，軍の解体や軍需生産の停止といった非軍事化が進められ，信教の自由を徹底して保障するため国家神道が否定された。また，「政治的，公民的及宗教的自由に対する制限除去の件」というGHQによる覚書（いわゆる人権指令）によって治安維持法や思想犯保護観察法などが廃止され，政治犯・思想犯が釈放された。

さらに，憲法の自由主義化が求められ，議会の地位を引き上げ人権保障も強化し国民主権と象徴天皇制を明示する日本国憲法が制定された。留保なく言論や結社の自由も保障されたし，労働者や女性の権利も幅広く認められた。関連して，アメリカをモデルとする国家公務員法の制定によって「天皇の官吏」は「国民全体の奉仕者」になり，地方自治法の制定によって知事の公選制や地方議会の権限拡大が実現した。また，農地改革や財閥解体によって，資産の寡占と経済的弱者の隷属を解消する経済の民主化が進められた。弁護士法も改正され，弁護士自治が認められた。

パーソンズは，アメリカ政府が占領政策を検討するために設けていたFEA

(Foreign Economic Administration) の専門部局 (Enemy Branch) の顧問として，対日占領政策の策定に関わっていたが，上記の占領改革はほぼパーソンズの考えに合致するものである（なお，パーソンズの共同研究者であり盟友でもあった人類学者クライド・クラックホーンが，戦時情報局や占領軍の顧問を務めていた）。パーソンズは次のように考えていた。皇室制度を廃止するようなあまりに革新的な改革は，過度に社会を不安定化させるので好ましくない。ラディカリズムが再び台頭し，軍事共産主義国家のような強権的な体制を復活させる可能性が高いからである。だから，思想良心の自由や議会制度などリベラル・デモクラシーを実現する制度を強化し，平和的な経済発展の機会を与えて，時間はかかるが着実に自力で民主化を進められるようにすべきである。

こうしたパーソンズの考えが実際にどの程度影響力をもったのかは不明であるが，リアリストとしての真価が示されたというべきか，見事に対応する改革が現実化した。現代日本の基礎となる諸制度はこうした改革によってもたらされたわけであるが，それらがどのような特徴をもつのか理解する上でも，パーソンズは貴重な見識を提供している。

文献ガイド

* 石井寛治『日本の産業革命――日清・日露戦争から考える』（講談社学術文庫，2012年）
* 大門正克ほか編『近代社会を生きる』（吉川弘文館，2003年）
* 木村雅文『パーソンズと現代社会論』（いなほ書房，2011年）
* 佐野誠『ヴェーバーとリベラリズム――自由の精神と国家の形』（勁草書房，2007年）
* 筒井清忠編『昭和史講義1～3』（ちくま新書，2015～2017年）
* 利谷信義『〔新装版〕日本の法を考える』（東京大学出版会，2013年）
* 成田龍一『大正デモクラシー』（岩波新書，2007年）
* 坂野潤治『日本近代史』（ちくま新書，2012年）
* 松沢裕作『自由民権運動――〈デモクラシー〉の夢と挫折』（岩波新書，2016年）
* 水谷三公『官僚の風貌』（中公文庫，2013年）
* 三谷太一郎『日本の近代とは何であったか――問題史的考察』（岩波新書，2017年）

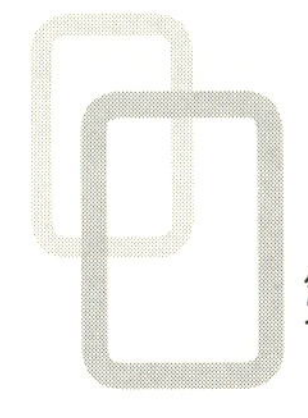

第2章　法教育と法学の始まり

どのようにして近代法は，日本の法となったのか。法はただ外国から引き写しただけでは機能しない。たとえば法を運用するためには，法の担い手がいなくてはならない。新たなシステムを導入するには，それを一から準備する必要がある。西欧法を受容するため，日本は学問としての「法学」もまた導入した。

ところで，この法学が日本に導入された明治初期には，学問それ自体，「立身出世」に直結して捉えられた。近代的学校教育制度を日本で初めて定めた，1872（明治5）年太政官布告「学制」序文では，「学問は身を立るの財本(ざいほん)共云べき者」であって，身分にかかわらず教育はなされるべきと掲げた。当時の風潮については，学問の有無によって貴賤・貧富は分化すると説いた，福沢諭吉『学問のすゝめ』の社会的ベストセラー化からも推し量られよう。

もちろん，実際には，教育の浸透は漸進的であった。義務教育（小学校）就学率が50%となったのは1880年代，90%を超えたのは1900年代に入ってからである。地域社会が教育費負担と労働力喪失（幼い子もまた重要な労働力であった）に耐えられなかったためである。いわずもがな，高等教育の普及はさらに遅れた。

それでも長い目でみれば，高等教育は徐々に大衆化していった。そして日本は法学の吸収に努めた。明治初期の法学講義は西欧そのままに外国語で行われたが，その四半世紀後には法教育の日本語化は達成されている。ともすれば「パンのための学問」と揶揄された法学は，それだけ実際的であり，そして国家建設にも密接に関わった。当初の法学部（法科大学）や法律専門学校には，官僚や法曹の供給が期待されており，また法学研究についても国家に寄与することが目指された。

第1節●西欧法の輸入と法教育：～1886（明治19）年

明治政府発足直後から，条約改正問題を念頭に西欧法の研究は進められた。当初は外国法典の翻訳作業からという，まさに手探りで始められ，後に海外調査や外国人法律顧問を通じて法学は蓄積されていった。ただし，法学の蓄積はすぐには立法に結実せず，この時期では1880（明治13）年の近代的刑事法典の制定にとどまった（旧刑法）。

さて，明治初期の法教育は，大きく三つの系統に分かれる。一つは，幕末以来の洋学を基礎に置く東京大学法学部である。ここでは，主としてイギリス法が英語で教授された。さらには，司法省が司法官育成を目的に設置した司法省法学校である。こちらでは，仏語によるフランス法の講義が主であった。この二者では，行政官や司法官の養成がなされた。最後に，私立の法律学校である。ここでは一転，日本語による法教育が目指され，主に代言人（だいげんにん）の資格取得につながった。それぞれに目的は異なり，さらに内実も大きく違ったが，これらが明治初期の法教育を担った。

1　洋学研究としての法教育と東京大学

大学南校・開成学校

日本における法学部・文学部・理学部のルーツの一つには，1868（明治元）年に設立された開成学校の名が挙がる。これは，江戸幕府下の洋学教育研究機関であった開成所（蕃書調所（ばんしょしらべしょ））を再興したものである。つまり洋学そのものがルーツの一つであり，これが国学や漢学ではないことには注意したい。幕末の対外危機の中で必要とされた洋書翻訳・洋学教育が開成所で進められ，結果として各学問分野の先駆者たちを育てた。法学を含む社会科学分野では，オランダ・ライデン大学に留学をして学んだ西周（にしあまね）および津田真道（つだまみち），またドイツ研究の端緒を開いた加藤弘之などがよく知られ，その後の学問状況をリードし，明治初期には啓蒙活動に従事した。

1869（明治2）年になると，政府は大学校を設立し，開成学校は大学南校（だいがくなんこう）に改称された。大学南校は，16歳以上の男子を対象とし，外国人教員に学ぶ「正則」，日本人教員に学ぶ「変則」の2種に分かれ，ともに普通科から専門科に進む。普通科では，英語・仏語・独語のいずれかの外国語にて，今でいう一

図表 19　東京開成学校 本科法学科 科目（1874〔明治７〕年）

第１年（下級）	列国交際法（平時交際法），英国法律（大意，憲法，刑法），憲法史記，心理学及論文，拉丁語
第２年（中級）	列国交際法（戦時交際法），英国法律（慣用法，結約法，衡平法，其主旨），羅馬法律，政学，修身学及論文，法蘭西語
第３年（上級）	列国交際法（交際私法），英国法律（私犯法，海上法，貿易法），羅馬法律，法国法律（那侖拿法律要旨），比較法論，証拠法及理説

出典：『東京帝国大学五十年史 上冊』（1932 年）299 頁

般教養科目を習う。そして専門科では，法科，理科，文科に分かれる。法科の科目は，民法，商法，詞訟法，刑法，国法，万国公法，利用厚生学，国勢学が予定された。詞訟法は訴訟法，利用厚生学は経済学の意味で，全て洋学である。

大学南校の特色に，貢進生制度が挙げられる。各藩の石高に応じて 16～20 歳の年齢の優秀な人材１～３名を推薦させ，大学南校に入学させるものである。将来の国家的エリートの養成が目的だが，学費は全て藩が負担した。中央集権への移行期という面がみられよう。全国から集められた貢進生の質は玉石混淆であったが，そのなかから井上 毅，鳩山和夫，穂積陳重といった，後の優れた法学者を輩出した。なお，貢進生制度は，1871（明治４）年の廃藩置県によって廃止されている。

大学南校は，1871（明治４）年の文部省の設置により南校と改称され，翌 1872（明治５）年には学制の制定に伴って第一大学区第一番中学校となり，さらにその翌年には開成学校と改称された（またその翌年には東京開成学校と改称）。法教育が実際に整備されたのは，開成学校の時期となる。

開成学校の法科は予科３年，本科３年が修学年限である。予科にて外国語を習得し，本科にてそれを用いた法学が教授された。なお，開成学校では，外国語は英語が基本とされ，仏語が副次的にのみ使用された。このため法学の内容もイギリス法が基本となった。これは主として財政上の問題による。当時の開成学校の教員はいわゆるお雇い外国人で，俸給は概して高額であり，場合によっては政府首脳クラスと比べても遜色がなかった。英仏独３ヶ国の教員を雇う余裕はないため外国人教員の削減がはかられ，結果として，英語・イギリス法教育が主となった。

さて，本科の科目をみてみると，まったく日本法について触れられていない

図表 20　東京大学法学部 科目（1883〔明治 16〕年）

第１年	日本古代法律（大意），日本現行法律（刑法），法学通論，羅馬法，英吉利法律（契約法），論理学，漢文学及作文，仏蘭西語
第２年	日本古代法律，日本現行法律（刑法），英吉利法律（財産法，私犯法，商法），仏蘭西法（民法），仏蘭西語
第３年	日本古代法律，日本現行法律（治罪法，訴訟法，訴訟演習），英吉利法律（商法，海上法），仏蘭西法律，国法学（国法総論，憲法）
第４年	日本古代法律，日本現行法律（治罪法，訴訟法，訴訟演習），英吉利法律（海上法，訴訟法，証拠法），仏蘭西法律（刑法，行政法，訴訟法），国際法（国際公法，国際私法），法理学，卒業論文（邦文，漢文，英文）

出典：同前 582 頁以下

ことに気づく（図表 19 参照）。ただし明治当初の日本法は，実際的な部分で近世的要素の多くを持ち越しており，また法令のほとんどは単行法であって，体系化や統一化が模索されていた時期にあった。学問として教授するには不向きであり，言語の問題を除けば，むしろ外国法の方が学びやすかったといえよう。なお，イギリス法は，周知のように判例法主義をとっている。このため教授されたイギリス法は，実務的というより基礎理論的なものであった。当時の試験問題の多くも，たとえば “sin” と “crime” と “tort” の差異を記述させるなど，法的基礎概念が英文にて問われた。

東京大学法学部

1877（明治 10）年になると，東京開成学校と東京医学校を併せ，本格的な総合大学として東京大学が創立される。学部は，法学部・理学部・文学部・医学部が設置された。原則 4 年制である。なお，予科については，言語習得のための 4 年制の予備門として再編された。

法学部開設時の学科課程基本方針は，「本邦の法律を教うるを主とし傍ら支那，英吉利（イギリス），法蘭西（フランス）等の法律の大綱を授くる事とす」とされた。当初はイギリス法中心のプログラムであったが，1880（明治 13）年には「支那」の文字が削除されるとともに，徐々に日本法やフランス法の比重も増え，後にはドイツ法の講義も開始された。ドイツ法最初の科目は国法学であり，これは 1881（明治 14）年の「明治 14 年政変」によって，政府内でイギリス憲法学が危険視された結果である。なお，カリキュラム中に政治学分野が見当たらないのは，当時，政治学が文学部にて教授されたことによる。

この時期には日本人教員が増加し，アメリカ人法律家の H・T・テリー（英吉利法律）やドイツ人法律家のK・ラートゲン（国法学）等の外国人教員はむしろ少数派となった。日本古代法律を国学者が，現行法を現役の司法官や官僚（鶴田皓〔つるたあきら〕，玉乃世履〔たまのせいり〕等）が講義するとともに，大学南校から東京開成学校時代にかけて断続的に海外に送り出してきた留学生が帰国しはじめ，教壇に立つようになった。たとえばその一人である穂積陳重は，東京開成学校時代の1876（明治9）年よりミドル・テンプル（イギリス）に留学して法廷弁護士資格を取得し，次いでベルリン大学（ドイツ）に転学してドイツ法の講義を聴講した。1881（明治14）年に帰国するとすぐに東京大学法学部の講師に任用され，翌年には法学部長兼教授として英吉利法律・法理学・法学通論を担当する。このとき穂積はまだ27歳である。以後，穂積は日本における比較法研究をリードした。この法学部長への任用は抜擢であったが，留学を経て教授に昇進するというキャリアコース自体は，後に一般的なものとなった。

言語の問題については，日本法を除けば，日本人教員も英語にてイギリス法を教授した。しかし，徐々に日本語への移行は進められ，たとえば法学入門講義である「法学通論」は穂積により日本語で行われ，また1882（明治15）年からは卒業論文に日本語（および漢文）の使用が許された。

東京大学法学部を卒業すると，法学士の称号を取得し，後述する代言人の資格を無試験で取得することが可能であった。ただし，卒業生の数は非常に限られ，毎年10人に満たなかった。このため，1883（明治16）年に，法学修得者の増加を目的に，年限を3年に短縮し，さらに日本語にて教授する「別課法学科」が設立された。しかし機構整理を理由に，第一期生の卒業を俟たず，1885（明治18）年には募集停止されている。後に別課生は全て司法省へ転属となった。

2　司法官の養成と法教育

司法省明法寮

1871（明治4）年，司法省の設置に伴い，司法官養成等を目的として同省に明法寮〔めいほうりょう〕が設けられた。当時の司法省では，江藤新平・司法卿の下，開成所出身の箕作麟祥〔みつくりりんしょう〕が中心となってフランス法の翻訳事業が進められた。当時，法典整備が最も進んでいたフランスは，明治前半期の立法作業で最も参照された国の一つであった。このため明法寮では，仏語によるフランス法教育が中心となった。

翌年には，南校からの転学組を含めた第1期生20名の入学者が選抜され，語学教育から開始された。そして1874（明治7）年より，本格的な法学教育が始まる。これを担当したのは，フランス人法律家で明治政府の法律顧問であったG・H・ブスケおよびG・ボアソナードである。ブスケは家族法と商法を，ボアソナードは行政法・刑法・財産法を分担した。ボアソナードの財産法講義は，『性法(せいほう)講義』として後に翻訳出版されている。性法とは自然法の意味であり，制定法が存在しない日本における私法の諸原則が講義され，またこれに対応するフランス民法典の条文が併せて参照されている。2人の講義については，比較的若手であったブスケは入念な準備のためわかりやすく，反対にパリ大学で教授資格（アグレガシオン）をもっていたボアソナードは高度で難解であったと伝えられる。

司法省法学校

機構改革のため，1875（明治8）年に明法寮は廃止された。しかし明法寮の教育機能は，司法省の直属の「法学校」として存続し，翌年には第2期生100名の生徒が各府県を通じて募集された。入学試験は漢文読解および儒教経典内容で，当時の知識階層の基礎教養が問われている。以降，募集は4年ごと第4期まで行われた。

法学校の修学年限は，仏語教育が主であった予科が4年，専門教育の本科4年の計8年である。全寮制で，学費は原則として官費であった。競争は厳しく，毎週末の試験のほか，半年ごとに「大試験」が実施され，成績不良者は退校となった。法学が教授された本科のカリキュラム詳細は必ずしも明らかではないが，性法，民法，商法，刑法，治罪法，民事訴訟法，行政法，経済学などの科目が，ボアソナードやG・アッペール等のフランス人教員によって講義された。

法学校の正規修学年限は長く，募集も毎年ではないため，当時の司法官需要を十分には満たせなかった。このため司法官の短期育成を目的として，1876（明治9）年，日本語にて法学教育も行う，いわゆる「速成科」（変則科）が設置された。対して，仏語教育コースは「正則科」と呼ばれた。

速成科は，2～3年を修学年限として，主としてフランス法教育が日本語によって行われた。フランス人教員の講義は通訳を介し，さらに日本人教員もフランス法を教えた。日本人通訳および教員は，主として明法寮や法学校にて学んだ者が担った。

速成科は司法官の短期育成を目的とするため，より実践的な取り組みがされ

図表21　司法省法学校 速成科 科目（1884〔明治17〕年）

初年	擬律裁判，民法人事編，民法草案（物上権・対人権），刑法
第2年	擬律裁判，民法草案（対人権ノ続・証拠編・担保ノ事），訴訟法，治罪法
第3年	擬律裁判，民法草案ノ続，商法，行政法

出典：手塚豊『明治法学教育史の研究』（慶應義塾大学出版会，1988年）124頁

ている。一つは擬律裁判で，架空の民事・刑事の事案について，判決書を作成する課題が出された。さらには，当時編纂（へんさん）中途であった日本の民法草案について，起草者であったボアソナード自らが講義した。なお，図表21中の「刑法」および「治罪法（ちざいほう）」は日本法である。

司法省法学校正則科を卒業すると，法律学士の称号を取得した。卒業生の大半は司法省へ入省し，明治期の法曹界に大きな影響を保持することになる。その後，司法省法学校正則科は1884（明治17）年に廃止され，いったん文部省管轄の東京法学校となった後，1885（明治18）年に東京大学法学部に合併された。経緯の詳細は不明であるが，文部省による（法）教育制度の整理統合が念頭にあったと考えられ，後の帝国大学創設の布石となった。なお，速成科は司法省にて1887（明治20）年まで存続した。

3　代言人の育成と私立法律学校

代言人制度と刑事法典の整備

官立の二つの法教育機関が明治の最初期から設立されたのに比べ，私立による法教育が本格化するのは明治10年代を過ぎてからである。理由は主に制度的問題であり，特に現在の弁護士の前身に当たる「代言人（だいげんにん）」の位置づけに関わる。

当初職業資格ではなかった代言人は，1876（明治9）年司法省布達「代言人規則」によって免許制となった。免許を受けるには，各府県の「検査」を受ける必要があり，①法令，②刑事法（刑律），③裁判手続の各知識に加えて，④品行と経歴が問われた。ただし検査は地方ごとのため難易度にばらつきがみられ，活動についても検査を受けた地方の裁判所の民事事件が中心であった。

代言人の位置づけが大きく変容するのは，1880（明治13）年である。この年，日本で最初の近代的法典となる「刑法」および「治罪法」が公布された（施行は1882年)。このとき制定された刑法は，1907（明治40）年制定の現行刑法と

の区別のため，通例「旧刑法」と呼ばれる。ボアソナードが原案を起草し，日本人委員との応答を経て編纂された旧刑法は，フランス法を基調としながら，日本を含む諸国の法典が参照された。

旧刑法以前は，律型の刑法典（「新律綱領」および「改定律例」）が使用され，その運用も江戸期以来の伺指令型裁判によって羈束されていた。刑罰には身分秩序的色彩が引き継がれ，また刑の類推適用（断罪無正条）や，「正条」がなくとも「情理」に背いた者に対して一定の刑罰を科すことも可能であった（不応為条）。これに対して旧刑法は，第2条に「法律に正条なき者は何等の所為と雖も之を罰することを得ず」と罪刑法定主義を謳い，第3条第1項に「法律は頒布以前に係る犯罪に及ぼすことを得ず」と刑罰不遡及を規定するなど，近代法原則を明文にて謳うものであった。治罪法は刑事裁判手続を定めるもので，これまで認められていなかった刑事事件の弁護を代言人に認めた。

そして旧刑法・治罪法の制定とは直接的には無関係であったが，同年に代言人規則も改正されている。当時の自由民権運動の高まりを受け，活動家の一端を担っていた代言人の統制強化が目的であった。代言人の私的結社は禁止され，免許検査は司法省による統一試験となって厳格化された。それまで代言人の養成は，「代言人結社」を基盤とした私塾によって行われていた。しかし同改正によって結社が禁止され，さらに官立と同様の近代法知識，つまり西欧の法学識が代言人免許取得に求められると，体系的な教育システムを持たない私塾に対応は困難となった。このため，後の私立大学につながる，本格的な法律学校の設立がこの頃より相次ぐようになる。

次いで，1884（明治17）年には「判事登用規則」が定められる。条約改正問題を見据え，それまで自由任用であった判事の登用資格を，①法学士（法律学士），②代言人，③登用試験合格者に限るものだった。これにより判事の法学識を担保し，司法官へのキャリアルートを一般に拓いた。ただし，第1回の判事登用試験の合格者はわずか3名に過ぎず，実際には狭き門であった。

私立法律学校の設立

1880年代に設立され，現在も大学として存続する私立法律学校の創立関係者の多くは，南校や明法寮にて法教育を受けたか，または留学して法学を修めた者が中心であった。教員も同様で，現役の司法官や官僚，代言人等が本業の合間に教壇に立った。私立法律学校では当初から日本語にて法教育がなされ，教授する外国法は概ね1種類に

図表22　1880年代に設立された主な私立法律学校

創立年	学校名	法系統	現在の大学名	主な創立関係者
1880年	東京法学社講法局 →東京法学校 →和仏法律学校	フランス法	法政大学	薩埵正邦他
1880年	専修学校	英米法	専修大学	相馬永胤，目賀田種太郎， 田尻稲次郎，駒井重格
1881年	明治法律学校	フランス法	明治大学	岸本辰雄，宮城浩蔵，矢代操
1882年	東京専門学校	英米法	早稲田大学	大隈重信
1884年	独逸学協会学校専修科	ドイツ法	（獨協大学）	西周，加藤弘之，品川弥二郎， 井上毅他
1885年	英吉利法律学校 →東京法学院	英米法	中央大学	増島六一郎，穂積陳重， 菊池武夫他
1886年	東京仏学校 →和仏法律学校	フランス法	法政大学	辻新次，古市公威他
1886年	関西法律学校	フランス法	関西大学	井上操，小倉久他
1889年	日本法律学校	（日本法）	日本大学	山田顕義，金子堅太郎他

定められた。

たとえば，フランス法系である明治法律学校（明治大学）の創立者3名は，いずれも貢進生として大学南校に入った後，転学して司法省明法寮の第一期生として法教育を受けている。このうち岸本辰雄と宮城浩蔵はフランスに留学し，司法省に任官した。講義は創立者3名のほか，一瀬勇三郎や杉村虎一等，明法寮・法学校出身者が数多く担当した。

東京法学校（法政大学）は，東京法学社という私塾の系統を継いだ法律学校であったが，司法省雇であった薩埵正邦を中心に独立した際に，私淑するボアソナードを教頭として迎えた。教員は橋本胖三郎や堀田正忠などであり，明法寮出身者や司法省関係者から多くの支援を受けている。

一方，英米法系である専修学校（専修大学）の創立者4名は，それぞれ明治初年に藩費や国費にてアメリカに留学し，現地で学位を取得した。留学中，日本語による法および経済教育の重要性を認識し，帰国後に官吏や代言人等を務めながら，学校の創設に至ったという。

また，英吉利法律学校（中央大学）の創立関係者は，開成学校や東京大学法学部にて英米法を学んだ法律家が中心であった。初代校長の増島六一郎は，法学部卒業後にミドル・テンプルにて法廷弁護士資格を取得し，代言人活動の傍ら東京大学にて講師を務めている。当時の法律学校はフランス法系が主流であり，また先述した別課法学科が廃止された関係もあって，東京大学法学部関係者による積極的な支援が行われた。

ドイツ法系の独逸学協会学校専修科の設立経緯には，多分に政治的要素が絡む。「明治14年政変」によって首脳の一人であった大隈重信が政府から追放されると，政府内部ではプロイセンをモデルとした統治機構構築が目指されるようになった。これに対応するように，同年にドイツ研究のため「独逸学協会」が設立され，1884（明治17）年にはドイツの法と政治の教授を目的として独逸学協会学校専修科が開設された。独逸学協会の会員には伊藤博文や山県有朋などの政府首脳が名を連ね，政府から強力な支援を受けて学校は運営された。

私立法律学校による法教育　私立法律学校の修業年限はおよそ2～3年で，官立よりも短期間のカリキュラムとなる。教授されたのは，日本法については旧刑法・治罪法が中心であり，他の法律分野は外国法で代えられた。1880年代半ばとなると，ボアソナードが起草した民法草案を講義する学校もみられるようになった。

当時の時間割を確認すると，多くは昼過ぎの14時半頃より開始されており，学校によっては朝の7時半から8時半までの講義もあった。反対に，東京大学法学部や司法省法学校の講義時間である日中9時から14時前後までの時間には，私立ではほとんど講義はみられない。先に述べたように，教員の多くが官吏や司法官，代言人等であって，ほかに本業を持っていたためである。私立法律学校自体も財政が厳しく，専任の教員を雇う余裕もなかった。学費は，東京大学法学部（3学期制で学期毎に4円）と同程度の月謝1円からその半額程度が相場であったといわれる。

入学に際して，官立と異なり入学試験はほとんど設定されなかった。このため私立法律学校は多くの生徒を集めたが，在学中の試験は厳しく，卒業者は入学者の10分の1に満たないことも普通であった。ただし，当初の私立法律学校は卒業しても何ら特典は付与されなかったため，在学中に代言人試験に合格した場合は，そのまま退学することも珍しくなかった。

第 2 節●国家システムと法学：1886（明治 19）年〜1918（大正 7）年

明治中期から大正前期にかけて，日本は条約改正に成功して対外的地位を確立し，さらには朝鮮半島を植民地化して「列強」の地位に加わろうとする。同時期の立法作業についてみれば，憲法典が整備されて議会制が導入されるなど，戦前期の国家機構が形作られた。次いで，紆余曲折を経ながら民商法典が制定され，基本法典が整う。

法典整備の完了を受けて，この頃より本格的な法解釈学が，特にドイツの強い影響を受けながら日本に導入された。高等教育システムも帝国大学を頂点としたヒエラルキーとして設けられ，官僚や法曹へのキャリアルートとして法学教育が進められていくこととなる。

コラム 7　大日本帝国憲法の制定

明治 14 年政変（1881 年）は，日本の国家モデルの選定の分岐点となった。当時の政府首脳である参議は，立憲政体に関する意見提出が命じられていた。各参議の意見はさまざまであったが，そのなかで大隈重信はひとり急進的意見を提出する。イギリスをモデルとして，政党内閣制を規定する憲法を 1 年以内に制定し，2 年後には議会開設を主張するものである。

これに驚いた右大臣の岩倉具視（ともみ）は，太政官大書記官の井上毅の手を借りて，大隅意見に反論する。それは，イギリスのみが模範国ではなく，より行政権の強いドイツ・プロイセンがモデルとなることを示し，プロイセン型の憲法採用を主張するものであった。同論は漸進的な立憲制構築を志向した参議の伊藤博文の支持を得た結果，大隈は政府から追放された。

憲法制定にあたって，政府のトップにあった伊藤博文が渡欧調査を行ったことは特筆される。伊藤は，ウィーン大学の公法学者であったL・シュタインが説く，運用面に着目した憲法制度論に感銘を受け，自信を得て帰国した。

実際の憲法起草作業は，井上毅が法律顧問の H・ロエスレル等の助言を得て作成したものをもとに，伊藤・井上などが少人数で検討を重ねることで進められた。ここで成案を得ると，憲法制定のために設置された諮詢（しじゅん）機関・枢密院（すうみついん）の審議を経て，大日本帝国憲法（明治憲法）が 1889（明治 22）年 2 月 11 日の紀元節に発布された。欽定憲法である同憲法は，天皇より黒田清隆・内閣総理大臣に授けるというかたちがとられた。

なお，同年に明治憲法の註釈書として『憲法義解（ぎかい／ぎげ）』が伊藤博文の私著として公刊された。同書は，枢密院会議で配布された逐条説明書をもとにしたもので，その大部分は井上毅によって執筆された。『憲法義解』は，事実上の公定解釈書として戦前期を通じて重要視された。

1　帝国大学の設立

帝国大学法科大学の設置と講座制の導入

1886（明治19）年，勅令として「帝国大学令」が制定され，東京大学は工部大学校と合併して，新たに「帝国大学」が創設された。帝国大学は，研究を目的とする大学院と，教授を目的とする分科大学（法科・医科・工科・文科・理科）から構成される。法科大学長は帝国大学総長の渡辺洪基が兼任し，教頭には穂積陳重が就いた。

始業は9月で，年限は変動も多かったが概ね4年制であった。当初は東京法学校（司法省法学校）との合併の影響のため，法律学第一科（仏語）・法律学第二科（英語）・政治学科の3科構成であったが，すぐに法律学科・政治学科の2科構成となった。外国法による部分けは独語を加えたかたちで法律学科に残されたが，1890（明治23）年から外国法は「参考科」という扱いとなった。同年の旧民法典の公布（後述）に代表される法典編纂の進展のため，法を学ぶのに西欧法を直接の素材とする必要性が薄れたためである。1900年前後になると，むしろ法科大学では学生の語学力不足が教授会で問題となっている。

1893（明治26）年，文部大臣の井上毅の主導により，帝国大学令が改正された。法科大学長の帝国大学総長兼任の廃止，教授会の制度化，名誉教授制度の新設のほか，このとき初めて講座制が導入された。

このときの講座制は，原則として一教授に一講座を担当させ，専門性を高めて研究と教育を深化させるとともに，講座に手当（職務俸）をつけることで，大学教授職の地位安定を目指した。戦前を通じて大学教授への給与は行政官僚に比べて低く抑えられ，職務俸を加えることでようやく同等程度となった。講座俸は4等級に分かれ，科目によって手当の額が異なった。講座導入時の法科大学では，1等級が民法・商法・刑法刑事訴訟法・経済学財政学講座，2等級が憲法国法学・羅馬法・法理学講座，3等級が行政法・統計学・政治学政治史・国際法・法制史比較法制史講座，4等級が民事訴訟法・英吉利法講座であった。意外にも，憲法国法学は1等級ではない。ある意味において国家による学問のランク付けが行われたわけだが，これを自ら立案した井上によれば，

図表23　東京帝国大学法科大学 講座名・担当者一覧（1900〔明治33〕年末現在）

憲法国法学	第一講座	教授 一木喜徳郎	統計学講座		教授 松崎蔵之助
	第二講座	教授 穂積八束	政治学講座		講師 木場貞長
民　法	第一講座	教授 富井政章	政治史講座		—
	第二講座	教授 梅謙次郎	行政法講座（分担）		教授 穂積八束
	第三講座	教授 土方 寧			教授 一木喜徳郎
商　法	第一講座	教授 岡野敬次郎	国際公法講座		教授 寺尾 亨
	第二講座	教授 松波仁一郎	国際私法講座（兼担）		教授 寺尾 亨
民事訴訟法講座		講師 前田孝階	法制史比較法制史講座		教授 宮崎道三郎
刑法講座		教授 岡田朝太郎	羅馬法講座		教授 戸水寛人
刑事訴訟法講座		講師 石渡敏一	英吉利法	第一講座	教師 H・T・テリー
経済学財政学	第一講座	教授 松崎蔵之助		第二講座（兼担）	教授 土方 寧
	第二講座	教授 金井 延	仏蘭西法講座		教師 L・ブリデル
	第三講座	教師 C・S・グリフィン	独逸法講座		教師 L・H・レンホルム
			法理学講座		教授 穂積陳重

出典：『東京帝国大学五十年史 下冊』（1932年）181頁以下，『東京帝国大学一覧』（1900年）79頁以下

むしろ科目の難易度や講義時間量を考慮した結果だという。なお，講座の変更は勅令事項であり，また当時の経済学は，政治学の一環として法科大学にて教授されていた。

法科大学発足当時の日本人教授は７名と数少なかったが，この時期には，東京大学や帝国大学を卒業し，海外留学を経た若手教授が講座を担当するようになった。司法省法学校出身の教授は，梅謙次郎（うめけんじろう）および寺尾亨（とおる）のみである。この時期は４年制であって，民法等各学年で教授される科目は同一教授が担当する「持ち上がり制」であった。また，外国法の３講座および経済学財政学第三講座は，大正期まで外国人教師が母国語で講義するという慣行が続いた。なお，上述の講座俸等級の低い講座は，教授による兼担・分担や，非常勤講師の担当傾向がみられる。特に訴訟法については，戦前期は実務家の担当が長く続いた。

この頃の講義形式は，登壇した教授が自身の講義ノートを朗読し，それを学生がただひたすら筆記するというスタイルがほとんどであった。教科書を使用するのは稀で，参考図書は講義の初回にて教授より挙げられるがあまり読まれず，多くの学生は講義筆記を頼りに試験に挑んだ。教科書が一般に用いられるのは，大正期頃からである。このこともあってか，前年度の講義筆記が複写され，学生間で出回ることも頻繁だった。また，週当たりの講義時間は多いが休講も多く，講義のおよそ２～３割，酷い場合になると半分ほどが休講となった。

当時は休講についてそれほど問題にならなかったという。

試験については，原則として6月に行われ，記述式の問題が数問設定された。たとえば，1905（明治38）年の民法（梅謙次郎）の問題は，「①甲は金若干円を乙に貸与し，利息年1割の外，違約金若干円を定めたり。然るに期日に至り，乙は借用金を返還せざるを以て，甲は元利金及違約金を請求したるに，乙は之れに答えて，元利金は之を弁済すべきも違約金の請求は応じ難しと曰い，甲が元利金を受くれば毫も損害を被らざることを証明せり。而も仍お，甲は違約金を請求する権利ありや。理由を附して答へよ。②危険問題を論ぜよ」で，1906（明治39）年の憲法（穂積八束）は「①公法の特質を弁明すべし。②臣民の服従と権能とを説明すべし。③我憲法に於ける政府と議会との権能を述べ，英米の制度との異同を示すべし」である。もちろん法制度に差異はあるものの，現在の試験問題とあまり変わるところはない。

キャリアルートの整備と官立・私立の序列

帝国大学令の第1条は「帝国大学は国家の須要に応ずる学術技芸を教授し及其蘊奥を攻究するを以て目的とす」として，国家の必要そのものを大学の存在理由に据える。明治期の帝国大学の卒業式に例年天皇や皇族が臨席し，優秀者に「恩賜の銀時計」が下賜されたのは，これを象徴する慣行であった。そして法教育には，国家機構構築に必要不可欠な行政官および司法官の養成が期待された。

これに対応するように，1887（明治20）年の「文官試験試補及見習規則」では，帝国大学法科大学・文科大学の卒業生に高級官僚任官への特権を与えた。戦前期の官僚の身分は，親任官・勅任官・奏任官・判任官に分かれる。同規則によって高級官僚である奏任官は高等試験の合格が任用条件となったが，帝国大学法科大学・文科大学の卒業者は試験自体を免除された。

一方，私立学校についても，この頃より国家による法教育の統制が始まった。1886（明治19）年の「私立法律学校監督条規」では，東京府下の「五大法律学校」と呼ばれた，専修学校・明治法律学校・東京専門学校・東京法学校・英吉利法律学校が，帝国大学の特別監督下に置かれた。教育内容の詳細を帝国大学に報告する義務が課されたが，その見返りとして，各校卒業生の優等者には試問の上で「及第証書」が与えられた。及第証書を受けた者には，判事登用試験が免除された。また，文官試験試補及見習規則では，判任官には普通試験合格が任用条件であったが，特別監督下の私立法律学校卒業者は試験が免除され，高等試験の受験資格が与えられた。これは，官立・府県立中学校卒業者と同等の扱いであった。

1888（明治 21）年には，入学資格や教育課程等を厳格化し，認可権者を文部大臣とした「特別認可学校規則」が定められ，五大法律学校に加えて独逸学協会学校および東京仏学校の７校が特別認可校となった。この特別認可は，学校経営に大きな影響をもたらした。特別認可による特権の付与と引き換えに，入学要件が尋常中学卒業以上と狭まった結果，生徒数の減少を招いた。このため，多くの学校では，便宜上，特別認可に対応する生徒（認可生）と，それ以外の生徒（聴講生・員外生・普通生）を分割するなどの対応に迫られた。

司法官への任官についても，1891（明治 24）年に「判事検事登用試験規則」が制定された。同規則では，１回目の試験に合格すると「試補」に任命され，実地研修ののち２回目の試験に合格した者が判事・検事に登用される。帝国大学法科大学の卒業生には第１回試験が免除されて試補に任官可能であった一方で，特別認可校には第１回試験の受験資格が与えられるのみであった。

このように，同じ法教育機関でありながら，そのキャリアルートは，高級官僚（奏任官）および司法官の供給源としての帝国大学法科大学，一般官僚（判任官）の供給源としての特別認可校という，序列を伴う制度的格差が存在した。1893（明治 26）年には，「文官任用令」「文官試験規則」が制定され，奏任官・判任官ともに無試験特権制度は撤廃され，特別認可学校制度も「司法省指定学校制度」へと変更された。しかし帝国大学法科大学卒業生は文官高等試験における「予備試験」が免除され，さらに高等試験の試験委員の多くは（東京）帝国大学教授が占めた結果，帝国大学の優位性は戦前を通じて変わらなかった。なお，同年には代言人規則に代わって「弁護士法」が制定されたが，帝国大学法科大学卒業生の試験免除規定は維持された。

さて，法教育を受けた卒業生はどのような進路を歩んだのか。1897（明治 30）年７月に東京帝国大学法科大学を卒業した学生 67 名の就職先をみると，内務省等の行政官庁が 28 名，司法省が７名，外務省１名，弁護士１名，銀行・会社 12 名，未定 12 名，その他６名であった（『東京大学百年史 部局編１』）。行政官が半分近くを占めた一方で，司法官への任官は少ない。これは，行政官一般が司法官に比べて給与水準が高く，また昇級の機会に恵まれていたためであった。このこともあって戦前期を通じて東京帝国大学法科大学は，高級官僚の養成所であり続けた。

一方，司法省指定の私立法律学校では，1897（明治30）年度末までに累計6513名が卒業した。このうち進路が判明している2095名をみると，判任官（文官）が595名と最も多く，次いで弁護士465名，司法官387名，銀行員・会社員324名であった。高等文官は59名にとどまる（『九大法律学校大勢一覧』）。こちらは複数年度であり，また母数も異なるため，一概に比較できないものの，帝国大学との進路には顕著な差異がみられる。なお，私立法律学校の正規の卒業生は，入学者数に比べて少なかったことは考慮されよう。

京都帝国大学法科大学の設立

東京だけではなく，関西地方に（帝国）大学機関を設立しようとの動きは早くからみられたものの，財政上の問題から先送りされ，1897（明治30）年になってようやく京都帝国大学が設置された。このとき，それまでの帝国大学は，東京帝国大学と改称されている。京都帝国大学は法科・医科・文科・理工科の4分科大学を備え，法科大学は少し遅れた1899（明治32）年に開設された。

京都帝国大学法科大学のカリキュラムには，早くから独自編成が試みられている。その代表的なものとして，演習の必修化が挙げられる。東京帝国大学においても「随意科目」として演習は設置されていたが，京都帝国大学では演習に参加して論文審査に合格しなければ，卒業資格を得ることができなかった。また，1903（明治36）年には，卒業年限を3年に短縮し，また法律学科・政治学科の別を廃止して事実上のコース制を採用した。①法実務志望者向け，②学術研究中心，③行政官志望者向け，④経済学科中心の4種の科目群から，学生は科目を選択することが可能となった。

以上のような法教育の独自性の志向は，京都帝国大学法科大学教授の高根義人（たかねよしと）（商法）の主導によるものといわれる。ドイツ留学の経験から高根は，東京帝国大学の詰め込み型の教育を批判して，大学での研究と教育の調和を目指した。ドイツのゼミナールをモデルとした演習の必修化はその一つの表れであり，自発的な学習を促すことが目的であった。

しかし，この「挑戦」は短期間で失敗し，1907（明治40）年には高根は京都帝国大学を退官することになる。その最大の理由は，卒業生の，文官高等試験および判事検事登用試験での不振であった。1905（明治38）年の文官高等試験合格者の出身学校をみると，東京帝国大学法科大学の39名に対して，京都帝国大学法科大学はわずか2名に過ぎず，私立法律学校の合格者数と同程度かそれ以下であった。ただし，文官高等試験の不振はカリキュラムのみに求めることはできず，たとえば同年の文官高等試験委員14名の内訳をみると，東京帝国大学の9名に対して，京都帝国大学が2名であったことなども考慮されよう。しかし，結果として京都帝国大学法科大学の教育方針が問題視され，多くの独自制度は廃止されることなった。

教授陣については，法科大学の開設から10年間程度は，岡松参太郎（民法）や織田萬（公法），石坂音四郎（民法）など（東京）帝国大学出身者が中心であったが，大正期に入ると佐藤丑次郎（政治学・公法）や佐々木惣一（公法）など京都帝国大学を卒業した若手が留学を終えて教授に就任し，以降は教授の再生産が行われるようになった。また，東京帝国大学と異なり，当初より外国法講座は全て日本人教授によって分担され，外国語文献の購読を中心に進められた。

2　法典論争とその影響

旧民法の制定

明治初年のフランス民法典の翻訳から始まった民法典の編纂作業は，1890（明治23）年，ついに「民法」（旧民法）として公布されるに至った。旧民法の編纂は1880（明治13）年より元老院民法編纂局にて着手され，財産法部分をフランス人法律家のボアソナードが仏語で起草し，これを日本人委員が翻訳してつくりあげられた。自然法論を基調とするフランス民法典の影響の下，旧民法は，所有権の絶対性や契約の自由，過失責任主義等の近代私法の諸原則を規定する。また，日本で最初の民法典であったことを考慮して，定義規定や例示規定が数多く盛り込まれた。

編別構成は，フランス民法典の採用するインスティトゥティオーネン（法学提要）式の3編構成（人事編・財産編・財産取得編）に独自のアレンジを加えた5編構成（人事編・財産編・財産取得編・債権担保編・証拠編）とするなど，旧民法の編纂にはボアソナードの主導性が強く発揮された。特に賃借権をフランス法に由来する債権とはせず物権として規定した点は，多くの日本人委員から批判を受けたが，ボアソナードは自説を曲げずにこれを押し通した。

一方，家族法部分（人事編・財産取得編の一部）の起草は，当初から日本人法律家の手に委ねられた。家族法部分は，日本の慣習・風俗に直結すると考えられたためである。ただし，起草を担当した日本人法律家は，熊野敏三（びんぞう）や磯部四郎など明法寮や留学にてフランス法教育を受け，さらにボアソナードの薫陶も強く受けていた者が多かった。このため家族法部分の当初案（第一草案）は，分割相続を原則とし，戸籍を廃止して身分証書方式をとるなど個人主義的な色彩が明らかであった。しかし審議の中で強い批判を受け，結局は旧来的な「家」制度の存続を考慮したかたちに修正された。

この旧民法典は，1893（明治26）年に（旧）商法典とともに施行される予定であったが，その施行をめぐって賛否が分かれ，「法典論争」が巻き起こる。

民法典論争と旧民法施行延期

旧民法に対する批判の端緒は，旧東京大学法学部の卒業生からなる法学士会であった。公布に先駆けた1889（明治22）年，法学士会は「法典編纂ニ関スル法学士会ノ意見」を公表し，法典編纂の拙速を咎（とが）めた。これに続いた批判者（延期派）の多くは，フランス民法典の影響下にある旧民法の施行によって，日本「固有」の文化的美徳が個人主義に置き換わってしまうことを懸念した。このため旧民法の施行を延期し，民法典の修正を求めた。

延期派の議論は，1891（明治24）年の穂積八束（ほづみやつか）による「民法出テヽ忠孝亡フ」という短い論文が現在ではよく知られる。穂積八束は，穂積陳重の弟であり，東京大学文学部を卒業後にドイツ留学を経て，帝国大学法科大学教授（憲法）に就いていた。同論文では，「祖先教」国の家族国家である日本には，キリスト教国の個人主義的民法は相容れないと主張する。このような延期派の議論は，法の民族的歴史性を重視する，ドイツやイギリスなどの歴史法学の議論としばしば結びつけられて理解された。延期派の中心は，帝国大学法科大学や東京法学院（英吉利法律学校より改称）の関係者であった。

一方，旧民法を擁護する「断行派」は，延期派の批判に正面から反論した。たとえば，梅謙次郎の「法典実施意見」（1892年）では，延期派の非難は誤解にもとづくとして，条約改正を見据えた断行の必要を唱えている。梅は帝国大学法科大学教授であったが，司法省法学校出身でリヨン大学（フランス）にて学位を取得している。断行派の多くはフランス法教育を受けた，旧司法省法学校や明治法律学校，和仏法律学校（東京法学校と東京仏学校が合併）の関係者であった。そして断行派の主張は，フランス民法典が基盤とする自然法的普遍主義とも関連づけられて把握された。

ただし，法典論争における両派の議論はかみ合ったものばかりではなく，むしろ両派ともに錯綜していた面が多かった。特に延期派の論者の主張は千差万別である。また，双方の論者についても，必ずしも学派によってきれいに分かれていたわけではない。このため法典論争の評価や性質の理解は，多分に多義的で複雑である。

しかしながら，1892（明治25）年の帝国議会にて民商法典施行延期法案が可決されてしまうと，実態はともあれ結果として，民法典論争は日本におけるフランス法学の敗北とみなされ，ドイツ法学が学界を席巻する契機となった。このことは，私立法律学校の経営にも多大な影響を与え，東京法学院の躍進と，明治法律学校および和仏法律学校の不振を招いた。

明治民法の成立

延期法案が可決されたことにより，1893（明治26）年，内閣に法典調査会が設置され，法典の修正作業が開始された。法典調査会委員には延期派と断行派の両派が加わった一方で，外国人法律家は除外された。民法起草委員には帝国大学法科大学教授の，穂積陳重（延期派），富井政章（とみいまさあきら）（延期派），梅謙次郎（断行派）が選ばれた。

条約改正期日の関係上，法典調査会には迅速な審議が求められ，財産法部分は1896（明治29）年公布，家族法部分は1898（明治31）年に公布され，ともに1898年より施行された。通例，この民法は「明治民法」と呼ばれる。

旧民法典から最も大きく変更されたのは編別構成である。ドイツ民法草案が採用するパンデクテン（学説彙纂（いさん））式をもとに，5編構成（総則，物権，債権，親族，相続）とされた。パンデクテン式は総則・各則の形式で記述され，概括規定による体系性が整えられ，条文数も旧民法の1762条から1146条へと圧縮された。旧民法に特徴的であった定義規定等も大幅に削除された結果，民法の運用には解釈の余地が増えることとなった。

そしてパンデクテン式の採用は，明治民法がドイツ法に由来するとの「神話」を一般に強く植えつけた。しかし明治民法は，上述の期間の制限から，旧民法の「修正」を基本として起草されたという経緯がある。このため明治民法は，旧民法を通じたフランス法，編別構成に代表されるドイツ法，また比較法の手法もとられたため英米法の影響も混在する法典であったというのが実際であり，起草委員の3名もこれを認めている。

家族法部分については，法典論争での批判にかかわらず根本的な改正はされず，従来的な慣習を保護しつつ，変化に対応するのが基本方針となった。

3　法解釈学の展開

ドイツ法学の受容と民法学

法典編纂の完了により，法学の中心は自然と法解釈学へと移行した。そして，明治後期から大正初期にかけては，「ドイツ法にあらずんば法にあらず」との空気があったといわれたほどに，日本におけるドイツ法学の全盛期となった。これは，ただ単に民法典がドイツ法由来と信じられたことだけを理由としたものではない。当時のドイツ法学（パンデクテン法学）は，制定法の形式論理的な体系性を重視して，精緻な概念規定とその整合的な学説の構築を目指した。このため，編纂されたばかりの民法典を，矛盾のない体系として解釈する必要があった日本の法学界にとって，ドイツ法学は有用なツールとなった。

民法学におけるドイツ法学の受容は，川名兼四郎（東京帝国大学）や石坂音四郎（京都帝国大学）等により本格的に進められ，鳩山秀夫（東京帝国大学，鳩山和夫の次男）によって一つの到達点を得た。特に，東京帝国大学での講義を基にした『日本債権法 総論』（1916年）等の教科書が版を重ね，判例実務にも強い影響を与えた結果，民法解釈学における鳩山の名は不動のものとなった。

家族法分野については，穂積重遠（東京帝国大学，穂積陳重の長男）によって大正初期に研究の端緒が開かれた。穂積は，たとえば事実婚の問題を積極的に取り上げるなど，社会学的な見地を導入することで，より実践的な家族法学の形成を目指した。

機関説論争と公法学

公法学では，1912（明治45・大正元）年から翌1913（大正2）年にかけ，明治憲法における「国体」の位置づけをめぐって，いわゆる「機関説論争」が繰り広げられた。

「国体（論）」とは，近世後期の国学によって用いられた概念で，万世一系の天皇による統治が日本の固有で不変な形態であるとして，幕末期の尊皇攘夷の思想的背景となった。同概念は穂積八束が憲法学に導入し，この「国体」を統治権の所在と理解した。すなわち，天皇を統治権の主体と捉え（「天皇即国家」），さらに無制限の権能を認めるものである。「天皇主権説」と呼ばれた同説は，明治中期までの主流であった。

しかし天皇主権説には，その当初より「国家法人説」（天皇機関説）の立場から異論が唱えられていた。国家法人説は，ドイツ憲法学（国法学）の影響を強く受けたもので，統治権の主体は国家にあり，その最高機関としての君主（天皇）が統治権を行使するとした。同説は，天皇大権の制限，さらには帝国議会の権限拡張に接続して理解された。官僚政治家でもあった一木（いっき／いちき）喜徳郎（きとくろう）（東京帝国大学）等が中心の論者であり，憲法運用上，当時の官僚実務や議会情勢と親和的であったことも手伝って，明治後期には学界主流は国家法人説へ移っていった。

この潮流を決定的にしたのが，明治末の「機関説論争」であった。穂積八束の後継である上杉慎吉，一木の後継である美濃部達吉（みのべたつきち）が，総合雑誌「太陽」にて憲法解釈上の論戦を行い，学界だけではなく一般の注目も集めた。このなかで美濃部は，「国体」は尊重すべきものであるが非法学的概念であるため，憲法論の枠外にあると述べている。互いの議論は平行線を辿ったが，佐々木惣一をはじめとするほとんどの公法学者は美濃部の支持を表明したため，国家法人説（天皇機関説）と美濃部の地位は確固たるものとなった。ただし，天皇主権説は廃れたわけではなく，学校教育および軍隊教育において主流にとどまり，これが後の「機関説事件」への伏流となった。

なお，行政法学については，明治後期に美濃部や佐々木等によってドイツ・パンデクテン法学が紹介され，従来のフランス法学的な理解からの転換が図られた。

現行刑法の制定と刑法学

旧刑法はその成立当初から寛刑的であるなど強い批判にさらされた。このため，成立後すぐの1880年代より改正作業が開始された。特に明治中期以降，批判の中心となったのは刑法理論の問題であった。

旧刑法はボアソナードの主導の下，新古典学派（旧派）の影響を受けた法典であった。旧派刑法学は，一般予防論と応報刑主義を結びつけ，個人が自由意思で犯した犯罪行為に対し，その害悪に応じた刑罰を科すと予告すること（罪刑法定主義）で，犯罪の抑止を目指した。

しかし西欧では19世紀後半になると，旧派刑法学では十分な効果を発揮できないとの批判が起きた。近代学派（新派）と呼ばれた立場からは，犯罪は自由意思ではなく個人の性格の問題に起因するため，その刑罰は犯罪行為者の性格改善が中心となるべきだとした（特別予防論）。犯罪の実情に応じるよう罪刑法定主義の弾力的運用と，併せて社会政策の必要が主張された。具体的には，少年犯罪の特別法化，執行猶予制，保安処分，裁判官による量刑裁量幅の拡大などである。日本においても，富井政章や勝本勘三郎（京都帝国大学）等の新派刑法学の紹介者によって，旧刑法に対する批判がされた。

結局，帝国議会審議での紆余曲折の末，新たな刑法は1907（明治40）年に成立した（現行刑法）。同法は，旧刑法をもとにしながらも，近代学派の議論が数多く取り入れられた。新法の解釈については，旧派・新派それぞれから盛んに議論がなされたが，特に新派刑法学からは，刑事政策にて積極的な国家介入を認める牧野英一（東京帝国大学）が登場して学界をリードした。牧野は，法源を広く成文法外にも求める「自由法学」の代表的な論者の一人でもあった。

第3節●再編から戦時へ：1918（大正7）年～1947（昭和22）年

大正期から昭和戦時期にかけての社会状況と国際情勢の転換は，導入したての日本の法と法学に早くも変容をせまった。二度の世界大戦，特に「総力戦」の到来は大きな衝撃であったが，結局は西欧由来の「法学」という枠組みそのものを変更するまでには至らなかった。以後も，日本の法と法学は，社会の変動に合わせて絶えず問いなおされ続けることとなる。

教育については，この時期より「大衆化」が進行する。高等教育も「大学」が制度的に拡充された結果，1915（大正4）年から1930（昭和5）年の15年の間で大学生数は5倍以上となった。もちろん，当時の大学進学者は同世代のほんの一握りではあったが，それでも明治期に比べれば大学卒はそこまで特別なものではなくなっていった。

1　私立大学の登場と帝国大学の拡充

大学令の制定と大学への「昇格」

明治後期，「大学」の呼称が私学にも広まった。1903（明治36）年の「専門学校令」によって高等専門教育の統一化がはかられるとともに，この頃より私立の専門学校も，文部大臣の認可を得れば「大学」を名乗ることが可能となったためである。早稲田大学，慶應義塾大学，明治大学，法政大学，中央大学等，多くの法律学校もこのときに現在の名称となっている。しかし，法制度上の「大学」は帝国大学に独占された

図表24　明治大学法学部法律学科科目（1920〔大正9〕年現在）

第1学年	必修科目：憲法，刑法（総論），民法（総則，物権全部，債権総則，親族），英法・独法・仏法より1科目選択 選択科目：法制史，経済学
第2学年	必修科目：刑法（各論），刑事訴訟法，民法（債権各論），民事訴訟法（第一編），商法（総則，商行為，会社，保険），英法・独法・仏法より1科目選択 選択科目：行政法，国際法（国際公法）
第3学年	必修科目：民法（相続），民事訴訟法（第二編以下），商法（手形，海商），英法・独法・仏法より1科目選択 選択科目：国際法（国際私法），法理学，破産法，経済政策，社会政策，演習

出典：『明治大学百年史 1巻』（1986年）86～87頁を基に作成

状況は変わらず，私学関係者を中心に批判が集まっていた。

転機は大正時代に訪れる。第一次世界大戦後の社会変動を見据えて内閣に設置された「臨時教育会議」の答申をもとに，1918（大正7）年に「大学令」が制定された。同令第1条は「大学は国家に須要なる学術の理論及応用を教授し並其の蘊奥を攻究するを以て目的とし兼て人格の陶冶（とうや）及国家思想の涵養（かんよう）に留意すべきものとす」として，大学の性格に人格陶冶と国家思想涵養が新たに加えられた。同令は，総合大学を原則としながらも単科大学の設立を認め，併せて帝国大学以外にも官立・公立・私立の大学を認めた。これによって，私立の専門学校が大学に「昇格」する道筋がつけられた。しかしながら現実には，一部の専門学校を除けば，その道は厳しいものとなった。大学設置基準が非常に厳しかったためである。

問題となったのは，専任教員の配置，大学予科の開設，昼間部の開講，蔵書等の教育設備の拡充であり，さらには多額の基本財産供託金の確保であった。先に述べたように，明治期の法律学校は夜学が中心であり，また教員の多くは非常勤であった。専門学校令の制定後には徐々に制度の変更や設備等の改善が進み，これが実質的に大学昇格への地ならしとなったが，それでも設置基準の充足は私学経営に多大な負担をもたらした。

一番のハードルとなったのは資金問題であり，特に多額の供託金（50万円に加えて1学部増加毎10万円，現在換算で数十億円相当）について，多くは父兄や卒業生等関係者への寄付金募集にて乗り越えようとされたが必要額に達せず，学校経営陣が個人で寄附や立替え・借入れした上で，ようやく分割にて納付が可能となったというケースも少なくなかった。しかしそれでも，他校との競争意識がはたらき，私学のほとんどは「昇格」を目指した。大学令下，法学系学部を有した私立大学は戦前期におよそ10校ほどであった。

大学令では学部制が採用され，修業年限は3年以上となり，また必修科目の画一化が進んだ。専任教員の増員は学校経営への大きな負担となったが，一方で法学研究者の裾野を広げた。また，帝国大学を含めて，年度開始月はこのときより9月から4月となっている。

帝国大学令の全部改正と学部再編

大学令の制定を受けて，1919（大正8）年に帝国大学令は全部改正された。大学令によって「大学」自体は特別な存在ではなくなったが，帝国大学は講座制等いくつかの特権的な独自制度を保持し続けた。

この時期の帝国大学の法学教育は，学部の増設による量的拡大がみられた一方で，経済学が法学分野から独立・分化した。まず後者については，明治後期の産業化の進展に伴う商学需要の高まりが直接的な背景にあり，私学では1900年代より商学科・経済学科が設立されて人気を集めた。大正期に入ると労働問題や社会主義が注目され，経済学の需要はさらに高まった。しかし官立の高等教育では，東京高等商業学校（後の東京商科大学・一橋大学）がすでに存在していたため経済学の独立は遅れ，1919年の帝国大学令改正に合わせ，ようやく経済学部が東京・京都両帝国大学にて新設された。

前者は，帝国大学の総合大学化の推進によるものである。東北帝国大学では1922（大正11）年に，九州帝国大学では1924（大正13）年に「法文学部」が設置された。両帝国大学は当初理系中心の学科構成であったが，大正期に増加した旧制高等学校の卒業生の受け皿として新たに人文社会学系学部が増設された。植民地においてもこの時期に帝国大学が設立され，1926（大正15）年に京城帝国大学法文学部が，1928（昭和3）年には台北帝国大学文政学部が設置された。これら帝国大学の新たな法学系分野については，東京・京都の両帝国大学から若手教員が赴任することとなった。

帝国大学および私立大学の法学系学部の拡大は，結果として法学研究者数の増加につながった。このことは，学問的蓄積の進行とともに，大正期以降の法学研究のより一層の深化と専門化を促した。公法学を例にとれば，美濃部達吉（1873年生）や佐々木惣一（1878年生）の世代は憲法学および行政法学の両方の業績を有するが，その次世代となると，たとえば美濃部の後継をみれば，宮澤俊義（としよし）（1899年生）は憲法学を，田中二郎（1906年生）は行政法学を専攻とするなど，法学の専門化と細分化が進むようになった。

また，臨時教育会議の答申には「希望事項」が付されており，そのなかでは高等教育の詰め込み型一辺倒が批判された。これを受け，東京帝国大学法科大学では1918（大正7）年に点数制が廃止されて「優・良・可・不可」の4段階評定が採用された。京都帝国大学法学部でも1926（大正15）年に4段階評定としたのに加えて，履修科目を完全選択制とするなどの改革がなされている。当時の，いわゆる「大正デモクラシー」の空気を表す変化といえよう。

なお，帝国大学法学部卒業者が無条件で司法官試補への任官および弁護士資格の取得が可能であった，いわゆる「帝大特権」は1923（大正12）年になってようやく廃止された。

学生生活と学生運動

大学の拡大は，必然的に大学生の大幅な増加をもたらした。昭和恐慌下，1929（昭和4）年公開の映画「大学は出たけれど」（小津安二郎監督）が当時の流行語となったように，人文社会系の大学卒は就職コースからあぶれるという事態もみられるようになった。

法学士の就職先は，すでに明治後期より官から民へと移り変わっていた。1930（昭和5）年度の東京帝国大学法学部卒業生602名の進路をみると，行政官庁が61名（10.1%），司法官庁が31名（5.1%）であるのに対して，マスコミ・銀行等を含めた一般企業が317名（52.7%）と半数を超えている。同年度の私立大学法学関係学部卒の調査（1079名）では，行政官公庁が109名（10.1%），司法官庁12名（1.1%），弁護士等15名（1.4%），一般企業386名（35.8%）であったが，最も多数を占めたのは「未定・不詳」の450名（41.7%）であった（『文部省年報』）。大学生・大学卒業者は，その量的拡大によってある種の特権性を失いつつあったといえる。

さて，この頃の学生はどのような生活をしていたか。「東京帝国大学学生生活調査報告」によれば，1934（昭和9）年現在の法学部生は，20〜24歳の独身男性が中心で，大学近辺に下宿しており，父兄の職業はさまざまであったという。午前6時台には起床し，講義以外の勉強を図書館や自室にて日に4.4時間，またスポーツ（野球とテニスが人気）に1.0時間を費やす。午後10時台には就寝し，睡眠時間は平均7.6時間というから，概ね健康的な生活であったといえる。趣味は映画・音楽・囲碁の順に多く，よく行く場所は喫茶店で，飲酒・喫煙をするのは法学部生の約半分であった。興味深いのは進路希望で，行政官・司法官・会社員の順となっており，実際の進路とは異なっている。

また，この頃より本格的な学生運動が開始された。中心となったのは，社会主義思想を志向する東京帝国大学「新人会」や各大学の「社会科学研究会」(社研）であり，1922（大正11）年に全国組織「学生連合会」(学連）を結成するに至った。ロシア革命（1918年）の影響もあって，1920年代より知識人層にマルクス主義が広まっていく下地となったが，一部運動は先鋭化していった。1925（大正14）年に治安維持法が制定されたように，徐々に政府当局からの締め付けは強まり，1930年前後までに新人会や社研は相次いで解散した。一方，これら「左傾」化に反発するように，1930年代以降は国粋主義等「右傾」化した学生運動もみられるようになった。

なお，大正期になって初めて女性の大学生が誕生した。昭和期にかけて法学教育機関も，少数であるが徐々に女学生を受け入れるようになった。1933（昭和8）年に弁護士法が全部改正されて弁護士の性別要件が撤廃されると，1938(昭和13）年に明治大学法学部出身の女性3名が高等試験司法科に合格し，後に弁護士を開業した。

2　既存法学への「反動」

大正期の法学と末弘厳太郎

ドイツ法学の導入によって形作られた日本の法学は，大正期に入ると新たな展開をみる。第一次世界大戦（1914～1918年）の勃発によって，敵国となったドイツの法学には一時的にアクセスが難しくなった。これが再び英米法やフランス法への関心を呼び起こす契機となったといわれる。以降の日本の法学は，ドイツ法学を基礎としながらも，比較法学的手法を用いることが一般的となった。

大正期の法学を牽引した一人に，末弘厳太郎（すえひろいずたろう）（東京帝国大学，民法）が挙げられる。ドイツ法学から出発した末弘であったが，大戦の影響もあってドイツを留学先としなかった。しかし末弘は，アメリカやフランス，スイス等にて，判例研究・労働法学・法社会学を学んで持ち帰り，各分野における日本の先駆者となった。

末弘は法の世界を，「国家」に対抗する「社会」の中に見出そうとする。すなわち，法典中の「あるべき法律」の前提として，実生活の中の「ある法律」を研究することの重要性を説いた。このような理解には，「生ける法」の議論で知られるE・エールリッヒの影響がみられる。そして制定法の抽象的な形式論理のみに着目した当時の「概念法学」を批判し，実際に個別具体的に適用される法を重視した。これが，判例研究につながる。

末弘は留学後の1921（大正10）年，穂積重遠等と東京帝国大学にて民法判例研究会を結成し，大審院判例の共同研究を目指した。当時，法学者による共同研究は異例であった。その成果である『判例民法』1巻の序にて，「判例を知らないでどうして現行法を知ることが出来やう」と述べたように，裁判官による法創造や，具体的裁判規範の抽出に着目して研究が進められた。同研究会の学界や実務への影響はすさまじく，たとえば編集方針を批判された「大審院判決録」は「大審院判例集」へと姿を変え，判決の前提とする「事実」を初めて記載するようになった。

民法学における末弘の登場は衝撃であり，1926（大正15）年に鳩山秀夫が大学を辞して政界に転じたひとつのきっかけとなったといわれる。なお，鳩山の法解釈学は，我妻栄（わがつまさかえ）（東京帝国大学）によって継承され，判例研究の成果を取り入れた我妻の体系書『民法講義』は長くスタンダードの地位を保った。

社会法とマルクス主義法学

いわゆる労働法を，大学にて最初に講義したのも末弘であった。1921（大正10）年より特別講義として開講された「労働法制」は，都市化の進行によってにわかに顕在化した労働問題に焦点を当てるとともに，やや運動論的な基調もあって一躍人気講義となった。

昭和期にかけては，第一次大戦後のドイツ法学の影響を受け，労働法のほか社会保障法，場合によっては産業法を含んだ「社会法」分野が形成されるようになった。抽象的で平等な「個人」が単位であった近代市民法を修正して，より実態に合わせ，集団に属する具体的な人間として把握するのが社会法であり，労働・貧困問題等の社会問題の解決を目指した。伝統的な「公法・私法の別」も横断するため，法学分野としても独立して取り上げられるようになり，1925（大正14）年に東北帝国大学にて「社会法論講座」が，続いて1928（昭和3）年には九州帝国大学に「社会法講座」が設けられた。

社会法の動きに並行して，1920年代半ばよりマルクス主義法学が開始されている。法を有産階級による支配手段と位置づけ，西欧の法体制そのものに階級性の問題を見出す。日本においては，平野義太郎（東京帝国大学，民法）や加古祐二郎（京都帝国大学・立命館大学，法哲学・社会法）等によって，その先鞭がつけられた。マルクス主義は若手知識人層に広く共有され，1920年代の基礎的教養と呼べるものとなり，その独特のレトリックはある種の流行といった趣さえあった。しかしマルクス主義法学は政府によって危険視され，多くは戦前期に教職を追われた。

社会法学およびマルクス主義法学は，ともに当時の経済・社会状況下での法の不全を訴えるものであり，「近代（法）」の見直しを迫るものであった。一方で，同時期には，日本「固有」性を強調することによって，これを乗り越えようとする動きもみられた。たとえば1919（大正8）年に臨時教育会議は「我国固有の醇風美俗を維持し法律制度の之に副はざるものを改正」することを建議し，これを受けて同年に臨時法制審議会が設置されている。同審議会では，すでに機能不全に陥っていた「家」制度の再編が検討されたが，結局民法の改正までには至らなかった。

この時期に日本「固有」に着目した法学者としては，東京帝国大学の筧克彦（公法）が挙げられる。講義時に柏手を打ち，弥栄を唱えるなどの「奇行」が伝えられる筧であるが，その議論は西欧の法哲学を基盤とし，さらにその限界性を超克するために「古神道」（「神ながらの道」）の論理が用いられた。同議論は，結果として祭政一致を導き，昭和期における超国家主義の理論的背景となった。

3　法学における戦時

「学問の自由」と法学

明治憲法下では「学問の自由」の保障は規定されなかったものの，教授人事等は慣行的積み重ねによって徐々にその内実を獲得していった。しかし，それは常に危うさも伴うものであって，たとえば1911（明治44）年に京都帝国大学の岡村司（民法）が，講演にて明治民法の「家」制度を批判した際は，併せて政府首脳を罵倒したことを理由に譴責処分が下されている。

なかでも，1933（昭和8）年に起きた「瀧川事件」は連日新聞によって大きく報道され，一大社会問題となった。同事件は，京都帝国大学の瀧川幸辰（刑法）が，「赤化教授」として文部省より辞職を求められたことに端を発する。これには，司法関係者が共産党に通じていたとされた「司法官赤化事件」（1932年）の元凶の一人として，瀧川が右翼より標的とされていたことが背景にある。瀧川自身はマルクス主義法学者ではなかったが，マルクス主義自体には好意的で，著述等にもそのレトリックを多用した。同事件に対して，京都帝国大学法学部教員の多くは，抗議のため辞職して他大学に移籍した。このことは同法学部に禍根を残すとともに，結果として関西圏における他大学の法学教育の発展に寄与した。

さらに，1935（昭和10）年に起きた「天皇機関説事件」は，昭和戦前期における法学のかたちを大きく制約することとなる。当時貴族院議員であった美濃部達吉への攻撃は，天皇機関説の学術的問題から発したのではなく，政党政治末期の，軍部・野党・右翼による政治抗争という面が強かった。機関説の提唱者の一人である一木喜徳郎が当時枢密院議長の要職にいたことも攻撃材料の一つであった。

政局を乗り切るため政府は二度の「国体明徴声明」を発し，「国体」に反するとして機関説を公式に排斥した。このため，高等文官試験参考書として強い支持を得ていた美濃部の著書『憲法撮要』等は発禁となり，また機関説の教授は禁止された。美濃部の講座を受け継いだ宮澤俊義の事件後の憲法講義では，天皇統治部分は飛ばされたと伝えられる。その後の高文試験では，天皇主権説にもとづき，簡潔で平易な記述を行った佐藤丑次郎（うしじろう）（東北帝国大学）の著書が多く用いられた。なお，行政法分野では，美濃部の著書は高文試験の有力参考書として，戦前期を通じて利用され続けた。

戦時体制と法学者　ドイツ法学に強い影響を受けていた日本にとって，ドイツにおける1933（昭和８）年のナチスによる政権奪取と「全権委任法」（授権法）の制定は大きな衝撃であった。同法は，いわゆる「指導者原理」の下に独裁を認めるもので，近代国家の基本原則である法治主義の根底を揺るがすものであった。ナチス・ドイツの法は，特に当初は日本の法学者から否定的にみられ，戦時が進行してようやく一つのモデルとされるようになった。

日本における戦時体制への移行は，1937（昭和12）年の日中戦争開戦により本格化する。物的資源の統制を目的に「輸出入品等臨時措置法」を，翌年にはこれを人的資源まで拡大させた「国家総動員法」を制定するなど，日本は「非常時」を理由とした戦時立法を開始した。これらは「(経済）統制法」と呼ばれ，命令への委任を数多く認め，弾力的規定や概括条項を有するなど，行政国家機構に大きな権限を付与した点に特徴を有する。また，私法の公法化要素を孕むなどの社会法的傾向もみられた。

当時の法学者の多くは，これら戦時立法に対して決して否定的ではなかった点には注意したい。帝国議会では政党議員から違憲論が提起された国家総動員法に対しても，法学者の大半は合憲論をとった。ナチス・ドイツの授権法と異なり，白紙委任規定とまではいえないことがその理由である。そして戦時立法は，ただ単に戦時に際しての臨時法ではなく，これまでの個人主義・自由主義的な資本主義を基盤とする法体制からの恒久的な変容であるとさえ理解された。団体主義的または全体主義的基調をもつ経済統制法の出現は，これを象徴する出来事とみなされた。たとえば末弘厳太郎はこの時期，多くの社会問題の解決策として，国家による計画的な介入に希望を見出すようになっている。

戦時における法体制の急激な変化については，これを既存法体制の「修正」とするか，それとも「根本的な変革」と捉えるかで，法学者の対応は大きく二つに分かれた。法体制の「修正」と捉える立場では，戦時による法令の大幅な増加や新たな法現象の登場を，既存法体系と整合するように説明・解説することにより秩序づけようとした。東京帝国大学にて我妻栄が中心となった『新法律の解説』（1938年～）および「新法令の解説」（1942年～）等には，このような立場が鮮明である。このような営為は，戦後になって「解説法学」と呼ばれた。

一方，根本的な変革と捉える立場では，日本「固有」性の議論や，これを東アジアに拡大した「大東亜法秩序」の議論と結びついて，新たな法理論としての積極的な位置づけが志向された。たとえば「日本法理（にほんほうり）」は，既存法学の西欧概念への依存を批判し，「のり」や「むすび」等の「やまとことば」を用いることによって，日本法の新たな体系化を試みた。「日本法理研究会」は官民横断の研究会として結成され，旧派刑法学者の小野清一郎（東京帝国大学）や，末弘厳太郎等が参加している。しかし，このような立場は，軍国主義・超国家主義に接続して把握されたため，戦後に問題視されて関係者が教職追放の対象となった。

なお，戦局が極度に悪化した1943（昭和18）年後半以降は，大学教育は機能不全状態に陥り，法学部生も「学徒出陣」の対象となった。法学研究もまた，国家的要請にもとづいた一部のものを除いては低調となった。

占領と改革　占領下は，戦時の「反省」に始まった。戦前に大学を追われた教員の復帰や，「不適格」とされた教員の教職追放が進められた。教職追放に先立っては，自主的に退職する動きもみられた。ただし，大学における追放・自主退職は比較的少数にとどまった。このため，占領・戦後期の法学は，法制度が民主化・自由化の標榜により大きく変更されたのに比して，人的構成の面では戦時からの継続性が指摘されうる。

教育における民主化の動きは，1947（昭和22）年の（旧）教育基本法の制定に代表される。同法によって初めて教育制度が法律によって定められた。高等教育については，同年の学校教育法にもとづいた「新制大学」への移行・昇格が相次ぎ，1955（昭和30）年には４年制大学の数は228まで増加した。今につながる，大学の本格的な「大衆化」への転換点である。

法学関係学部も増加した結果，さらに「法学者」の裾野は広がった。その増加に並行するように，1948（昭和23）年頃より日本公法学会や日本私法学会等，多くの法学分野で学会組織が日本において初めて形成された。また，マルクス主義の復権により1946（昭和21）年に民主主義科学者協会（民科）が結成されると，専門部会として政治法律部会が設置され，イデオロギー的側面から以後の法学に強い影響力を持つこととなった。このような状況で，「戦後」の法学は出発することとなる。

さて，ここまで駆け足でみてきた日本における法教育と法学の歴史は，そのまま大学の歴史に重なる部分も多い。本章も数々の大学史に依拠しているが，それらの多くが法史を含む歴史学の教員によって執筆されていることはあまり知られていない。法学部を有する大学の歴史は，一つの法教育史であるとともに，また優れた法学史でもある。ぜひとも自分の大学の大学史を一読されたい。

コラム８　占領管理と日米安全保障条約

連合国による日本の占領管理は，既存政府機構を存置した間接統治にて行われ，連合国最高司令官が発した指令等は，日本政府が法律，もしくは法律の効力を有する「命令」（ポツダム命令）として実施した。同命令は，委任立法による授権という形式がとられたが，事実上のフリーハンドを与えるものであったため，明治憲法による法的秩序を超えるものであった。

問題は，1947（昭和22）年に日本国憲法が施行された後も，この状態が変わらなかったことである。ポツダム命令のなかには，日本国憲法の規定に抵触するものもあった。このため，占領法規を超憲法的存在としてあらためて位置づけることで，同問題はようやく回避された。占領下では，新旧の「憲法秩序」と，超憲法的な「占領管理秩序」という，いわば二つの法的秩序が併存していたこととなる。これを田中二郎は「憲法・管理法令二元論」と表現している。

1952（昭和27）年の講和条約の発効により，日本は独立を回復し，占領管理は終了した。ただし，同時に締結された（旧）日米安全保障条約（安保条約）により，米軍の駐留は引き続き認められた。東西冷戦下，日本は西側諸国に与（くみ）することを選択したためである。安保条約への批判は強く，特に1960（昭和35）年の改定に際しては，左派を中心として反対運動は激化した（「安保闘争」）。

マルクス主義法学者で憲法学者の長谷川正安（はせがわまさやす）は，当時の政府の対米「従属」姿勢を，「二つの法体系」論として批判した。占領下の「管理法体系」は，講和条約後に「安保法体系」として引き継がれたとする理解である。同論では「憲法体系」と「安保法体系」は同等であるとするが，そのこと自体，日本が完全に独立を回復していないことの証左とされた。これは一面で，高度成長期において日本国憲法の「価値」が，高く評価されていたことも示すといえる。

文献ガイド

＊天野郁夫『大学の誕生　上・下』（中公新書，2009年）
＊天野郁夫『高等教育の時代　上・下』（中公叢書，2013年）
＊天野郁夫『新制大学の誕生――大衆高等教育への道　上・下』（名古屋大学出版会，2016年）
＊小野博司＝出口雄一＝松本尚子編『戦時体制と法学者 1931～1952』（国際書院，2016年）
＊潮見俊隆＝利谷信義編著『日本の法学者』（日本評論社，1975年）
＊清水唯一朗『近代日本の官僚――維新官僚から学歴エリートへ』（中公新書，2013年）
＊末川博『彼の歩んだ道』（岩波新書，1965年）
＊末弘厳太郎『役人学三則』（岩波現代文庫，2000年）
＊竹内洋『大学という病――東大紛擾と教授群像』（中公文庫，2007年）
＊寺崎昌男『〔増補版〕日本における大学自治の成立』（評論社，2000年）
＊日本評論社編集局編『日本の法学――回顧と展望』（日本評論社，1950年）

第3章　帝国日本における植民地の法

第1節●法の「継受」から「越境」へ

近代日本は,「帝国」である。

明治憲法は,「大日本帝国憲法」である。

この二つの文には共通して「帝国」という語が使われている。さて，この二つの「帝国」の意味は同じだろうか，違うだろうか？　そもそも,「帝国」とはいったい何なのか。実は，この問いはなかなか難しい。仮に,「帝国」を「異民族を統治・統御する政治システム」と定義するならば，ここに登場する二つの帝国の意味をどのように理解したらよいだろうか？　本章の目的は，この二つの帝国はどういう点が同じで，どういう点が違うのか，を説明できるようにすることである。

かつて,「『帝国』とは絶えず辺境（フロンティア）を拡張しつづけようとする絶え間ない闘争の別名」（松浦寿輝（ひさき））と表現されたように，帝国日本は「辺境」としての植民地を領有した。植民地とそこに暮らす異民族の人びとは，対外的には日本の構成領域として統合されながら，対内的には「内地」との法的平等性から排除される，アンビバレントな存在だった。明治時代に日本が採用した近代法の枠組みは，こうした異民族の統合と排除を「帝国」の秩序として正当化し，中心―周縁として構造化する役割を担っていた。もっとも，近代法によって形成された中心―周縁の秩序には，強と弱（厳格さと緩さ，とも言い換えられる），公式と非公式のスペクトラムがあった。本章では，帝国内でリロケーション（relocation；移転），循環する人びとや知識という側面に注目しながら，中心―周縁の秩序形成をめぐる法（植民地法）を考えてみたい。

図表25 「帝国」日本への編入過程

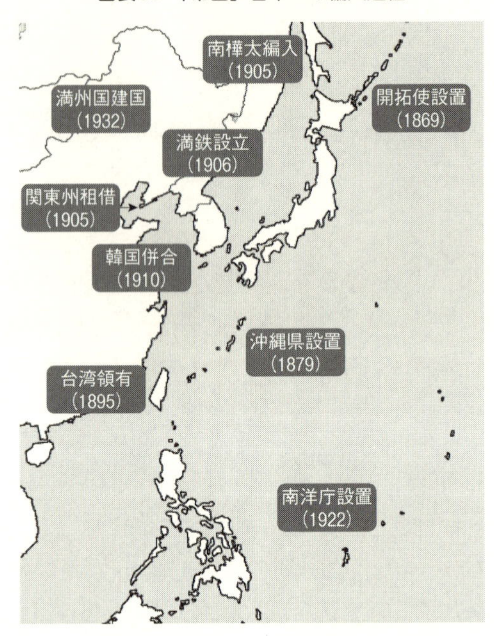

「外地」という概念

戦前日本が東アジア諸地域で領有していた旧植民地について「外地(がいち)」と称することがある。外地という語自体は，1929（昭和4）年に拓務省が設置されて以降，一般に用いられるようになった。

外地の具体的な地域は，原則として明治憲法の施行（1890〔明治23〕年11月29日）以前に日本の行政統治下にあった本州・四国・九州・北海道・琉球・奄美・小笠原諸島を除く地域を指す。すなわち，憲法施行後に編入された台湾・南樺太(からふと)（サハリン）・朝鮮・関東州（租借地）・南洋群島（委任統治領）を指すのが概ね一般的な理解といえよう。ただし，1937（昭和12）年に勃発した日中戦争以降に占領した海南島（中国・海南省）・香港・昭南島（シンガポール）・マレー・ビルマ（ミャンマー）・旧オランダ領インド・フィリピン等までを外地とするものや，満州国・中華民国・タイ・旧フランス領インドシナ等，領土・占領地ではないものの日本と特殊な関係にある地域も外地に含むとするもの，あるいは本州のみを内地と呼び，北海道や九州・四国・琉球等を外地とするものなど，拓務省設置当時から外地の範囲をめぐってはさまざまな見解が存在した。詳しいことは後述するが，こうした外地では，日本の統治権が排他的に及びながらも，帝国議会を通じて制定された「法律」が当然に適用されることはなく，原則として各地域に独自の法体系（法域）を形成していた。

「法の継受」論を超えて

日本近代法史を学ぼうとすると，おのずと「法の継受」論と向き合うことになる。法の継受とは，簡単にいえば「ある国（母法国）の法が，文化の異なる他の国（子法国）に採り入れられる現象」のことである。代表的な例には，7 世紀以降における中国法（律令）の周辺アジア諸国への継受，15〜16 世紀ローマ法のドイツを主とした西欧諸国への継受，19 世紀フランス法の欧米諸国への継受が挙げられよう。これら三つの法の継受では，母法国の制度はもとより法理論・法思想・法実務が，言語や文化，民族，環境がある程度近しい子法国において展開し，緩やかに社会に定着した。一方，前述した法の継受の定義に従えば，明治初年から行われた一連の日本の法典整備事業もまた，西洋法の「継受」ということができる。しかし，非西洋国において西洋的な法律や裁判制度を導入し，しかもそれが短期間に急激に展開された日本の場合，伝統社会に対する継受された法の異質さはより一層際立つことになり，法実務や社会一般の法意識のあり方に動揺をもたらした。

さて，法の継受という現象そのものについては，法典編纂期における同時代的関心はもとより，（戦時体制下で日本法理に傾倒した時期を除いて）現代に至るまで，常に多くの法学者が関心を寄せてきた現象である。なかでも 1960 年代には，「普遍的な価値」をもった西洋法が，非西洋法社会を「発展」に導いたロールモデルとして日本がフォーカスされ，明治期の日本がいかに主体的，選択的に西洋法を取り入れ，既存社会に接合させていったかという側面が大いに注目された。こうした理論の枠組みを〈近代化論〉という。

ただし法の継受に基づく近代化論は，あくまで「国民国家」としての日本を一国史的に振り返る時に通用する見方であって，複数の民族を統合した帝国日本という枠組みにおいては，「法の継受」を語ることは難しい。なぜなら，帝国の「周縁」では主体的な選択の余地はないままに，「中心」の意に沿って西洋法を受容せざるを得なかったからである。そこでは「法の継受」ではなく，周縁側からみれば意図せざる〈法の越境〉が生じていたとする方が適当であろう。本章では，一国史的な視点にとらわれないで，19～20世紀に東アジアで生じた，帝国日本が深く関与した法の伝播現象を考えてみたい。

コラム9　領事裁判

1858〔安政5〕年，幕府が欧米各国と締結した修好通商条約（いわゆる「安政の五ヶ国条約」）を契機に，日本では17ヶ国による領事裁判が行われた。領事裁判制度は“野蛮な刑罰や未成熟な民商事法秩序，司法システム”から自国民を法的に保護することを目的とし，領事や当該国の裁判官が駐在国で（多くの場合）自国法を適用して自国民の裁判を行うものである。たとえば，幕末の最大貿易相手国だったイギリスは，横浜や函館，長崎，新潟，神戸の居留地に領事裁判所（後に「地方法院」に改称），さらに上訴裁判所として「日本法院」を設置し，日本の裁判権の介入機会を排除しながら自国民の裁判を行っていた。こうして駐在国の裁判管轄を排除した結果，領事裁判では必然的に自国民に有利となるような不当な判断が行われることが多かったのはいうまでもない。

それゆえ，領事裁判が実施され，「『文明』化」されていない非西洋法圏国としてレッテルを貼られた駐在国が，「国際的」に認められた独立国家となるためには，「文明化」された西洋法基準の近代法典整備が急務だったのである。明治初年に，江藤新平が当時のフランス民法典を「誤訳も妨げず，ただ速訳せよ」と箕作麟祥（みつくりりんしょう）に命じ，取り急ぎそれを日本の民法典として施行しようとした話は，今からすればいかにも無謀な試みだと笑うかもしれない。しかし翻せば，「法の継受」を通じて作られた「近代法典」という存在が，当たり前のものではなかったことにあらためて気づかされるエピソードでもある。なお各国の領事裁判権は1894（明治27）年から翌年にかけての条約改正によって撤廃された。

西洋諸国に対して不平等な領事裁判権を認めていた一方，日本はアジア諸国（関東州を含む中国・朝鮮・シャム・満州国）には西洋列強と同様の名目によって日本の領事裁判権を認めさせた。たとえば朝鮮では，当初，領事による第一審後，不服の場合は内地の長崎控訴裁判所へ，さらに大審院へと移されたが，第二次日韓協約（1905年）によって統監府法務院が設置されると，上訴審は朝鮮内で完結するようになった。このため朝鮮では，法務院設置と前後する時期から内地人法曹（特に弁護士）数が増加した。領事裁判をはじめとする，裁判の「実施地域」の地理的拡大は内地人法曹の活動域を拡大させ，さらには法曹の「知」が移動することによって，実務上の内地法の伝播（越境）をもたらした。さらに，たとえば中国・上海の共同租界における日本の領事裁判では，内地よりも進んだ近代的な刑事訴訟手続が導入されるなど，先進的な制度の展開がみられたことも特徴として挙げられる。

第 2 節◉帝国日本の射程

1　内地の平準化

蝦夷地から北海道へ

近代国家として歩みだした日本政府にとって，財政的基盤の確保は最重要課題の一つだった。明治維新後，早い時期に地租改正条例（1873〔明治 6〕年）を制定したのは，中央政府が租税徴収権を掌握し，また課税対象を土地にすることで納税者（土地所有者）の責任所在を明確にしつつ安定した税収を見込んだためである。実際，条例発布の年にはこの地租と印紙収入だけで国の歳入の 9 割超を占めた程で，明治初期の国家歳入は地租徴収の確実な確保にかかっていたといって過言ではなかった。家禄奉還制度や公債による半価払下げによって帰農・帰商による授産を勧めることになったのも，こうした税制改革と殖産方針の文脈で理解できる。ところが，明治初年のあまりに急激な殖産政策の展開は，限られた国土で労働力の余剰を生むことになり，その結果，北海道への移住・開拓が奨励されるようになった。このことを，1890（明治 23）年に札幌農学校（現在の北海道大学の前身）において日本で初めて植民学の講義を行った佐藤昌介は，「過剰の労力を国内に於て利用し，以て新に農業を営むべき場所は，我北海道を措て他にあらざるなり，夫れ北海道の殖民は，即ち内国殖民なり」と表している。

北海道の開拓は，開拓使（1869〔明治 2〕年）のもと政府の施策としての農地開墾・資源開発，屯田兵制度（1874〔明治 7〕年），あるいは災害・飢饉等を理由に移民会社を通じて渡ってきた移民団，内地で果たせない農村教化の展開を目的とした移民団等によって進められた。また，「農事監獄」といわれた樺戸集治監（現在の月形町に所在）を皮切りに，政治・思想犯収容のため道内各地に設置された集治監とその囚人たちによる労働が，開拓の大きな人的資源となったことも重要である。特に樺戸集治監の初代典獄・月形潔は，樺戸を「開拓の理想郷」と位置付けたように，北海道は日本の「フロンティア」そのものだった。「北海道土地払下規則」（1886〔明治 19〕年）や「北海道国有未開地処分法」（1897〔明治 30〕年）といった立法も大規模な土地払下げを後押しし，1873（明治 6）年には約 12 万人だった北海道の人口は，1903（明治 36）年には約 108 万人にまで増加，1917（大正 6）年には 200 万人を超えた。そのほとんどが内地からの移民だった一方で，北海道各地に先住していたアイヌとの生活空間の競合は深刻だった。移民，すなわち植民者に有利な法整備によってアイヌの生活環境が奪われるなか，政府は言語統制や教育によってアイヌと内地人の同化を図りながら，「北海道旧土人（どじん）保護法」（1899〔明治32〕年）を施行し，アイヌに土地を無償で下付（しもつけ）することで農業への従事を奨励した。ただし土地の下付といっても，内実は一戸あたり1万5000坪を上限としたに止まり，前出の北海道国有未開地処分法が移民者一人あたり150万坪を限度とする無償払下げを定めていたことと比較すれば，アイヌの「保護」は名ばかりにすぎなかったといえる。その上，アイヌに対する下付地は土地の譲渡や担保物権の設定が禁止され，15年以内の成墾条件を課すという厳しい制限もかけられた。

琉球王国から沖縄県へ

北海道開拓とほぼ同時期，1868（明治元）年に琉球に対する日本への統合が始まった。琉球は北海道と異なり土地が狭小なため，植民目的というよりは南方に開かれた海上交通の要所として，軍事的価値が重視された。琉球は王制の独立国でありながら，江戸時代以来，薩摩藩から人事権や裁判権を与えられる形で実質的な支配を受けていた一方，清国とも冊封朝貢（さくほうちょうこう）にもとづく密接な関係を維持していた。そうした両属状態にある琉球の地位をめぐって，明治政府内では当初，琉球人を内地の日本人とは区別される存在であると認識していたし，また清国との衝突のリスクを負ってまで統合を進めることには消極的な意見も少なくなかった。

ところが，台湾出兵（1871〔明治7〕年）を機に，明治政府は琉球の統合について積極的な姿勢に転じた。台湾出兵は，台湾に漂着した琉球民が，台湾の生蕃（せいばん）（原住民のことで，のち日本統治期には高山〔高砂（たかさご）〕族と呼ばれた）に殺害されたことをきっかけに台湾に出兵した一連の事件のことである。もっとも，この出兵は「日本人」への危害に対する報復措置の名目で行われたが，このことは一方で，琉球民は日本人か，という問題を浮き彫りにもした。琉球が清国の属国であれば清国人であり，日本による出兵の名目は失われるからである。それまで明治政府は琉球の位置付けに対してそれほど積極的でなかったにもかかわらず，琉球の管轄を外務省から内務省に移して内国と位置付け，琉球民は「日本人」であると明示したのにはこのような背景があった。その後，1879（明治12）年に沖縄県が設置されることで一連の「琉球処分」は終結した。

沖縄県民となった琉球民に対する明治政府の方針は，アイヌ政策とは異なり，刑法等一部の内地法令，学校教育を施行したものの，基本的には琉球の旧慣を温存する方針が採用された。北海道の場合，広大な土地にアイヌ人口を上回る植民を送り，数の強さで内地化を果たすことが可能だったが，沖縄県の島嶼（とうしょ）に植民を行うことで内地化することは現実的ではなく，またコスト面からも在来の琉球民を「日本人」化することで内地化を果たそうとした。そのためには，できる限り現地の琉球民と摩擦（抵抗）を起こさせない，緩やかな同化が望まれたのである。

いま，あらためて北海道や沖縄の近代史が「内国植民地」という観点から植民地の歴史として見直されつつあるのは，戸籍や学校教育・言語政策を通じて，対外的にはアイヌや琉球民を「日本人」として統合した一方，対内的にはアイヌや琉球民を相対的にマイノリティとして劣位に置いた，日本の「近代」における法秩序形成の過程が背景となっている。

2　構造化する領土

台湾の領有

北海道・沖縄に続いて帝国日本に編入されたのは，1895（明治28）年に日清講和条約（下関条約）にもとづいて割譲された台湾である。その法的位置付けをめぐって，北海道や沖縄と台湾で大きく異なったのは，編入が明治憲法施行以後に行われたという点であった。北海道や沖縄は，確かにさまざまな点で法令上区別されてはいたが，明治憲法施行以前に内地に組み入れられたことから，帝国議会を通じた立法と，大審院を頂点とする司法の下にあった。その意味では，北海道や沖縄の人びとは，基本的には明治憲法の適用を受ける「日本人」だったといえる。ところが台湾の場合は，憲法施行後に編入されたことから，必然的に明治憲法の適用対象となったわけではなかったのである。

当時の台湾は，土匪（どひ）と呼ばれる，漢民族や武装した原住民たちが日本の進出に激しく抵抗し，混乱状態が続いていたため，領有当初は台湾総督による事実上の軍政が敷かれた。なかでも台湾総督が定めた土匪に対する「匪徒（ひと）刑罰令」（1898〔明治31〕年）や「罰金及笞刑（ちけい）処分令」（1904〔明治37〕年）が，内地刑法よりも苛酷な内容であったことは，統治が容易ではなかったことを物語っている。ところで，このような台湾総督が事実上立法した「律令（りつれい）」（台湾総督によって制定され，法律の効力を有する命令のこと）は，明治憲法に規定された帝国議会による立法に関する権限に抵触しなかったのだろうか？　そもそも，台湾に明治憲法は施行されたのだろうか。

軍政下にある台湾の特殊条件から，台湾総督には「台湾ニ施行スヘキ法令ニ関スル法律」（明治29年法律第63号），いわゆる「六三法（ろくさんほう）」によって委任立法権が認められた。ただし当時憲法学者の間では，この法律が明治憲法第5条「天皇ハ帝国議会ノ協賛ヲ以テ立法権ヲ行フ」に違反するのではないか，と疑義が生じており，明治政府もこれに対して明確な答えを示していなかった。第9回帝国議会でこの問題が取り上げられた際，政府答弁では，「憲法は台湾に全部施行されていない，天皇の大権は及ぶものの，憲法第二章以下の臣民の権利，徴兵の義務，租税の義務等は施行されていない」などと説明されたが，その後答弁は二転三転しながら，時限立法だった「六三法」を踏襲する「三一法（さんいちほう）」（明治39年法律第31号），「法三号（ほうさんごう）」（大正10年法律第3号）がそれぞれ定められ，「法三号」によって総督の律令制定権が大幅に縮小されたものの，台湾総督の委任立法権は憲法上の根拠を欠いたまま，なし崩しに認められ続けた。結局，明治憲法が台湾に施行されるのかという一大論争は，政治的側面から「施行されている」という表向きの解釈で鎮静化したものの，法学者の間で明確な決着を見ることはなかった。

韓国の併合

続いて帝国日本の版図に大きな変化をもたらしたのは，台湾領有から10年後に締結された日露講和条約（ポーツマス条約。1905〔明治38〕年）である。この講和条約を背景に，日本は韓国（大韓帝国：1897〜1910）と第2次日韓協約（乙巳（ウルサ）保護条約）を締結して統監府（とうかんふ）を設置し，韓国の外交権とそれに付随する内政権を掌握して韓国の保護国化をはかった（同年）。その後も漸次日本の勢力を拡張しながら，最終的に1910（明治43）年併合条約を締結，統監府を改め朝鮮総督府（そうとくふ）を新たに設置し，植民地支配を開始した。条約にもとづき，一つの独立国が丸ごと帝国に組み込まれた点では，清国の一部として割譲された台湾の編入過程と根本的に異なっており，この違いはそれぞれに対するその後の統治方針にも影響を与えた。

さて，朝鮮でも台湾と同様，朝鮮総督による委任立法権の可否および明治憲法の適用が問題となった。既に台湾総督に認められている以上，朝鮮総督の委任立法権（朝鮮総督によって制定され，法律の効力を有する命令を「制令（せいれい）」という）を否定する理由はなく，さらに朝鮮総督の場合には，委任立法権は恒久的な権限とされた（「朝鮮ニ施行スヘキ法令ニ関スル法律」〔明治44年法律第30号〕）。また，台湾では「法三号」によって総督の律令制定権が縮小されたのに対し，朝鮮総督の制令制定権は制限されることなく，統治を終える1945（昭和20）年まで維持された。加えて，外地の事務処理を担当する拓務局設置（1910〔明治43〕年）を機に，朝鮮総督は内閣総理大臣の監督を受けるのかという問題が，具体的には総督による天皇への上奏可否をめぐって表出した（台湾総督や関東都督，樺太庁長官は内閣総理大臣の監督を受けるものとされていた）。拓務局の後継である拓務省が設置された際にこの議論は頂点に達するが，規定上は拓務省の監督を受けるとしながら，実際は政治的判断に任せられることとなった。このように，大陸との結節点である朝鮮は地政上台湾よりも現地に対する強力な統制が要請され，それに伴って朝鮮総督の権限は，台湾総督よりも独立性を保つ地位として想定された。実際，初代朝鮮総督・寺内正毅は，朝鮮を明治憲法の適用除外地域として明確に位置付けるよう求めていたが，現実には台湾の先例を尊重し，朝鮮も明治憲法の適用地域とする政府見解が採用された。

3　戦時体制と外延の拡張

関東州の租借と満州国建国

ポーツマス条約によって，日本は朝鮮以外にも関東州（大連・旅順）の租借権を獲得し，中国大陸進出の足がかりを得た。租借期間中，租貸国の統治権は停止し，事実上租借国の領土に準じた扱いとなるが，領土の割譲ではない。その意味では，関東州もやはり「外国から見れば日本，日本から見れば外国」であり，外地であったといえよう。ただし台湾や朝鮮と異なって，関東州はあくまで清国の領土であるから，明治憲法は施行されず，法令は天皇大権に基づく勅令によっていた。

関東州の支配とともに，大陸における特殊権益として最も重要だったのは，南満州鉄道株式会社（満鉄）の経営権であった。満鉄は，もともとロシア主導で敷設された東清鉄道のうち，ハルピンから旅順に下る支線のうち，長春以南をポーツマス条約によって譲り受けたことに始まる。満鉄は鉄道用地のみならず，沿線に多くの市街地・鉱区等広域の満鉄付属地を有していた。特にこの市街地付近は，後の満州国における経済的中心地にもなっていく。満鉄付属地は，かつて台湾開発を推進した満鉄初代総裁・後藤新平の経営構想のもと，当初は「東西融合の地」として国籍にかかわらず解放して商業振興を図る計画だったが，1920年代以降は日本人の植民先としての性格が強くなる。

もっとも，この地域の法的性質は定義が難しい。鉄道用地や付属地に対して「絶対的かつ排他的な行政機能」を事実上認められたとはいえ，清国の領土である以上，土地管理に関する以上の司法，警察，課税等の行政権行使は越権行為ではないか，という疑念は当時内地の国際法学者の間でも指摘されていた。司法に関していえば，原則として領事裁判が行われ，「満州ニ於ケル領事裁判ニ関スル法律」（明治41年4月法律第52号）により，上訴は関東都督府（のち関東庁）地方法院・高等法院が管轄した。司法のみならず，警察権についても事実上関東都督府の監督下にあった（コラム9「領事裁判」）。その後，鉄道の線になぞって展開された事実上の植民地経営は，満州事変（1931年）を機に中国東北部に樹立された日本の傀儡(かいらい)国家・満州国（1932年）という面に包摂される。その後満鉄は純粋な鉄道会社へと変容していくが，満鉄設立以来，日本最高のシンクタンクと謳(うた)われた，いわゆる「満鉄調査部」で継続された慣行調査は，やがて当地の法整備に活用されることとなる。

南洋群島の委任統治

太平洋の島嶼は，日本を含む列強各国にとって最後の植民地獲得競争の場となった。第一次世界大戦とパリ講和条約によって，ドイツ領だったカロリン諸島・マリアナ諸島（グアムを除く）・マーシャル諸島は日本の統治下に編入され，南洋群島と呼ばれるようになった。第一次大戦の戦後処理方針として掲げられた民族自決と領土非併合の方針から，南洋群島の統治方式はC式委任統治とされた。C式委任統治とは，現地における信教の自由の保障，奴隷の売買・武器や火酒の取引・軍事的施設建設の禁止を条件とした上で，受任国領土の構成部分として施政を行うことである。もっとも，委任統治地域の主権の所在は受任国なのか，国際連盟なのか，あるいは戦勝国の同盟国なのか法解釈上曖昧だったが，実質的には併合（植民地）と変わらなかった。1922（大正11）年4月に委任統治が正式に開始され，外務省のもと（のち拓務省と共同監督となる）に南洋庁（本庁はパラオに置いた）が設置されると，南洋群島には内地からの移民者が増大し，行政・インフラが整備され，日本（内地）的な学校教育が先住島民に対して行われるようになった。

南洋群島の法的位置付けが最も問題となったのは，1931（昭和6）年の満州事変を契機とする日本の国際連盟脱退時であった。委任統治制度は国際連盟規約に基づいていたため，国際連盟を脱退すれば南洋群島に対する委任統治権を喪失する可能性が指摘されたためである（結果的には，脱退後も委任統治は継続された）。また関東州と同様，領土権を有していない南洋群島では，明治憲法は適用されないものと解されていた。したがって法令は，ここでも帝国議会を通じた法律ではなく天皇の勅令によっていた。

第 3 節●法の伝播による「帝国」支配の形成

1　近代法的規範の「伝播」

東アジアからの留学生

日清講和条約やポーツマス条約は，帝国日本の版図を変えただけでなく，東アジアに人と知の循環を生んだ。ひとつの例が，留学生の存在である。たとえば日清講和条約の締結後，近代化・体制改革を図った清国や大韓帝国からは，実に多くの政府・私費留学生が日本にやってきた。清国留学生に限ってみると，早稲田大学，明治大学，陸軍士官学校，法政大学，日本大学，中央大学の 6 校が主な受け入れ先となっていた。なかでも法政大学には，「清国留学生法政速成科」という清国留学生専門の法学教育プログラムが設けられ（修業年限は 1 年，後に 1 年半に延長），1904（明治 37）年から 2 年間で約 2000 人の清国人留学生が学んだという。日本で法学を学んだ留学生たちは，帰国後，多くが司法官や法曹，政府高官として自国の法整備に携わった。速成科の授業は中国語の通訳によって進められ，テキストに用いられたのは，当時明治政府が実施した高等文官試験や判検事登用試験などの模範解答を漢訳したものだった。漢字文化圏という共通項が背景にあったからこそ，東アジア域内における人と知の循環が比較的容易に展開されたのである。ちなみに，日本が明治期に西洋的な概念を導入するにあたって，漢字を当てはめて生み出した造語は多数あるが，たとえば「判決」「議会」「不動産」「破産」「出訴」「主義」など，ごく基礎的な法律用語は，清国留学生を通じて大陸に輸出され，現在もなお使われている。

さて，清国のほか大韓帝国からの留学生も多かった。明治大学で学んだ金炳魯もその一人である。金炳魯は 1910（明治 43）年に東京に渡り，非常に優秀な成績を収めて法律家を目指すが，台湾人や朝鮮人が内地で弁護士試験を受けることはできないとする当局の決定により，朝鮮に帰国してとりわけ弁護士としてキャリアを積んだ。植民地解放後は，アメリカ軍政下に置かれた韓国司法部に法典起草委員会を組織し，さらに大法院長に就任，戦後韓国の司法制度の基礎を築いた。また彼は1958年に公布され，1960年に施行された「大韓民国民法典」の制定に深く関与したが，この韓国民法典には，満州国民法典（後述）の影響が指摘されている。

19世紀末以降，日本での法学教育課程は東アジアにおける「エリート」のキャリアパスだった。日本への留学生の中には故郷に戻った後，現地子弟のための教育機関の経営に参画した者も少なくなく，そうした現地教育機関で学んだ学生たちが，植民地解放後に新しい国家・統治体制の建設を担った。このように，当初内地という中心から発信された「法の学知」は，留学生を通じて帝国域内に拡充し，やがて各地において再生産されていったのである。

なお朝鮮と台湾には，1919（大正8）年に内地で施行された「（第2次）帝国大学令」（大正8年勅令第12号）にもとづき，京城帝国大学法文学部（1926年），台北帝国大学文政学部（1928年）が法学教育機関としてそれぞれ創設された。特に，京城帝大では清宮四郎（憲法），台北帝大では田中耕太郎（商法）など，戦後日本を代表する実定法の体系書を残した法学者も，外地の法学教育に携わっていた。両大学の研究内容やカリキュラムには植民地性を帯びた偏向が見られ，教員・学生数も全体的に現地人の比率は低かったが，とりわけ台北帝大をめぐっては，現地人の入学者数が朝鮮よりも格段に制限され，かつ卒業後の官界進出が想定されていなかったことは，植民地大学における特徴的な学術的使命を物語っている。

「お雇い日本人」

ボアソナードやジュ・ブスケ，ロエスレルといった「お雇い外国人」である法律顧問の存在は，明治期の近代法整備過程で不可欠の存在だった。ところが日清講和条約以降には，今度は東アジア各地の法律顧問として，いわば「お雇い日本人」が赴くことになった。たとえば，朝鮮に招聘された星亨である。星は，日本の政党政治の基礎を築いたことで有名だが，一方法律家として，日本人で初めてイギリスの法廷弁護士資格（Barrister at Law）を取得したことでも有名で，1893（明治26）年に疑獄事件で衆議院を追放された後，当時駐韓公使だった井上馨に請われて，1895（明治28）年3月から7ヶ月間，朝鮮政府の法律顧問となった。星は赴任直後に朝鮮における「裁判所構成法」の起草に取り掛かった（「1895年法律第1号」として施行）。この時施行された裁判所構成法は，地方裁判所・漢城及開港場裁判所・巡回裁判所・高等裁判所・特別法院の5種二審制であり，とりわけ上訴審として巡回裁判所と高等裁判所を構成した点を見ると，この発想は日本の制度模倣というより，星の留学先であったイギリスの英米法（コモン・ロー）システムに近かったといえよう（ただし，実際に巡回裁判所が開廷されることはなかった）。

清国では，東京帝国大学教授の岡田朝太郎が京師法律学堂という法学教育機関の教員として，また修訂法律館という法典編纂機関の顧問（名目は「調査員」）として招聘され，「大清刑律草案」を編纂した。また司法官僚の小河滋次郎も京師法律学堂の講師として，また獄務顧問として，刑務官の育成や京師模範監獄の設計（実際には中華民国政府下で竣工し，北京模範監獄となった），「大清監獄則草案」（1907年）の起草に携わった。小河は特に清国で監獄則の草案を作成する前年に，日本の監獄法の起草メンバーに加わっており，清国の監獄則には小河の日本での経験が多分に反映されていた。ただし単なるコピーだったわけではなく，清国の制度に馴染むよう調整されていた点は注目される。

2　慣習調査と法典編纂

「帝国」の慣習調査

明治初年，司法省のもと民・商法典編纂に向けた慣習調査が行われた。それはヨーロッパにおける法典編纂作業を，まさに日本で模倣しようとする試みだった。西欧諸国（特にドイツ）における法典は，固有法（慣習法）を基礎とした上で補充的に成文法（ローマ法的要素）を調和させて編纂された。もっともヨーロッパ各地には，多かれ少なかれ何世紀にも渡って展開されたローマ法に基づく統一された信念があったからこそ，「従来行はれたる所の慣習を文章に綴り順序を立てて一の法典と為」すことができたのである（梅謙次郎）。ところが，日本ではそうはいかない。つい数年前まで幕藩体制のもとで展開された各地域の具体的な法や慣習は，西洋諸国と全く異なる法文化のもとで形成されてきた。それゆえ，その法や慣習をいくら寄せ集めても，西洋諸国に並ぶ「所謂法典と為すに足」るものでないことは明らかだった。結果として，国家存亡のかかった条約改正問題を前に，本来あるべき法典編纂ではないことを認めながらも，「多少我邦の慣習をも参酌せしならんも寧ろ西洋の学者の眼より見て完全ならんこと」が優先され，慣習はあくまでそれを補完するものとして位置付けられた。こうして，内地で果たせなかった慣習に基づく法典編纂の試みは，それ以降に行われた「帝国」内の慣習調査と法典編纂へと受け継がれることになる。

帝国版図の拡大に従って，各地で体系的な慣習調査が試みられた。最も早かったのは沖縄（1884年～）で，ついで台湾（1900年～），朝鮮（1906年～），清国（1907年～），満鉄調査部（1907年頃～）と続いた。1910～1920年代には，これらの慣習調査が完結したとして，多種多様な慣習調査報告書が刊行されている。ただし1930年代に戦時体制が本格化するなかで，帝国の版図が再び拡大するに伴い，南洋群島（1932年頃～か？），満州国（1935年～）で再び大規模な慣習調査が実施された。

こうした帝国内の各慣習調査は，ひとつの見方として，1930年代の戦時体制の本格化前後で特徴を区分することができる。1930年代より前の調査はもっぱら法典編纂を目的として行われたものであり，1930年代以降の調査では，法典編纂のみならず法学的要素（法社会学的な学問的意義）も目的とされている。とりわけ後者の時期に実施された慣習調査では，内地という中心で醸成された学問的知見が，周縁である外地で展開・実践されることになった」。こうした各調査の時期的特徴を念頭に置きながら，以下では代表的な台湾・朝鮮・中国東北部（満州）の慣習調査を見てみよう。

台湾旧慣調査と岡松参太郎

京都帝大教授の民法学者・岡松参太郎は，1900年に台湾総督府民政長官・後藤新平の招聘で台湾に渡った。この時，岡松の肩書きは臨時台湾土地調査局嘱託（しょくたく）であったが，実際には慣習調査をもとにした台湾における立法事業を任されていた。岡松は，台湾に内地とは別個の法体系を作ることを想定し，そのために台湾各地の「土人」の慣習法や慣行を調査することを最も重要な課題としていた。ベルリン大学留学中，歴史法学の一派であるゲルマニステンの影響を受けていた岡松にとって，台湾で「慣習に基づく立法」を実現させることは，内地で果たせなかったあるべき法典編纂のための実験的事業だったのかもしれない。さらに岡松は，「英の法律は殖民地たる印度（インド）の立法に依り，改善せられた」のであり「日本内地法をして台湾法を模範とするに至らしめん」と，台湾における立法に強い意欲を見せていた。

1901年に臨時台湾旧慣調査会が設置され，岡松は早速，清朝時代の典籍（てんせき）をもとに従来の法制度を調べながら，台湾全土で聞き取り調査を実施した。特にドイツにおける植民地経営を参照して，台湾の土地売買に関する規則制定に大きな関心を寄せた（この方針は，その後帝国各地で展開された慣習調査にも影響を与えた）。実際に岡松による立法が叶うことはなかったが，台北・台南・台中で地域別に行われた旧慣調査の結果は，『第一回調査報告書』（1903年），『第二回調査報告書』（1906～1907年），最終報告書である『台湾私法』（1910～1911年）としてそれぞれ刊行された。

ただし，この慣習調査結果には「正確さ」の点で限界があった。現地の慣習は，旧来からの慣行それ自体としてそのままのかたちで認識されたのではなく，終局的には近代的な法概念に置き換えられ，パンデクテン体系に当てはめるかたちで理解された点が少なくなかった。もともと慣習調査は，旧来的な慣行を，近代的な法概念・法体系に組み込むことを目的として実施された。このため，近代的な法概念に矛盾するとされた慣行は排除され，法規範たる「慣習」として認められることはなかったのである。こうした慣習調査の限界は，近代的な法典編纂を目的に実施される限り常に存在した。

朝鮮慣習調査と梅謙次郎

明治民法起草者の一人として知られる梅謙次郎が晩年に手がけた仕事こそ，朝鮮における慣習調査と，それに基づく立法事業だった。梅は明治民法典編纂事業以来，法学者としてのみならず，伊藤博文の下いわば「法制官僚」の嚆矢として活躍していた。1905（明治38）年，伊藤が初代統監に就任したのを機に，かねてより信頼の厚かった梅が法律顧問として招聘されたのである。

朝鮮でも不動産に関する分野から法整備に着手するため，その慣習調査組織として1906（明治39）年に不動産法調査会が発足した。朝鮮ではこれが初めての全国規模の土地調査となった。この調査会メンバーには，先の台湾での慣習調査に参加していた人物が加わった。慣習調査をめぐるノウハウは，人材の移動とともに帝国内で循環していたのである。その後，徐々に調査対象を拡大して，民法・刑法・民刑事訴訟法等の立法を目的とするに伴い，不動産法調査会は法典調査局に改組された（1908年）。梅はこのうち，民法・商法・民事訴訟法の起草を担当することになっていた。特に民・商法の起草をめぐっては，「之を二つの法典となす必要ありや否やの問題は我国に於ても大に巧究すべき問題なりと思ふ，予の持論としては日本に於ても之を二つの法典となすの必要なしと思はる」とする，民商統一法典構想を打ち出した。梅は，リヨン大学に留学していた頃から，当時最先端の議論とされていたこの構想の実施を持論としていた。こうして明治初年に達しえなかった「慣習に基づく法典編纂」を，朝鮮において結実しようとしたのである。

結論からいうと，梅の希望は達成できなかった。民商統一法典の編纂は1910（明治43）年8月頃に着手する予定だったようだが，一つには，その頃朝鮮に対する統治方針の転換により，日本法の直接適用の可能性が出てきたこと，加えて民商統一法典編纂に着手予定だった同月に奇しくも梅自身が死亡したことで，この法典編纂構想は頓挫した。韓国併合（1910年）により，統監府に代わって設置された朝鮮総督府は，「朝鮮民事令」（明治45年制令第7号）を施行して日本法の直接適用を原則としながら，朝鮮人の能力・親族・相続・一部の不動産に関する事項のみ例外的に「慣習」を適用することとした。なお，朝鮮における慣習調査の成果は，法典調査局の後継である朝鮮総督府取調局が『慣習調査報告書』（初刊1910年，補訂1912年）として刊行されている。

中国農村慣行調査と末弘厳太郎

中国農村慣行調査（華北農村慣行調査）は，台湾や朝鮮の調査から相当時間が経過した，1940年から東亜研究所第六（支那慣行）調査委員会と満鉄慣行調査班（満鉄調査部の後継）が合同で行った調査である。帝国における慣習調査の集大成ともいえるこの調査で東亜研究所側の中心だった末弘厳太郎は，この調査は「エアリッヒ〔エールリッヒ——筆者註〕の所謂生きた法の如く社会に成立している norm〔規範——筆者註〕を掴むといふことを目標とする」ものだったとしている。つまり，台湾や朝鮮の旧慣（慣習）調査が法典編纂というきわめて実務的な必要から行われたのに対し，中国農村慣行調査は「生ける法」の探求を目的とする法社会学的関心のもと学術的調査として実施した，という点が強調されたのである。おなじ中国法体系を対象とした調査であっても，台湾では「旧慣」と呼ばれていたのに対して，末弘があえて「慣行」と呼んだのは，そうした台湾における旧慣調査との差別化が意識されていたためであった（調査結果の一部は『中国農村慣行調査 全6巻』〔1953～1958年〕として刊行)。ちなみにこの調査の対象地では，もともと鉄道付属地として満鉄調査部による調査が行われていた。満鉄による調査は，台湾の調査事業を終えたばかりの岡松参太郎（岡松を台湾に招聘した後藤新平が満鉄初代総裁となったのに随った）が同地に渡り，満鉄調査部の基礎を築いたことに始まる（調査結果は『満州旧慣調査報告書 全9冊』〔1913～1915年〕他として刊行)。

なお農村慣行調査と前後して，本調査にも参加していた我妻栄は，穂積重遠(とお)等とともに現地慣習を考慮しながら当時の日本の判例・学説における「理論の最高水準を規定化」した「満州国民法典」の編纂にも取り組んだ。1937年に公布されたこの民法典は，戦後の大韓民国民法典（1960年施行）へ少なからぬ影響を与えたことが指摘されており，連鎖する「知」のリロケーションによる東アジアにおける法の伝播の好例として挙げられよう。

3 「日本人」としての国籍と権利

帝国への編入と国籍付与問題　東アジア諸地域が次々に帝国に編入され，帝国日本の版図が拡大すると，その地域に暮らす人びとの身分処遇が問題となる。ただし，「日本人」という国籍が法的に定義されたのは，帝国議会選挙を控えて施行された「国籍法」（明治32年法律第66号）によってであり，それ以前には，「日本人」という国籍はもっぱら戸籍によって把握された（コラム10「戸籍制度」）。たとえば北海道では，「明治4年戸籍法」（太政官布告第170号）によってアイヌを平民として編入して「日本人」とし，沖縄県では，華族・士族の扱いについて他府県と異なる運用がなされていたようだが，やはり戸籍法が実施され一律に「日本人」とされた。他方，外地統治の当初は，現地人をそのまま「日本人」とすべきか否か，方針が錯綜していた。台湾では，原住民を一律に「日本人」にするより島外へ追いやることの方が念頭に置かれており，原住民に対して領有より2年の間に台湾にとどまり日本国籍を付与されるか，島における全ての権利を放棄して退去するかを選択させ，実質的には後者を選択するよう誘導していた。一方朝鮮については，「国家ごと併合されたのだから，旧韓国籍の者は自動的に日本国籍が付与されるべき」として，旧韓国籍の者は全て「日本人」とされた。

また，国籍法が施行された後は，外地で新たに「日本人」になった者については国籍の離脱を認めない旨が規定された。これは，日本国籍保持者の存在によって，日本の勢力圏を対外的に誇示しようとする政策的背景によるものであった。とりわけ「日本人」としての国籍保持者の居住事実が国防問題に直結していた地域として，朝鮮半島とロシア・満州の国境地帯であった間島(カンド)地方が例として挙げられる。

なお，関東州や南洋群島については「帝国」日本の領土権が及ばない地域であったため，現地人への国籍付与をめぐる問題は生じなかった。

コラム10　戸籍制度

各人の身分関係を証明することを目的として，戸籍制度がある。ここにいう「戸」は，「本籍を定める一の夫婦及びこれと氏を同じくする子」（戸籍法第6条）の家族単位で形成されている。このように日本では，本籍と氏によって紐付けされた家族＝「戸」を通じて国民を把握している。

「戸」を通じて全国的に国民を把握するようになったのは，「明治4年戸籍法」（太政官布告第170号）によって編製された壬申（じんしん）戸籍に始まる。もっとも壬申戸籍は，居住地を基準とし，現に世帯を同じくする各個人の身分事項のほか，氏神，疾病，犯罪歴，旧身分なども併記したことから，警察・地方行政に資する，いわば住民登録簿としての性格が強かった。その後，1898（明治31）年明治民法（親族相続編）施行と同時に，「明治31年戸籍法」（明治31年法律第12号）が施行され，戸籍の意義は大きく変わった。明治民法は「戸」を「家」と読み替え，「家」の長＝戸主には，婚姻・養子縁組・認知など戸籍に異動が生じる家族員の身分行為を統制する義務を課した上，その統制に背いた家族員に対する制裁権を付与した。このとき，戸主の統制が及ぶべき「戸」の構成員を識別する記号が最も重要な意味を持つ。その記号こそ，紐付けされた本籍と氏であった。この戸籍制度は，外地統治を通じて東アジア各地域にも拡散された。

戦後になっても，台湾や韓国では戸籍制度が引き続き実施されていた。ただし台湾では政治的変革に伴って戸籍制度が漸次改められ，1992年「中華民国戸籍法」で，共同生活者単位かつ住民登録の機能を併せもつ，現実的な身分登録制度に変更された。また，韓国でも，家族観の変化から2005年に戸籍制度の廃止が決定され，現在は「家族関係登録簿」という個人単位の身分登録制度を運用している。台湾・韓国のいずれにおいても，観念的な本籍に裏付けられた「戸」という概念は，時代に不相応なものとして廃止されたのである。一方日本では，戦後，家族国家思想の支柱となった「家」の観念が崩壊し，戸主制度が法的に削除されてもなお，「戸」が家族の単位とされ，識別方法として本籍と氏が用いられている点は，現在も変わっていない。

明治時代には，身分や地域などさまざまな属性の人々を統合し「日本人」として平準化する手段として戸籍が重要な役割を果たした。しかし，従来の「戸」では処理できない多様な家族のあり方が「個人の尊厳」と密接に関わる現代，今後の戸籍のあり方には議論の余地があろう。その点で，台湾や韓国における現在の制度は参考になる。

「日本人」としての権利義務の位相

外地の人びとに付与された国籍という対外的な「日本人」の身分は，対内的な「日本人」，つまり内地の人びとと同一に扱われることを意味しなかった（もっといえば，内地人とされるアイヌでさえ，「旧土人」として法的に区別された存在だった）。戸籍制度は，前述のとおり「日本人」の表象としての役割を担う一方，内地と外地の人びとを顕著なかたちで区別した。戸籍制度は内地と外地，各地域で別々の法令によって規定された。それゆえ，戸籍の記載事項や管轄等，実際上の運用も微妙に異なり，地域を超えた身分の異動は，養子縁組と結婚・離婚等きわめて限られた事由でなければ認められず，本籍については地域を超えて変更することはできなかった。このようにして戸籍の異動を容易に認めなかったのは，戸籍（「家」）を介して各「日本人」を地域と紐付けして識別していたからである。もっとも，内地延長主義のもと「共通法」（大正7年法律第39号）によって異法域間の連絡が図られるようになり，地域を超えた戸籍の異動をめぐる手続は多少整備された。

戸籍に基づく「日本人」と関連する権利義務は，とりわけ帝国議会をめぐる参政権と徴兵制適用に関して問題となった。最初の帝国議会に向けて公布された「衆議院議員選挙法」（明治22年法律第3号）は，原則内地のみに適用され，属地的な運用がなされた。その後，帝国の版図が拡大しても，朝鮮や台湾，南樺太は適用外とされ，外地に居住する者は内地人も含めて参政権が付与されなかった（1945〔昭和20〕年4月に朝鮮および台湾に居住する者について参政権が認められたものの，内地では既に削除されていた選挙権資格の制限が規定された）。もっとも，内地であっても参政権付与には時間差があり，「北海道沖縄県及小笠原島に於ては将来一般の地方制度を準行するの時に至るまで此の法律を施行せず」（衆議院議員選挙法第111条）とされ，北海道では札幌・小樽・函館3区は1900（明治33）年，北海道の上記3区以外は1903（明治36）年，さらに沖縄県は1912（明治45）年まで待たなければならなかった。

これに対し徴兵制度は，現住所とは関係なく，内地に本籍を有する「日本人」だけに適用される，属人的な運用がなされた。居住地に基づいて適用すれば，徴兵忌避を目的として「内地」から物理的に離脱する「日本人」が続出し，徴兵制度自体が崩壊する懸念があったからである。もっとも，徴兵制度が当初なぜ属地的運用にならなかったのか，すなわち外地に本籍を有する「日本人」に適用されなかったのかについてはより深く考える必要がある。

第4節●帝国内の法システムの統合と還流

1　帝国の法システム

外地法の種類

繰り返しになるが，外地では，内地の帝国議会を通じて制定された「法律」が当然に適用されることはなかった。また，政府見解では朝鮮や台湾に対して明治憲法の効力が及ぶことを原則としたが，現実には著しい適用制限を受けたため，現地で施行すべき法令については，その多くが総督の裁量に委ねられていた。では実際，外地でどのような法令が適用されていたか，朝鮮を例に主要なものを見てみよう。

最も基本的な法令の形式は，朝鮮総督が天皇の勅裁を経て定める制令である。朝鮮独自の内容を規定するほか，部分的に例外を設ければ内地の「法律」を活用できる場合も，異法域である以上制令とする必要があった。朝鮮の制令の条文には「○○法（内地の法律）に依る」という文言が多く見られるのはこのためである。このように，内地の法律に「依る」ことを「依用（いよう）」という。民法や刑法，各種手続法などは，「朝鮮民事令」（明治45年制令第7号）や「朝鮮刑事令」（明治45年制令第11号）を通じて原則として内地法を「依用」していた。

なかには朝鮮に施行された「法律」もあった。一つは勅令によって既存の「法律」をそのまま朝鮮にも適用させるもの，もう一つは，外地に施行する目的で作られた「法律」である。前者には特許法（明治43年勅令第335号）や貨幣法（大正7年勅令第60号），関税法（大正9年勅令第306号）などが含まれ，後者には前述の「共通法」が例として挙げられる。また，人やモノ，サービスに付随して法域を超えて効力を有する属人的要素を有する法令もあった。たとえば恩給法（大正12年法律第48号）は，恩給を受けるべき公務員やその遺族であれば，外地のどこでもその適用を受ける。

このほか，朝鮮では地方制度に基づいて，道（どう）（朝鮮の行政単位）知事が職権または特別の委任により「道令（どうれい）」という命令を発することができた。道令は内地の府県令に相当するが，罰則は3月以下の懲役もしくは禁錮，拘留，100円以下の罰金または科料まで科すことができ，道知事による処分には内地の地方長官よりも裁量の幅が認められた。

外地裁判所の位置付け　外地においては，内地の「裁判所構成法」（明治23年法律第6号）が施行されなかったため，台湾では「台湾総督府法院条例」（明治29年律令第1号），朝鮮では「朝鮮総督府裁判所令」（明治42年勅令第236号）がそれぞれ制定されるなどして，各地域の裁判所は総督に直属していた。それゆえ，司法大臣の監督下にある内地の大審院と外地裁判所，あるいは外地裁判所同士での連絡関係は認められなかった。こうした外地の裁判所が，憲法上どのような位置付けになるか，やはり問題となったが，これは憲法が外地に施行されているかどうかをどのように解釈するかによって結論が変わる。政府見解の通り，憲法が施行されていると考えるならば，それが明治憲法第57条にいう「裁判所」に該当するのか，第60条にいう「特別裁判所」に該当するのかという点を考える必要があろう。加えて，台湾や朝鮮では原則としてそれぞれ内地の民事・刑事訴訟法を依用したことから，憲法上要請される公正な裁判手続の確保はクリアしたものの，いずれも総督が行政長官かつ委任立法権を有する上，裁判所の監督権をも握っている以上，現実的には裁判官の身分保障やそれに基づく「司法権の独立」の達成を期待することができなかった。なお関東州や南洋群島は，憲法が施行されないため，三権分立はそもそも問題とならなかった。

外地における裁判所は法院と呼ばれ，さらに審級制度は各地域で異なっていた。台湾は一時期二審制を採用するなどしていたが，基本的には三審制が維持され，地方法院・覆審（ふくしん）法院・高等法院（のち覆審法院が廃止され，高等法院に覆審部・上告部を設置）の3階級の裁判所が存在した。関東州では台湾と同様に裁判官を判官と称する一方で，長らく二審制が採用され，関東都督府（1906年）が置かれたのを契機に高等法院と地方法院が設置された。1924（大正13）年には高等法院内に覆審部と上告部を設け三審制となったが，合議体を構成する人数については，上告審で台湾は5名，関東州は3名と差異が見られた。他方，朝鮮は併合以降一貫して三審制を維持し，地方法院・覆審法院・高等法院を有した。朝鮮の裁判官は内地と同様に判事と呼ばれ，上告審も5名で構成されていた。この3地域中では，朝鮮の裁判所構成が最も内地に近い形で作られていた。なお弁護士規則は，基本的に内地の弁護士法を依用する形で各地域にそれぞれ実施され，さまざまな制約はあったが，地域を超えた弁護活動が展開されていた。

2 裁判の実態

「慣習」の根拠？

外地における裁判の実態は，2000年代にようやく実証的な研究が本格化してきたところで，実はよくわかっていないことも多い。そこでここでは，朝鮮の民事法をめぐる概略を通じて，読者の皆さんと外地の法廷をイメージしてみたい。朝鮮における民事法は，「朝鮮民事令」により原則として内地の明治民法を依用したが，親族・相続関係の事項は例外的に「慣習」を法源とした（朝鮮民事令第11条）。なおこの第11条をめぐっては，1921（大正10），1922（大正11），1939（昭和14）年に三度改正され，内地の明治民法の「依用」範囲を段階的に拡大したことと並行して，「慣習」の成文法化が何度か試みられたが，さまざまな理由から達成することはなかった。朝鮮総督府裁判所，あるいは裁判官の間では，法源たる「慣習」について統一的な知識・見解が必ずしも共有されていたわけではなかった。したがって，「慣習」をめぐる疑義が生じれば，事案ごとの対応に迫られていた。後世の先例になり得ると考えられた「慣習」をめぐる判決が，『朝鮮高等法院判決録』，あるいはその「判決要旨」を集積した『朝鮮高等法院判決要旨類集』として刊行されていることは，「慣習」が逐一模索されていたことを間接的に示すものともいえよう。

では，判決で「慣習」とされた内容について，裁判官はどのように把握し，判断していたのだろうか。併合前から実施された，前出の『慣習調査報告書』や，朝鮮総督府当局による訓示・通牒（つうちょう），朝鮮の地方行政官庁と各法院間でかわされた伺（うかがい）および回答，裁判官によって組織された司法協会における民事審査委員会での決議・質疑応答，その他各種の調査委員会決議などが参照されたといわれる。しかし，裁判官が「慣習」を判断する過程で「慣習」の根拠としてそれらに依拠すべきかどうか，あるいは各種報告書や決議類の内容が矛盾した場合，いずれを優先して適用すべきかなど，裁判官の司法判断とそれら判断材料との関係性を明示するものはなかった。さらに，裁判所が参考にした「慣習」をめぐるこれらの判断材料は，疑義が生じた事案の判断形成をアシストしても，そのまま反映されたわけではなかった。

「慣習」をめぐる裁判官の法創造

実際に朝鮮の民事判決を読み進めてみると，「慣習」判断をめぐる裁判では，その過程と判断にいくつかの特徴が見られる。たとえば，外地の裁判は原則日本語で行われていたため，現地独特の慣習（慣行）や概念が，既存の日本語の法律用語に便宜的に「翻訳」されて判断されることが多々あった。こうした裁判における現地語から日本の法律用語への「翻訳」方法には統一的な指針があったわけではなく，具体的事案を通じて法実務のなかで徐々に確立していったようである。実際，判決に至るまでに発表された裁判官の慣習研究は多数存在し，そうした資料からは，裁判における「翻訳」の難しさや葛藤をうかがうことができる。また，こうした裁判官の慣習研究の積み重ねや，それらにもとづく判決が，現地で施行された法令の改正契機となることもあった。

また，統監府の法典調査局以来，朝鮮総督府でも継続して行われた慣習調査の結果も裁判では活用されていた（総督府では1910年〜：取調局，1912年〜：参事官室，1918年〜：中枢院が主として慣習調査を担った）。裁判所は，訴訟当事者が主張する「慣習」が本当に存在するかを確かめる必要がある際，慣習調査の担当当局に慣習の有無について問い合わせていた（明治初年の「伺・指令型」裁判と同様にイメージしてもらうとよい）。ただし，担当当局はあくまでその「慣習」の有無を回答するに止まることが多く，有無を超えた慣習をめぐる解釈や適用の妥当性等の運用に関しては，裁判官の裁量に委ねていた。そのため，当局が現に「慣習あり」と認めても裁判所がその法的な妥当性を否定して適用しないケースや，逆に当局が「慣習なし」と回答しても裁判所が（訴訟当事者の主張する慣習の内容を）「条理」として認めるケースもあった。このように，規定上は「慣習」を法源とすべき裁判であっても，実務上では，朝鮮社会との現実的な擦り合わせを行わなければならなかったし，また親族・相続に関する事案でも，いかなる場合も「慣習」を優先すればよいわけではなく，内地の民法が原則として適用されている財産法規定との整合性を図る必要もあった。そうした結果，裁判官による「法創造機能」がより発揮されたのである。

内外地判例統一論

前述のように，（南樺太を除く）外地は「異法域」と位置付けられ，内地の裁判所構成法の適用を受けない司法体系にあった。それゆえ，内地に存在しない「慣習」を法源とすることもできたし，場合によっては，内地の法規を「依用」しながら内地と異なる法解釈を司法が行ったとしても，形式的に問題はなかったのである（コラム11「外地における『先例的』判決」）。しかし実際には，内地と同じ法令について，内地（大審院）に準じない解釈が外地の判決として示されることで，帝国日本としての法規解釈の統一性が破壊されることを危惧する声が，とりわけ弁護士らから展開された。「植民地法院は大審院と連絡交渉なきを以て……我大審院の法規解釈の統一は破壊され，若(も)し此(こ)の判決にして粗鹵杜撰(そろずさん)なるものとせば，当事者の蒙(こうむ)る不利益は頗(すこぶ)る大なるものあるべく……」と主張されたのは，当時，内地人による朝鮮への渡航（植民）を奨励していたところに，内地と朝鮮で法の解釈が異なることによって内地人が不利益を被ることになれば，植民政策が挫折すると考えられたためである。

また，法規解釈統一への要請は，朝鮮における裁判所構成法の施行による，裁判所統一構想への動きと連動していた。外地の裁判所では，総督との関係において裁判官の身分保障が薄弱で，司法権の独立性も低く，常に植民統治行政の影響を受けやすい立場にあったことは，当時から既に指摘されていた。司法権の独立はもとより，大審院のもとに「帝国」日本の司法機関を統一し，裁判官の待遇改善，身分保障を図ることへの指向もこの一連の問題の背景になっていた。

コラム 11　外地における「先例的」判決

近代日本の民法史上，「相続と登記」をめぐる有名な論点の一つに，次のようなものがある。“相続開始前に被相続人（A）から不動産を譲渡された者（B）は，相続開始後に当該不動産について登記を済ませた相続人（A'）からさらに譲渡された者（C）に対して，未登記のままでも保護されるか，すなわち，相続人から譲渡されたCは，民法第177条にいう「第三者」に該当し，Bの登記の欠缺(けんけつ)を主張できるか？”という問題だ。この点大審院は，1922（大正11）年の判決でCは「第三者」に該当せず，Bの登記の欠缺は主張できないと判断していた（大判1922〔大正11〕年10月6日)。これに対して，穂積重遠はすぐさま「本件の第二審裁判所が『被相続人と相続人とは二者其人を異にすれ共，相続人は被相続人の人格を承継したるものにして，恰(あたか)も同一人と看做(みな)され，二者同地位に立つべきを以て，被相続人の処分の結果権利の喪失を来したる不動産に付相続人が更らに為したる処分は二重売買なりとす』と判決したのに，私は寧ろ同情を寄せたい」と反発した。大審院はその後に解釈を改めて，「〔Cは〕『第三者』としてBの登記の欠缺を主張できる」と判例変更（大連判1926〔大正15〕年2月1日）したのは，どうやらこの穂積の批判を受けてのことだったらしい（この解釈が現在の通説になった)。ところで，大審院の判例変更より1年半前，朝鮮では法律審を行う高等法院で，穂積の批判と同一の趣旨に基づく判例変更が行われていた（朝高連判1924〔大正13〕年10月3日)。こうした，内地に対する外地の「先例的」な判決は民事事件だけでなく刑事事件でもみられ，そのたびに内外地の裁判官や弁護士，検察官たちの対立が浮き彫りとなった。

第5節●植民地の法から見える視点

日本近代法史学はこれまで，一国史的な「内地」法史の解明を主として行ってきた。しかし，その「日本」の国境線ですら決して所与のものではなかったことを，本章に接した読者のみなさんには理解していただけたと思う。現代日本の姿は，あくまで「アイヌの編入や琉球の統合を経た日本」なのである。他方，朝鮮や台湾，中国大陸をはじめとする東アジア諸国の法史は，東洋法史（あるいは各国の自国法史）としてのみならず，「帝国」としての日本法史からも焦点を当てる必要がある。

普段テレビやインターネットでわたしたちが目にする報道において，（内国植民地・旧外地を問わず）植民地という概念がまぎれこむ事柄は，とかく「歴史認識」をめぐる政治的論争に収斂されがちで，本章で扱った植民地の法をめぐる研究も，実はその例に漏れないところがある。もちろん「歴史認識」問題を無視してよいわけではないが，現代における法の営みに見え隠れする植民地時代の残影を，生々しい現実社会のなかでいかに理解し，批判し，接合していくかを考えることが，過去に対する反省と，今と未来に対する真摯なあり方なのではないだろうか。それが果たして，冒頭に掲げた〈近代化論〉として評価できるものかは慎重に考えなくてはならないが，少なくとも現代東アジアの法構造を考える上で，本章で注目した，帝国日本のなかで展開された人の移動や，法をめぐる「知」のリロケーションの探求は手がかりとなるだろう。

21世紀，日本法の各分野で東アジア諸国法との相互参照の可能性が本格的に模索され始める中，その基礎知識として，〈法の越境〉から見た「帝国」日本の近代法史像がきっと役立つことを筆者は願っている。

文献ガイド

＊山本有造編『帝国の研究——原理・類型・関係』（名古屋大学出版会，2003年）
＊浅野豊美＝松田利彦編『植民地帝国日本の法的構造』（信山社，2004年）
＊浅野豊美＝松田利彦編『植民地帝国日本の法的展開』（信山社，2004年）

＊塩出浩之『越境者の政治史――アジア太平洋における日本人の移民と植民』（名古屋大学出版会，2015年）
＊酒井哲哉責任編集『岩波講座「帝国」日本の学知1「帝国」編成の系譜』（岩波書店，2006年）
＊西英昭『「台湾私法」の成立過程――テキストの層位学的分析を中心に』（九州大学出版会，2009年）
＊小熊英二『〈日本人〉の境界――沖縄・アイヌ・台湾・朝鮮 植民地支配から復帰運動まで』（新曜社，1998年）
＊カピル・ラジ（水谷智ほか訳）『近代科学のリロケーション――南アジアとヨーロッパにおける知の循環と構築』（名古屋大学出版会，2016年）
＊加藤聖文『「大日本帝国」崩壊――東アジアの1945年』（中公新書，2009年）

第4章　近現代における司法と政治

第1節●近現代日本の司法史・序説

本章では，近現代日本の司法の歴史を，政治部門との関係に着目しつつ概観する。

近代以前の日本では，裁判作用と政治作用は未分化であり，裁判は政治組織によって担われていた。たとえば，江戸時代の三奉行（寺社奉行・町奉行・勘定奉行）は，各々の管轄内の立法・行政・司法を広く担当していた。江戸の町政を担当する町奉行は，江戸町方の「仕置（しおき）」の一つとして，立法・行政・警察・消防と並んで裁判を行っていたのである（第2部第2章第2節参照）。

しかし，明治時代に入ると不平等条約改正の必要性などから，近代的法治国家体制の整備が目指されるようになり，司法と政治の分離や三権の分立が部分的に制度化されるようになった。さらに，日本国憲法が制定されると，司法と政治の分離が制度的に強化され，司法権の独立が図られるとともに，新たに違憲審査権・行政裁判権が司法に与えられた。司法は独立した立場から政治部門の行動を監視し，法の支配や人権の保障を実現することが期待されるようになったのである。

もっとも，その後の日本の司法がそうした役割を十分に果たしえてきたかというと，厳しい評価が少なくない。たとえば，2001（平成13）年に内閣に提出された司法制度改革審議会意見書は，「裁判所は，……〔違憲審査や行政裁判の〕権限の行使を通じて，国民の権利・自由の保障を最終的に担保し，憲法を頂点とする法秩序を維持することを期待された」が，「この期待に応えてきたかについては，必ずしも十分なものではなかったという評価も少なくない」と指摘している。たしかに，最高裁判所は一般に政治部門に対して敬譲的であり，1947（昭和22）年の発足以降，これまでに違憲と判断した法律は10件に止まる。アメリカ連邦最高裁判所がほぼ同時期（1950～2015年）に連邦法と州法あわせて600件を超す違憲判決（適用違憲を含む）を下し，政治部門の行動に対して高密度の違憲審査を実施してきたことに鑑みれば，日本の司法はこれまで政治部門を監視する役割の遂行に消極的であったといえよう。

このように，戦後の日本司法は政治部門を統制する役割を与えられつつも，長年その役割を果たすことに消極的であった。それでは，このような日本司法の消極性の背後には，いかなる歴史的事情があるのであろうか。こうした問いは，法史学上の意義を有するのみならず，憲法裁判や行政裁判を通して法の支配や人権の保障を実現していく上でも重要な意味を有する。本章ではこのような問題関心から，近現代日本の司法史を，政治部門との関係およびそれに密接に関わる司法権の独立という観点に着目しつつ辿ることにする。

第2節●明治憲法下の司法

本節では，明治憲法（大日本帝国憲法）下の司法のありようを概観する。明治憲法と現行憲法（日本国憲法）の司法制度は大きく異なるが，旧制度を運用していた人々が現行憲法制定後の新制度の運用にもあたったことから，旧制度下の司法のありようが新制度下の司法のありように与えた影響は小さくない。明治憲法下の司法の姿を知ることは，戦後司法の歩みを理解する上でも重要な意義を有するのである。

以下ではまず，明治時代に入り近代的司法制度が成立する過程を素描する（1）。その後，明治憲法下の司法のありようについて，司法権の独立および政治部門との関係という点から説明する（2）。

1　近代的司法制度の成立

司法職務定制
――全国的な裁判機構の整備の試み

明治新政府は不平等条約を改正して，領事裁判権を撤廃することを外交上の重要な課題として位置づけていたが，その実現のためには，欧米列強が求める西洋近代型の司法制度と法典を整備する必要があった。そこで，1872（明治5）年に司法卿に就任した江藤新平は，近代的な司法制度の構築を目指して「司法職務定制」を定めた。

司法職務定制の内容は多岐にわたるが，主要なものを取り上げると，第一に地方からの裁判権の接収，第二に裁判機構の整備が挙げられる。江戸時代には各領主が裁判権を有しており，新政府成立後も各府県が裁判権を有していたが，司法職務定制では，司法省がこれら地方の裁判権を接収し，統一的に裁判と司法行政を担うことが定められた。そして，司法省の「省務」たる裁判を行う組織として，司法省の下に司法省臨時裁判所・司法省裁判所・出張裁判所・府県裁判所・各区裁判所が設置されることになった。

司法職務定制は，このように審級制に基づく統一的な裁判機構を全国に整備しようとした点で，近代的な司法制度への道をひらいたといえる。ただ，実際には人材不足や財政難などにより，府県裁判所等の設置はなかなか進まず，裁判所が設置されていない県では地方官による裁判が行われた。また，司法職務定制では，裁判は行政官庁である司法省の「省務」，裁判所はその「省務」を分担する組織とされたため，司法省の裁判所に対する「統括」は人事にくわえ裁判にも及び（たとえば，裁判所は「死罪及疑獄」等については司法省に伺い出て指令を得ることとされた），裁判所は組織上も権限上も司法省に従属していた。

大審院の設置
——行政権と司法権の分化

自由民権運動の広がりに伴い，1875（明治8）年にいわゆる大阪会議が開かれ，元老院・大審院・地方官会議を設置して，立憲政体を漸次的に樹立することが決定された。これにより，裁判機構は大審院・上等裁判所・府県裁判所に再編されたが，ここで注目されるのは，裁判権・裁判機構が司法省から分離されたことである。司法職務定制では，前記のように裁判は司法省の省務とされ，それゆえ裁判機構は司法省の下に置かれていたが，新制度では，裁判は司法省の省務ではなくなり，司法省から分離された裁判機構が行うものとされた。このように，立憲政体を樹立する必要に迫られる中で，行政からの司法の独立の第一歩が印された。

もっとも，それは第一歩であって，裁判機構に対する司法省優位の構図は依然として続いた。すなわち，司法省は裁判官人事や裁判所予算などの司法行政権を保持し，司法卿は裁判官を監督・任免する権限を握っていたのみならず，裁判官の身分保障の規定もなかった。さらに，裁判権は司法省から一応分離されたものの，裁判官は法令の解釈適用をめぐって疑義がある場合には，司法省の指示を仰ぐこととされた（伺指令裁判）。もっとも，これについては，当時の裁判官の多くが体系的な法学教育を受けておらず，試験ではなく自由任用によって選任されていた――専門的素養の不足した裁判官が少なくなかった――という事情があったことも勘案する必要があるであろう（明治期の法学教育については，第3部第2章参照）。

裁判所構成法――明治憲法下の司法の基本法

その後，1880（明治13）の治罪法，1886（明治19）年の裁判所官制によって司法制度の整備が進められた。そして，1889（明治22）年に明治憲法が発布されると，翌年に裁判所構成法が制定され，明治憲法下の司法制度の基本的なあり方が定まることになった。

裁判所構成法の制定作業は，条約改正交渉を強く意識して行われた。原案の起草はドイツ（プロイセン）の裁判官であったお雇い外国人O・ルードルフに委ねられ，K・F・H・ロエスレルやG・E・ボアソナードらの助言も受けながら進められた。

裁判所構成法では，大審院・控訴院・地方裁判所・区裁判所からなる裁判機構が置かれ，三審制が原則とされた。裁判体は，大審院では原則として7名，控訴院では5名，地方裁判所では3名の合議制とされ，区裁判所では1名の単独制とされた。

これらの司法裁判所は，民事裁判権・刑事裁判権のみを有し，行政裁判権を有しなかった。実は1872（明治5）年に司法省は第46号達により，中央法令に従わない地方官に対して，人民がその地方裁判所や司法省裁判所に行政訴訟を提起して救済を求めることを認めていた。近代化と集権化，国家の統一を推し進めるために，裁判所を通して地方官を統制しようとしたのである。しかし，その後，自由民権運動の興隆の中で行政訴訟が活発に利用されるようになると，政府はこれを改めることとし，行政庁の自由をできるだけ確保しうるような行政訴訟制度を構築することにした。こうして，行政訴訟については，通常の司法裁判所とは別に行政裁判所を設けてあたらせることにしたのである（明治憲法第61条，行政裁判法）。この行政裁判所は東京に1ヶ所しかなく，行政庁への不服申立て（訴願）を経なければ提訴できなかった。さらに，行政訴訟の対象も限定されていたことにくわえ，一審制であり，行政の違法な活動から国民の権利を保護する上で不十分な制度となっていた。

このように，明治憲法下では行政裁判所が設置されたため，裁判所構成法下の裁判機構は行政裁判権を持たなかった。さらに，皇室裁判所や軍法会議等の特別裁判所が設けられた結果，民事裁判権・刑事裁判権も制限されていた。裁判所構成法下の裁判機構の任務は，基本的に一般社会における紛争の解決やルール違反への対処を通して法秩序を維持することにあったといえる。

それでは，このような明治憲法・裁判所構成法下の裁判機構は，どの程度の独立性と権威を有しており，政治部門といかなる関係にあったのであろうか。明治憲法下の司法のありようを理解するために，次にこの点についてみることにしよう。

2　明治憲法下の司法と政治

司法権の独立

はじめに司法権の独立について，少し理論的な検討をしておきたい。

一般に，司法権の独立は二つのことを意味するとされる。一つは，裁判官が独立して職権を行使すること（職権行使の独立），もう一つは，それを支えるために，裁判機構が政治部門から独立していること（司法府の独立）である。これらが重要とされるのは，裁判官に対して圧力や干渉が加えられ，法の解釈・適用が歪められるようなことがあっては，裁判の公平性が失われ，権利の保障も危うくなるからである。とりわけ政治部門には，政治的あるいは党派的必要性から「公益」の名の下に裁判干渉を行うインセンティブがあるが，これを許せば，市民の権利は空洞化するであろう。それゆえ，司法権の独立は，法の支配・法の下の平等・市民の権利保障にとっての基盤であり，立憲政の要（かなめ）であるとされるのである。このため，立憲政においては，いかに司法権の独立を制度的に担保するかが重要な課題となる。

もっとも，司法権の独立を認めると，政治部門は自己の政策・利益に反する判決も受容しなければならなくなることから，政治部門にはこれを積極的に認めるインセンティブが乏しいようにみえる。市民革命によって近代化が進められた諸国と異なり，上からの近代化が進められた明治日本――特に行政主導で富国強兵を強力に推し進めようとしていた明治日本――において，政治部門に果たしてそのようなインセンティブは存在したのであろうか。

この点，法社会学や政治学においては，理論上，一定の条件下では政治部門にも司法権の独立を認めるインセンティブが生じうることが指摘されている。たとえば，政治部門は司法権の独立を認めることにより，法に基づいた統治を行っているとの正統性を獲得し，支配の安定性を確保することができる。また，司法権の独立を認めることは経済発展にも有効であるといわれる。裁判が非法的要因に左右されずに行われることで，法的安定性・法的予測可能性が高まり，経済アクターが安心して契約や投資を行うようになると考えられるからである。

明治政府の首脳たちが裁判所構成法を制定する際にも，こうしたインセンティブが働いていたか否かは明らかではない。ただ，彼らには，司法権の独立を少なくとも一定程度認めるインセンティブが存在していた。本節冒頭においても少し触れた，不平等条約の改正の必要性である。不平等条約改正のためには，日本が「文明国」であることを列強に示す必要があったが，司法権の独立は立憲的な「文明国」のまさに徴表の一つであった。また，列強が領事裁判権を要求した背景には，前近代的な日本の法制度から自国民を「保護」する必要があると考えられていたことがあるが，このことを踏まえれば，領事裁判権の撤廃のためには，近代的な法典のみならず，それを政治的思惑などによって左右されることなく独立して適用する裁判機構の整備が必要であった。

それでは，このような状況の中，明治憲法・裁判所構成法の下で司法権はどの程度の独立性を認められたのであろうか。結論からいうと，明治憲法・裁判所構成法により，司法権の独立のための一応の制度的措置が講じられ，司法権独立の少なくとも外観は整えられた。ただ，そうした制度的措置は最低限のものであり，不十分であったことは否めない。以下，具体的にみていこう。

司法権の独立の中核である職権行使の独立を担保するためには，裁判官の身分保障が欠かせないが，前記のように大審院設置時には身分保障規定はなかった。しかし，その後裁判所官制において初めて身分保障規定が登場し（刑事裁判・懲戒裁判によらない限り，意に反して退官・懲罰を受けることはないとされた），裁判所構成法においてはより踏み込んだ身分保障規定が設けられることになった。すなわち，判事の任官は終身とされ（第67条），刑法の宣告・懲戒の処分によらない限り，意に反して転官・転所・停職・免職・減俸を受けることはないとされた（第73条）。また，裁判官の懲戒は，それまでのように司法大臣が行うのではなく，大審院ならびに控訴院におかれる懲戒裁判所の裁判によることが定められた（判事懲戒法）。従前に比べて身分保障が強化されたといえよう。ただ，意に反する転所の禁止については例外が設けられ，欠員補充を理由とすれば認められたことから，禁止が空洞化するおそれがあった。

このように裁判所構成法では裁判官の身分保障が一応規定されたが，他方で司法府の独立は確保されなかった。内閣の構成員である司法大臣が各裁判所の監督権を有しており，裁判所の人事・会計・規則制定などのいわゆる司法行政について幅広い権限を認められていたのである。このため，司法省は昇進・配置転換等の人事を通して，裁判官の行動に影響を及ぼすことも可能であった。このように裁判所構成法では身分保障が強化されたものの，司法省優位の構図が維持され，裁判官の職権行使の独立は十分ではなかった。

実際に，大審院民事部長判事であった井上登（のぼり）は，戦後の司法制度改正審議会において司法省による裁判干渉の有無について質問された際に，ある刑事裁判官から「随分苦シイ立場ニ立ツタコトガアル」と聞いたことがあると答えている。そして，自分も民事事件において「多少似タ経験」を持っていると述べ，そこまでいかなくても，司法省の意向が担当裁判官の耳に入ることは「決シテ少イ例デハナイ」と述べている（内藤頼博『終戦後の司法制度改革の経過 第2分冊』〔司法研修所，1959年〕32頁）。また，丁野暁春（ちょうのとしはる）・元大審院判事も著作の中で，明治憲法下の裁判所について「司法権独立の規定は実質的には骨抜きとなり裁判所は司法大臣たる行政権の従属機関となり下っている」と記している（丁野暁春ほか『司法権独立運動の歴史』〔法律新聞社，1985年〕35頁）。

このように，明治憲法・裁判所構成法では司法権の独立の諸規定が一応置かれたものの，実態としては，裁判所は司法省の出先機関であるかのような様相を呈していた。弁護士出身でこの状況に問題意識を抱いていた原嘉道（よしみち）・司法大臣は退任後に，「司法省が司法権の行使機関」であるとの「明治初期以来の誤解」が存在してきたと指摘している（原嘉道「現行司法制度に対する改正の希望」法曹会雑誌17巻11号〔1939年〕33頁）。しかも，この司法省では検事が力を持っており，検事出身者が司法大臣をはじめとする司法省や裁判所の高官に多く就任していた。このため，検事出身者が裁判官人事の実権を握っており，佐々木哲蔵・元判事によると，検事側から一番風当たりの強い無罪判決を下すことに裁判官は勇気を要するというのが「旧司法省時代の一般的の風潮」であったという（佐々木哲蔵「裁判官の勇気」法学セミナー1958年3月号4～5頁）。

政治部門との関係

以上のように，明治憲法体制では裁判所・裁判権に対する司法省・司法行政権の優位がみられたが，これは裁判所に対する行政部の一般的な優位構造を反映していたといえる。明治日本は行政主導で富国強兵を強力に推し進めようとしていた中央集権型の行政国家であり，そこではあくまで行政が主流であり司法は傍流であった。前出の丁野暁春・元大審院判事は，明治日本が「司法活動の範囲をできるだけ限局し，まるで裁判所は社会のドブ掃除の仕事をするくらいで，国家にはあまり大事なものでないかのごとき扱い方をした」と批判しているが（前掲『司法権独立運動の歴史』33頁），このような状況の下，国家機構における裁判所の相対的地位は低かった。平沼騏一郎・元司法大臣は回顧録の中で，司法省入省当時「役に立つ者は行政庁にゆき，役に立たぬ者が判事，検事となつてゐる」と述べ（平沼騏一郎回顧録編纂委員会編『平沼騏一郎回顧録』〔平沼騏一郎回顧録編纂委員会，1955年〕39頁），矢口洪一・元最高裁判所長官（戦前に司法科試験に合格していた）もオーラル・ヒストリーの中で，戦前の裁判所を「二流の官庁」と表現しているが（政策研究大学院大学 C.O.E. オーラル・政策研究プロジェクト『矢口洪一（元最高裁判所長官）オーラル・ヒストリー』〔2004年〕142頁），いずれも当時の裁判所の地位を物語っているといえよう（戦前の行政部の権力と権威については，第3部第1章参照）。

大津事件

明治憲法下の司法に関する以上の説明は，高等学校で学んだ大津事件によって連想される司法のイメージとはやや異なるかもしれない。そこで，最後にこの点について少し触れておくことにしよう。

1891（明治24）年に滋賀県大津町（現・大津市）において，訪日中のロシア皇太子が警備中の巡査によって斬りつけられるという事件が発生した。ロシアとの関係悪化を恐れた政府は，被告人の巡査に対して刑法の皇室に対する罪を適用して死刑に処するように大審院に圧力をかけたが，児島惟謙・大審院長は刑法の規定通りに謀殺未遂罪を適用して無期徒刑に処するように担当裁判官を説得した。この結果，大審院特別法廷は謀殺未遂罪を適用して無期徒刑の判決を下し，政府も最終的にこれを受け入れた。この大津事件は，司法権の独立が守られた輝かしい事件として一般に記憶されている。

児島大審院長が担当裁判官を説得したことについては，職権行使の独立の面で問題を残したが，この事件が地位の低かった大審院の威信を高めたこと，司法権の独立のための制度的保障が十分とはいえない中で，裁判所の貴重な先例・資産になったことは確かである。ただ，この事件から連想される司法のイメージのみから，明治憲法下の裁判所の実態や政治部門との関係を捉えるのは一面的であろう。明治政府が判決を受容したのも，皇太子の怒りが収まり，ロシアがそれ以上この事件を問題化しないと考えられたことなどがあったといわれる。明治憲法体制は全体としてみれば行政優位の国家構造であり，裁判所はその構造の中に位置していたのである。

第3節●日本国憲法の制定と戦後司法改革

本節では，日本国憲法と裁判所法の制定を中心とする戦後司法改革を概観する。両法の制定により，司法制度は文字通り大転換を遂げたが，他方でその制度を運用した人々は旧制度を運用していた人々でもあった。本節では戦前・戦後の司法の断絶と継承の両面をみていきたい。

以下ではまず，日本国憲法・裁判所法の定める司法制度の概要を，明治憲法・裁判所構成法のそれと比較しつつ紹介する（1）。その後，裁判所法の制定と最高裁判所の発足に際して生じた激しい路線対立について説明する（2）。

1　司法制度の再構築

1946（昭和21）年3月，政府はいわゆるマッカーサー草案を下敷きとした「憲法改正草案要綱」を発表した。これは，ポツダム宣言が求める「民主主義的傾向ノ復活強化」「基本的人権ノ尊重」を反映した内容であり，枢密院（すうみついん）・帝国議会の審議・修正を経て，「日本国憲法」として同年11月に公布，翌年5月に施行された。また，これと並行して，内閣の臨時法制調査会と司法省の司法法制審議会が一体となって，裁判所構成法に替わる新たな司法の基本法について審議した。その結果とりまとめられたのが裁判所法である。同法は連合国軍総司令部（GHQ）の承認の下，1947（昭和22）年4月に公布，翌月に新憲法と同時に施行された。

新憲法の司法関連規定とそれを受けて成立した裁判所法は，いずれもポツダム宣言が求める民主主義の強化や基本的人権の尊重を司法の文脈において制度化しようとするものであったといえる。裁判機構は最高裁判所・高等裁判所・地方裁判所・簡易裁判所に再編され（後に家庭裁判所も設置），裁判所は次の点で明治憲法・裁判所構成法下のそれとは異なった。

第一に，裁判所には民事裁判権・刑事裁判権にくわえ，行政裁判権も付与された。裁判所は全ての争訟を裁判する機関とされ，特別裁判所の設置が禁止された。

第二に，裁判所には法律の合憲性を審査する違憲審査権が付与された。上記の行政裁判権と併せて，裁判所には政治部門の違憲・違法な活動から国民の権利を保障する役割，政治部門の行動を監視する役割が与えられたのである。なかでも違憲審査権は，民主的に選ばれた国民の代表者が定立した法律をも覆すことのできる強力な権限であり，裁判所は憲法の番人，人権の砦という重要な役割を担うことになった。

第三に，司法権の独立を確保するため，裁判官の身分保障にくわえ，司法府の独立が図られた。すなわち，従来司法省が握っていた監督権・人事権・予算権といった司法行政権は，全て最高裁判所に移された。さらに，最高裁判所には「訴訟に関する手続，弁護士，裁判所の内部規律及び司法事務処理に関する事項」について規則を定める権限が与えられ，司法府の自律性の確保が図られた。行政権からの司法権の独立が制度上，ついに実現したのである。また，裁判官の身分保障に関しては，心身の故障のために職務を執ることができないと裁判により決定された場合，弾劾裁判による場合，国民審査による場合（最高裁判所裁判官のみ）を除き，裁判官の意思に反して免官・転官・転所・職務の停止・報酬の減額をなしえないことが規定された。もっとも，裁判官の任期は裁判所構成法では終身とされていたが，新憲法では「10年とし，再任されることができる」とされたため，最高裁判所の運用の仕方によっては，下級裁判所裁判官の地位が不安定になるおそれがあった。

第四に，最上級裁判所の組織構成が，新たな権限・任務と地位に照らして大きく変更された。すなわち，大審院では，昭和初期には47名にのぼる裁判官がいたが，新憲法下の最高裁判所では，上記諸権限・任務を担うのに相応しい威信を備えさせるため，裁判官の人数は15名に抑えられた。また，違憲審査権という国政に重大な影響を及ぼしうる権限が与えられたことを受けて，最高裁判所裁判官は国民審査に付されることになった。

2　戦前・戦後の断絶と継承

このように，日本国憲法・裁判所法の制定によって，司法制度は抜本的に転換した。とりわけ裁判所法により，司法行政権が司法省から最高裁判所に移され，司法府の独立が実現したことは大きな変化といえる。だが，この裁判所法の制定過程には，実は紆余曲折があった。司法権の独立を悲願としてきた細野長良・大審院長と，司法行政権を手放したくない司法省との間で激しい対立があったのである。細野は戦時中の広島控訴院長時代に，東条英機首相が時局にかなった裁判をするように裁判所幹部に威嚇的に訓示したことに対して，ただ一人抗議の書簡を首相に送った気骨の人であった。戦後，弁護士出身の貴族院議員で司法権独立問題に関心を寄せていた岩田宙造が司法大臣に就任すると，細野は大審院長に抜擢され悲願を果たそうとしたが，その後新たに司法大臣に就任した木村篤太郎が司法省による司法行政権の保持を主張し，両者は激しく対立した。そして，この対立は，最終的にGHQが細野派を支持することによって決着をみたのである。裁判所構成法において司法権独立に関わる一応の規定が置かれた背景には列強の存在があったが，裁判所法において司法府の独立が実現した背景にはGHQの存在があった。

このように細野派は裁判所法の制定時には勝利を収めたが，法制度を実際に動かすのは人である。それゆえ，第1回の最高裁判所裁判官人事は重要な意味を持ったが，細野派はここで完全に敗北した。第1回の最高裁判所裁判官の選任に際しては，裁判所法の規定に従い，裁判官任命諮問委員会が裁判官適任者を内閣に推薦するという手続がとられたが，反細野派の運動の結果，細野派の裁判官は委員に選ばれず，最高裁判所裁判官適任者として内閣に推薦されることもなかった。このため，細野・元大審院長／最高裁判所長官職務代行者をはじめとして，細野派は新たに発足した最高裁判所の裁判官に就任しえなかったのである。GHQで司法を担当したA・C・オプラーは，「いくら，われわれが苦心して，良い裁判所を作っても，いよいよそれができたとき，乗りこんで来るのは，今，われわれに反対している人たちであろう」と述べていたが（前掲『司法権独立運動の歴史』146頁），その懸念は現実のものになったといえる。GHQはその後，裁判官任命諮問委員会制度の廃止を指示したが，その背景にはこうした事情があったとみられている。

こうして，司法制度・最高裁判所制度をめぐって大きな改革がなされたが，新制度は旧制度の下で主流派の幹部であった人たちによって担われることになった。装いは新たになったものの，最高裁判所では従来の思考様式が受け継がれたのである。戦後の最高裁判所の裁判および司法行政はこの影響を長年受けることになった。

第4節●戦後司法の展開

本節では，戦後司法の展開について，政治部門との関係に留意しつつ概観する。日本国憲法により，裁判所は新たに違憲審査権・行政裁判権を認められ，政治部門の行動を監視する役割を与えられたが，裁判所は実際にこの役割に対してどのように臨んできたのであろうか。以下では，この点を中心に，戦後草創期，そしていわゆる55年体制下の司法のありようについて説明する。

1　戦後草創期の司法

草創期の憲法裁判

裁判所は日本国憲法により違憲審査権を認められ，その憲法上の地位と役割は大きな転換を遂げた。しかし，最高裁判所が発足後直ちに，早速この新たに手に入れた権限を活発に行使して新たな役割を遂行していくことを期待するのは難しかったし，実際にもそのようにはならなかった。

その理由は複数挙げられるが，まず，最高裁判所が政治部門に対峙できるだけの権威を未だ十分に有していなかったことがある。たしかに日本国憲法により裁判所は国会・内閣と完全に対等な三権の一翼とされるようになったが，裁判所に対する政治部門や社会の認識が一夜にして改まるわけではない。実際に，第2代最高裁判所長官の田中耕太郎は，退任時に「日本では裁判所の権威は十分強くなく，その地位は決して高いとはいえない。私は政府や世間に対してつねに背伸びし，爪先で立ってきたようなものである」と述べている（田中耕太郎『私の履歴書』〔春秋社，1961年〕87頁）。同様に，1980年代に最高裁判所長官を務めた前出の矢口洪一も，行政優位の社会において，「今まで二流の官庁だったものが，急にそんな〔違憲審査の〕権限をもらっても，できやしないです」と述べている（前掲『矢口洪一（元最高裁判所長官）オーラル・ヒストリー』142頁）。

また，新たに最高裁判所裁判官に就任した人たちは，権利保障に法律の留保が付され，違憲審査制もなかった明治憲法の下で法学教育を受けた人々であった。違憲審査の行い方もわからず，まさに手探りの状態であったといってよい。

くわえて，彼らは前記のように，明治憲法下の司法において幹部を務めていた人々であった。2000 年代に最高裁判所裁判官を務めた泉徳治は，これら旧幹部の人々の基本的思考について，「国家秩序重視，政府による円滑な国民統治を重視するという考え方が主流で，新しい憲法が目指した個人の基本的人権擁護を重視するという姿勢は期待することができなかった」と指摘している（泉徳治『私の最高裁判所論』〔日本評論社，2013 年〕94 頁）。

学界においても，明治憲法下ではドイツ憲法学の影響が強く，日本国憲法において採用された違憲審査制やその母国であるアメリカの憲法判例について通じている研究者はわずかであった。違憲審査をめぐっては，最高裁判所が手掛かりにすることのできる学問的蓄積も乏しかったのである。

こうした中，草創期の憲法裁判では，最高裁判所は「公共の福祉」を理由にあっさりと人権制限を認める傾向にあった。人権を制限する法律の目的が「公共の福祉」にあるとされれば，その目的を実現するために本当に人権を制限する必要があるかどうかなどについて立ち入った審査を行うこともなく，法律を合憲としたのである。そして，これらの判断は判例として，後続の最高裁判所・下級裁判所の判断にも影響を及ぼすことになった。

最高裁判所機構改革問題

最高裁判所が踏み込んだ違憲審査を行わなかった背景には，最高裁判所の権威や裁判官の基本的思考，法学教育，憲法学の動向といった事情に加えて，裁判官が大量の事件処理に追われていたこともあったとみられる。政治部門が民主的に定立した法律を覆すのであれば，判決はそれを正当化しうるだけの高い法的説得力を伴っていなければならないが，そのためには時間をかけて調査と審議を尽くす必要がある。まして裁判所にも学界にも憲法裁判の蓄積がない状況であれば，これに本格的に取り組むためには相当の時間が必要とされたことであろう。しかし，最高裁判所では大審院よりも扱う事件の範囲が拡大した一方で，前記のように，裁判官は大幅に減員された。このため，裁判官は大量の事件処理に追われ，1952（昭和 27）年 2 月には未済事件が約 7700 件に上った。こうした状況下では，裁判官には違憲審査に腰を据えて取り組む余裕はなかったであろう。

このように，未済事件が膨大になり審理期間も長くなる中，1950 年代には最高裁判所の機構改革が議論されるようになった。はじめに日本弁護士連合会が本問題を取り上げ，続いて法務大臣の諮問機関である法制審議会がこれを扱い，最高裁判所も自らの意見を公表した。そして，それらを踏まえて，最終的に1957（昭和32）年に政府が「裁判所法等の一部を改正する法律案」を国会に提出した。そこでは，①最高裁判所裁判官を9名に減員し，最高裁判所はその9名全員の合議体（大法廷）で裁判を行うこと，②下級裁判所の一種である「最高裁判所小法廷」を新設し，30名の小法廷裁判官を置くこと，③「最高裁判所小法廷」がまず事件を審理し，憲法問題や判例変更を伴う場合等に事件を最高裁判所（大法廷）に移すこと，④最高裁判所は小法廷から移されたこれらの重要事件について判断すること，⑤小法廷の裁判に対して最高裁判所に異議申立てを行うことができるのは憲法違反を理由とするときに限られることなどが定められた。通常事件については下級裁判所たる「最高裁判所小法廷」が処理することとし，最高裁判所は憲法事件を中心とする重要事件に専念することが企図されたのである。だが，この法案をめぐっては，最高裁判所や衆議院法務委員会等の関係機関との間で議論がまとまらず，最終的には審議未了のまま廃案となった。

その後，最高裁判所裁判官の努力や裁判官を支える調査官の増員などにより，未済事件が減少したこともあって，最高裁判所の機構改革をめぐる議論は立ち消えになっていった。しかし，最高裁判所裁判官が通常事件の処理に忙殺される状況は，その後も今日に至るまで続いており，最高裁判所が長年にわたって踏み込んだ憲法判断を行わない一因になってきた。

臨時司法制度調査会

1960年代に入ると，最高裁判所の訴訟遅延が問題とされなくなる一方で，今度は下級裁判所の訴訟遅延が問題とされるようになった。最高裁判所はこの問題の根本的な原因が裁判官の人数不足にあると考え，裁判官の任用・給与制度等について検討を行う必要性を感じていた。また，日本弁護士連合会においても，「司法の民主化」を図るための施策として，弁護士等として法律実務経験を積んだ者の中から裁判官を選ぶ「法曹一元」制度の導入を求める声が高まっていた。こうして，1962（昭和37）年にこれらの問題を議論するため，国会議員・法曹三者（裁判官・検察官・弁護士）・有識者からなる臨時司法制度調査会が内閣に設置され，2年に及ぶ審議の末，意見書が提出された。意見書は，裁判官の増員，法曹人口の漸増，法曹三者と学識経験者からなる司法協議会の設置などを提案したが，法曹一元制度については望ましい制度であるとしつつも，現状では導入の基盤となる諸条件が整っていないとした。この結果，日本弁護士連合会は意見書が法曹一元制度に消極的であるとしてこれに反対を表明し，改革は行き詰まってしまった。

司法の運営を法曹三者が協働して進めていくこと，司法権を法曹三者が一体となって支えていくことは，司法が強力な政治部門に対峙していく上で重要である。しかし，臨時司法制度調査会の失敗により，そのような協働の機会と機運は長い間醸成されず，司法の政治的基盤は脆弱なままであった。

2　55年体制下の司法――「司法の危機」の時代とその余波

憲法裁判の展開　前記のように，最高裁判所は草創期の憲法裁判では人権の制限を簡単に肯定していたが，その背景の一つには，裁判所が参考にすることのできる違憲審査に関する学問的蓄積が乏しいことがあった。しかし，1960年代に入ると，芦部信喜・東京大学教授らにより，違憲審査の方法や手続を考究する「憲法訴訟論」が憲法学において取り組まれるようになった。これにより，裁判所が違憲審査の際に参照することのできる理論・技術論の蓄積が進んだ。

こうした中，1960年代になると最高裁判所において，従来よりも人権の保障を意識したより緻密な判断がみられるようになった。その代表的な例が1966（昭和41）年の全逓東京中郵事件判決と1969（昭和44）年の東京都教組事件判決である。両判決は，公務員の争議行為を禁止する法律を憲法に適合するように限定的に解釈することによって（このような手法を合憲限定解釈という），公務員の労働基本権の保護を図った。それらの判決は，公共の福祉を理由に簡単に人権の制限を認めていたそれまでとは異なる思考を示しており，憲法裁判の発展がみられた。

「偏向裁判」批判　もっとも，これらの判決は法的のみならず，政治的にも重要な意味を持っていた。東西冷戦下にあった当時は左右の対立，保革対立の激しい時代であり，公務員の労働事件はそうした対立のまさにただ中にあったからである。このため，労働運動・左派は判決を大いに歓迎した一方で，政権与党の自由民主党や右派は判決に強い危機感を抱いた。しかも，1960年代には各地の下級裁判所が，左右の対立のただ中にある公安・労働事件等において無罪判決・違憲判決や国側に不利な判決を相次いで下していた。このため，裁判所と政治部門との間に強い緊張が生じることになり，裁判所は以後「司法の危機」と呼ばれる激動の時代を迎えることになった。

この緊張は，まず右派勢力による「偏向裁判」批判となって現れた。1967（昭和42）年の雑誌「全貌」10月号特集「裁判所の共産党員」を皮切りに，財界誌や自由民主党機関誌などが次々と裁判所の「偏向」を批判する記事を掲載し，同旨の書籍も刊行された。それらは，当時裁判官を含む多数の法律家が加入していた青年法律家協会が，裁判の「偏向」をもたらしているとして，これを激しく批判した。青年法律家協会とは，1954（昭和29）年に「全国の若い法律家があつまって平和と民主主義をまもる」ことを掲げて設立された（設立趣意書。ひめしゃら法律事務所『あのとき裁判所は？』〔ひめしゃら法律事務所，2017年〕4頁より），法学者・法曹の団体である。発起人には芦部信喜・東京大学助教授や三ケ月章・東京大学助教授らの名が連ねられており，裁判官会員は多いときには300名以上に達した。上記雑誌・書籍は，この青年法律家協会が「左翼勢力」であり，会員裁判官が「偏向判決」を下していると批判した。

こうした中，1969（昭和44）年に東京地方裁判所が東京都公安条例違反事件において無罪判決を下すと，翌日には西郷吉之助・法務大臣が「あそこ（裁判所）だけは手が出せないが，もはや何らかの歯止めが必要になった。裁判官が条例を無視する世の中だからね」と発言した（その後取消し）（利谷信義「現代司法政策の動向と性格」法律時報42巻7号〔1970年〕14頁）。さらに，翌月の自由民主党総務会では，東京都教組事件最高裁判所判決をはじめとする諸判決に対して批判の声が上がり，「裁判制度に関する調査特別委員会」の設置が決定されるに至った。これは，判決を調査して裁判官人事の参考にすることを狙ったものとみられた。

この動きに危機感を抱いた最高裁判所の行動は素早く，岸盛一（せいいち）・事務総長が「仮に特別委員会が設置され，その活動が，係属中の事件に対する裁判批判となり，あるいは裁判所に対する人事介入によって裁判の独立を脅かすようなことがあるとすれば，まことに重大な問題であります」との談話を発表した（同談話は，裁判所時報520号〔1969年〕2頁に掲載）。この談話を受けて自由民主党は表向き姿勢を後退させたものの，翌月には司法制度調査会を設置した。

以上のような状況の中で，自由民主党内閣は最高裁判所裁判官の人選にもより深い注意を払うようになったといわれる。1969（昭和44）年の石田和外（かずと）・第5代長官の就任もこのような文脈の中で行われたと指摘されており（石田は保守派であり，全逓東京中郵事件・東京都教組事件のいずれの判決においても反対意見を提出していた)，石田の長官就任と後続の人事は後の最高裁判所の判例・司法行政の両面で大きな意味を持つことになった。

平賀書簡事件

このように1960年代末になると，司法に対する政権与党からの圧力が強まったが，これを激化させたのが，1969（昭和44）年の平賀書簡事件である。自衛隊基地建設のために農林大臣が保安林の指定を解除したことの適法性，その前提として自衛隊の合憲性が争われた長沼ナイキ基地訴訟をめぐり，札幌地方裁判所の平賀健太所長が担当裁判長であった福島重雄裁判官に書簡を送付した。「一先輩のアドバイス」と一応記されてはいたものの，そこには原告の執行停止の申立てに関する法解釈・法的評価が展開され，結論（農林大臣の判断の尊重）が示唆されていた。このため，福島裁判長は裁判干渉に当たるとして裁判官会議の開催を求め，同会議は平賀所長に厳重注意処分を下した。

ところが，この書簡がマス・メディアによって報道されたため，書簡がメディアに渡ったことの是非が取り沙汰されるようになった。そして，福島裁判長が青年法律家協会の会員であったことから，青年法律家協会に対する自由民主党や保守派による批判は激しさを増すことになった。このような中，平賀所長のみならず，書簡公表をめぐって福島裁判官にも訴追申立てがなされ，国会の裁判官訴追委員会は平賀所長については不訴追とした一方で，福島裁判長については訴追猶予とした。

青年法律家協会問題と「公正らしさ論」

このような状況の中で，石田和外・新長官率いる最高裁判所は，裁判官に対していわゆる「公正らしさ論」を展開し，青年法律家協会からの脱会を働きかけるに至った。

すなわち，1970（昭和45）年4月に，岸盛一・事務総長が「裁判官が政治的色彩を帯びた団体に加入していると，その裁判官の裁判がいかに公正なものであっても，その団体の構成員であるがゆえに，その団体の活動方針にそった裁判がなされたとうけとられるおそれがある。……裁判は，その内容自体において公正でなければならぬばかりでなく，国民一般から公正であると信頼される姿勢が必要である。裁判官は，各自，深く自戒し，いずれの団体にもせよ，政治的色彩を帯びる団体に加入することは，慎しむべきである」との談話を発表した（同談話は，裁判所時報544号〔1970年〕2頁に掲載)。裁判官に対して外観上公正らしくみえるように求める内容であり，一般に「公正らしさ論」と呼ばれる。翌月には，石田長官も記者会見で同様の発言をした。そしてこれに前後して，各地の青年法律家協会会員の裁判官が所長などから退会するように勧告を受け，1年間で150名余りが退会を余儀なくされた。また，裁判官任官を希望しながら不採用になった3名のうち2名，翌年には7名のうち6名が青年法律家協会の会員であったことから，会員であることが任官拒否を招いたと一般に受け止められた。

こうした中，多くの裁判官に衝撃を与えたのが，1971（昭和46）年に発生した宮本判事補再任拒否事件である。最高裁判所は再任期を迎えた熊本地方裁判所の宮本康昭裁判官を内閣に提出する再任指名名簿に登載せず，再任拒否をした。最高裁判所はその理由を明らかにしなかったが，宮本裁判官が青年法律家協会の世話役を務めていたことや関与裁判の内容が理由ではないかと一般に理解され，裁判官の思想・信条の自由，団体加入の自由，職権行使の独立に対する侵害ではないかとの批判が上がった。

青年法律家協会問題に対する最高裁判所の一連の対応や「公正らしさ論」は，圧力を強める政治部門に司法への介入の口実を与えないようにするため，政治部門による干渉を防止するためであったとみられる。ただ，裁判官の思想・信条・団体加入の自由などの点で大きな問題を残すことになった。また，「公正らしさ論」はその後裁判官の社会活動一般への関与を抑制する効果を持つことになり，裁判官と社会との関わりを遠いものにすることになった。さらに，宮本事件は，「裁判所で発言することに非常に勇気がいるし，場合によっては，自分が何年か後には再任を拒否されはしないかということを考えざるを得ない」との声にみられるように（近畿裁判官懇談会（仮称）「司法の現状と反省」判例時報660号〔1972年〕14頁），最高裁判所の意向に沿わない場合，再任されないかもしれないとの懸念を裁判官の間に生じさせ，大きな萎縮効果を持った。

その後の憲法裁判　以上のように，最高裁判所は政権与党からの圧力が強まる中，青年法律家協会からの脱会を強く勧奨することによって，政治部門による介入を免れようとした。他方，政権与党から批判の矛先が向けられてきた公務員の労働争議をめぐる最高裁判所判例（全逓東京中郵事件判決・東京都教組事件判決）については，変更されることになった。1973（昭和48）年の全農林警職法事件等において，最高裁判所は公務員の争議行為の一律禁止を再び全面的に合憲としたのである。この背景には，石田の長官就任後，裁判官の交代が進む中で，最高裁判所内のリベラル派と保守派の人数構成が逆転したことがあった。この逆転劇には，前記のように，自由民主党内閣が最高裁判所裁判官人事により深い注意を向けるようになったこと，候補者を推薦する石田長官自身が保守派であったことが影響を与えていたとみられる。

その後も最高裁判所は，公務員の政治活動の広範な禁止を合憲とした 1974（昭和 49）年の猿払事件判決をはじめ，保守的な判決を相次いで下した。こうして，政権与党からの「偏向判決」批判は収束するに至ったのである。

これらの新判決は，最高裁判所判例として後続の最高裁判所・下級裁判所の判断を拘束することになった。この結果，これ以降の憲法裁判においては，政治部門に敬譲的な判断が基調となった。もちろん，最高裁判所は判例を再び見直すこともできたが，膨大な通常事件の処理に追われていたことや，法的安定性を重視する法思考，裁判官自身の保守的な憲法観——そして，「司法の危機」の記憶も働いていたであろう——などもあって，判例の見直しには至らなかった。また，下級裁判所においては「司法の危機」以降，最高裁判所判例と異なる憲法判断を示したり，政治的色彩の強い事件において国側を負かしたりすると人事上の不利益を被るのではないかとの懸念が裁判官の間に生じたといわれており（アメリカの法学者 J・M・ラムザイヤーらは，日本の裁判官人事のデータ分析を通して，こうした懸念には実証的な根拠があったと主張している），これに裁判官の多忙さなども加わって，判例に忠実な判断，政治部門に敬譲的な判断が続いた。このため，裁判所は憲法学界から，政治部門の監視という役割，「人権の砦」としての役割を十分に果たしていないとの批判を浴びるようになった。

もちろん，この間，最高裁判所が法律を違憲とした例がなかったわけではない。最高裁判所は，1973（昭和 48）年に尊属殺重罰規定，1975（昭和 50）年に薬事法距離制限規定，1976（昭和 51）年と 1985（昭和 60）年に衆議院議員定数配分規定，1987（昭和 62）年に森林法共有林分割制限規定に対して違憲判決を下した。しかし，議員定数配分規定（議員定数不均衡問題）以外は，政治的にほとんど影響のない問題であり，その議員定数配分規定をめぐっても，最高裁判所はいわゆる事情判決の法理を用いて選挙無効とまではせず，しかも 1976 年判決は既に法改正がなされた後に下されたものであった。このように，55 年体制下の最高裁判所は，時折周縁的な問題をめぐって違憲判決を下してはいたが，全般的な傾向としては――特に政治的に重要な問題をめぐっては――政治部門の判断を尊重する傾向にあったといえる。

たしかに，55年体制下においても裁判所は，創造的な法解釈を行って原告を救済した四大公害訴訟の例のように，民事事件（私人間の訴訟）ではしばしば重要な政策形成機能を果たしてきた。しかし，憲法事件・行政事件のように，国・政府と直接対峙する事件，保革対立の渦中にある事件をめぐっては，消極的な姿勢をとってきたのである。「司法の危機」の時代の経験が，55年体制下の裁判所のありようを長く規定してきたといえる。

第5節●司法改革の時代

1990年代に入ると，55年体制の終焉や経済のグローバル化などにより，日本の政治・経済は大きく変動した。それに伴って，統治機構レベルでは政治改革・行政改革が進められ，司法のあり方も再考されるようになった。本節では，1990年代後期から2000年代にかけて行われた司法制度改革とその影響，および，この時期の裁判の動向をみることにする。

1　司法制度改革

改革の背景

1990年代になると，法曹内部のみならず，財界，政府，与野党，マス・メディア，各種の民間団体などで幅広く司法改革が議論されるようになり，1999（平成11）年には内閣の下に司法制度改革審議会が設置された。2001（平成13）年に同審議会は，司法制度の抜本的な改革を内容とする意見書を内閣に提出し，同年にはこれを具体化するための司法制度改革推進法が成立して，現行憲法制定時以来の大規模な司法改革が実施されることになった。

それでは，この時期に司法改革が議論されるようになり，実現に結びついた背景にはいかなる要因が働いていたのであろうか。

これについては，第一に，法曹三者内部において司法制度の見直しの動きが生じたこと，ならびに，法曹三者間の協働がみられるようになったことが挙げられる。1980年代末になると，司法試験の著しく低い合格率，高い合格者平均年齢，そして社会の高度化・国際化に対応しうる法律家を確保する必要性などを受けて，司法試験制度の改革が法曹三者間で議論されるようになった。さらに，日本弁護士連合会では1990（平成2）年に，より全般的な改革に積極的な中坊（なかぼう）公平が会長に就任し，「司法改革に関する宣言」が採択された。こうして法曹界において改革の機運が醸成されたが，注目されるのは，この過程で最高裁判所と弁護士会との協調がみられるようになったことである。臨時司法制度調査会の失敗と「司法の危機」以来，最高裁判所と弁護士会の対立が続いてきたが，改革の実現のためには法曹三者の連携が必要であるとの中坊らの考えなどもあって，司法試験制度改革，民事訴訟の審理促進，弁護士任官などの問題をめぐって，最高裁判所と弁護士会との間に協働がみられるようになった。そして，このような経験は，後の司法制度改革の下地を形成することになった。

第二に，経済界が司法改革を求めるようになったことが挙げられる。企業法務の国際化・専門化が進む中，経済界はこれに対応できる質・量ともに充実した法曹制度の整備や裁判の迅速化を要求するようになった。また，経済界はこの時期，企業の活性化と国際的な競争力の強化のために，行政主導の事前規制型から市場原理を基調とした事後救済型の経済・社会への転換を求めていたが，後者においては事後救済を担う司法が重要になる。そこで，この点からも司法の紛争解決機能・救済機能の強化の必要性が主張された。

第三に，政界が司法改革を統治改革の一つとして位置づけるようになったことが挙げられる。55年体制の終焉後，政界では統治のあり方——とりわけ行政官僚機構優位の統治のあり方——の見直しが進み，政治改革・行政改革が行われた。そして，その流れの中で，一連の統治改革の仕上げとして司法改革も必要であるとの認識が広がっていった。とりわけ行政改革会議最終報告が「『法の支配』こそ，わが国が，規制緩和を推進し，行政の不透明な事前規制を廃して事後監視・救済型社会への転換を図〔っていく上で〕……欠かすことのできない基盤をなすものである」と指摘し，司法機能の強化を求めたことは，司法改革への流れを後押しすることになった。

司法制度改革審議会意見書

以上のような背景の下，司法制度改革審議会は2年間，60回以上に及ぶ審議を開催し，司法制度に全面的な検討を加えた。この審議会は，法曹界のみならず学識経験者・経済界・労働界などの委員から構成され，国民に開かれた形で進められたことから，司法のあり方について幅広いセクターにおける議論を喚起する効果を持った。

こうして取りまとめられた意見書は，はじめに次のような改革の基本的な考え方を示した。それによると，この間進められてきた行政改革や規制緩和は，過度の事前規制・調整型社会から事後監視・救済型社会への転換を図ろうとするものである。それは，行政依存的な統治客体としての国民から，自律的で責任を負った統治主体としての国民への転換を目指そうとするものであり，日本国憲法の個人の尊重，法の支配，国民主権の各原理を実質化するものである。そして，事後監視・救済型社会においては，司法部門は国民の権利・利益・自由を適切かつ迅速に実現・救済する役割を負っており，政治部門と並ぶ「公共性の空間を支える柱」として大きな役割を果たすことが求められる。それゆえ，そのための司法の人的・制度的な基盤整備が必要である。

意見書はこのような改革の理念と方向性を示した上で，それを具体化するために，多岐にわたる改革を提言した。第一に，訴訟制度の改革である。意見書では，裁判の迅速化，専門的知見を必要とする事件への対応の強化，裁判所へのアクセスの拡充，行政に対する司法のチェック機能の強化の必要性などが指摘され，そのための諸施策が提案された。

第二に，司法の担い手たる法曹のあり方の改革である。法曹人口の大幅な増加，新たな法曹養成制度――法科大学院制度――の整備，弁護士へのアクセスの拡充，裁判官人事制度の透明性・客観性の確保などの必要性が指摘され，そのための諸施策が提案された。

第三に，司法の国民的基盤を確立するための改革である。国民が司法の役割を理解し信頼していて初めて，司法も本来の機能を果たすことができる。このような認識のもと，司法に対する国民の理解と信頼を育むために，裁判員制度の導入や法教育の充実が提案された。

このように司法制度改革審議会意見書は，司法が「公共性の空間を支える柱」として統治・社会においてより大きな役割，積極的な役割を果たすべきであるとの立場から，大規模な改革を提案した。これは，政治部門に対する司法的統制の強化（「立法・行政に対する司法のチェック機能の強化」）も含意していたが，この提案を基礎とした司法制度改革推進法が成立することにより，ほかならぬ政治部門自身がそうした司法の積極的な役割を承認する恰好となった。このことは，後述のように，2000年代以降の司法のありよう，判断傾向に影響を及ぼすことになったが，こうした政治部門の姿勢の背後には，当時，55年体制の崩壊と経済のグローバル化の中で，明治以来続いてきた行政官僚機構優位の事前規制型から事後救済型へと，政治・経済構造の転換が図られていたことがあった。

2　憲法裁判の発展

最高裁判所の判断傾向の変化　前項でみたように，1990 年代末頃から現行憲法制定時以来の司法制度の大改革が進められたが，この時期以降，最高裁判所の判断——特に憲法判断——にも重要な変化が生じた。

具体的には，第一に，最高裁判所がこれまでにない頻度で違憲判決を下すようになった。発足以来，最高裁判所は 50 年余りで 5 件の法令違憲判決を下したが，2000 年代に入るとわずか 15 年余りで 5 件の法令違憲判決を下したのである。

第二に，数のみならず内容をみても，従来よりも政治部門を厳しく監視する姿勢がみられるようになった。実質的に判例変更を行って，立法不作為を理由とする国家賠償請求の道を広げたことや，投票価値の平等をより厳格に要求するようになったことは，その例である。行政訴訟においても，訴訟要件を緩和し，国民が裁判所に救済を求められる範囲を拡張するようになった。

第三に，最高裁判所裁判官が自己の見解を積極的に示すようになった。最高裁判所のウェブサイトに掲載されている事件中，少数意見の数は 1990 年代には 215 であったが，2000～2010 年には 421 へと倍増した（市川正人ほか編著『日本の最高裁判所』〔日本評論社，2015 年〕15 頁）。そして，多数意見・少数意見を問わず，従来よりも判断の理由を丁寧に説明する傾向がみられるようになった。

たしかに最高裁判所は，精神的自由に関わる問題では依然として従来型の姿勢を示すことも少なくないし，比較法的にみれば依然として消極的な裁判所に分類される。しかし，世紀の変わり目頃から，最高裁判所は違憲審査制を従来よりも積極的に運用し，政治部門を監視して人権を保障するという役割をより引き受けるようになってきたといえる。

変化の背景　それでは，このような変化の背景にはいかなる要因が働いていたのであろうか。これについては，第一に，まずもって上記の司法制度改革の影響を挙げることができる。司法制度改革の過程では，司法のあり方について幅広いセクターで議論され，司法が統治・社会においてより積極的・能動的な役割を果たすべきであるとの意識が広く浸透していった。さらに，司法制度改革審議会意見書では，司法は政治部門と並ぶ「公共性の空間を支える柱」として位置づけられ，「立法・行政に対する司法のチェック機能の強化」の必要性が説かれた。そして，この意見書は前記のように，司法制度改革推進法によって政治的正当性を付与され，それを実施するために行政事件訴訟法の改正も行われた。

このように，司法制度改革によって司法の役割規範・役割期待が拡張され，その役割を遂行するための実定法上の整備もなされた。このような動きが，最高裁判所裁判官の司法観に影響を及ぼすとともに，積極的司法を志向する最高裁判所裁判官の規範的・言説的資源として，最高裁判所の憲法判断の積極化を促進してきたと考えられるのである。

実際に，この時期の最高裁判所裁判官は，「司法の領域と行政の領域，立法の領域は，はっきりと線が引いてあるわけでないですから，外から見てはっきりと分かるわけではありません。そこで，裁判所にしたらもじもじしていたが，司法制度改革審議会がもっとしっかりしろということで，いわば背中を押されたような形です」（滝井繁男「これからの社会に求められる法律実務家の役割」近畿大学法科大学院論集4号〔2008年〕149頁），「〔改正行政事件訴訟法第9条2項について〕裁判所が，不特定多数の国民に共通するような問題は立法や行政の領域ですよ，といって遠慮していたのに，立法や行政の方が，いや裁判所でもっと取り扱ってよ，というメッセージを送って来た」（泉徳治「司法とは何だろう」近畿大学法科大学院論集創刊号〔2005年〕72頁），「〔行政事件訴訟法の改正について〕実際に裁判に当たる裁判官にとっては……明文の法律の規定があることは，確かに心強いことでしょうから，そういった意味で，今回の法改正が，判例の新たな形成・展開に，事実上の後押しをする効果を持ったことは，否定できないだろう」（藤田宙靖「行政事件と近時の最高裁」〔2010年〕17頁）と述べている。

第二に，55年体制が終結し，自由民主党以外の政党が最高裁判所裁判官の選任にあたるようになったことが挙げられる。実際に，細川護熙・日本新党首班内閣，村山富市・日本社会党首班内閣によって任命された，弁護士出身裁判官（尾崎行信・河合伸一・遠藤光男）と行政官出身裁判官（高橋久子・福田博）は，重要な訴訟においてまとまってリベラルな判決行動を示していた。

第三に，最高裁判所裁判官および調査官の世代交代が進んでいることが挙げられる。1990年代中頃まで，最高裁判所裁判官は明治憲法の下で法学教育を受けた世代であった。しかし，この時期以降，最高裁判所裁判官は現行憲法下で法学教育を受けた世代になった。同様に，最高裁判所裁判官を支える調査官も，戦後の憲法学・行政法学の新展開を吸収した世代へと変化した。このような世代交代も，2000年代以降の最高裁判所の積極化をもたらしたのである。

第6節●本章のまとめ

本章では，近現代日本の司法の歴史を政治部門との関係に着目しながら概観してきた。最後に，本章の歴史的説明を踏まえて，冒頭の問い――戦後の日本司法が政治部門を統制する役割を与えられつつも，なぜ長年その役割を果たすことに消極的であったのか――に対する，本章の理解を提示しておこう。

はじめに，若干理論的な確認をしておきたい。司法政治学の理論によると，裁判所は一定の資源を備えていなければ，政治部門を実効的に統制することは難しいとされる。たとえば，違憲判決は国民の代表者によって民主的に制定された法令を否定するものであるから，判決は高い法的正当性に裏打ちされている必要がある。それゆえ，積極的な違憲審査の根拠となりうる制定法・判例・法理論・役割規範（これらは「規範的資源」と呼びうる）が厚みをもって存在していなければ，裁判所が積極的に違憲審査権を行使することは難しい。

また，違憲判決など政治部門に不利な判決を下すと，これを不服とする政治部門が裁判所を攻撃してその独立を脅かすかもしれない（実際に，「司法の危機」の時代の経験はこのことを例証している）。それゆえ，裁判所が憲法裁判・行政裁判を通して政治部門を統制するにあたっては，裁判所はそうした攻撃に対峙できるだけの高い権威（これも「規範的資源」の一種といえる）を備えていなければならないし，裁判所の側に立って支えてくれる有力な政治アクター（これは「政治的資源」と呼びうる）が存在していることも必要である。

さらに，裁判官が憲法事件・行政事件に腰を据えて取り組むことができるだけの時間と情報（これは「実務的資源」と呼びうる）を持っていることも，裁判所が政治部門を統制していくための前提条件となる。

このように，裁判所が憲法裁判・行政裁判を通して政治部門を監視するためには，裁判所は各種の資源（規範的資源・政治的資源・実務的資源）を備えていなければならない。しかし，本章の叙述の中でも示されたように，戦後の日本司法はこうした資源に乏しく，このことが司法の消極性をもたらしてきたのである。

たとえば，規範的資源をみると，裁判所は新憲法により三権の一翼とはされたものの，明治憲法下では長く「二流官庁」の地位に置かれてきたため，裁判所が現実の統治過程において政治部門に比肩する権威を備えるには長い時間を要した。また，当初は踏み込んだ憲法裁判を支える判例・法理論の蓄積もなかった上，1960年代にようやく蓄積が進んでそれらに依拠するようになったときには「司法の危機」が発生し，再び消極的・保守的な判例が打ち立てられ，それらが判例として後の裁判官を縛ることになった。また，アメリカとは異なり，統治機関として社会の変化に能動的に応答していくことよりも，政治から距離を置いて法令を安定的に適用することを司法の役割とする役割規範が根強く存在してきた。

政治的資源についてみると，二大政党が拮抗した競争を展開しているアメリカとは異なり，日本では一党優位の55年体制が続いた。このため，裁判所が優位政党から攻撃された場合に，裁判所を政治的に支えることのできる実力を持った政治勢力に乏しかった。しかも，アメリカでは分権的な政治構造ゆえに，政権であっても政策を立法・行政過程で実現し定着させることは容易ではなく，しばしば積極的司法を支援して政策を実現しようとしてきたが，日本では集権的な政治構造ゆえに，優位政党には積極的司法を支えるインセンティブが生じにくいばかりか，むしろ消極的司法の方が望ましかった（明治政府も集権化の過程では，裁判所に行政訴訟を認めて地方官を統制しようとしたものの，集権化の完成後は，行政訴訟をむしろ足かせとみるようになったことを想起して頂きたい）。また，法曹一元制が採用され，法曹の一体感が存在しているアメリカとは異なり，日本では臨時司法制度調査会の失敗以降，最高裁判所と弁護士会は長く対立的な関係にあった。このため，司法権を法曹が協働して支えるという機運もなかなか生じなかった。

最後に実務的資源をみると，アメリカでは最高裁判所には審理する事件を自らの判断で絞り込むことのできる制度（裁量上訴制度）や各裁判官専属の調査官（ロー・クラーク）が存在しているが，日本の最高裁判所にはこうした制度はなかった（裁量上訴制度を参考にした上告受理申立制度は1998年になって導入された）。最高裁判所の機構改革は議論されたものの結局立ち消えとなり，この結果，裁判官は通常事件の処理に忙殺され，憲法問題に本格的に取り組む時間を十分に持つことができなかった。

以上のように，日本の裁判所はアメリカの裁判所と異なり，政治部門を統制する際に必要となる規範的資源・政治的資源・実務的資源に乏しかった。このことが，日本の裁判所――とりわけ最高裁判所――の長年にわたる消極性を生みだしてきたのである。

さらに，最高裁判所の憲法判断における消極性・保守性の要因としては，以上の要因に加えて裁判官の価値観（憲法観・司法観）のありようも挙げることができる。本章で指摘したように，最高裁判所発足時の裁判官は旧制度下の幹部でもあったことから，旧制度幹部の保守的な価値観が戦後の最高裁判所にも引き継がれることになった。また，定期的な政権交代が発生しているアメリカとは異なり，日本では一党優位制の下，同一の保守政党が一貫して最高裁判所裁判官を指名・任命してきた（特に「司法の危機」の時期には注意深く任命していたとされる）。さらに，1990年代中頃まで，最高裁判所裁判官は違憲審査制を認めていない旧憲法の下で法学教育を受けた世代であった。

このように，戦後の日本司法――とりわけ最高裁判所――は政治部門を統制する役割を与えられたものの，それに必要な資源に乏しかったことや裁判官の価値観のありようなどから，この役割を果たすことに消極的な姿勢をとってきた。そして，それらの事情自体は，歴史的・政治的・制度的要因によって形成されていた。ただ，1990年代末以降の司法制度改革により，司法の役割規範が拡張され，それを支える実定法の整備も進んで，裁判所の規範的資源が拡充された。最高裁判所と弁護士会の協働もみられるようになり，裁判所の政治的資源も漸増しつつある。さらに，行政官僚機構優位の政治構造も変容し，最高裁判所裁判官の世代交代も進んだ。こうした中，憲法裁判・行政裁判にも変化がみられ，裁判所は政治部門の監視，人権の保障という役割を従来よりも引き受けつつある。今後の司法の歩みが注目される。

＊本章は，JSPS科学研究費（15K16915および16H03547）の研究成果の一部を含んでいる。

文献ガイド

＊新井勉ほか『ブリッジブック 近代日本司法制度史』(信山社，2011年)
＊家永三郎『司法権独立の歴史的考察』(日本評論新社，1962年)
＊泉徳治『私の最高裁判所論――憲法の求める司法の役割』(日本評論社，2013年)
＊佐藤幸治ほか『司法制度改革』(有斐閣，2002年)
＊土屋美明『市民の司法は実現したか――司法改革の全体像』(花伝社，2005年)
＊日本近代法制史研究会編『日本近代法120講』(法律文化社，1992年)
＊萩屋昌志編著『日本の裁判所――司法行政の歴史的研究』(晃洋書房，2004年)
＊三谷太一郎『増補 政治制度としての陪審制――近代日本の司法権と政治』(東京大学出版会，2013年)
＊見平典『違憲審査制をめぐるポリティクス――現代アメリカ連邦最高裁判所の積極化の背景』(成文堂，2012年)
＊Ｄ・フット(溜箭将之訳)『名もない顔もない司法――日本の裁判は変わるのか』(NTT出版，2007年)
＊Ｄ・ロー(西川伸一訳)『日本の最高裁を解剖する――アメリカの研究者からみた日本の司法』(現代人文社，2013年)

●法史から現代の法へ
●これからの学習のために
●学習の道しるべ

法史から現代の法へ

刑事司法制度の設計とその運用

ここでは，刑事司法制度を例として，近現代の日本における制度の沿革とその日本化（日本的変容）について点描することを通じて，「法の継受」の具体的な様相に触れてみたい。

近代日本における刑事司法制度の形成と変転

近代日本の刑事司法制度は，他の社会的諸制度の近代化と同様に，当時の先進文明諸国のモデル，すなわち西欧近代刑事司法制度を直輸入的に導入することにより形成された。明治維新政府が初めて制定した西欧型法典は，ボアソナードによって起草された「(旧) 刑法」と「治罪法」であり（1882〔明治 15〕年施行），いずれも当時最先端の法典群を完成させていたフランス法に依拠するものであった。その後，大日本帝国憲法の制定とこれに伴う意識的なドイツ法への制度モデルの変更や，法学研究のドイツ法への傾斜の結果，刑事司法制度もまた，大正期までにドイツ帝国の刑事司法制度にきわめて類似した法典群（「裁判所構成法」〔1890（明治 23）年施行〕，「刑法」〔1908（明治 41）年施行〕，「(旧) 刑事訴訟法」〔1924（大正 13）年施行〕）を完備するに至った。しかし，このような状況は，第二次世界大戦後の日本国憲法制定に伴う刑事訴訟法の全面大改正――現行「刑事訴訟法」の制定（1949〔昭和 24〕年施行）――により激変する。日本国憲法には，アメリカ合衆国憲法と類似した内容の刑事司法制度設計に関わる多数の基本権保障条項が含まれており（憲法第 31 条～第 39 条），他の法分野とは異なり，新憲法の要請に応ずるには，微調整的改造では足りず，法典の全面的な改正が不可避であった。その結果，刑事裁判の最も基本的な構成原理も，従前のドイツ＝ヨーロッパ大陸法型（職権審理主義）からアングロ＝アメリカ法型（当事者追行主義）に変化して現在に至っている。

以上が，最も単純化した，日本近代刑事司法制度の形成と変転の概略である。先人は，主として外圧の下で（例，明治維新による近代国家形成と不平等条約改正の要請，敗戦に伴う国家基本法の変更），その都度，意識的にまたはいやおうなく，いずれも固有の歴史的・文化的伝統のもとで独自に形成されてきた西欧近代刑事司法制度の基本設計図を学習理解し，外形的には，モデルとされた諸外国に類似した制度設計を実現しているようにみえる。しかし，他方，先人は，制度設計自体に際して，または，設計した制度の具体的運用に際して，原産地とは似ても似つかぬことを敢行し，日本の刑事司法を，西欧文明起源ながら，そのいずれとも異なる独自の特色を持った形態――これを西欧基準でみれば奇抜な奇形――に変容し，定着させてきたのである。

国民の司法参加の不存在

日本固有の特色の第一は，刑事裁判の中核部分に一般国民が関与する「国民の司法参加」の不存在であった。近年の司法制度改革により導入された裁判員制度（2009〔平成21〕年施行）は，明治国家形成以降長きにわたり日本が拒絶してきた国民の司法参加を実現させたものとして画期的である（大正期に「陪審法」が制定され，一時期陪審裁判が行われたが，被告人の辞退が相次ぐなどして事件数が激減し失敗した）。現在その運用状況は概ね順調と評価されているが，将来もこの制度が定着し安定的に存続していくかは未知である。

日本初の近代的刑事司法法典であった「治罪法」は前記のとおりフランス起源であり，当時フランスでは陪審裁判が行われていた。ボアソナードの治罪法草案にも陪審制が盛り込まれていた。しかし，草案を検討した当時最高の法学的知性・井上毅（こわし）は，陪審は時期尚早・不適切と反対し，これを削除させている。近代市民革命後の西欧刑事裁判の顕著な特色は陪審制等の国民の司法参加であったから，日本は，当初から近代刑事司法の精髄部分を明示的に拒絶するという意識的選択を行ったのである。この拒絶は，陪審法の施行されていた一時期を除き，徹底していた。陪審裁判が活発に実施され，様々な批判はありながらも国民の支持を得ているアメリカ合衆国型の刑事裁判を導入することとなった現行刑事訴訟法の制定・施行に際しても，アングロ＝アメリカ法型の刑事裁判の随所に深く浸透し，その規律と運用に決定的な影響を与えている陪審制度の導入は，見送られたのである。

日本型刑事司法の定着

こうして，国民参加のない刑事司法が生み出したのは，裁判員制度が導入・施行されるまでの戦後60年あまりの間に形成され，確固として動かし難いようにみえた日本独自の刑事裁判の姿形である。それを専門職業人としての誠実な努力の集積により形成し，維持・運用してきたのは，共通の法学教育と実務修習教育を受けた法律専門家（裁判官・検察官・弁護士）である。そして，その意識の基層にあって日々の実務運用を支えていたのは，「書面証拠に依拠した精密な事案解明への熱烈な指向」であった。

西欧近代刑事裁判も，もとより犯罪と犯人について「証拠」に基づきできる限り正確に事実を解明するのを目標とする。しかし，アングロ＝アメリカ法型であれ，大陸法型であれ，証拠に基づく事案解明は，連日開廷され，職業裁判官のみならず一般国民から選任された陪審員または参審員の列席する「法廷」の場で行われているのであり，多量の書面証拠を読み込むことが期待できない一般国民が犯罪事実を認定するのに最も適切な証拠は，法廷の場で行われる証人や被告人に対する尋問とこれに応ずる口頭の供述であるというのが一般である（直接主義・口頭主義）。諸外国では，書面とくに捜査段階で作成された供述調書は，原則として証拠にできない。これに対して，戦後日本の刑事裁判が確立した運用は，設計導入された西欧型制度に組み込まれた例外規定を全面活用し，捜査段階で作成・作文された被疑者や参考人の供述調書が証拠の中心となり，証人尋問は例外的となっていた。この結果，裁判官の事実認定の中心は，法廷の場ではなく，提出された多量の書面証拠や尋問の調書をあとから精密に読み込む作業となった。素材が書面であるから，記憶減退のおそれに配慮した連日開廷は不要であり，期日はほぼ一月に一度，複数の事件を同時並行的に審理進行するのが可能となり，これが慣行化した。

裁判員制度導入の衝撃

このような確固たる運用に対して，裁判員制度の導入は衝撃を与え，法律専門家の必死の準備と努力により，裁判員が法廷で「見て聴いて分かる」審理，連日的に開廷される直接主義・口頭主義の審理という西欧流が，裁判員対象の重大事件については実現されるようになった。しかし，裁判員のいない他の刑事裁判では，書面証拠依存の旧風を改める導因を欠くので，日本の刑事裁判に，裁判員仕様とそれ以外の運用が併存するという奇妙な現象が生じている。

現在の裁判員裁判の運用は，制度設計の根本的変更によるのではなく，現行刑事訴訟法に当初から埋め込まれていた西欧流の諸制度（直接主義，口頭主義，書面証拠の原則禁止）を，原則どおり動かしたものである。裁判員制度導入はその触媒となったに過ぎない。法律家を名宛人とする手続法の世界では，立法者の意図にかかわらず，法改正の趣旨が実現されない実例は山のようにあるが，裁判員裁判のように，手続法本体の直接改正がないにもかかわらず，運用が激変するのは稀有の事象である。それは，制度ではなく，これを使い動かす法律家の意識の変化に由来すると見るほかはない。それゆえ，専門家には，書面証拠の高度の予測可能性（証人尋問では，法廷でどのような供述がなされるか予測し難い）への安定志向が常に働き得るため，基層にある熱烈な書面依存へのベクトルが作用すれば，裁判員裁判も元の木阿弥となるおそれは否定できない。

「裁量」のあり方の日本的特色

固有の特色の第二は，犯罪捜査における精密な事案解明への徹底した指向と，これを踏まえた検察官による事件の厳格な「裁量的」選別である。前記のとおり旧刑事訴訟法は，全体としてドイツモデルであったが，検察官による起訴については，ドイツ法の流儀を明確に拒絶し，旧法制定以前から確立していた「起訴便宜主義」が明文化され，これが現行法にも引き継がれ活用されている。ドイツ法は，有罪・無罪と刑の決定を裁判所の専権事項とし，検察官が事前にこれを検討して事件を選別することを認めない。これに対し日本法は，検察官が証拠上有罪が確実かまず判断し，有罪獲得が不確実な事件は，はじめから起訴しない運用が確立している。さらに有罪が確実であっても，検察官は諸般の事情を考慮して犯人を起訴しない処分（起訴猶予）ができる。この結果，起訴された事件の裁判は，あたかも検察官の第一次的判断を再審査するかの観を呈することとなり，有罪率は99パーセントを超える。

有罪確実の犯人を起訴猶予とする基準は「犯人の性格，年齢及び境遇，犯罪の軽重及び情状並びに犯罪後の情況により訴追を必要としないとき」と明文化されているものの（刑訴法第248条），一層具体的な裁量判断の基準はどこにも書かれてはいない。しかし，検察官の「裁量」は，全国斉一に実行されほとんど逸脱は認められない。このような個別事件における「裁量」の様相は，刑の決定（量刑）判断でも同様である。日本ではその判断基準がこれまで明文で記載・規律されたことはないが，やはり大きな逸脱事例は乏しい。諸外国にも起訴基準や量刑に関する裁量の余地はあるが，これに対しては個別具体的な裁量統制の明文規律があるのが一般である。おそらくここには，「裁量」という言葉で表現されている事柄に，西欧諸国と日本でいささか相違があることが現れているように思われる。ほうっておくと権限を委ねられた個人により結論がまちまちになると困るので明文の基準で規律統制するのが西欧型だとすれば，日本では，ほうっておいても不思議と権限を委ねられた個人の結論がほぼ一致するのが「裁量」であるようにみえる。

移入された法制度の運用形態が，原産地とおおいに異なる事象の背後には，運用する人間に固有の指向・思惟形態があるように思われる。それがどこから来たものであるか，日本法史を振り返りつつ，あれこれ考えるのは愉しいのではなかろうか。

これからの学習のために

以上，日本法史，または日本法制史と呼ばれる学問分野に属するテーマをオムニバス形式に並べて，それぞれの入門編を記してきた。「日本法（制）史」と学問名にまとめてしまえば一言で済んでしまうが，その内容を詳しく見て行けば，見るべき事柄は無数にある。仮にある事柄に絞ったとしても，地域差があり，時代差があり（ときには担当者による差異までもあり），底知れない混沌とした沼を形作っている。それが面白さでもあるが，ややこしくもある。ややこしいことをわかりやすく記すには，ある程度事情を単純化したり，省略したりすることになる。これまであなたが使ってきた教科書類がそうだったのと同様，本書もそうしている。ただ，先行の書籍類が拾った部分はそちらに任せて省き，従来は省かれていた部分を拾うように心がけた。本書で見つけた目新しい事柄，さらに深く知りたい事柄については，各章の末尾に掲げている文献ガイドを手がかりに学習を深めてほしい。いずれも，各担当者が，初学者である読者が手に取りやすくかつ内容の充実したものを，と，心を砕いて選んだ文献である。どの１冊からでも，あなたが読んでみるに不足はないはずだ。

ついでに，もう一つ調べ物のヒントを置いておく。当世における調べ物の手がかりは本のみにあるとは限らない。国立公文書館，国立国会図書館，各地の公文書館や図書館，史料館，博物館，大学図書館といった文教施設の公設ホームページである。最近は，多くの館でデジタルアーカイブによる史料公開に力を注ぐ傾向にある。そのようなコンテンツをうまく使っていけば，自宅や所属大学に居ながらにして，たとえば，書籍では掲載におのずと限界のある大型の絵図を現物どおりの色のまま，見たいところを見やすく拡大しながらチェックでき，古びた和紙に毛筆でつづられた古文書類を「破いてしまったらどうしよう」と怯えることなく読める（勿論，ダウンロード利用に関しては各所蔵機関の利用規定を熟読し，不正利用になることのないよう，厳重に注意すること）。

そして，現代の書籍や各種論文探しに関しては，国立情報学研究所が提供するデータベース，CiNii シリーズが使いやすい。シリーズは検索対象で分けられており，各種雑誌や論文集などに掲載された論文を探す場合は「CiNii Articles」，書籍の場合は「CiNii Books」である。他に，博士論文を対象とする「CiNii Dissertations」もある。これらについては，サイト内に「使い方」の案内も掲載されているので，是非利用してほしい。

個人で開設しているブログや各種キュレーションサイト類は専門的な情報収集のためには使うべきではないが，おかしな情報を篩(ふる)い落とすリテラシーを磨いて上手に活用すれば，インターネットは紙媒体にはできない情報収集を可能とするツールである。紙媒体の文献とインターネット上の文献の「いいとこどり」は，必ずや豊かな知識に繋がるだろう。

どうか，存分に，調べること，そうして得た知識を元に考えることを楽しんでほしい。

学習の道しるべ

本書の多くの章の末尾には，それぞれの章の内容に関してさらに深く学ぶための文献紹介欄（「文献ガイド」）を設けている。ここでは，それに加えて，専門用語について調べたり，「古代・中世」「近世」「近現代」といった広い時代区分ごとに学んだりするのに役立つ文献を紹介する。

1　専門用語を調べる

＊国史大辞典編集委員会編『国史大辞典』全15巻（吉川弘文館，1979〜1997年）
＊青木和夫ほか編『日本史大事典』全7巻（平凡社，1992〜1994年）
＊尾形勇ほか編『歴史学事典』全15巻（弘文堂，1994〜2009年）
※法史については『第9巻 法と秩序』（2002年）にまとまっているが，他の巻も参照（別巻が総索引になっている）。

2　各時代について，より深く学ぶ

(1)　通　史

＊浅古弘ほか編『日本法制史』（青林書院，2010年）
＊水林彪ほか編『法社会史』（山川出版社，2001年）

(2)　古代・中世

＊『日本思想大系』新装版（岩波書店）
『律令』（井上光貞ほか校注，1994年）
『古代政治社会思想』（山岸徳平ほか校注，1994年）
『中世政治社会思想 上』（石井進ほか校注，2001年）
※史料ごとの「解題」や石母田正による総論（「解説」）も重要。上巻は幕府法・武

家法中心。

『中世政治社会思想 下』（笠松宏至ほか校注，2002年）

※公家法・庶民関係。

＊律令研究會編『譯注 日本律令』全11冊（東京堂出版，1975～1999年）

＊仁井田陞『唐令拾遺』（東方文化學院東京研究所，1933年）

＊仁井田陞著＝池田温編集代表『唐令拾遺補――附唐日兩令對照一覽』（東京大学出版会，1997年）

＊『中世法制史料集』（岩波書店）

『第1巻 鎌倉幕府法』（佐藤進一＝池内義資編，1955年）

『第2巻 室町幕府法』（佐藤進一＝池内義資編，1957年）

『第3巻 武家家法Ⅰ』（佐藤進一ほか編，1965年）

『第4巻 武家家法Ⅱ』（佐藤進一＝百瀬今朝雄編，1998年）

『第5巻 武家家法Ⅲ』（佐藤進一＝百瀬今朝雄編，2001年）

『第6巻 公家法・公家家法・寺社法』（佐藤進一ほか編，2005年）

＊黒田俊雄編『訳注日本史料 寺院法』（集英社，2015年）

＊大津透「律令制研究の成果と展望」法制史研究48号（1998年）

＊新田一郎「日本中世法制史研究の動向から――『中世法』の構成を中心に」法制史研究36号（1986年）

⑶ 近　世

＊大石学編『江戸幕府大事典』（吉川弘文館，2009年）

＊大石学編『徳川歴代将軍事典』（吉川弘文館，2013年）

＊工藤寛正編『江戸時代全大名家事典』（東京堂出版，2008年）

＊大石学編『近世藩制・藩校大事典』（吉川弘文館，2006年）

＊橋本政宣編『公家事典』（吉川弘文館，2010年）

＊笹間良彦『図説 江戸町奉行所事典』（柏書房，2005年）

＊竹内誠＝深井雅海編『日本近世人名辞典』（吉川弘文館，2005年）

＊西山松之助ほか編『〔縮刷版〕江戸学事典』（弘文堂，1994年）

＊木村茂光＝樋口州男編『新編 史料でたどる日本史事典』（東京堂出版，2012年）

＊深谷克己＝須田努編『近世人の事典』（東京堂出版，2013年）

＊村上直ほか編『日本近世史研究事典』（東京堂出版，1989年）

＊歴史学研究会編『日本史史料(3) 近世』(岩波書店，2006年)
＊吉川弘文館編集部編『誰でも読める日本近世史年表 ふりがな付き』(吉川弘文館，2007年)
＊石井良助校訂『徳川禁令考』全11巻(創文社，1959〜1961年)
＊高柳真三＝石井良助編『御触書寛保集成』『御触書宝暦集成』『御触書天明集成』『御触書天保集成 上』『御触書天保集成 下』(岩波書店，1958年)
＊石井良助＝服藤弘司編『幕末御触書集成』全7巻(岩波書店，1992〜1997年)
＊大口勇次郎監修＝小林年春著『御触書集成編年索引 上』『御触書集成編年索引 下』(ゆまに書房，1997年)

(4) 近現代

＊岩村等『入門日本近代法制史〔改訂版〕』(ナカニシヤ出版，2008年)
＊川口由彦『日本近代法制史〔第2版〕』(新世社，2015年)
＊山中永之佑監修『日本現代法史論――近代から現代へ』(法律文化社，2010年)
＊鵜飼信成ほか編『講座 日本近代法発達史――資本主義と法の発展』既刊11巻(勁草書房，1958〜1967年)
＊大野達司ほか『近代法思想史入門――日本と西洋の交わりから読む』(法律文化社，2016年)
＊小林直樹＝水本浩編『現代日本の法思想――近代法100年の歩みに学ぶ』(有斐閣，1976年)
＊田中二郎ほか編『戦後政治裁判史録』全5巻(第一法規出版，1980年)
＊藤井正ほか編『日本近現代法史(資料・年表)〔第2版〕』(信山社，2015年)
＊山中永之佑編『新・日本近代法論』(法律文化社，2002年)
＊山中永之佑編『日本近代法案内――ようこそ史料の森へ』(法律文化社，2003年)
＊我妻栄編『日本政治裁判史録』全5巻(第一法規出版，1968〜1970年)

索　引

あ

相対済令……107, 159, 161
アイヌ……256
悪　党……54, 87
足利義教……74
足利義満……72
足利義持……73, 74
芦部信喜……291
飛鳥浄御原令……29, 31
姉家督……169
新井白石……112
粟田真人……33
安政の五ヶ国条約……254

い

「家」制度……13, 236, 246, 268
イギリス法……222
英吉利法律学校（中央大学）……227
違憲審査権……286, 288
違憲判決……295, 299
石井紫郎……178
石井良助……176
石田和外……292, 295
以心崇伝（金地院崇伝）……115
板垣退助……198
一　揆……84
一木喜徳郎……239, 247
伊藤博文……199, 200, 229
委任統治……260
井上毅……199, 221, 229, 230
今川仮名目録……61
依　用……270, 272
岩倉具視……199, 229
インスティトゥティオーネン（法学提要）式……235
院　宣……70
院中礼……70

う

ウェーバー……187, 189
上杉慎吉……239
伺指令型裁判……226, 279
厩戸皇子（聖徳太子）……26
梅謙次郎……231, 236, 237, 265
裏　判……158
乙巳保護条約（第二次日韓協約）……258

え

永仁の徳政令……53, 55
蝦夷地……255
江　戸……124, 154
江藤新平……197, 207, 254, 278
江戸為替……165
江戸時代の刑罰……134
江戸十里四方追放……134
江戸朱引図……154
江戸幕府……77, 105, 156
——における裁判……126
江戸払……134
江戸藩邸……124, 165
江戸留守居……124
延喜格式……38, 65
『延喜式』……34, 38
延期派（民法典論争）……236
縁切寺……115, 168
縁組願……167
縁　座……49
遠　島……134
延暦寺……84, 92

お

応仁の乱……74, 92
近江令……29
大岡忠相……127
大久保利通……197, 198
大隈重信……199, 229

大阪会議……198, 279
大坂城代……126
大津事件……205, 284
大目付……127, 151
岡松参太郎……264
荻生徂徠……133
御仕置例類集……127
押　込……124
越　訴……163
小野清一郎……248
御触書集成……133, 176
お雇い外国人……221, 280
「お雇い日本人」……262
恩　赦……145
御　礼……72

か

改　易……105, 134
開元律令……24
開成学校……220
外　地……252
——における「慣習」の扱い……272
——における裁判の実態……272
——における「先例的」判決……274
外地裁判所……271
外地法の種類……270
改定律例……44, 226
価格等統制令……216
書　付……151
学　制……219
学説彙纂（パンデクテン）式……237
学問の自由……246
明治憲法(大日本帝国憲法)下における——……246
『学問のすゝめ』……208, 219
筧克彦……246
駕籠訴……163
火　罪……134
華　族……196
敵　討……119
片済口……161
刀狩令……118
家中法……123
学校教育法……249
加藤弘之……220
金公事……158, 159, 160
株仲間……156
貨　幣……5, 99, 164
家　法……58
鎌倉幕府……12, 33, 41, 43, 47, 52, 54, 67, 68, 79, 82, 96, 175
亀山上皇……70
空米切手……164
仮刑律……44, 193
刈田狼藉……87
川島武宜……177
為替手形……165
漢……20
官　位……44, 76, 113
冠位十二階……27
冠位制度……27
勧　解……204
韓国併合……258, 266
慣習（外地）……272
慣習調査……172, 263, 273
勘定奉行……127
官尊民卑……206
関東州の租借……259
寛平御遺誡……69, 113
寛文印知……113, 115
桓武天皇……35, 38
官林荒蕪地払下規則……196
冠　礼……17

き

儀……15, 17, 33, 68
棄捐令……162
企画院……216
機関説論争……238
企業整備令……216
起請文……84, 85
貴族院……201
儀　注……20, 34
木戸孝允……198
義務教育の無償化……210
金炳魯……261
偽文書……97
格……21, 37
格　式……37
旧刑法……44, 203, 220, 225, 239, 307

九州帝国大学……242
旧派（刑法学）……239
旧民法……204, 235, 236
糾問主義……128
（旧）教育基本法……249
教育勅語……202
「京下りの官人」……48, 50
行政裁判権……280, 285
行政裁判所……207, 280
行政裁判法……207
共通法……269
京都所司代……126
京都帝国大学……234, 246
キリシタン禁制……12, 111, 114
跪　礼……31
近　世
　——における紛争解決……120
　——における律令……44
　——の経済・流通構造……163
　——の社会と法……147
　中世から——への変化……100
禁　制……59, 90, 93, 94
近世法の特徴……134
近代学派（刑法学）……239
近代化論……173, 253
近代日本の刑事司法制度……307
近代法……5, 13, 183
近代歴史学……174
禁中并公家諸法度……112
欽定憲法……229
吟味筋……128, 165
吟味詰り之口書……128, 137

く

公　家……46, 83, 97, 112
公家法……46, 50
　——の解釈の不安定性……43
公事方御定書……132, 162, 169
公式様文書……70
公式令……70
公事裁許定……123
公事師……166
公事銘……158
公事宿……165
百　済……25
百済の役（白村江の戦い）……29
口　書……128, 159
グナイスト……201
国　質……94
国博士……28
公　方……54
郡　司……41
軍　法……121, 123
軍　役……105, 109

け

慶安の御触書……151
経済統制法……248
経済の民主化……217
刑事司法制度……307
刑事訴訟法（現行）……307
京城帝国大学……242, 262
軽追放……134
刑罰（江戸時代）……134
刑罰不遡及……226
刑法（現行刑法）……240
刑法草書……133
解死人……80, 121
下手人……134, 139
喧嘩両成敗法……60, 101, 121
遣隋使……26
検断沙汰……48
遣唐使……28
元　服……17
憲法改正草案要綱……285
『憲法義解』……229
憲法十七条……27, 69
建武以来追加……49
権門体制……46
権利の章典……188
元　老……201
元老院……198, 279

こ

五・一五事件……215
弘安礼節……70
公金為替……165
講座制……230
高　札……131, 151
孔　子……15

甲州法度之次第 61, 62
交詢社 200
工場法 209
貢進生制度 221
「公正らしさ論」 293
嗷　訴 84
高等文官試験（文官高等試験） 204, 233
弘仁格式 38
衡　平 121
拷　問 136
郷　宿 165
五箇条の誓文 193
後　漢 20, 23
五　経 15
『五経正義』 24
五経博士 20, 25
国学者 4
国際連盟 260
国人一揆 84, 88
国制史 178
国　籍 267
国体明徴声明 247
国　法 58
国民健康保険法 216
国民国家 4
国民徴用令 216
国民の司法参加 308
獄　門 134
御家人
　——（近世） 105, 111
　——（中世） 12, 46, 47, 48, 52, 53, 54
五胡十六国 21, 23
小作争議 212
小作調停法 212
『古事記』 6, 175
児島惟謙 284
55年体制下の司法 291
御成敗式目 12, 43, 47, 54, 68, 79, 84, 85
　——と律令 50
　——の効力 52
　——の歴史的位置 55
　古典としての—— 56
戸籍（制度） 11, 195, 268
後醍醐天皇 71
古代の規範 14
五大法律学校 232
国会開設の詔 199
国家公務員法 217
国家社会主義 214
国家神道 202
国家総動員法 215, 248
国家法人説（天皇機関説） 238
近衛文麿 216
米切手 163
固有法 4, 175
婚姻（江戸時代） 166
金地院崇伝（以心崇伝） 115

さ

座 97, 156
裁　許 159
裁許請証文 159
罪刑法定主義 40, 203, 226, 239
最高裁判所 286
　——の機構改革 289
　——の権威 288
　——の判断傾向の変化 299
西郷隆盛 197
在郷町 154
祭　祀 16, 145
在　地 87
財閥解体 217
裁判員制度 309
裁判所官制 280
裁判所構成法 204, 280
裁判所法 285
　——の制定過程 287
割　符 96, 99
嵯峨天皇 35, 38
相良氏法度 59
差　添 166
察度詰 128, 137
雑務沙汰 41, 48
三一法（台湾） 258
三　貨 164
産業革命 188
　日本における—— 207
産業組合法 208
参勤交代制 105, 111, 124
三権分立 107, 193

三審制（外地）……271
三代格式……38
三奉行……126, 151
讒謗律……199
三　礼……28
参籠起請……85

し

GHQ（連合国軍最高司令官総司令部）…217, 285
寺院法度……115
式……21, 34, 37, 50, 68
職……48
私擬憲法……200
直　訴……163
式目注釈学……56
死　刑……29, 64, 134, 139
自検断……88
寺　社……46, 83, 85, 88, 91, 92, 114
寺社奉行……126
寺社法……46
地所質入書入規則……203
士　族……196
質流地禁止令……170
実力行使……53, 89
——の回避……80
——の禁止……60, 87, 101, 106
認められた——……118
地　頭……47, 53
持統天皇……32
士農工商……147, 150
芝居木戸銭……162
自分仕置権……127
自分仕置令……123
司法行政権……286
司法権の独立……277, 281, 286
——（外地）……271
司法省……194, 223, 279, 283
司法省法学校……224
司法省明法寮……223
司法職務定制……194, 278
司法制度改革……296
司法制度改革審議会意見書……297
司法制度改革推進法……298
司法の危機……292
四民平等……195
下関条約（日清講和条約）……257
社会権……209, 216
社会主義……209, 214, 244
社会法……245
借地借家調停法……212
借地法・借家法……212
周……15, 23
集会条例……199
衆議院……201
衆議院議員選挙法……202, 269
重追放……134
自由民権運動……198, 279
宗門人別（改）帳……12, 114
儒　家……15, 18
儒　学……20, 25, 26, 35, 57
儒学者……69
朱　熹……71
儒　教……15
主君「押込」慣行……124
守　護……46, 47, 52, 59, 87, 88, 96, 97
朱子学……71
シュタイン……201, 229
出版条例……199
主婦権……166
『周礼』……20, 22, 24, 32, 64
周礼国家……22, 30, 32, 33, 34, 35, 64
『春秋左氏伝』……20, 30
淳和天皇……35
荘園領主……52, 87
貞観格式……38
承久の乱……49, 51, 54, 68
将　軍
——（近世）……105, 109, 113, 126
——（中世）……12, 46, 47, 54
荘家の一揆……88
聖徳太子（厩戸皇子）……26
称徳天皇……35
証人制……105, 111
条坊制……93, 154
生類憐み令……138
植民地……208, 229, 242, 251
「辺境」としての——……251
植民地法……251
書札様文書……70
書札礼……70

所　職 …… 48
諸士法度 …… 111
諸社禰宜神主法度 …… 116
諸宗寺院法度 …… 115, 116
女性解放運動 …… 210
諸大夫 …… 33, 70
職権審理主義 …… 307
所務沙汰 …… 48
序列の可視化 …… 27
白　洲 …… 159
自力救済 …… 53, 79, 106, 119
　――の禁止 …… 60, 89
　――の変容 …… 118
　――の抑制 …… 177
私立法律学校 …… 226, 232, 240
私立法律学校監督条規 …… 232
史料批判 …… 8
私　礼 …… 65
秦 …… 18, 23
新（王朝） …… 20, 23
晋 …… 21
仁 …… 30
塵芥集 …… 59, 60
審級制度（外地） …… 271
人権指令 …… 217
新古典学派（刑法学） …… 239
壬申戸籍 …… 268
新制大学 …… 249
新派（刑法学） …… 239
神　判 …… 85
新聞紙条例 …… 199
新聞紙等掲載制限令 …… 216
新律綱領 …… 44, 203, 226

す

隋 …… 22, 23
推古天皇 …… 26
枢密院 …… 201, 229
末広厳太郎 …… 244, 248, 266
スペンサー …… 201
済口証文 …… 107

せ

生活必需物資統制令 …… 216
征韓論 …… 197
制　札 …… 90, 93
西　周 …… 23
西　晋 …… 21, 22, 23
政体書 …… 193
青年法律家協会 …… 292, 293
成文法（典） …… 14, 63, 79, 82
制令（朝鮮） …… 258
世界恐慌 …… 214
摂関政治 …… 65
切　腹 …… 134, 139
前　漢 …… 20, 23
全権委任法（ドイツ） …… 247
戦国大名 …… 58, 59, 76, 82, 90, 94, 98, 101
『全国民事慣例類集』 …… 172
専修学校（専修大学） …… 227
専門学校令 …… 240

そ

惣荘一揆 …… 88
相続（江戸時代） …… 168
村　法 …… 152
村　落 …… 87

た

第一次護憲運動 …… 211
第一次世界大戦 …… 244
大学南校 …… 220
大学令 …… 241, 242
大化の改新 …… 28
大逆事件 …… 209
代言人 …… 225
代言人規則 …… 225
太閤検地 …… 11
大嘗祭 …… 31, 76
大正デモクラシー …… 211
泰始律令 …… 21
大審院 …… 198, 205, 279, 284
大政奉還 …… 117
大政翼賛会 …… 216
代銭納 …… 99
『大唐開元礼』 …… 24
第二次護憲運動 …… 212
第二次日韓協約（乙巳保護条約） …… 258
大日本帝国憲法（明治憲法） …… 201, 202, 229, 251, 258, 280

——下における学問の自由 ……………… 246
大　夫 …………………………………… 17, 25, 33
太平洋戦争……………………………………… 216
大宝律令 …………………………………… 33, 37
台北帝国大学…………………………… 242, 262
大　名
——（江戸時代）…… 105, 111, 113, 123, 139, 141
——の人的支配 ……………………………… 124
台湾旧慣調査…………………………………… 264
台湾出兵 ………………………………………… 256
台湾総督府法院条例…………………………… 271
台湾の編入……………………………………… 257
田方物成 ………………………………………… 169
高向玄理 ………………………………………… 28
瀧川事件 ………………………………………… 246
瀧川政次郎……………………………………… 176
瀧川幸辰 ………………………………………… 246
太政官 …………………………………………… 193
頼母子 …………………………………………… 162
弾劾主義 ………………………………………… 128
断行派（民法典論争）………………………… 236
弾正台 …………………………………………… 66

ち

治安維持法…………………………………… 213, 217
治安警察法……………………………………… 209
地　券 …………………………………………… 194
治罪法 ………………………………… 225, 280, 307
知　事 …………………………………………… 194
地租改正条例………………………………… 194, 255
秩禄処分 ………………………………………… 196
知藩事 …………………………………………… 194
地方三新法……………………………………… 198
地方自治法……………………………………… 217
中央集権 …………………… 29, 39, 193, 206, 284
中国農村慣行調査 ……………………………… 266
中　世
——から近世への変化………………………… 100
——における紛争解決の慣習………………… 80
——における法意識…………………………… 82
——における律令……………………………… 43
——における「礼」思想 ……………………… 64
中追放 …………………………………………… 134
中人制 …………………………………………… 80
町 ………………………………………………… 93
朝鮮慣習調査…………………………………… 265
朝鮮刑事令……………………………………… 270
朝鮮総督府……………………………… 258, 266, 272
朝鮮総督府裁判所令…………………………… 271
朝鮮民事令……………………………………… 266, 270
朝　廷 …… 35, 52, 54, 68, 70, 72, 76, 79, 92, 97, 113
朝廷官司 ……………………………… 46, 66, 91, 97
徴兵制度 ………………………………………… 269
徴兵令 …………………………………………… 195
町　法 …………………………………………… 154
長幼の序 ………………………………………… 16

つ

追加（法）………………………… 49, 51, 54, 69, 85
建武以来—— ……………………………………… 49
津田真道 ………………………………………… 220

て

帝　国 …………………………………………… 251
帝国大学法科大学 ……………………………… 230, 232
帝国大学令……………………………… 204, 230, 232
出入筋 ……………………………… 128, 158, 165
手　限 …………………………………………… 133
鉄火起請 ………………………………………… 85
鉄火裁判 ………………………………………… 120
殿下の乗合事件 ………………………………… 67
天智天皇（中大兄皇子）……………… 28, 29, 92
天　皇 ……………………………… 28, 61, 77, 97, 112
天皇機関説（国家法人説）…………………… 238
天皇機関説事件 ……………………………… 215, 247
天皇主権説……………………………………… 238
天皇大権 ………………………………………… 201
田畑永代売買禁止令…………………………… 169
天賦人権説……………………………………… 202
転　封 …………………………………………… 105
天武天皇 ………………………………………… 30

と

問状狼藉 ………………………………………… 49
独逸学協会学校 ………………………………… 228
ドイツ法 …… 204, 222, 228, 237, 238, 244, 307, 310
——（ナチス・ドイツ）………………………… 247
唐 ………………………………………… 22, 23, 24
統監府 …………………………………………… 258
東京大学法学部 ……………………………… 222, 225

東京帝国大学……234
東京法学校（法政大学）……227
当事者主義……49, 128, 158, 307
堂島米会所……139, 163
同　心……129
東北帝国大学……242
道　理……51
『唐六典』……24
『唐律疏議』……24, 42
道令（朝鮮）……270
徳川家光……110
徳川家康……109
　——の神格化……117
『徳川禁令考』……172
徳川綱吉……110, 138
徳川秀忠……109, 110
徳川吉宗……131, 132
徳　政……53, 54, 79, 95
徳政令……48
　永仁の——……53, 55
所　質……94
所　払……134, 159
土地売買譲渡規則……204
富井政章……237
十　村……150
豊臣政権……101
豊臣秀吉……44, 77, 99, 118
無取上……158, 162
屯田兵例則……196

な

内外地判例統一論……273
内国植民地……257
内　済……107, 161
内　地……251
中田薫……173, 175
中臣鎌足……28
中大兄皇子（天智天皇）……28, 29
仲　間……156
仲間事……158, 162
仲間法……156
仲間申合帳……157
鳴物停止令……144
南洋群島の委任統治……260

に

新嘗祭……31
西　周……220
日米安全保障条約……249
日露講和条約（ポーツマス条約）……258, 261
日光社参……117
日光東照宮……117
日清講和条約（下関条約）……261
日清戦争……208
新田一郎……178
日中戦争……215, 247
二・二六事件……215
日本国憲法……217, 250, 277, 285
『日本書紀』……6, 31, 175
日本弁護士連合会……297
日本法理……248
仁明天皇……36

ね

年　号……33

の

農　村……154
農地改革……217
鋸　挽……134

は

パーソンズ……187
陪審制……211, 308
廃藩置県……194
白村江の戦い（百済の役）……29
幕藩権力……41
幕藩体制……105
箱　訴……163
初而公事合……159
畑方物成……169
旗　本……105, 111
八　虐……39
初対決……159
鳩山秀夫……238, 245
磔……134, 139
判事検事登用試験規則……204, 233
判事登用規則……226
版籍奉還……194

パンデクテン（学説彙纂）式 ………… 204, 237

ひ

比叡山延暦寺 ………… 84, 92
ビスマルク ………… 209
人払令 ………… 118
非　人 ………… 150
非人手下 ………… 134, 151
百　官 ………… 30
ピューリタン革命 ………… 190
評定衆 ………… 127
評定所 ………… 127
評定所書役 ………… 129
評定所留役 ………… 129, 161
平賀書簡事件 ………… 293
賓　礼 ………… 17, 78

ふ

不応為条 ………… 226
福沢諭吉 ………… 200, 208, 219
武家諸法度 ………… 105, 110
武家法 ………… 46, 47, 51
『武家名目抄』 ………… 94
武周革命 ………… 24
藤原京 ………… 32
藤原仲麻呂 ………… 35
藤原不比等 ………… 33, 37
ブスケ ………… 224
譜代大名 ………… 126
普通選挙 ………… 211, 212
仏　教 ………… 25, 34
服忌令 ………… 143
不平等条約 ………… 183, 254
　――の改正 ………… 205, 229, 277, 278, 282
撫民（思想） ………… 59, 82
部落解放運動 ………… 210
フランス法 ………… 204, 222, 223, 228, 235, 237, 244, 307
振（出）手形 ………… 165
触 ………… 130, 151, 165
無礼討ち ………… 143
プロイセン ………… 201, 206, 229
文科派 ………… 174
文官高等試験（高等文官試験） ………… 204, 233
文官試験規則 ………… 233
文官試験試補及見習規則 ………… 232
文官任用令 ………… 204, 233
分国法 ………… 57, 60, 62, 82, 85, 101
　――と在地領主の法慣習 ………… 59
　――の偽作 ………… 63
　――の「再発見」 ………… 63
　成文の法典としての―― ………… 61
焚書坑儒 ………… 19
紛争解決
　近世における―― ………… 107, 115, 120
　中世における―― ………… 53, 60, 73
　中世における――の慣習 ………… 80

へ

平安京 ………… 93
平城京 ………… 33
兵農分離 ………… 11
平民苗字許可令 ………… 195
ペリー来航 ………… 117
偏向裁判 ………… 292
弁護士 ………… 205, 225
弁護士法 ………… 204, 233

ほ

ボアソナード ………… 203, 224, 235, 239, 280, 307
保安条例 ………… 200
法　院 ………… 271
法　家 ………… 18
法解釈学 ………… 238
法　学 ………… 219
法学提要（インスティトゥティオーネン）式 ………… 235
法科大学院制度 ………… 298
法科派 ………… 174
法教育 ………… 219
保元の乱 ………… 67
法三号（台湾） ………… 258
法三章（漢王朝） ………… 19
法史学（史） ………… 171
法社会学 ………… 177
北条氏 ………… 54
北条重時 ………… 58, 69
北条泰時 ………… 43, 47, 49, 50, 51, 69
法制史講座 ………… 173
法典編纂 ………… 235, 263

法の継受 ……56, 253
法の支配 ……57, 188, 202, 205, 277
法文化 ……4
法文化論 ……3
法律進化論……174
ポーツマス条約（日露講和条約）…… 258, 261
北　魏 ……21, 23
北　周 ……22, 23
星　亨 ……262
細川政元 …… 75
細野長良 ……287
北海道旧土人保護法……256
北海道の開拓……255
北闕型 ……32, 33
『法曹至要抄』……43, 50
ポツダム宣言……285
ポツダム命令……249
穂積重遠 ……238
穂積陳重 ……174, 221, 223, 237
穂積八束 …… 236, 238
餔匐礼 …… 31
本公事……158
本途物成 ……169

ま

牧野英一 ……240
町奉行 ……127
町　法 ……154
マッカーサー草案 ……285
マルクス主義法学 ……177, 245
満州事変 ……215
満鉄（南満州鉄道株式会社）……259

み

三浦周行 …… 174
三行半 ……167
箕作麟祥 …… 223, 254
南淵請安 ……28
南満州鉄道株式会社（満鉄）……259
源頼朝 ……47, 67, 68, 72
美濃部達吉……215, 239, 247
身　分 ……106, 140
身分解放令……195
宮澤俊義 ……243, 247
宮本判事補再任拒否事件……294
冥加金 …… 157
明法家 ……42, 48, 50, 51, 53
明法勘文 ……43
明法道 ……42
明法博士 ……42
（僧）旻……28
民主主義科学者協会（民科）……249
民撰議院設立建白書……198
民法典論争……236
明　律 ……44, 133

む

無尽金 ……162
村　請 ……88
村　掟 ……88
村方文書 ……131
室町殿 …… 72
——の権力……74
室町幕府 ……41, 48, 49, 59, 61, 68, 71, 79, 91, 96

め

明治 6 年の政変 ……197, 198
明治 14 年の政変…… 199, 229
明治維新 ……44, 193
明治憲法（大日本帝国憲法）……201, 202, 229, 251, 258, 280
——下における学問の自由 ……246
明治民法 …… 237, 268
明法寮 ……223
名誉革命 ……188
妻敵討 ……119, 166
目　付 ……127, 151
目安裏書 ……158
目安糺 ……158
目安箱 ……131, 163

も

モッセ ……201
文章経国 ……35, 64

や

矢口洪一 ……284
奴……134

ゆ

有職故実……38, 113, 172
湯起請……81, 85, 97, 98
輸出入品等臨時措置法……215, 247

よ

養老律令……33, 37, 39, 50
寄沙汰……53
与　力……129

ら

『礼記』……20, 22
楽市楽座令……94
落　着……159

り

離縁・離婚（江戸時代）……167
律……19, 29
立憲政体樹立の詔……198
律　疏……24
律　令……29, 33, 37, 48, 52, 55, 68, 175
　――のアジア諸国への継受……253
　――の解釈の不安定性……50
　――の研究……41, 172
　――の構成……39
　――の裁判……39
　――の受容……56
　近世における――……44
　御成敗式目と――……50
　中世における――……43
　明治初期における――……44
律令格式……19, 22, 172
立　礼……28, 31
律令（台湾）……257
琉球処分……256
令……19, 29, 30
両替商……165
両側町……93, 154
令外官……66
領事裁判……183, 254
領主法……153
領　知……169
『令義解』……35, 41, 43, 50
『令集解』……41, 44
綸　旨……70
臨時資金調整法……215
臨時司法制度調査会……290

る

『類聚三代格』……38, 41
類推適用……40, 44, 226
ルードルフ……280

れ

礼……14, 33, 61
　――と法の関係……18
　双方向的なものとしての――……17
「礼楽」思想……17
例繰方……128
「礼」思想……14, 78
　――と仏教……26
　――の受容……25, 32, 33
　――の全盛期……21
　――の相対化……36
　現代における――……77
　倭国における――……26
連合国軍最高司令官総司令部（GHQ）…217, 285

ろ

老　中……126
労働運動……210
労働者年金保険法……216
労働争議調停法……212
牢　問……136
ロエスレル……201, 204, 229, 280
六三法（台湾）……258
六波羅探題……68
路次狼藉……87
六角氏式目……59
路頭礼……66, 70, 71
『論語』……27

わ

我妻栄……245

日本法史から何がみえるか――法と秩序の歴史を学ぶ
A View from the History of Japanese Laws

2018年 3月10日　初版第1刷発行

編著者　高谷知佳
　　　　小石川裕介

発行者　江草貞治

発行所　株式会社 有斐閣
郵便番号 101-0051
東京都千代田区神田神保町 2-17
電話　(03)3264-1314〔編集〕
　　　(03)3265-6811〔営業〕
http://www.yuhikaku.co.jp/

印刷・製本　共同印刷工業株式会社

ISBN 978-4-641-12597-1